[illegible]

Çuval!

ÇUVAL!

Orijinal adı: *The Hood Event*

Yazan: Michael Todd
İngilizce aslından çeviren: Murat İnceayan

Türk Özel Kuvvetleri Süleymaniye Timi Komutanı, Binbaşı Aydın E. kod adını kullanmaktadır.
Adı geçen kişinin kimliğini gizleme hakkı mahfuzdur.

1. baskı / temmuz 2007
5. baskı / temmuz 2007 / ISBN 978-975-293-598-3

Kapak tasarımı: Yavuz Korkut
Kapak fotoğrafı: Faruk Zabcı
Baskı: Mega Basım, Çobançeşme Mah.
Kalender Sok. No: 9 Yenibosna - İSTANBUL

Doğan Kitapçılık AŞ 19 Mayıs Cad. Golden Plaza No. 1 Kat 10, 34360 Şişli - İSTANBUL
Tel. (212) 246 52 07 / 542 Faks (212) 246 44 44
www.dogankitap.com.tr / editor@dogankitap.com.tr / satis@dogankitap.com.tr

Çuval!

Michael Todd

Çeviren: Murat İnceayan

DOĞAN KİTAP

İçindekiler

Bu kitabı annem Alice'e ithaf ediyorum. Beklettiğim için özür dilerim. Umarım şimdi benimle gurur duyuyorsundur. Bu kitabı babam Noel, oğlum Kelvin ve Mei'ye de ithaf ediyorum. Sevgi ve gerçekler karanlığı yenecektir. Ben nihayet başardım.

Önsöz

Seni ilk kez Kerkük yolunda, Amerikan askeri aracının kasasında, gözbebekleri şaşkınlıktan büyümüş bir halde etrafını incelerken tanıdım. Bana ait olan dünyadan çok uzaklarda, bu yabancıların arasında ne işim var dediğini duyar gibiydim. Fasılalarla gözlerimiz ilişti, düştüğün cehennem deliğinden kurtulacak bir ip merdiven aradığını hissettim.

BAĞDAT. Ben ve arkadaşlarımın uzaylı olmadığını anladığın an. Biz de senin gibi çirkef bir bizans oyununa kurban edilmiştik. Paylaştık. Artık seninle aynı dünyaya aittik. Gözlerimiz güvenle bakmaya başladı ve aynı lisanı konuşmanıza rağmen seni anlamamakta direnen ahmakların ait olduğun dünyaya kilometrelerce uzak kaldıklarına şahit oldun. İşte o an bana bir söz verdin. Zebanileri ahmaklardan oluşan cehennemden kurtulduğun gibi karşılaştığın rezil muameleyi tüm gerçekliği ile ulaşabildiğin her insana aktaracaktın.

2003'den beri üzerine gordion düğümü kadar sağlam bir kilit vurduğum 4 temmuz acısını seninle paylaşarak, temelinden çatısına kadar megolomanlık hastalığına yakalanmış bir toplumun sapkın egolarını diğer toplumlar üzerinde test etmesine seyirci kalmamak adına kaleme aldığın kitabına katkıda bulunabildiysem ne mutlu bana. Ne mutlu bana ki sözünün eri, cesur bir İngiliz'i tanıdım.

Küçük bir kum tanesinin neden olduğu böbrek sancısını çeken bilir. Kum tanesinin oluşmasındaki hataları böbreklerde arayarak en kolay yol olan sorumluluktan kurtulmayı tercih eden özürlü beyinlere tavsiyem, kocaman böbrek taşları oluşmadan böbreklerini korumanın yollarını araştırmalarıdır. Ateş bazen sadece düştüğü yeri yakmaz, düştüğü yerden beyne kadar sıçrayabilir.

Bir olayın oluş nedenleri araştırılmadan yüzeyde görünen sonuçlara bakarak kararlar verenler tarih huzurunda mahçup olacaklardır. Ahkam kesmek hayat yolundan transit geçenlere yakışır. O çuvallar bizim başımıza geçirilmedi. Çuvalları kafalarına geçirenler kralın çıplak olduğunu hâlâ göremiyor. Bence özürlü beyinleri dünyamızdan entegre etmek için özel bir çuval imal etmeli. Fiziksel sıkıntılarım geçti. Ancak hâlâ içimdeki hainlerin, dışımdaki densizlerin ruhumda bıraktığı yara onmadı. Kinim her geçen gün artıyor.

Ruhundan sayfalara aktardığın cümlelerin sana ne kadar pahalıya mal olduğunu, her paragrafın işkence ve haksızlıklara maruz bırakıldığın bir günün karşılığı olduğunu 4 temmuz cürufunun ağırlığı altında en fazla ezilen ben olarak taahhüt ediyorum. Umarım kitabın özürlü beyinlerin şok tedavisinde faydalı olacak bir doz olur.

Binbaşı Aydın E.

Sunuş

Çuval'ı okuyanlar, 4 temmuz 2003'ü ABD'nin Bağımsızlık Günü'ne leke düşüren bir gün olarak anımsayacak. O gün Kerkük Havaüssü'nde başına gelenleri *Çuval* olayının en büyük tanığı İngiliz vatandaşı Michael Todd, Süleymaniye baskınını bizzat yaşayanları ilk defa konuşturarak *Çuval*'a yeni bir boyut kazandırıyor. Süleymaniye Türk Özel Kuvvetleri Komutanı Binbaşı Aydın Eser, ilk defa sessizliğini *Çuval* için bozarken ilgili çevrelere anlamlı mesajlar veriyor.

Albay William Mayville'in komutasındaki 173'üncü Hava İndirme Tugayı'nın Türk Özel Kuvvetleri mensubu 11 askere karşı gerçekleştirdiği baskın, ABD ordusunun tam bir istihbarat fiyaskosu. Michael Todd, kendisine cinsel tacizde bulunan Amerikalı askerleri affetmese, kuşkusuz ABD ile İngiltere arasında büyük bir gerilim yaşanır.

Irak'ta acemi Amerikalı askerler tarafından Türk Özel Kuvvetleri komutanı sanılan Michael Todd, Türk askerleriyle birlikte gözaltına alındıktan sonra karşılaştığı insanlık dışı muameleyi sergilerken üç buçuk yıl süren büyük bir araştırma yaptı. Her görüşmesini kaydetti. Herkesten resim ve kanıt topladı. York'taki "hapishane" olarak gördüğü evi sanki "Süleymaniye Baskını Müzesi". Kerkük'te ve Bağdat'ta tanıştığı kendini gözaltına alan Amerikalı askerlerle kurduğu dostluk ilişkileri sayesinde, çektiği acının belgesi fotoğrafları ele geçirdi. İsterse bu kanıtlarla dünyayı ayağa kaldırır. İngiltere Başbakanı Tony Blair bile vatandaşını Irak'ta koruyamadığı için köşeye sıkışır.

Bence, dünyada patlayan Ebu Garib rezaleti, Michael Todd'a yapılanların yanında hafif kalır. Unutmamak gerekir ki o, Iraklı bir savaş esiri değildi. Aksine o, ABD'nin en yakın müttefiki İngiltere'nin barışsever bir vatandaşıydı. Süleymaniye'de bulunma nedeni de Iraklı çocuklara oyuncak dağıtmak, savaşta kaybettiğini sandığı kızını bulmaktı.

Amerikalılar, öyküsüne inanmadılar, cebindeki İngiliz pasaportunu bile sahte sandılar. Resmi kayıtlara bu yüzden "Türk Özel Kuvvetleri'nin komutanı olma şüphesiyle" gözaltına aldıklarını yazdılar ve onu üç hafta serbest bırakmadılar.

6 temmuz 2003 günü ve sonrası, Komutan Aydın Eser ile Süleymaniye'deki karargâhta çok kez bir araya geldim. Bana A. E., ilk defa Michael Todd'un kendileriyle gözaltına alındığını söylemiş ve onu bulmamı önermişti. Bu isim İngiltere'den tanıdığım bir isimdi. Çok iyi bildiğim Michael Todd, Scotland Yard'ın Türk Masası'nın başındaki kişiydi.

Eşgali Komutan Aydın Eser'in bana verdiği tarife tıpa tıp uyuyordu. Komutan Aydın Eser'i ve o gün onun yerine Süleymaniye'deki timin başına gelen yeni komutanı "İngilizler herhalde sizin yanınıza detektif Michael Todd'u casus olarak koydular. Yoksa bir İngiliz'in operasyon sırasında orada ne işi var?" diye hemen uyardım.

İçim rahat etmedi. Süleymaniye'de kaldığım Saray Oteli'ne dönünce Michael Todd'u cep telefonundan aradım. "Irak'da ne işin var?" diye sordum. Çok şaşırdı.

"Ne Irak'ı, ben emekliye ayrıldım ve şu anda İngiltere'de evimin bahçesinde mangal yakıyorum" demez mi?

Hatamı komutanlara bildirdim. Onlar da rahatladı. ve Binbaşı Aydın Eser'den aldığım Michael Todd'u e-postasına mesaj attım. İngiltere'ye döndüğümde 2003 yılı Eylül ayında Michael Todd'dan sürpriz yanıt gelince havalara uçtum. Süleymaniye Baskını'nın en büyük tanığının izini York'da bulmuştum.

Üç buçuk yıl, Michael Todd ile Süleymaniye baskınının perde arkasını araştırdık. Türk karargâhına ilk giren Amerikalı tim lideri Daniel Monk'un adresini de ilk bulan o olmuştu. Baskını yapan Amerikalı askerler ve Bağdat'taki Amerikalı askerlerle yazışmalar sonucu inanılmaz malzeme toplamıştı. Onun kahramanı Türk Özel Kuvvetleri Komutanı Binbaşı Aydın Eser'di. Yazdığı kitap kardeşi gibi gördüğü Komutan Aydın Eser'siz eksik kalacaktı. Bu nedenle araya girdim ve iki eski dostun bir araya gelmesini sağladım. *Çuval*, dışardan gazel okuyanların değil, olayı bizzat yaşayanların kitabı oldu.

Faruk Zabcı

Baskın

4 Temmuz

Kürdistan Yurtseverler Birliği Dışilişkiler Bürosu'ndan yürümek oldukça zor oldu çünkü hava çok sıcaktı. Laven İnternet Kafe'den yaklaşık olarak saat 15:30'da ayrıldığımı tahmin ediyorum (servis sağlayıcı çöktükten sonra – kısa sürede çalışmaya başlamasına da imkân yok gibi görünüyordu), bu Kuzey Irak'ta tek başıma dolaşmam için karşıma çıkan ilk zevkli fırsattı. Bay Mayın (Birleşmiş Milletler'de mayın temizleyici olarak çalışıyordu) beni Mazda 626'sıyla buraya bırakmıştı.

4 temmuz 2003, yaklaşık olarak saat 15:30'da Birleşik Devletler ordusunun Süleymaniye'de operasyon yapacağıyla ilgili hiçbir fikrim yoktu. Servis sağlayıcı çöktüğü için internete girmekten vazgeçtim. Yürüdüm. Çok sıcaktı. Sonunda tek başınaydım. İnsan Hakları ve Dışilişkiler Bürosu'nun tabelasını gördüm. Camiden sola döndüm. Her yer kapalıydı, öğle yemeği saatiydi, sıcaktı ve öğlen uykusu zamanıydı. Düz ve uzun bir yoldu, insan hakları bürosu solumdaydı, orayı geçtim, binaya asılmış bayrağı gördüm, sol tarafta küçük bir park vardı, çok yeşildi. Yedi yirmi dört sulama yapılıyordu belki. Burayı görünce kendimi iyi hissettim –çiçekler ve çok şaşırtıcı büyüklükte ayçiçekleri– gövdeleri çok kalındı ve tek gövdede birçok çiçek vardı, tek bir gövdenin üzerinde 15 çiçek vardı. Daha büyük çiçekler elde etmek için tohumlarıyla oynanmadan önce ayçiçekleri böyle miydi acaba? Kırmızı, renkli ayçiçekleri de vardı. Güzel üçgen köşeli, piramit biçimli bir parktı, beni bekleyen olaylar göz önüne alındığında güzel bir çelişki.

Çok sıcaktı, yavaş yürüdüm, çevremdeki işaretlere ve seslere bakıyordum; belki bir çerçeveci de bulabilirdim. Yol ileriye doğru uzuyordu. Sıcak. İnsanlar ve kıvrılan bir kavşak – sadece ilginç bir şeye bakıyorlardı. Belki bir trafik kazasıydı? Yolda trafik yoktu, hareket de yoktu. Durmak istemiyordum –neler olacağı beni ilgilendirmiyordu– birkaç tane kahverengi üniformalı ve silahlı adam vardı. Polis olduklarını düşündüm. Birbirlerine baktılar, hiçbir şey yapmadılar. Hafif bir gerilim hissettim. Sıcak. Kürdistan Yurtseverler Birliği bürosuna geldim, sola dönünce ön taraftaki girişi görebildim. Kavşağın yakınlarında beş ya da altı Humvee cip (ve diğer araçlar) yolu kapatmıştı, bilgi karmaşası içindeki askerler alarma geçti ve silahlar tek bir noktaya doğrultuldu. Siyah renkli Humvee cipin üzerinde ağır silah vardı, o da tek bir noktaya odaklandı. Herkes hareketsizdi –kimse gülmüyordu– ama ben yürümeyi sürdürdüm, binaya odaklanmıştım. Hiçbir araç hareket etmiyordu, hiç kimse yürümüyordu. Bu noktada yol (caminin yakınında sola dönüş tabelası vardı) tamamen boştu. Oldukça yakından silah sesi geldi. Kürdistan Yurtseverler Partisi bürosunun girişini buldum ama birçok insan binanın önünde duruyordu –bazıları çok şık giyimliydi, beyaz gömleklilerdi– onlara "doğru yerde olup olmadığımı" sordum. "Evet" dediler ama sonra el işaretleriyle şüpheye yer bırakmayacak şekilde büronun kapalı olduğunu anlattılar. Yol üzerinde gördüğüm dükkânların tamamı da kapalıydı ve ortalıkta hiç kimse yoktu. Bunun nedeni olan bitenlerden mi kaynaklanıyordu, yoksa sıcak yüzünden öğleden sonra dükkân kapatma geleneğinden mi?

Kürdistan Yurtseverler Partisi'nin bürosunun camında İngilizce yazılmış bir şeyler gördüm, büyük kapı kapatılmış, binada aşırı güvenlik önlemi alınmıştı. Soru sorduğum adamlar çok ama çok gerginlerdi. Gülümsemiyorlardı ve gözlerinde düşmanca bir bakış vardı. Korkmuş görünüyorlardı. Neredeyse beni iteleyerek uzaklaştırdılar. Gülümsedim, büronun ne zaman açılacağını sordum. "Sonra" dediler, sonra içlerinden biri "öğle yemeği saati" dedi. Onlarla tartışmaya giremezdim; net bir şekilde onlardan uzak durmamı istiyorlardı. Kürdistan Yurtseverler Partisi'nden harika bir davranış görmüştüm, bu bana çok garip geldi. Yoksa şu Kürdistan Yurtseverler Partisi kaba saba adamlardan oluştuğu için miydi?

Onlara teşekkür ederek daha sonra geleceğimi söyledim. Kaldırıma geri döndüm (park etmiş iki araç tarafından işgal edilmişti; araçlardan biri beyaz bir Land Cruiser'di), bürodaki kalabalık (10-12 adam) kaldırımı kapatmıştı. Taşlar gevşekti, yere bakarak dikkatli bir şekilde yürümek zorundaydım, şehre geri dönmeyi düşünüyordum. Kafamı kaldırdığımda iki kahverengi üniformalı askerin aceleyle bana doğru geldiğini gördüm, tüfekleriyle başıma ve vücuduma nişan almışlardı. Yarı yarıya koşuyorlardı ve gülümse-

Süleymaniye'deki Türk karargâhının
ve tutuklandığım köşenin uydu fotoğrafı.

miyorlardı. Bir tür acil durum söz konusu olmalıydı. Belki de benim bu bölgeden uzaklaşmamı istiyorlardı. İlk aklıma gelen bu olmuştu. Belki benim burada bulunmamı istemiyorlardı, beni gazeteci sanmışlardı ya da belki de beni daha güvenli bir bölgeye götüreceklerdi. Gerçekten benim bu bölgeden çıkmamı istediklerini düşündüm. Durum acil olduğu için silahlarını kullanıyorlardı, Birleşik Devletler operasyonunun hayata geçtiği açıkça ortadaydı. Sokağın aşağısına geldik, silah sesleri duyuyordum ama sonra sesler kesildi. Duyamayacağım kadar zayıfladı, soluma döndüğümde yeşil-beyaz tabelayı gördüm. Kürdistan Yurtseverler Partisi'nin bürosundan beş dakika uzaktaydım, Humvee cip manzarasından beş dakika uzaklıktaydım. Bu beş dakikayı aklınızda tutun!

Beni koşturdular, onlardan uzaklaşmamı istemiyorlardı. Her biri bir kolumdan sıkıca kavramıştı. Çok sıkı –çok ama çok sıkı– tuttukları yerlerdeki çürükler hâlâ duruyor, on iki gün sonra bile. Çok kaba davranıyorlardı. "Selam, nasıl gidiyor?" dedim. Delirmişler miydi yoksa çok mu sinirliydiler? "Tamam, sorun yok, ben İngiliz'im, resim çerçevesi almak için gelmiştim, hemen gidiyorum" dedim. Yanıt yok. Tekrar konuşmaya başladığımda milliyetimi tekrarladım, sıkı kavrayış daha da arttı. İngilizce konuşan yoktu, sadece "hayır, hayır, hayır", "gel, gel, gel" ve "Türk" diyorlardı. Başka şeyler söylemeye çalıştım. "Ne kadar güzel bir gün" dedim cahil adamlarla alay ederek, ama bu hiç de iyi olmadı. Hızla yolu geçtik, Humvee ciplerin ve Amerikan askerlerinin bulunduğu binanın önüne geldik. Ayağım birkaç kez yerden kesildi. Onlara bakmadım, kızgınlık hissedemiyordum; yalnızca şaşkınlık ve mizah duygusu vardı, havayla ilgili şaka yapmaya çalıştım! Önüme baktığımda beni birkaç asık suratlı Amerikan askerine doğru sürüklediklerini gördüm. Binanın yan tarafındaki dik yokuşu aceleyle çıktım, bir sürü silah üzerime doğrultuldu. Yokuşun tam üzerinde bir ya da iki Humvee cip vardı, içi ağzına kadar doluydu –askerler tarafından çepeçevre kuşatıldım– ellerindeki silahları üzerime doğrultular.

Uyuşmuştum; tek bir parmak bir santim kıpırdamış olsaydı şimdi ölüydüm. En az sekiz tane Amerikan silahı üzerime doğrultulmuştu, bunu görebiliyordum; ne yapacaklarını tartışıyorlardı. Beni yakalayan askerler hâlâ kollarımı sıkıyordu ama Birleşik Devletler ordusunu gördüğüm için "mutlu" olmuştum ya da bu insanlar her kimse; çünkü İngilizce konuşuyorlardı; her şeyi açıklama ve serbest bırakılma şansım vardı. Onlara İngiliz olduğumu söyledim. Süleymaniye'de kaldığımı, kayıp kızımı aradığımı ve çocuklara oyuncak dağıttığımı anlattım. Kimse söylediklerimle ilgilenmedi. Pasaportumu görmek istediklerini düşündüm ama lanet olası hiçbir şeyimi sormadılar. Tekrar ediyorum, hiçbir şey sormadılar.

Amerikan askerleri bana çok kızgın bakıyorlardı; güneş gözlüklerim, gri gömleğim ve kot pantolonum, kırmızı Coca-Cola şapkam, Louis Vuitton ajandam (Hong Kong yapımı bir taklitti) ve Hilton Oteli (Ankara, Türkiye) evrak dosyam. Beni gördüler ve harekete geçtiler. Evrak sormadılar. Evrakımı göstermeyi teklif ettim ama hiçbir şey görmek istemediklerini söylediler, beni üst makamlara götürmek zorundaydılar. Aralarında tartışıyorlardı –gergin bir tartışmaydı– Birleşik Devletler askerleri diğer askerlerle tartışıyorlardı. Bütün bunlar olurken beni yakalayan askerler kollarımı bırakmıyorlardı. Görünüşe bakılırsa beni yanlarında götürmek istiyorlardı (dövecekler miydi, öldürecekler miydi?). Hiç de iyi şeyler hissetmiyordum.

"Tamam, onu biz alıyoruz" dedi Amerikan askerleri, beni tutan askerlerden yine hiçbir yanıt gelmedi. Birleşik Devletler askerlerine el kol işaretleri yapıyorlardı. İki Amerikan askeri yanımdaydı, beni diğerlerinden almak üzere hazır bekliyorlardı. Askerler bunu reddetti, başlarını salladılar. (Bir dil sorunu yaşandığı açıkça belli oluyordu.) "İyi, tamam, onu biz alıyoruz." Kollarımı iki Amerikan askerine uzatmaya çalışarak, şakayla karışık gergin bir şekilde,

"Ciddi bir ifade takının ve beni alın" dedim. Bunu söylemek oldukça tuhaf ama Amerikan askerlerinin yanında güvende olacağımı hissediyordum; gerçeklerin kısa sürede ortaya çıkacağından ve hemen serbest bırakılacağımdan emindim. İnanılmazdı, yakalanmıştım ve sonra Amerika Birleşik Devletleri askerlerine "ciddi bir ifade takının ve beni alın" demiştim. Sizin de anlayacağınız gibi bu şekilde yardım istemek BİR ÇEŞİT ŞAKAYA MARUZ KALDIĞIMI düşünmeme neden olmuştu; beni nasıl yakalayabilirlerdi? Birleşik Devletler askerlerinin birkaç dakika içinde beni serbest bırakacaklarından yüzde yüz emindim, kulağıma özür kelimeleri fısıldayacaklar ve gitmemi söyleyeceklerdi. Birleşik Devletler askerleri tarafından sıkıca tutulduğumu görene kadar diğer askerler oradan uzaklaşmasalar da Sam Amca'nın kollarında oldukça ferahlamıştım. Soru sormadılar, beni buradan çıkarmak istiyorlardı.

Çocuk yaştaki bir asker, "Burada yapmamız gereken bir görev var, bu yüzden seni yokuşun tepesine götürmek zorundayız" dedi, yüzü çillerle, çenesi sivilcelerle doluydu. Beni kabaca götürdüler, çok sıkı tuttular. İki yanımda birer Amerikan askeri vardı ve Humvee cipteki ağır silahlar üzerime çevrilmişti diğer askerlerin silahları da üzerime doğrultulmuştu. Yokuşun tepesinde daha fazla sayıda asker gördüm, ağır silahlı başka bir Humvee cip ve daha fazla sayıda asker vardı. Belki de artık üzerime on beşten daha fazla sayıda silah doğrultulmuştu, ama sayıdan emin değilim. Beni hemen serbest bırakacaklarından emin olduğum için Birleşik Devletler askerlerinin yanında kendimi çok rahat hissediyordum, İngiltere onların yakın müttefikiydi ve bütün bu olan bitenler saçmalıktı. Bütün bunlar çılgınlıktı ama Birleşik Devletler askerleriyle olduğum için seviniyordum, çok daha kötüsünün olabileceğini hissediyordum... kısa süre sonra bütün bu olanları Refik'e gülerek anlatacaktım.

Büyük çakıl taşları, toz; düşmeden yürümek ustalık istiyor. Tuhaf ağaçlar. Bir çeşit arka sokak. Sola dönüyoruz. Daha fazla sayıda Humvee cip ve asker, hepsi silahlı, alarma geçmişler ve hazırlar. Beni gösteriyorlar. Birleşik Devletler silahları, İngiltere, York'lu birinin üzerine doğrultulmuş, kalbim katıksız bir sevgiyle dolu!

Orduya ait bir kamyonun içinde sessiz ve hareketsiz insanlar görüyorum. Hiçbiri hareket etmiyor, hepsinin başına birer çuval geçirilmiş. Onlar insan, hepsinin kafasında plastik çuvallar var ve elleri kelepçelenmiş. Rahatsız edici bir görüntü. Sinirli bir şekilde şaka yapma isteğim sona eriyor ve durumun ne kadar ciddi olduğunu gözlerimle görüyorum. Burada neler oluyor ve neden bu adamlar –on beş ya da yirmi kişi kadar– Süleymaniye'de Birleşik Devletler askerleri tarafından esir alınmış? Süleymaniye'de Birleşik Devletler askerleri görmüştüm ama hiç bu kadarını bir arada görmemiştim, özellikle Kerkük'le kıyaslanırsa bu sayı oldukça fazlaydı. Süleymaniye'nin benim için güvenli bir yer olacağına inanıyordum. Peki bu olanların bir açıklaması var mıydı? Hiçbir fikrim yoktu ama görünüşe bakılırsa bu durum hiç de insani değildi. Sonraki gördüklerim bu çocukların keşfe çıkmamış olduğuna beni ikna etti. Bana bir ömür kadar uzun gelen on saniye boyunca kafasına çuval geçirilmiş insanlara baktım; bilemiyorum ama on uzun saniye, deliliği ve korkuyu kavrayabilmem için bu zihinsel deneyime beni hazırlayacak kadar uzun bir süre değildi. Bir binanın arka bahçesinden sola döndük. İrikıyım otuz kadar Birleşik Devletler askeriyle yüz yüzeydim, hepsi silahlıydı, hepsi tetikteydi, hepsi gergindi ve hepsi korkmuştu.

Bahçede bir kapı vardı ama açıktı, siyahtı sanırım; tıpkı bazı askerler ve onların kötü bakışları kadar karaydı. Çok terledim. Çok fazla sayıda asker ve silah vardı. İrikıyım biri oturuyordu, sorumlu o gibi görünüyordu. Onun önünde de ben vardım. Önce hiç soru sorulmadı, sadece soru soran gözler beni süzüyordu. Konuşmak zorundaydım, böylelikle benim İngiliz olduğumu anlayacaklardı; belki de beni öldüreceklerdi? Peki neden? "Bu üniformaların içinde terlemiyor musunuz, hava çok sıcak" dedim. Başka saçma sapan sözler de ekledim, söylediklerimin hiçbiri dikkate alınmadı. "Yanında güneş yağı olan var mı?" dedim. Yanıt yok, sadece karanlık bakışlar. Silahlar üzerime doğrultulmuş halde. Bunun gerçek olduğunu anladım. Bu adamların birçoğu çocuk yaştaydı ama en korkunç görünüşlüsü gölgeliğin altında yüzünü saklayarak oturan canavardı, onun önüne diz çöktürülecektim. O benim kralım mıydı ki önüne diz çöktürmüşlerdi.

Ter içindeydim –hareket edemiyordum– havadaki gerginlik fiziksel olarak da algılanabiliyordu. Bahçenin ortasındaki halterler ve ağırlık araçlarının yanındaydık. "Şunu lanet olası dizlerinin üzerine çöktürün." "Diz çök!" diye bağırdılar. İngiliz olduğumu söyledim ama bunu duymamış gibi davrandılar. Dizlerimin arkasına bir tekme yedim –çok sert değildi– ama dizlerimin üzerine yere yıkıldım. Saniyeler sonra ellerim arkadan bağlandı ve fermuar sesine benzer bir sesle birlikte plastik kelepçe bileklerime gömüldü.

Küçüktüm, ağrım vardı, kötü durumdaydım, çok huzursuzdum. Böylesine ezici bir gücün altında küçücüktüm.

Silahlar dolduruldu, beni evin arka bahçe duvarının önüne getirdiler, tutuklanmış gibi görünüyordum. Bina da hasarlıydı ve yerde boş mermi kovanları vardı. Yerde kan lekesi de gördüm ve burada "korkunç" şeyler yaşanmış olduğunu hissettim. Bu hayatımda hissettiğim en korkunç duyguydu. Benden çok daha donanımlı birinin bile burada çok rahat ruh hastası olacağından eminim, buradaki ruhsal ortam çok kötüydü. Hava çok sıcaktı. Beni beş yüz kez rahatlıkla öldürebilecek bir gücün önünde diz çöktürülmüştüm. Mezarıma kayıp düşmek için hazırdım, gömülecektim ve unutulacaktım. Ölmeye hazırdım. Diz çökmüş durumdayken kafama mı sıkacaklardı? Mezarım kazılmış mıydı?

Neden hiç kimse bana bir şey sormuyordu? Neden sokaktaki diğer insanları da almamışlardı? Sıcak, terliyorum, silahlar çok yakın, kafamdan on iki santimetre uzaklıkta, parmaklar tetikte, ölüme çok yakınım ama yine mizaha başvuruyor ve tekrar konuşmayı deniyorum; karmaşa hüküm sürüyor, sessiz olmam söyleniyor. "Coca-Cola şapkalı adam da kim?" diyor birisi. Kimse bana soru sormuyor ama ben yine de bilgi vermeye çalışıyorum. Kimse söylediklerimi dinlemiyor. Bahçeye karanlık bakışlar ve koyu bir sessizlik hâkim – titreyen ellerle sigara içiyorlar. İnsanları öylece öldürdüler mi? Öyle gibi görünüyor. Yerdeki kan kime ait? Cesetler nerede? Koca postallar ve ter. "Ayağa kalk lanet olası." Kalkamıyorum.

Gri renkli Ankara Hilton Oteli dosyamı ve kahverengi ajandamı aldılar ama içine bakmadan yere fırlattılar. Birleşik Devletler ordusu genelkurmay başkanı ve George Bush'tan gelen bir faksı görmüş gibi davranıyorlar ve birçok neden yüzünden bir hata yapmış olduklarını (beni hemen serbest bırakacaklarından hâlâ eminim) uzun bir süreyle insanları rahatsız etmiş olduklarını söyleyerek özür dilemelerini bekliyorum. Evrakımla ya da İngiliz pasaportumla kimse ilgilenmiyor.

Kollarımdan sertçe çekilerek iki asker tarafından ayağa kaldırılıyorum. Ayaklarımı tekmeleyerek birbirine yakın durmalarını sağlıyorlar. Evet, iki Amerikan askeri beni tekmeledi –çok sert değildi ama tekmelemelerine gerek yoktu– üç kez tekmelediler sanırım. Nazikçe ayakta durmamı sağlamaya çalışıyorlardı (işte bu tamamen diplomatik bir konuşma oldu!). Ayakta durabilirdim ama sendeledim. Ellerim yaralanmıştı; ellerim arkamda bağlandığı için dengemi sağlamam çok zordu. Bileklerime teller bağlamış gibi hissediyordum ve artık bir kolumu hissetmez olmuştum.

Evrakım incelenmedi, züppelerden biri "kazayla" evrakımın üzerine bastı, Ankara Hilton Oteli dosyasını yamyassı etti. İteklendim, sağa sola döndürüldüm, sımsıkı tutuldum ve bir duvara yapıştırıldım. Duvara çarpıldıktan sonra omzum fena halde yaralandı. Konuşmak zorundaydım, pasaportumu kontrol etmelerini söyledim, İngiliz olduğumu tekrar belirttim ve Irak'ta olma nedenimi açıkladım. Bu çok iyi bir şeymiş gibi kısa bir an için bana baktılar. "Büyük olasılıkla sahtedir, bu alçağa güvenmiyorum" dedi içlerinden biri. Ben ne kadar çabalasam da milliyetim hakkında daha fazla konuşulmadı. Gülme seslerini duyabiliyordum ama bunu kısık sesle yapıyorlardı. Askerlerin bu binada az önce yapmış oldukları şeyleri konuştuklarını duydum.

"Lütfen, efendim, evraklarıma bakın. Hükümetiniz biliyor ve diğerleri burada olduğumu biliyor, Türk hükümetinin de bilgisi var. Iraklı çocuklara oyuncak vermek için buraya geldim ve kayıp kızımı arıyorum" dedim, kelimelerin tıpkı bir itiraf gibiydi. Daha fazlasını da söyledim ama kimse beni dinlemedi ve serbest bırakmadı. "Bu alçak sesini kesmeyecek anlaşılan" dedi biri. "Onu tekrar tekmeleyin" dedi birisi. Bir an sonra kafamın arkasına bir darbe yedim, eliyle vurmamıştı. "Kapa çeneni" diye seslendi biri. Neden Amerikalıların elindeydim?

Soğukkanlı davranmak çok zordu ama soğukkanlı olmak zorundaydım, çünkü silahlarını üzerime doğrultmuşlardı. Tekmeye karşılık verseydim beni öldüresiye dövebilirlerdi. Beni öldürecekler miydi?

Fotoğraf çekildi. Birçok fotoğraf makinesi gördüm. Belki bir anda on beş fotoğrafım birden çekiliyordu. Neden?

Sonra en kötü an geldi çattı. Yerden beyaz bir çuvalın alındığını gördüm. Tozlu yerden. Silkelenmedi. "Geçirin kafasına" lafını duydum. Elektrikler kesilmeden önce duvara tekrar şiddetle çarpıldım ve ayaklarımı ayırmam için tekmelendim; çok sert değildi ama bunu yapmalarına hiç gerek yoktu. Bunu bana söyleyebilirlerdi ama beni tekrar tekmelemeyi tercih ettiler. Ayaklarımı ayırmışlardı, ince bir şekilde üzerimi aradılar, çok kabaydılar, cinsel organıma bile sert davrandılar; belki kazara oldu ama üzerimi arayan kişi kaslarımı çok sert kavradı ve gerçekten canım yandı. Her yerimi aradılar, tenasül organlarımı bile; şükürler olsun ki bunu elbisemin üzerinden yaptılar. Temizdim, benim gibi bir pantomim sanatçısının üzerinden ne çıkmasını bekliyorlardı ki? Belki silah arıyorlardı ya da yüz boyalarımı da arıyor olabilirler. Koca pençelerini ceplerime soktu, ne varsa boşalttı –bozuk para– ayakkabılarımın içine baktı ve ayak tabanlarımı yokladı, gri gömleğimin önünü açtı ve göğüslerimi yokladı – eşcinsel miydi acaba? O göğüslerimi sıkarken başka bir asker göğsümdeki kılları yoldu ve kahkahalarla güldü. Belki bu da bir kazaydı!

Arama bittikten sonra yüzümü duvara yasladılar, bacaklarımı ayırıp kolumu sırtıma doğru büktüler. Sendeledim. Tekrar konuşmaya çalıştım ama işe yaramadı. "Bunun bir hata olduğundan eminim, sadece alışveriş yapıyor ve Kürdistan Yurtseverler Birliği bürosuna gidiyordum. Evraklarım burada, George Bush'a gönderilmiş bir faks bile var" dedim. Sıfır ilgi. "Sakin ol, çeneni kapa" dediler.

Sanki kocaman gri bir balina tarafından yutulmak üzereydim, çuvalın ağzı açıldı ve kafam yutuldu. Bu ağzın etrafında dişleri yoktu, köşeleri vardı, hevesli eller tarafından çuval zorla kafama geçirildi. Karanlık her yeri kapladı, ölmeye hazırdım. Özür dilerim, bunun hakkında yazmak benim için çok zor; çuvalın kokusu hâlâ burnumda.

Çuval kafama geçirildikten sonra birkaç dakika yaşam umudumu kaybettim. Başımdan vurulmayı bekliyordum ve aceleyle birkaç veda kelimesi bağırdım. Yakınımdaki silahları duydum, küfür ettiler ve sırtımdan bir şeyle dürttüler. Yan tarafıma bir tekme yedim, sonra kafamın arkasına bir şeyle vurdular. "Kıpırda lanet olası" diye bağırdılar. Tekrar sırtımdan dürtüler ve omzumdan ittiler, kimse bana yol göstermiyordu, tekrar ileriye doğru itelediler, bu sefer çok sert bir "parmak" vardı. İleriye doğru götürüldüm, umutsuzca yerden gelecek bir aydınlık görmeye çalıştım ama göremedim, tökezledim. "Denemeye kalkma ve kurnazlık yapma, yoksa seni öldürürüz" dedi biri. İtti ve biraz daha dürtükledi. Böyle bir şey yapacağım kimin aklına gelirdi ki. Suçlu olduğumu ileri sürmeden önce neden beni kontrol etmemişlerdi?

Benim çok iyi İngilizce konuşan Irak Baas Partisi'nden, Ensar el İslam'ın bir üyesi ya da yabancı bir paralı asker olduğumu mu sanıyorlardı? Her ne olduğumu düşünüyorlarsa düşünsünler, bana postallarına bulaşmış bir pislikmişim gibi davrandılar. Hiçbir şey göremiyordum ve bana ne yaptıklarıyla ilgili hiçbir fikrim yoktu. Kollarımı ve bacaklarımı sıkıca kavrayan elleri hissettim ve yerde sürüklendim. Nereye götürüldüğüm ya da başıma ne geleceğiyle ilgili olarak da hiçbir fikrim yoktu. Hangi yöne doğru gittiğimi de bilmiyordum; tam bir karartma vardı ve algılarım karışmıştı.

Bana herhangi bir talimat vermediler, sadece sonradan öğrendiğime göre içinde Türk Özel Kuvvetleri'nin bulunduğu kamyonun içine fırlattılar. Kamyonun sıcak metal zeminine sert bir biçimde düştüm ve kafamı oldukça sert bir şeye çarptım. Yine aynı sırada bilmediğim bir cisme çarpan bacağım yaralanmıştı ama o an bacağımı hissetmedim. Boğucu çuvalın altında, yarı karanlıkta hiçbir şey anlayamıyordum. Beni vuracaklar mıydı, bıçaklayacaklar mıydı yoksa kocaman bir ekmek fırınında kızartacaklar mıydı? Birkaç saniye içinde bir sosis gibi kızarırdım. Beni diri diri yakacaklar mıydı? Bu ateşi mi hissediyordum? Beni bir fırının içine mi fırlatmışlardı? Hayal edemezsiniz, neye benzediğini asla bilemezsiniz ve yemin ederim bunu anlayamazsınız. Tarifsiz bir korku. Bunu hiç bu kadar şiddetli hissetmemiştim. "Sen de kimsin geri zekâlı?" dedi yakınımdaki biri, Amerikan aksanıyla konu-

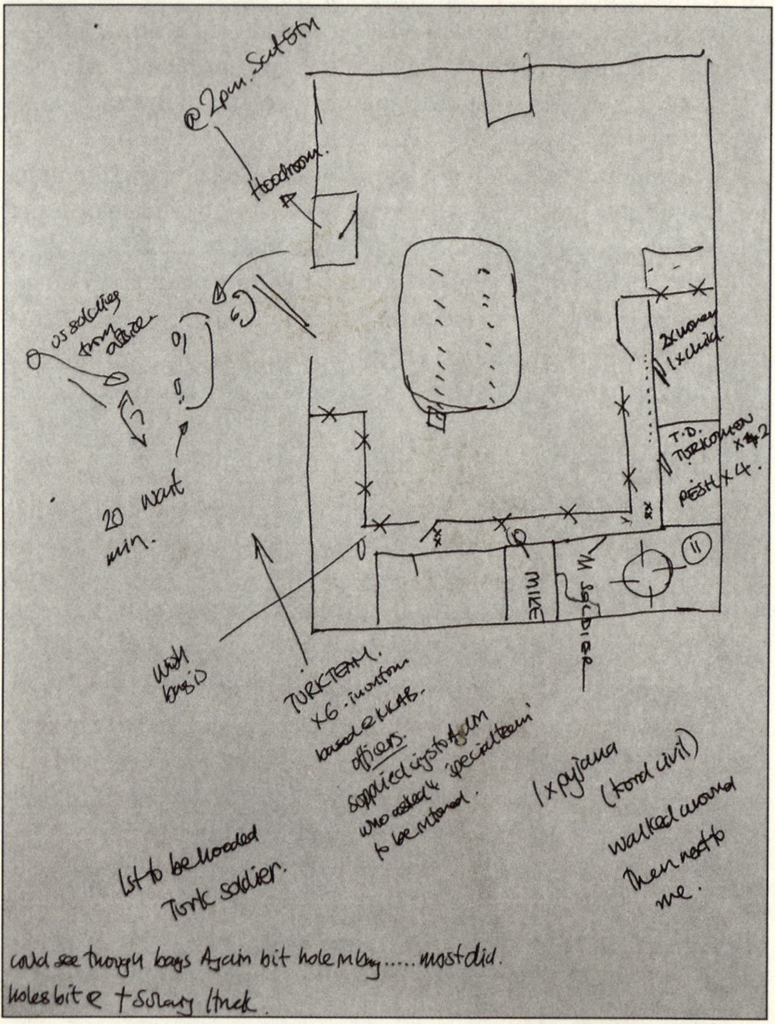

Türk Timi Komutanı Binbaşı Aydın E. ile yıllar sonra karşılaştığımızda Süleymaniye Baskını'nı elle çizerek, neler yaşandığını dakika dakika anlattı. Türk karargâh binasına "yuvam" diyordu.

şuyordu. Belki de beni ekmek fırınına atanlardan biriydi, bilmiyorum. Yanıt verdim ama çuvalın içinden konuştuğum için beni duydu mu bilmiyorum. "Ben İngiliz'im, kız arkadaşım Iraklı ve çocuğumuz burada kayboldu. Kızımı bulmak için buraya geldim ve çocuklara oyuncak dağıtıyorum. Lütfen, evraklarımı kontrol edin, efendim. Amerikalılar burada olduğumu biliyor" dedim aceleyle. "Düşünebildiğin en iyi bahane bu mu? Bundan çok daha iyisini uydurabilirdin" dedi, benimle alay ediyordu. Yüzüme sıkı bir yumruk indirdi. Önümde bir kahkaha sesi duydum. Yanıyordum, özellikle de sırtım yanıyordu; metal zemin çok sıcaktı. Acıyı hafifletmek için kollarımı bükmeye çalıştım ama yapamadım. Sol kolumu hissetmiyordum; kısa süre sonra hiçbir şey hissetmeyeceğimi hissediyordum. Kötülük her tarafımı kuşatmıştı; kendini hayır işine adamış birine bu şekilde mi davranılırdı? Kötülüğün kokusunu alabiliyordum, ağzımda kötülüğün tadı vardı. En kötü düşünce, yalancı olduğuna inanan biri tarafından öldürülmekti. Oyuncaklara ve Sacide'yle ilgili söylediklerime inanmıyorlardı, bu canavarlar sevgiye de inanmıyordu.

Zeminde rahat değildim, dönmeye çalıştım ama dengemi bir türlü sağlayamıyordum. Ayaklarınız öne doğru uzatılmış ve elleriniz arkadan bağlanmış bir halde kıçınızın üzerinde oturmaya çalıştığınızı hayal edin. Kafanıza bir de çuval geçirilmiş; dengeyi boş verin, öldüğümü düşündüm ve bu yüzden burada olduğum için kendimi çok mutlu hissettim sanırım, zalim Birleşik Devletler askerleriyle birlikteydim. Tekrar oturmak için çok çaba sarf ettim ama hâlâ hiçbir şey göremiyor ve nerede olduğumu bilmiyordum. "Pislik torbası hacılar, çenenizi kapayın, çuvalları çıkartın da sizi iyice bir pataklayayım" ve buna benzer şeyler duydum. Küfürler yüksek perdeden ve uzundu ama aynı zamanda Amerikalıların dışında da sesler duyuyordum. Evet, yakınımda başka sesler de vardı. Artık yakın çevremdekileri anlayabiliyordum. Görünüşe bakılırsa arka tarafım ön tarafımdan daha karanlıktı. Sağ tarafıma doğru eğilince insan vücudu olduğunu düşündüğüm bir şeyleri hissedebiliyordum. Bu bir ceset miydi? Sol omzumla onu hafifçe dürttüm. Bu her neyse hareket etti. Bu bir insansa, canlı canlı bir deliğe birlikte mi gömülüyorduk? Bir süre sonra sağ tarafımda ayak ve bacaklar olduğunu keşfettim, böylelikle yanımda başka insanlar da olduğundan emin oldum, peki bu insanlar kimdi?

Kafamdaki çuvalı yüzümden çekemediğimi ümitsizce gördüm, gözlerim ışığı görebilecek minicik delikleri araştırıyordu. Gözlerimi iyice kıstım, çenemin, dişlerimin ve omuzlarımın yardımıyla ileriye doğru baktım. Bir şeyler görmek mümkün değildi, ama bir görüntü yakalamayı başardım. Dijital bir fotoğraf makinesindeki küçük piksellere benzeyen birçok imge gördüm, bunlar çok küçüktü ama hepsi bir araya gelince görüntü ortaya çıkıyordu. Beyaz bir çuvalın içinden ancak bu kadarı görülebilirdi. Bir kamyonun içine konduğumu görmüştüm, Amerikan askerlerini arkasından izliyordum. Hepsi silahlıydı. Askeri kamyonlar gördüm.

Tutuklandıktan hemen sonra beni bir kamyonun içine atmışlardı.

Bir askerin kamyona tırmandığını gördüm ve yumruğunu sol tarafımda duran adamın suratına indirdi. Çuvalı çıkartmamasını söyledi. Bir el silah sesi duydum, ama bunun ne olduğunu bilmiyorum. Biri mi öldürülmüştü? Arka tarafımda çok fazla öfke vardı. Askerler bize sessiz olmamızı söylediler. Yanımdakilerin hangi dilde konuştuklarını anlamadım ama bu dil bana çok tanıdık geliyordu.

Çuvalın içindeki sıcaklık gerçekten de kafanızı bir fırının içine sokmuşsunuz hissi veriyordu. Yumruklanma tehlikesini göze alarak nefes almak için çuvalımı biraz gevşettim, havayı yuttum. Boğulmaktan korkuyordum, tabii bizi bu şekilde öldürmeyi düşünmüyorlarsa. Neden Irak'ta olduğumu anımsıyorum – Birleşik Devletler'in esirlere nasıl davrandığıyla ilgili hiçbir fikrim yok ama düşündükçe hatırlıyorum, en kötü seri katillere bile bundan çok daha iyi davranıyorlardı. Çuvalın içindeki sıcaklık 130 fahrenhit olmalı. Başım dönüyor ve yıkılacağımı düşünüyorum.

Fırın-kamyonun içinde beklerken çok fazla konuşma duyuyorum, tüm yakarışlara kayıtsız kalıyorlar. Diğer adamlar su istiyor, ama anadilleri İngilizce değil. Aniden saldırıyorlar, yanımızdaki askerler, kafalara vuruyorlar (elleriyle ya da dipçiklerle) ve bağırıyorlar. Anlayan var mı? Kafama darbe alıyorum; el mi yoksa metal bir cisim mi? Kazayla mı? "Kapayın çenenizi. Kıpırdayanı öldürürüm" diyorlar, maço zırvalıklar. Ben tamamen sessizim, ölüme hazır mıyım? Sadece hayal ediyorum; kum çuvalı kafamda ve sıcaklık en az 40 derece derece. Uzun bir bekleyiş. Sonsuza kadarmış gibi. Silah tıkırtısı. Son. Bu garip dil ne? Sorular; bazılarının İngilizcesi çok zayıf ama diğerlerinin iyi. Aksan tanıdık geliyor ama ter, acı ve bilmezliğin korkusu yüzünden duymakta zorluk çekiyorum. Ter fışkırıyor, gözlerimin içinden bile. Tuz; yüzümü yıkayamaz mıyım? Kaşıntı çok kötü, kaşınamaz mıyım? Zemin aşırı sıcak. Sert metal. Tekmeler. Göğsümü tekmeliyorlar ve diğer bedenlerin üzerine sırtüstü devriliyorum. Canlılar mı yoksa ölüler mi? Amerikalılardan ve esirlerden haykırışlar yükseliyor.

Tam suratımın ortasına bir darbe alıyorum. Canım çok yanıyor, belki kanıyor ama emin olamıyorum. Bir asker geçerken kazaylamı vurdu, yoksa kasıtlı mıydı? Ama benimle birlikte diğerlerine de vurduklarından ve tekmelediklerinden eminim. On dakika mı bekledik? Yoksa bir saat mi bekledik? Hiçbir fikrim yok. Aceleyle yola çıkıyoruz ama çok fazla hareket var. Daha fazla silah tıkırtısı duyuyorum. Askerler kafamızdaki çuvalları sıkıştırıyor. Daha önce eşyalarımın siyah plastik bir torbaya konduğunu gördüm. Şu anda bütün eşyalarım yatağımın altında duruyor. Eşyalarımı yakacaklar ve beni öldürecekler mi? Bu bir kontrolden çıkma durumu mu, kontrolünü kaybetmiş bir birim hepimizi öldürecek mi? Düşünceler zihnimde uçuşuyor. Aşırı sıcak ve zihnimde çok fazla düşünce var. Tekrar ediyorum; alışverişe çıktım, çerçeve almak için, Kürdistan Yurtseverler Birliği Partisi'nin bürosu, pantomim sanatçısıyım, kızım kayıp, sevgiyle doluyum ama kaçırıldım. Bu bir kaçırılma vakası mı? Hayır, bu daha çok gözaltına alma gibi görünüyor ve öldürecekler. Bu askerler kılık değiştirmiş suçlular mı? Spor olsun diye mi bunu yapıyorlar? Hepimiz kaçırıldık mı? Bağırışlar. "Kıpırdayın, geciktik." Eşyalar kontrol ediliyor. Daha fazla silah üzerimize doğrultuluyor. Küçük deliklerden etrafa bakmaya çalışıyorum ama başımı daha fazla döndürmeyi başarmalıyım ve çenemi, omuzlarımı ve dişlerimi kullanmalıyım. Daha yüksek sesle bağırıyorlar: "Çuvalını çıkaranı öldürürüm." Bu gerçek, çuvallarımızı çıkartırsak (başını hareket ettirip dişlerin, çenen ve omuzlarınla bunu yapabilirsin) bizi vuracaklarını söylediler. Sadece durdum ve bunu düşündüm. Çaresizlik içindeydim. Plastik kokmayan havaya ihtiyacım vardı, vuracaklarsa vursunlar diye düşündüm. Başka bir şey düşünmedim. Kamyon çalıştı. Büyük bir motoru vardı; sıcak daha da arttı. Motor sustu, sarsıntı durdu. Askerler içeri girdi. Biri ayaklarımdan çekti. Kapı yukarı doğru kalktı, bir çarpma sesi duyuldu. Işık bizden alınmış mıydı? Bu bir kutu muydu, cehennemde miydim? Bizi diri diri yakacaklar mıydı? Bütün duygularımı kaybetmiştim; böylesine bir sıcakta insan her şeyi kabullenmeye hazır hale geliyor. Karanlık gücün ortaya koyduğu her şeyi kabullenmeye hazır olacaktım. Bu güç benden asırlar sonra da var olacaktı, bundan emindim. Sizin de bildiğiniz gibi, diğerlerinin bu karanlık enerjiyi soğurduklarından söz etmiştim ve aslında benim yüzümden dayak yemişlerdi. Bu sefer sineye çekecektim her şeyi; şeytani bir güçle ve kötülüğün pençesiyle yüz yüze kaldığımdan artık emindim. Kaçış yoktu; ışıkları kapatmanın zamanı geldi diye düşündüm.

Sonunda hareket ettik, gıcırtılar ve inlemeler duyuldu. Aşırı sıcaktı ve çuvalları çıkartmamamız için epey bağırdılar. Sessizlik. Su yoktu ama su için çok fazla talep vardı. "Bay Su" diye seslendi biri. Sıcak dayanılmazdı, keskin dönemeçler, yollardaki derin çukurlar, sıçramalar, küfürler... Bileklerim fena yaralanmıştı –kelepçeler çok sıkıydı– kolum yavaşça hissizleşti. Dengemi sağlama imkânım yoktu, bu yüzden sendeliyordum, bacakların üzerine düşüyordum ama bunların kimin bacakları olduğunu bilmiyordum. Ölü insanların bacakları mıydı? Ayağa kalkmak zordu. Askerler yardım etmiyorlardı. Ben kamyonun köşesindeydim, ayağım arka kapıya değiyordu, zeminde su şişelerinin yuvarlandığını hissediyordum ama kimse bunları vermeye kalkmadı; belki de yerdekiler el bombasıydı.

Hareket ettikten sonra kamyonun manevraları çok kötüydü; bileklerim yaralandı, sırtım kötü durumdaydı, ağzım Sahra Çölü gibi kurumuştu: Trafik vardı, kornalar, kalabalık bir yolda olduğumuzdan emindim –şehir merkezine çok yakındık– yaklaşık on dakika sonra durduk. Bir şeyler görmek için uğraştım; neredeydik? Minik deliklerden bir kapı, duvarlar ve büyük bir su kulesi gördüm, arkamızda Humvee cipler vardı, kocaman silahlar vardı ama su yoktu. Burası bir tür tesise benziyordu. Neredeydik? Neden buradaydık? Burası bir mezbahaya benziyordu – keçilerin ve koyunların boğazlarının kesildiği bir yer gibiydi. Yoğun su talepleri dikkate alınmadı. "Bay Su" diye seslendiler. Kamyonun yanında renkli bir şeyler gördüm, araba sesleri yok oldu, çok fazla konuşma vardı, uzun süre bekledik, su için yalvardım – yanıt yok. Bağırmalar–, çuvallarımızı çıkartırsak bizi vuracaklarını tekrar söylediler. Bu kadarı yeter alçaklar, yeter. Bir askeri tekmeleyip kamyondan aşağı atmayı düşündüm, ama şu anda hayattaydım ve bunu yaparsam hayata veda edeceğim açıktı. Bu çok kötü Bay Bush, bu çok ama çok kötü. Bunu örtbas etmek istemeni anlayabiliyorum. Tekrar, bozuk bir İngilizce duydum ama kimin hangi dilde konuştuğundan emin değildim. Kimlerle birlikteydim?

Askerler konuştu. "Kısa süre sonra –su biraz sonra– çuvallar biraz sonra çıkarılacak. Bir şey yapmaya kalkanı vururuz" dediler. Ama verdikleri sözler bir türlü yerine getirilmedi. Bekledik, bağırdılar, ölümle tehdit ettiler, daha fazla söz verdiler –su, temiz hava– hiçbiri olmadı, sadece kafalarımıza tekme yedik.

En sonunda, yarım saat ya da bir saat sonra bilinmeyen bir yere doğru yola çıktık, yaklaşık beş dakika kalabalık bir yolda seyrettik. Çuvalları başımızdan söküp aldılar. Süleymaniye'yi gördüm, ana yolda gidiyorduk, herkes gözünü bize dikmişti; bizimle alay ediyor ve Amerikan askerlerini alkışlıyorlardı. Amerikan askerlerine el sallıyorlar ve gülümsüyorlardı, bize aşağılayıcı şeyler fırlatıyorlardı. Bazılarının ayakkabılarını savurduğunu ve tükürdüğünü gördüm. Neden başımızdaki çuvalları çıkartmışlardı? Bunu kasıtlı yaptıklarını şimdi anlıyorum, insanlar yüzlerimizi görüp tanımıştı ve böylece Birleşik Devletler iyi bir iş yaptığını Kürtlere göstermiş oluyordu. Durumumuzun ne kadar kötü olduğunu gördüm: Kamyonda benimle birlikte elleri kelepçeli birçok insan vardı, kamyonda iki asker bizimle birlikteydi, silahlarını üzerimize doğrultmuşlardı. Çaresizlik içindeydim, bu durumdan kurtulmam mümkün değildi; ölüme gitmeden önce son bir durak. Çuvalın çıkartılmasının verdiği gerilimle gözlerimin kamaşması birleşti; tabelalar hızla önümden geçiyordu ve duygularım aşırı yüklendi, "sunucum" çökmek üzereydi. Bu kötüydü, çok kötüydü. Elle göstermeler, aşağılamalar, tükürmeler, ayakkabı fırlatmalar. Bizi esir alan çocuk yaşta askerleri ve Humvee cipteki yüzleri gördüm. Gülümsüyorlardı, mutluydular, esirlerinin kesik kafalarını tankına asarak geçit töreni yapan çılgın bir generale benziyorlardı. Kıyamet günü mü gelmişti? Evet, gelmişti hatta bu daha da korkunçtu. Yüzyıllar önce suçlular aynı bu şekilde sokaklarda gezdirilirdi. Neden? Kamyondaki diğer adamlar kimdi? Ne suç işlemişlerdi ki bu kadar kötü muamele görüyorlardı?

Tekrar ediyorum, bunu kasıtlı yapmışlardı, ne kadar etkili olduklarını göstermek istemişlerdi, bunu nasıl yapacakları konusunda da Kürtlerden fikir almışlardı. Saçmalık! Gerçekten birinin "Michael" diye seslendiğini mi duydum? Kendimi mi kandırdım? Bu gerçek mi, yoksa rüya mı görüyorum? Sanırım doğru duydum, evet gayet iyi duydum. Biri beni tanıdı. Gömleğimde kan var –gömleğim kan içinde alçaklar– yüzüm ve başım yara içinde.

Şehrin içindeki yol çok iyi ama hızımız düşük, şoför kamyonu çok yavaş sürüyor. Neden? Kalabalık geçit törenini izleyebilsin diye mi? Evet, gösterişli bir konvoy. Üç ya da dört Humvee cip bizi takip ediyor, sanırım ön tarafımızda da birçok araç var; toplam altı ya da yedi tane sanırım, bunlara diğer askeri araçlar da dahil. Evet, tıpkı bir sirk konvoyu gibi, ama palyaçolar silahlı.

Cuma kalabalığı, araçlar durmuş, biz büyük olayız, el sallıyorlar, alkışlıyorlar, alay ediyorlar, ayakkabı fırlatıyorlar. Tekrar söylüyorum, bütün bunlar kasıtlı yapıldı, yırtıcı hayvan avıyla birlikte, köpekler nasıl tavşan yakaladıklarında gururla evlerine dönüp, "sahibine" iyi bir avcı olduğunu göstermek isterse, bunlar da aynı ruh haliyle davranıyorlar. Kürtlere, Birleşik Devletler'in kuzeyde etkin olduğunu, kendilerine karşı olanları kökünden kazıdıklarını, onları teröristlerden koruduklarını gösteriyorlar –yabancı savaşçıları avlıyorlar– ne saçmalık ama, askerler verilen emirleri yerine getiriyor. Benim yakalanmam için kim emir verdi? Züppe eğil, birazdan bu çuvalı senin başına geçireceğim, seni alçak.

Bunun büyük bir oyun olduğundan eminim. Basının burada olmaması çok şaşırtıcı, yoksa buradalar mı? Kürdistan Yurtseverler Birliği Partisi'nin bürosunun önünde elinde kamera olan birini anımsıyorum, beyaz bir dört çeker cipin yanında duruyordu. Bir fotoğrafçı da görmüştüm. Kürt basınının bunu çekmiş olması mümkün, çektilerse dünyanın geri kalanı bütün bunları görebilecek, ama burada söylediklerine göre internette benim yakalanmamla ilgili herhangi bir haber yokmuş.

Ben bir piyonum, bana Jessica diyebilirsiniz. Seni çok fena benzetecekler, seni bu terörist pisliğine bulaştıracaklar. "Biliyorum", "bunları çok dinledim", "artık duymak istemiyorum", "sessiz ol". Beni yakaladıklarından beri bunları söyleyip duruyorlar.

Buradaki asıl önemli nokta, büyük olasılıkla beni tekrar buraya (Süleymaniye bekleme sahası) yerleştirecekler; çuvaldaki iğne deliklerini kullanmış ve dikkatle çevreme bakmıştım. Evet, Süleymaniye'deki bekleme sahası, su kulesini ve bu alanın ana yolla olan bağlantı açısını anımsıyorum. Geri döneceğiz – sen ve ben mi? Evet mi, hayır mı? Beni Süleymaniye'ye geri götür, o zaman burayı bulabilirim, bundan eminim. Evet, sevgili Amerika Birleşik Devletleri, beni bir ceset gibi torbaya sokabilirsin, ama nerede olduğumuzun bilgisi hâlâ zihnimde. Neden bu tesiste durmuştuk?

Yol kötüydü, çukurlar vardı, kamyonun süspansiyonu kötüydü, kıçımızın üzerinde sıçrayıp duruyorduk, bileklerimiz de kırılacak mıydı? Su geldi, ağızlar açıldı, sanki çaresiz yavru kuşlar anne kuş tarafından besleniyordu; büyük, şişman, kel kafalı lanet bir Amerikan kartalı, anne kuş tarafından! Çok acıklı bir manzaraydı, ağızlarımızı açmıştık, hayatta kalmak için silahlı ve düşman Birleşik Devletler askerlerine bağımlıydık. Yuvarlandık, yumak halinde bir araya toplandık, tüfekler kazara kafalarımıza çarptı, askerler bazen nazik bazen de küfürlü sözler söyledi, bazen sert ama nadiren mantıklı davrandılar. Genç çocuklardı, ikisi de çocuk sayılacak yaştaydı, sadece tek bir isim seslendiler, rütbesi belli değildi, Michael Ralda ya da ona benzer bir şey. Belki de bu isim kamyonun önünde bize eşlik eden Humvee cipteki bir yolcunun ismiydi (bize eşlik eden araçların tamamındaki silahlar üzerimize çevrilmişti) ve bu yolcu artık bir savaş esiri olan masum pantomim sanatçısı, yazar ve âşığa askerlerin kimliklerini ortaya çıkartmakta yardım edecekti. Anımsadığım diğer bir isim de, Çavuş Cross'tu. Suratıma bakan yüzler çok sertti, bakışları kötülük doluydu. Bize karşı çok fazla nefret ve şüphe vardı, bu hemen hissedilebiliyordu; özellikle de bize eşlik eden en ön sıradaki Humvee cipin ön koltuğunda oturan kişiden etrafa yayılıyordu. Daha önce onun önünde bana diz çöktürmüşlerdi, kafamı kesmeye hazırdı. Bu adamın nefreti elle tutulabilir haldeydi ama üzerimden boşalan ve gözlerimin içinden bile fışkıran ter ve tuz yüzünden bu nefreti ancak kaygan ve bulanık olarak görebildim. Yoldaki tümsekler yüzünden zıplar ve dengemi bir türlü bulamazken yüzüm dizlerime sürtünmüştü. Sıcak metalin üzerine oturmuştum ve kamyonun süspansiyonu yoktu. Bana yokmuş gibi gelmişti, çünkü tekerleklerin üzerinden geçtiği lanet olası her çukuru en ince ayrıntısına kadar hissetmiştim. Kaba etlerim ezilmişti. Çukurların üzerinden geçerken acıdan ulumuştum, doğruyu söylemek gerekirse tekerleklerin çukura her girişinde kamyonun metal zemininden bir metre havaya yükseliyordum, bu bileklerimizi de kırabilir miydi? Kasıtlı olarak mı böyle yapmışlardı? Gülme sesleri duymuştum, çektiğimiz acı onların hoşuna mı gidiyordu?

Etrafa bakmaya çalıştım ve benimle birlikte esir alınan diğer insanları gördüm, onları rahatsız etmemek için dikkatli olmalıydım, çünkü kim olduklarını bilmiyordum; biri pijamalıydı, diğerlerinin üzerinde elbiseleri vardı, kot pantolonlar, gömlekler, tişörtler. Bu adamlar kimdi? Iraklı mıydılar, kaçak Baas Partililer, teröristler, suçlular? Ama hepsinin üzerinde bir şekilde birbirine benzer giysiler vardı; yüzlerinde aynı nefret dolu ifade vardı, askerlerin canına okumak istiyorlarmış gibi görünüyorlardı, çok ama çok öfkeli görünüyorlardı.

Bunu anlamak kolaydı, El Kaide fısıltıları duydum, bunlar El Kaideciydi. Bunun olmasına imkân yoktu. Ama işte olmuştu.

Askerlerin El Kaide hakkında konuştuklarını duymuştum.

Su içme manzarası gerçekten çok acıklıydı, askerlerin gözüne gözümü dikmiştim, hayatta kalmak için suyu doğru şekilde dökmesine muhtaçtım. Mide bulandırıcı bir sahneydi: Yirmi ya da daha fazla ağız açılmış, su bekliyordu. Altımız yerdeydik, geriye kalanlar kamyonun yan tarafındaki metal ve ahşap sıralarda oturuyordu, kamyonun üzeri katranlı muşambayla örtülmüştü. Su kamyonun arka kapağındaydı, su yerlerdeydi, idrara benziyordu, belki de idrardı, su şişeleri etrafa dağılmış durumdaydı. Sırılsıklam olmuştum, önü açık gömleğimi ve gömleğimin altındaki beyaz tişörtümü gördüm, ön tarafım terden parıldıyordu, sıcağın ortasında ter ve kanla karışmış bir halde oturuyordum. Hayatımda hiç bu kadar çok terlememiştim. Pantolonum ıslaktı, siyah kot pantolonumun üzerinden bile terin ıslattığı yerler görülebiliyordu. Hepimiz terden sırılsıklam olmuştuk.

Süleymaniye'den ayrıldıktan sonra yolculuğumuz bitmeyecek gibi görünüyordu, nereye gittiğimizden de emin değildim. Dört saatlik yolumuz kaldığından başka bir şey söylemiyorlardı. Tam bir işkenceydi. Kafa karışıklığına yol açma oyunu oynuyorlardı. Yiyecek de vermemişlerdi tabii ve su da çabucak tükendi. Bizi nerede teslim edeceklerini bilmediklerini söylediler, sonra bunu biliyor olsalar da söyleyemeyeceklerini söylediler, kimse bir şey soramıyordu. Çok gerginlerdi, parmakları sürekli tetikteydi, bıçaklarını gösteriyorlardı. Bazen gevşek davranıyorlardı, görünüşe bakılırsa dikkatlerini yoğunlaştırmakta güçlük çekiyorlardı. Silahlarını üzerimize çevirmedikleri zaman fırsat buldukça kamyonun arka kapağından dışarıya asılıyorlardı.

Kuzeye mi yoksa güneye mi gidiyorduk? Bugün cumaydı, Müslümanlar için tatil günüydü. Birçok insan piknik yapıyordu, bazıları yol kenarlarındaydı, ağaçların gölgesi altında. Güneş batıyordu, çok fazla insan vardı, el sallıyorlar ve Amerikalıları alkışlıyorlardı. Kontrol noktalarındaki –Kürdistan Yurtseverler Birliği Partisi mi, yoksa Kürdistan Demokrat Partisi mi bilemiyorum– askerler, Amerikan konvoyuna el sallıyor ve selam veriyorlardı. Humvee ciplerdeki askerler coşkulu bir şekilde onlara el sallıyordu, Kürdistan Yurtseverler Birliği ya da Kürdistan Demokrat Partisi askerleri onlara kocaman gülücüklerle, bize öfkeyle bakıyorlardı. Biri tükürdü. Araçlar el sallamak için duruyordu, evet, karşı yönden gelen araçlar konvoya el sallamak için duruyorlardı! Bazı insanlar taş fırlatıyordu, taşları bize mi yoksa Amerikalılara mı atıyorlardı bilemiyorum. Bu durumda ne düşüneceğini bilemiyor insan! Silahlar üzerimize çevrilmiş ve kıpırdamamız söyleniyor, çuvallarımız yanımızda.

Çuvallarımızın üzerine oturmaya çalışıyoruz, hepimiz uyuşmuş haldeyiz, zemin çok sert ve yukarı aşağı zıplayıp duruyoruz. Yan yana oturmamızı ve birbirimize karışmamamızı söylüyorlar sürekli. Lanet olsun, ellerimiz kelepçeli, kamyonun arkasında sağa sola savrulup dururken böyle bir şeyi nasıl yapabiliriz ki? Geri zekâlılar, ama şunu onlardan duymak oldukça önemliydi: "Hanginizin El Kaideci olduğunu biz bilmiyoruz, bu yüzden kimliğiniz tanımlanması için çuvallarınızı yanınızdan ayırmayın, çuvallarınızı değiştirmeyin, yoksa başınız belaya girer. El Kaideci olduğunuzu düşünmemizi istemezsiniz, bu yüzden yargıca çıkana kadar çuvallarınızı yanınızda tutun."

Bu bizim hakkımızda ne düşündükleriyle ilgili hayati bir ipucuydu. Kamyonda El Kaideciler olabilirdi, yoksa bütün bunlar sadece oyun muydu? Yolculuk sırasında birkaç kez teröristçe işler yaptıklarından söz etti; hakaret, ima etmeler, küfür ve alaylarla birlikte. Bizim askeri açıdan çok iyi eğitimli ve tehlikeli katiller olduğumuzu düşünüyorlardı. Akıllarındaki tek düşünce buydu. Belki de birlikte yolculuk ettiğim insanlar El Kaideciydi. Bu çocuk sayılacak yaştaki askerler bazılarımızın El Kaideci olduğundan şüpheleniyorlardı. Ensar el İslam'dan da söz ediyorlar, "suikast" ve başka saçmalıklardan da bahsediyorlardı. Askerlerden biri bana "Paralı asker misin, yoksa casus mu?" diye sordu. Uyanmak için bir fincan kahveye ihtiyacım vardı.

Kamyondayken iki askerin tam yanında oturduğumu göz ardı etmeyin, konuştukları her şeyi duyabiliyordum.

Bizi deneyip sonra da öldüreceklerimle ilgili önceki düşüncelerime hiç de şaşırmamak gerekir. Ama gerilimin gerçeküstü doğası yüzünden bütün bunlar bana çok komik geliyordu. Plüton gezegeninden bir komedyenin bu öyküyü anlatması için kendini oldukça zorlaması gerekir ki insanlar buna gülebilsin. Kafam kendi dertlerimle meşgul bir halde sokakta yürüyordum ve şimdi bunun üzerinden sadece birkaç saat geçmişken bir El Kaide şüphelisi olmuştum. Kendimi zorlayıp gülmeye çalışıyordum ama karmaşık duygular içindeydim. Önceden çuvalın içinde şarkı söylüyordum, düşündüğüm her şey gerçek oluyordu, şarkı söylemeye devam edersem kafama sıkılan kurşunun sesini duymayacağımı düşünmüştüm. Çok korkuyordum ama "Born in the USA" ve "God Bless America... The Land of the Free" şarkılarını söylemiştim. Beni duymuşlardı, demek istediğimi anlamamışlardı, İngiliz olduğumu onlara anlatmak zorundaydım ama söylediğim şarkıları hiç beğenmemişlerdi. Çenemi kapamamı söylemişlerdi ama bunu yapmak benim çok hoşuma gidiyordu.

Askerlerin bizi kamyonda sorgulamaları kaçınılmazdı, özellikle de beni, çünkü çok iyi İngilizce konuştuğumu biliyorlardı ve neden burada karşılarında oturduğumu. Yapmaları gereken ilk zırvalıkları yapmışlardı, nereli olduğumu, adımı, neden Irak'ta olduğumu, asker mi olduğumu; ilk başta bunları konuşacak ruh hali içinde değildim. Onlarla konuşmak hoşuma gitmiyordu. Onların da işi zordu. Onlar sordular, silahlarını üzerime doğrultular; bu yüzden ben de onlara anlatabileceğimin en azını anlattım, çünkü verecekleri yanıtları artık biliyordum, bunları daha önce de duymuştum.

Kostümlerinin üzerinde isim yazıyor mu diye baktım, özür dilerim üniforma demeliydim ve yazan isimleri hafızama kaydettim. Zeminde bir tükenmezkalem yuvarlanıp duruyordu, yerdeki büyük bir çukura girince askerlerden birinin cebinden düşmüştü. Bir hatıra olarak onu almak istiyordum. Bunu denedim ama başaramadım, çünkü siz de biliyorsunuz, ellerim kelepçeliydi. Asker aceleyle onu elimden aldı ve belki de bu kalemle onlara saldıracağımdan ve bütün bu konvoyu tükenmezkalemle etkisiz hale getireceğimden korktu! Evet, züppeler, bu tükenmezkalem benim için çok önemliydi.

Yanımdaki adam çok acı çekiyordu, plastik kelepçeler ona eziyet ediyordu. Acıyla kıvranıyordu ve çok üzgündü. Hepimiz öyleydik ama onun hayati tehlikesi vardı, çünkü ellerinin rengi değişmeye başlamıştı.

Yerdeki çukurlar acıyı artırıyordu. Havaya sıçrayıp sonra da metal zemine düşmek çok kötüydü, askerler bile oturdukları yerden savrulup düşüyorlardı, hem askerler hem de tutsaklar öfkeyle şoföre küfrediyorlardı. Askerler savrulup düşüyordu. Çok komikti, arkamdan kahkaha sesleri geliyordu!

Bu kadar El Kaide şüphelisi nereden çıkmıştı? Türkçe konuştuklarından emindim, bu mümkün değildi çünkü Birleşik Devletler ve Türkiye müttefikti. Burada tek terörist ben miydim?

Kafamda çuvalla karanlık dünyamda sırtüstü yatarken dokunduğum insanların ölü mü yoksa canlı mı olduklarından emin değildim. Tekrar ediyorum, sıcak bir metal zeminin üzerine fırlatıp atılmıştım, ellerim kelepçeliydi ve kafamda bir çuval vardı. Bedenleri hissetmiştim ama onların ölü mü yoksa canlı mı olduklarını bilmiyordum. Bir ceset yığınının içine fırlatılıp atılmış olabilirdim. Bunlar çok kötü düşüncelerdi, bunları hatırlamak şu an bile beni çok rahatsız ediyor.

Gözlerim serbest kaldığında terörist olmalarından şüphelenilen insanları rahatça görebildim, hepsi yaşıyordu ama çok öfkeli görünüyorlardı. Bu insanların Iraklı ve El Kaideci olabileceklerini düşündüm, Birleşik Devletler, Usame Bin Ladin'le Saddam Hüseyin bağlantısını kanıtlamak için bizi basının önüne çıkartarak bir oyun oynayacaktı. Elleriniz bağlı ve gözleriniz körken başka ne düşünebilirdiniz ki? Ne yaptığımı ya da kim olduğumu düşündükçe çıldırıyordum. Bu kamyonun içinde tutulmam delilik değilse neydi? Evet, artık her şey mümkün görünüyordu.

Kamyonun içine bakacağım diye boynum tutuldu. Kimse gülmüyordu. Herkes şaşkındı. Yanımda yatan adamla aramda bir yakınlık olduğunu hissettim, şükürler olsun ki adam sağdı ama pekiyi durumda değildi. İngilizcesi gayet iyiydi, bana milliyetimi sordu, kendisi Türk'tü, Ankaralıydı, aramızdaki bağ büyüdü. Peki, Süleymaniye'de ne yapıyordu? O da bana aynısını sordu! O ve patronu –patronu da kamyonun arka tarafındaydı, şişman bir adamdı– Birleşmiş Milletler için müteahhitlik yapıyorlardı. İnşa ettikleri Birleşmiş Milletler binasından söz etti. Askerler sohbetimize müdahale etti, adamın yalan söylediğini ve kimlikleri olmadığını söylediler. Lanet olsun, askerlerin davranış tarzı da, yeni arkadaşımın anlattıkları da hiç hoşuma gitmedi. Yeni arkadaşım bir tanıdıklarının evinde çay içip patronunu beklediğini söyledi. Dışarı çıkınca biri onu yakalamıştı, kamyondaki diğer insanların da Türk olduğunu söyledi ama bazılarını tanımıyordu. Bizim konuşmamızdan nefret ettiler ve silahlarına mermi sürerek çenemizi kapamamızı söylediler. Aptalca bir oyundu.

Bazı tutsaklardan şikâyet sesleri yükseldi, herkesin canı yanıyordu, kelepçeler sıkıyordu, su ve yiyecek istiyorlardı. Türk pahalı giysiler giydiğini ve terörist olmadığını söyledi, başıyla üzerindeki kot pantolonu gösterdi ve pantolonunun markasını söyledi. Çok iyi giyimliydi.

Bazıları daha fazla konuştu, evet artık emindim, Türkçeyi tanımıştım ve kısıtlı Türkçemle onlara yanıt verdim, merhaba dedim. Askerler tarafından hemen azarlandım. Evet, benim Türkçe konuştuğumu duyduklarında çok heyecanlanmışlardı.

Türkler çok öfkeli adamlardı, ama bazıları çok sessizdi. Arka tarafta oturan biri askerlere çok tehditkâr bakıyordu, onun askerlere nasıl baktığını görmüştüm. Yoksa yanında patlayıcı mı vardı? Kamyonda bir intihar bombacısı mı vardı? Bir şeyler olacaktı. Silahlı bir grup Amerikalılara saldıracak ve bizi serbest mi bırakacaklardı? Ama ben asker değildim ve bu adamlarla birlikte savaşamazdım.

Artık kamyondakilerden bazılarının Türk olduğunu biliyordum, ama kaç kişi olduklarını bilmiyordum. Başka bir dilde konuşulduğunu daha duydum ama bunun hangi dil olduğunu anlayamadım. Bir intihar bombacısı mı vardı? Arka taraftaki adam bir şeyler yapacakmış gibi görünüyordu. Bomba mı? El bombası mı? Vücudumun parçalanacağını hissediyor ve aydınlık bir yolculuğa çıkmaya hazırlanıyordum. Saldırı mı yapılacaktı? Evet, hazırdım, bundan eminim. Karanlık çöktü ve bu bizi gülümsetti. Sonunda hava kararmıştı!

Yanımdaki adam için kaygılanıyordum, kelepçeler bileklerini kesiyordu, çok acı çekiyordu, diğerleri de şikâyet ediyorlardu. Birleşmiş Milletler müteahhitti sonunda patladı, "Buraya Irak'ı özgürleştirmek için geldiniz ve sivillere işte böyle davranıyorsunuz, lanet olası pisliklersiniz" ve buna benzer şeyler söyledi. Askerler "Kapa çeneni" diye yanıtladı, onun suçlu olduğuna inanıyorlardı, askerler ona sanki adam onları öldürebilecekmiş gibi bakıyordu. İki Birleşmiş Milletler görevlisinin kendi aralarında konuşmasından da hoşlanmıyorlar ve Birleşmiş Milletler kimlikleri olmadığı için onlarla alay ediyorlardı. Birleşik Devletler askerlerine en yakın yerde ben duruyordum, çünkü bu kasap arabasına fırlatılıp atılan en son et parçası bendim. Onların çok yakınındaydım, konuştukları her şeyi, hatta kalp atışlarını bile duyabiliyordum. Burunlarından kıl aldırmıyorlardı! Bir ay önce tıraş olmuşlardı ama yüzlerinde hiç sakal yoktu, henüz sakalları bile çıkmamıştı.

Belki de askerler bu konuda haklıydı. "Bay Mayın"ın Birleşmiş Milletler kimliği vardı, Refik'in Erbil'deki kardeşinin de Birleşmiş Milletler kimliği vardı, Refik'in kardeşi eski bir polisti ve Birleşmiş Milletler binasının korumalığını yapıyordu. Kimlikleri vardı, onlar doğrudan Birleşmiş Milletler'in personeliydi. Türk arkadaşlarım ise müteahhitti, öyle söylemişlerdi, müteahhitlere Birleşmiş Milletler kimliği verilmediğini iddia ediyorlardı. Belki de Türk arkadaşlarım haklıydı. Her neyse, mademki bu geri zekâlı askerler için kimlik bu kadar önemliydi, pasaportumu gösterdiğim halde beni nasıl tutuklayabilmişlerdi? Bunun yanıtı ortadaydı, beni tam olarak kontrol etmemişlerdi ve askerlerin kimlikle ilgili söylediklerinin hepsi birer saçmalıktan ibaretti. Akıl oyunu oynuyorlardı. Bunlardan birini tekmelersem başıma neler geleceğini merak ediyordum, arkadaki cip iyice yaklaşana kadar bekleyecektim ve sonra kafası cipin tekerlekleri altında ezilecekti, bunu yapmayı düşünüyordum ama yapamazdım.

Su bulundu, şükürler olsun, susuzluğum biraz dinecekti, "Bay Su" sanki kutsal bir ilahiydi. Tekrar ve tekrar "Bay Su" diye sesleniliyordu. Her kimse bu onun için üzücü bir işti. Bu sefer her birimize sadece birkaç yudum su verildi, yine aynı acıklı manzara yaşandı; askerler bize su verirken üzerimize doğru eğildil, su tükendi. Yolda büyük çukurlar vardı, telaşlılardı, diğeri silahını üzerimize doğrultmuştu, su veren asker neredeyse üzerime düşüyordu. "Kimse kıpırdamasın yoksa ateş ederim." Kötü bir manzaraydı, askerler çok gergindi, Hummer cip alarma geçmişti, gerçekten bize çok yakın seyrediyordu ama sorun yoktu, hızını artırdı. Sizin söylediğiniz saçmalıkları buradaki hiç kimse anlamıyor, asıl siz çenenizi kapayın. Durumun çok komik olduğunu düşündüm.

Tiyatro sona ermişti, herkes sessizdi, su içmiştik ama hâlâ terliyorduk. Önceden Refik'le çıktığımız araştırma gezisinde Süleymaniye'den çıktıktan sonra çam ağaçlarının altından giden yoldan ve piknik alanlarından geçmiştik, şimdi de aynı yoldan gittiğimizi fark ettim. Süleymaniye'den çıkıp doğruca Kerkük-Bağdat istikametine doğru gittiğimizden yüzde yüz emindim. Dağı ve Süleymaniye'nin uzaktaki görüntüsünü fark etmiştim, kontrol noktalarını, bazı köyleri ve Saddam'ın artık tuvalete dönüşmüş olan polis noktalarını tanımıştım. Kerkük'e giden yolda olduğumuzu biliyordum. Yolculuğumuz dört saat sürecekse belki de Bağdat'a devam edecektik. Bağdat'a gittiğimizden emindim. Iraklılar kendilerinden birilerini Amerikalıların tutsak aldıklarından şüphelenirlerse pusu kuracakları kesindi. Belki de bizler Irak Baas Partisi'nin üyeleri gibi görünüyorduk. Bu doğruysa ben neye benziyordum? Arkama baktığımda nereye gittiğimizden yüzde doksan beş emindim, Çemçemal şehrine yaklaştık ve şehri geçtik. Bir kavşaktan geçtiğimizde buranın Çemçemal olduğundan yüzde yüz emin oldum, taşlı bir yola girdik ve burada sanki yolu tamir ediyorlarmış gibi davranan "sahte yol işçileriyle" karşılaştık. Bizi onlara gösterdiler, Cross onlara para verdi, "sahte yol işçileri" bundan çok memnun gibi görünüyordu. Belki de bu adamlar gerçek yol işçileriydi, ama sanmıyorum!

Burası Çemçemal'dı, bundan emin olunca Bay Ray Ban'la (bu Birleşmiş Milletler Türk müteahhidinin takma ismiydi) konuştum ve ona "Kerkük yolunda" olduğumuzu söyledim, burası Çemçemal'dı, bizi Kerkük'e ya da Bağdat'a götürüyorlardı. Gerçeği söyledim ve muhafızların kötü bakışlarına maruz kaldım. Asker bir tokat atarak, "Bunu duydum" dedi ama ben sırıttım. "Konuşma, yoksa delireceğim" dedi. Sustum, Çemçemal'ı geçtik ve Kerkük'e doğru ilerlemeye başladık, belki de Bağdat'a gidiyorduk. Görünüşe bakılırsa nereye gittiğimizi bilmemizi istemiyorlardı. Bizi bu ülke içinde herhangi bir yere götürüyorlarsa bunu bilmemizin ne önemi vardı ki? Bay Ray Ban da artık nereye gittiğimizi biliyordu, ona söyledim, o da diğerlerine nerede olduğumuzu söyledi; bu gerçeği paylaştığım için mutluydum. Diğer adamların ne yapacaklarını bilmiyordum, bunun bir önemi de yoktu, bize bu şekilde davranmaya hakları yoktu. Diğerlerine azıcık da olsa bir faydam dokunduğu için memnun olmuştum. Bu çetin sınavla birbirimize bağlandığımızı düşünmeye başlamıştım.

İngiliz olmasaydım belki de bana bağıracaklar ve ağzımı kapatmak için suratımı dağıtacaklardı. Kesin bir bilgi vermiştim. Bay Ray Ban, "Hangi yoldan Bağdat'a gidiyoruz?" diye sordu. Başımı salladım ve arkama baktım. "Tam da o yoldan gidiyoruz" dedim. Bay Ray Ban mutlu olmamıştı.

Burunlarından kıl aldırmıyorlardı, ama askerlerin fısıldayarak konuştuklarını hâlâ duyabiliyordum: Tutuklular hakkında konuşuyorlardı, onları tarif ediyorlar ve kamyonda neler yaptıklarından söz ediyorlardı. Örneğin, "Beyazlı adam hareket ediyor, ne yapıyor?" ve buna benzer şeyler. Canıma okuyabilirlerdi ama gözlem yetenekleri hiç yoktu. Bizi yakından gözlemliyor ve şüpheli buldukları şeyler hakkında birbirleriyle fısıldayarak konuşuyorlardı.

Ama gerçekte biz size karşı ne yapabilirdik ki? Hepimizin üzerini aradıklarını varsayıyorum, neyimiz varsa el koymuşlardı. Bütün bunlardan sonra neyi atlamış olabilirlerdi ki, bir intihar bombasını mı, yoksa bir Kalaşnikof piyade tüfeğini mi? Belki de tükenmezkalemini tekrar düşürür diye umut ettim. O kalemi istiyordum, zemini yokluyordum ama sadece çöpler vardı: Su, ter, yeşil kum çuvalları, beyaz kum çuvalları, terli vücutlar ve morarmış eller; evet, Türk'ün elleri (Bay Ray Ban'ın Türk olduğunu daha önce söylemiştim) gittikçe morarıyordu.

Bu çocuk askerler bizi kim sanıyorlardı, benim temiz İngilizcem onların kafasını karıştırmıştı. Paranoya ama bu çocuklar bazılarımızın terörist olduğunu düşünüyordu, peki diğerleri kimdi? Bazıları Türk'tü evet, ama Arapça konuşulduğunu da duymuştum. Kürtçe miydi, yoksa Farsça mıydı? Birleşik Devletler uluslararası bir terör hücresine mi baskın yapmıştı yoksa? Bay Ray Ban'ın gözlerinin içine baktım, bu adam teröristse ben de lanet olası bir balerindim. Bu insanlar kimdi? Ne ben ne de askerler bunu biliyordu, görünüşe bakılırsa çoğu Türk'tü. Askerler bana diğerlerinin kim olduğunu sordu. Neydi bu, kötü bir şaka mı? Bunu bilmek sizin işiniz değil mi lanet olası alçaklar?

Belki de kültürel ve coğrafi cahillikten (bilerek aptal numarası yaparak, Birleşik Devletler komutanlarını yönlendirmek çok kolaydı, bu kuram bana ait değil!) askerler bu insanları önemsiz bir nedenden dolayı tutuklamışlardı. Bizler El Kaideciydik ya da buna benzer başka bir örgüt. Hepsi buydu işte, gerisinin hiçbir önemi yoktu. Bizler teröristtik çünkü bunu onlar söylüyordu, bu yüzden terörist olmak zorundaydık! Bu şekilde anlaşmak çok kolay oluyor değil mi? "El Kaide" lafı her şeyin üzerini örtüyordu, geriye kalan her şey kurmacaydı ve doğru değildi. El Kaide hücresi olduğumuzu söyleyecekler, terörist hücresi olduğumuzu öne sürecekler ve tüm dünyaya da benim bu hücrenin lideri olduğumu mu söyleyeceklerdi? Belki de "El Pantomim Tugayları" derler! Ölümcül bir birim, hayali bombalama eylemleri için Irak'a sızmıştı, PANTOMİM BOMBALARI kullanacaktı! Lütfen, gülüyorum ve bu yüzden her yerim acıyor!

Acılar içindeki Türk için, elleri gittikçe moraran adam için, benim de işe karışmam kelepçelerinin çözülmesine yardım edebilir. Bir saattir çok fena acı çekiyor, artık yerde kıvranmaya başladı, tam benim önümde. Muhafızlar onu serbest bırakma yetkilerinin olmadığını söyledi. Elleri daha da morardı ve aşağı sarktı, hâlâ yapabilecekleri bir şey yok mu? Saçmalık. Birleşmiş Milletler müteahhidi, Bay Ray Ban'ın patronu, "biraz insanlık gösterin, biz size asla böyle davranmazdık, insan hakları nerede, Türkiye'nin insan haklarına saygı göstermediğini söylüyorsunuz ama şu hale bir bakın, sizin insan hakları anlayışınız bu mu?" dedi öfkeli bir şekilde. Ben de onu onaylayarak, adamın yardıma ihtiyacı olduğunu söyledim. Evet, adam acı çekiyordu, ellerinin rengi değişmişti, "ciddi bir durum" olduğunu söyledim. Kelepçelerini gevşetmelerini söyledim. Sonunda kabul ettiler, konvoy durdu, Çavuş Cross'tan izin alındı (bu ismi unutmayın, bu isim Humvee cipteki şoförün yan koltuğundaki isimlikte yazıyordu.

Kral Cross mu? Yoksa lanet Cross mu?

Bana kral numarası yapan sen değil miydin, benim kim olduğumu bile bilmeden beni nasıl cezalandıracağına karar vermemiş miydin? Bu sen değil miydin, "Coca-Cola şapkalı bu geri zekâlı da kim?" diyen sen değil miydin? Çektiğim acıdan zevk alan sen değil miydin, onlar beni tekmelerlerken oradaydın ama onları durdurmamıştın ve buraya kadar yaşadıklarım... Bana daha iyi bir bahane bulamadın mı diye soran sen değil miydin? Senin o onurlu ismini not ettim ve hafızama kazıdım. Yüzleştiğimiz zaman bu senin için hiç de iyi olmayacak. Zamanı geldiğinde ve en kısa sürede bunun zamanı gelecek, benimle yüzleşmek zorundasın ama sen daha bunun farkında bile değilsin. Vermek isteyeceğin bir yanıtın olacağını hiç sanmıyorum, özür bile dilemeyeceksin. Micheal Todd'a hiçbir zaman inanmayacağından yüzde yüz eminim, çünkü o özel operasyon yapılan bir yerin yakınlarında yürüyordu, kim ne derse desin suçludur. Sevgili Çavuş Cross ve senin şeflerin, bunlar artık her kimse, belki kısa süre sonra hepsi ortaya çıkacaktır. Dilerim tüm bu olanlar hoşuna gidiyordur ve eğleniyorsundur, dilerim akıl sağlığın yerindedir ve ruhunu çalanlardan kurtulacak kadar kendinde güç bulursun. Senin de bir kalbin var ve savaş esirinin (kamyondaki Türk) kelepçelerini kesip, onu serbest bırakarak bir kalbin olduğunu gösterirsin; ama tabii ki senin "cömert kalbinin" de bir ücreti var, görünmez bir kuyruğu olan güzel bir akrep. Onun özgürlüğünün bedeli de büyük.

Konvoy durdu, oldukça güçlükle, iki muhafızın kamyonu neden durduğunu merak eden bazı askerler alarma geçti. Birkaç mildir askerler kamyon şoförüne küfürler yağdırarak bağırıyorlardı, çünkü şoförün birden hızlanacağı tutmuştu, bunu da bir yere kaydedin. Bunları şimdi yazabiliyorum, hâlâ oğluma mektup yazdığımı düşünüyorlar!

Her neyse, Süleymaniye deneyimi çok eziciydi, terörist zanlısına terfi etmiştim, şimdi bile küçük ayrıntıları anımsayabiliyorum. Beni tutsak ettikten sonra, bana arabamın nerede olduğunu ve yanımda kimin olduğunu sordular! Ne saçmalık! Eve arabayla gittiğimi düşünmüşler (ya da Türk komutanın söylediğine göre "büro"ya) ve yanımda da birileri varmış! Arabam nerede, alçaklar? Lanet olası arabam İngiltere'de. Oraya yürüyerek geldiğimi söylediğimde bana inanmadılar. Nerede kaldığımı sordular, ben de onlara Refik isimli bir adamın yanında kaldığımı söyledim (ama Refik'in soyadını hatırlamıyordum, bu işime yarayacak bir bilgi değildi). Refik'in adresini bilmiyordum, telefon numarası da ezberimde değildi. Bunlar iyi olmadı, bunlar çok kötüydü. Cross, Süleymaniye'de hiçbir yerin tam adresi olmadığını söyledi, birkaç cadde ismi vardı, sadece halk insanların nerede yaşadığını biliyordu. Bu yüzden Refik'in adresini hiçbir şekilde yazamadım. Aynı zamanda telefon sistemiyle ilgili olarak da kafam çok karışmıştı, Refik'in cep telefonu numarasını ezberleyemedim. Bunlar büyük hatalardı, ama Refik ve ailesiyle sürekli birlikteydim, onlara ilgili bilgileri hiçbir zaman yazmayı düşünmedim. Askerlere, çuvalın içinden konuşuyordum, isterlerse onları kaldığım eve götürebileceğimi söyledim, gerçekten de onların duracaklarını ve benimle birlikte Refik'in evine geleceklerini sanmıştım. Yaptıkları şeye bir türlü inanamıyordum, onların tarzı buydu. Aptal Michael! Onlara adresi söyleyemiyordum, Refik'in telefon numarasını ve soyadını hatırlamıyordum, bu onları daha da şüphelendirmiş olmalı. Sen kötü adamsın. Onunla sınırda tanıştığımı ve İngiltere'de bana yakın bir yerde yaşadığını söylemiş olsaydım, altlarını ıslatana kadar gülerlerdi.

Michael Ralda. Sen önemlisin ve senin şu anda nerede olduğunu bilmek zorundayım. Senin ve irikıyım Çavuş Cross'un isimleri bu operasyonda hatırlayabildiğim tek isimler. Ama bekle, artık sorumlu subayın ismini biliyorum ve bunları yazdığım gizli yerde seni araştırıyorum. Mike Ralda, Türklere karşı düzenlenen operasyonun bir parçasıydı ve kamyonla yapılan yolculuk boyunca benim sağ tarafımda oturdu, Süleymaniye'den Kerkük'e giden bütün yol boyunca hem de. Senin bütün özelliklerini gördüm, gözlerinin rengini bile biliyorum, artık kendine dikkat et.

Evet, isimler, Bağdat'a gider gitmez ajandama kaydettim. Onun ismini sürekli tekrarladığımı anımsıyorum. Askerin binlerce kez "Bay Su" diye tekrarladığı gibi, bu isim de benim mantram oldu. Hatırlayabilirsem, harekete de geçebilirdim. RALDA, diye tekrarladım, bir görüntüyle onun ismini birleştirmek zorundaydım. İngiltere'de hem dans okulu hem de bir tiyatro olan çok ünlü RADA'yı düşündüm. Evet, RALDA, RADA'ya benziyordu, bu yüzden bu adamı pembe balerin giysileri içinde hayal ederek zihnimde bir görüntü oluşturdum, iyi görünüyordun MIKE, AMA ARTIK SENİ YAKALADIM.

Şu kamyon yolculuğu, kaba etlerim çok kötü çürüdü, hepimiz havaya sıçradık. Bileklerimizin kırılma tehlikesi vardı; sauna gibi sıcaktı, Kerkük'e kadar sanki bir panayır alanındaki oyuncaklara binmiş gibi gittik. Orada da palyaçolar görev başındaydı, ne bekliyordunuz ki?

Dinleyin, size başka bir isim daha vereceğim. Ama onun nerede olduğunu bilmiyorum, kamyonda mıydı, büroda mıydı, yoksa Kerkük Havaüssü'nde miydi hatırlayamıyorum. İsmi Mace. Mace de kamyonda yanımda mıydı? İyi düşün, Mike, bu önemli. Nazik, misafirperver bir subaydı –şaka yapıyorum!– bu subay 5 temmuz cumartesi sabahı Kerkük Havaüssü'ndeki Kerkük Gözaltı Merkezi'nde sorgulama boyunca bana sorular sordu. Ona Bay Dağ diyorlardı. Bu yüzde yüz doğru, onu kontrol edin! Bana ilk ismini söyledi. Büyük olasılıkla orada başka dağlar da bulacaksınız, orada, burada; yeni bir uluslararası kriz yaratmak için Kürt dağlarında hâlâ dolaşıyordur. Bu isimleri gizli yazıyorum, onları bulabilmek için bunları gizlemek zorundayım. İyi hamle Mike.

Türk'ün kelepçelerinin kesildiği ana geri dönelim. Kamyon durdu, açıklamalar yapıldı ve kelepçeyi kesmek için bir bıçak bulundu. Yeterince keskin bir bıçak bulmaları asırlar sürdü. Kelepçeler çok sağlamdı. Buna inanamıyordum. Durduğumuzda tüm silahlar üzerimize doğrultuldu. Ciplerdeki askerler dışarı çıktı ve silahlarını üzerimize çevirdiler, bu çok aptalcaydı. Bilincini yarı yarıya kaybetmiş bir Türk, susuzluğunu gidermek için derisinin altından Kalaşnikoflar ve Sam füzeleri çıkartıp hepsini havaya uçuracaktı sanki! Evet, sanki bütün askerleri öldürecek ve bizi serbest bırakacaktı. Adamın derisi yüzülmüştü sanırım, bu yüzden silahlarını belki de kıllarının arasına saklamıştır! Şimdiye kadar ve her zaman olduğu gibi şu geçen on yedi gün boyunca gördüğüm davranışlar affedilemez ve aşırıydı.

Mace ve Ralda "acı çeken" adamlara göz kulak olmaya uğraşıyorlardı ama adamın kelepçeleri kesilene kadar onu korumadılar! Bunlar oldukça zeki adamlardı, ama kelepçeleri kesmeyi bir türlü başaramadılar, bıçak yeterince keskin değildi. Bu süre içinde muhafızlardan biri dolu ve emniyeti açık tüfeğini "acı çeken adamın kafasına" boşaltabilirdi. Tüfekler kamyonun dışında da üzerimize çevrilmişti. Uyarı birkaç kez tekrarlandı. "Söyleyin ona, silah kafasına dayalı. Bir şey denemeye kalkarsa ölür." Bunu ona kendiniz söyleyin alçaklar. Bu gerçek olabilir miydi? Çok fazla acı çektiği için bu adamı gerçekten öldürecekler miydi? Kamyondaki muhafızlar ve diğer altı asker tüfeklerini adamın ve bizim üzerimize çevirmişti. Önce adamı ince bir iple bağladılar, sonra da kelepçeleri kestiler. Önce gevşedi ve rahatladı ama yeni kelepçeler görünüşe bakılırsa daha sıkıydı. Anlaşma böyleydi, adamın kelepçeleri kesildi ama başka hiç kimseninki kesilmeyecekti. Tabii ki hepimiz bunu kabul ettik ama bazıları hâlâ kendi kelepçelerinin de kesilmesini istiyordu. Çetin bir sınavdı, tam bir tiyatroydu, otoyolda tekrar havalara sıçrayarak rahatlayacaktım! Mike Ralda isimliğine baktığımı görünce biraz heyecanlandı, bana baktı. Sordu, ben de ona Abla'yı, Sacide'yi, oyuncakları anlattım, sanırım inanmak istiyordu ama inanmadı. Bana inanmadı! Hoşgörü ve anlayıştan eser yoktu. Böylesine tehlikeli bir yerde dolaşmamın sadece benim suçum olduğunu düşünüyorlardı. Sevginin beni buraya getirdiğine inanamıyorlardı. Oyuncaklara inanmıyorlardı, o zaman gidin de Refik'in evine bir bakın alçaklar, bütün oyuncaklar hâlâ orada. Görünüşe bakılırsa beni yakalamadan önce ne ceza vereceklerini çoktan kararlaştırmışlardı. Kamyonun arkasındaki pijamalı adam, üzerinde uzun bir gece entarisi vardı, oldukça tehlikeli görünüyordu, silahlar üzerine çevrildi, hareket etmeyi kesmesi söylendi. Evet, insanlar etrafta hareket ediyorlardı, başka ne yapacaklardı ki sanki? Fısıldıyorlardı, adamlar arkada bir araya toplandı, kafa kafaya verdiler ve konuştular. Hiçbir harekete hoşgörü gösterilmiyordu. Çevirmen, bu Bay Ray Ban'dı, onlara emirleri söyledi, hâlâ şüphelilerdi ve şüpheli davranışlarda bulunanlar vurulacaktı. Bu tamamen delice bir

Çocuk yaştaki 173. Hava İndirme Tümeni askerleri.
Süleymaniye baskınını düzenleyen ekibin bir bölümü.

şeydi. Her on, on beş dakikada bir kamyon kocaman çukurlara girmişti, biz de her seferinde havaya sıçramıştık. Hiç abartmıyorum, santimetrelerce yukarı çıkıyorduk. Şanslı olanlar sıralarda oturuyordu ama çok sıkı kelepçelendikleri için onların da kaba etleri ve bilekleri yaralanıyordu. Benim hiç şansım yoktu, havaya sıçrıyor, sonra da yere iniyordum. İngiliz olduğumu söylediğimde beni dinlediler ama inanmadılar. Tabii onlar haklıydı, hepimiz El Kaideciydik, çuvallar başımızdayken bunu bize defalarca söylemişlerdi; daha doğrusu El Kaideci olabileceğimizi düşünüyorlardı. Görünüşe bakılırsa askerler kamyondakilerin terörist olduğundan çok emindi. Buna ben de inanıyordum. Kaç kişi olduğumuzu saymaya çalıştım, yaklaşık on beş ya da daha fazla erkek vardı, kamyonun kasası da çok sıkışıktı. Yuvarlanmaya başlayınca yola çıktığımızdan yüzde yüz emin olduk. Bay Ray Ban'ın nereye gittiğimiz hakkında hiçbir fikri yoktu. Bu şaşırtıcıydı çünkü bir süredir bu bölgede çalışıyordu. Bunu size daha önce söylemiş miydim? Her neyse, muhafızlar bizi gözetlemeye devam ediyordu ve silahları her zaman üzerimize dönüktü, Humvee cipteki silahlar da aynı şekilde bize dönüktü. Hiçbir harekete izin verilmiyordu. Askerler bana daha fazla soru sordu, ama ben sadece gerekli bilgileri verdim. Bana her şeyi anlatırsam ve kontrol edilebilecek bilgiler verirsem kısa sürede eve döneceğimi söylediler. Ama söyledikleri saçmalıkların hepsinden şüpheleniyordum, yargıca çıkartılacağımız ve salıverileceksek buna yargıcın karar vereceğini söylüyorlardı ama ben buna hiç inanmıyordum.

Bay Ray Ban iyi bir soru sordu, "Serbest bırakıldıktan sonra Süleymaniye'ye dönmek için taksi bulabilecek miyiz?" Masumsak, El Kaideci, terörist, suçlu değilsek bizi Süleymaniye'ye geri götürüp orada serbest bırakacaklarını söylediler. Hepimiz en kısa sürede oraya gitmek ve yargıcı görmek istiyorduk. Kısa süre sonra orada olacaktık ama bütün bunların hepsi halka ilişkiler zırvalığıydı; onların gerçek yüzlerini gördükten sonra hiçbirinin inandırıcılığı kalmamıştı. Sürekli çukurlara giren şoföre karşı nefret doluyduk, çok kötüydü, askerler bile yerlere düşüyordu. Çok komikti, çaresizlik içinde soğukkanlılıklarını korumaya çalışıyorlardı, silahlar havada uçuşuyor, bıçaklarını kınlarında tutmaya çalışıyorlardı, acılar içindeki Türk'ün kelepçeleri kesileceği zaman muhafızlar bıçakları olmadığını iddia etmişlerdi. Kamyonun arka kapağına tutunmaya çalışıyorlardı, kapağı tutamadıklarında küfürler savuruyorlardı. Kamyonun yavaş gitmesi için verilen emirler dikkate alınmıyordu, üst üste yığılmamıza aldırmıyorlardı. Bütün öfkelerini üzerimize kusuyorlardı. Evet, Birleşik Devletler askerleri bu sirk kamyonunu süren diğer Birleşik Devletler askerlerine küfrediyorlardı.

"Bay Acı"nın kelepçelerinin kesilmesi hepimizi sakinleştirmeliydi ama öyle olmadı. Onun başarısı diğerlerini de teşvik etti, daha fazla talepte bulunmaya başladılar. Oyun oynuyorlardı; yiyecek, tuvalet, su, biraz hareket etmek gibi taleplerin ardı arkası kesilmiyordu. Muhafızlarla uzlaşmak mümkün değildi, bir saldırıya uğrayacaklarını ya da ani bir kaçış olacağını düşünüyorlardı. Çevirmen onlara bunların saçmalık olduğunu, ulaşacağımız yere az kaldığını söyledi. Hemen sorgulanacak ve gerekli görürlerse yargıcın karşısına çıkartılacaktık. Kısa süre içinde serbest bırakılacağımıza bizi inandırmaya çalışıyorlardı. Bütün yolculuk boyunca bize söyledikleri tek şey buydu. "Oraya varır varmaz sorgulanacaksınız. Gerekli görürlerse yargıcın karşısına çıkarsınız, hikâyenizi yargıca anlatın. Yargıç ne yapılacağına karar verir." Bu adil görünüyordu. Hemen sorgulanacağımızı söylüyorlardı ve aynı gün içinde yargıcın karşısına çıkartacaklardı. Bay Ralda masumsak serbest bırakılacağımızı söyledi!

Nereye gittiğimizi görmek için arka taraftan dışarı bakmaya çalıştım, ama belki de kasıtlı olarak naylon bir örtü asılarak dışarının görünmesi engellenmişti. Kamyonun tamamı katranlı muşambayla kaplanmıştı. Arkada askerlerin oturdukları yer açık bırakılmıştı, buradaki delikten dışarı bakıyorlardı ama benim dışarıyı görmem mümkün değildi. Dönebilseydim ön tarafı görebilirdim, ama döndüğümde diğer asık yüzlü, elleri kelepçeli ve tehlikeli görünen adamlardan başka bakacak şey yoktu. Yolculuk hiç sona ermeyecek gibi görünüyordu; çukurlar, bakışlar, silah doğrultmalar ve başka bir sürü zırvalık vardı. Kısa süre sonra yargıcı görecektik. Bu yargıç gerçekten var mıydı, yoksa biz çoktan yargılanmış mıydık? Savcı ve tanıkların gökyüzü olduğu gizli bir "mahkemeye" kendimi hazırlamıştım. Askerlerin bizi keçilerin bile tırmanamadığı uzak bir dağ köyüne götürdüklerini kabul etmeye hazırdım. Orada çuvallarımızı tekrar çıkartacaklar ve nefesimizi keseceklerdi. Toplu bir mezara gömülecek ve buna şükredecektim. Gündemlerinin ne olduğunu bilmiyordum. Aklıma bir sürü senaryo geliyordu. Bize söylenen bir sürü yanlış şey vardı, bu yüzden sadece kalbimin sesini dinleyebilirdim. Bay Ray Ban kısa süre içinde Süleymaniye'ye geri döneceğine inanıyordu, ama ben inanmıyordum.

Kamyondaki kesme töreninden sonra, alnımdan burnumdan terler boşanıyordu ama en çok kafam çuvalın içinde olduğu zamanlarda terledim. Huzur bulmak istedim, muhafızlar da bunu istiyordu. Buna benzer bir şeyle daha önce karşılaşmamışlardı, sürekli bir şeyler talep ediliyor, onlar da daha fazla tehdit ediyorlardı. Muhafızlar sonunda bizi ayağa kaldırdı ve silahlarını üzerimize çevirdiler, çok öfkelenmişlerdi. Onlar sadece çocuktu. Kamyondaki adamlar onlardan daha yaşlıydı, bu şekilde bir avantaj elde etmiş gibi görünüyorduk. Sürekli bu şekilde devam etti; talepler, küfürler, su istemeler... Su şişeleri tuhaftı, tozlu zeminde sağa sola yuvarlanıyorlardı ve sıcaktılar. Çamurlu su, yoksa idrar mıydı, aceleyle getirildi, öne, arkaya, sağa, sola dolaştırıldı. Akışı durdurmamak çok hoştu. Evet, su benden geliyordu. Muhafızlar bunu gördü, "Buraya kim işedi?" diye sordular, bağırdılar. Onların işediğini düşünmüyordum, ama bu mümkündü çünkü tuvalete gitmemize izin vermiyorlardı, sürpriz, sürpriz! Terlemek insana çok fazla sıvı kaybettiriyor. Bu nasıl lanet olası bir zayıflama programı böyle, üstelik bedava! Ellerimiz arkadan kelepçeliydi, ama böyle olduğunu siz zaten biliyorsunuz. Her seferinde parmaklarım kopacak gibi oluyordu, havaya fırlıyorduk ve düşüşümün hızını azaltmak için ellerimi kullanmaya çalışıyordum. Bu bir işe yaramıyordu ama yapabileceğim tek şey buydu. Oluşan kesikler hâlâ iyileşmedi, iz kalır mı bilmiyorum. Tüm vücudumun kesikler içinde olduğunu gördüğümde çığlık atmıştım. Çok canım yanıyordu, derim yüzülmüştü, kanıyordu ve zemindeki tozlar kanı emiyordu. Yerde iltihap, idrar, toz ve pislik vardı.

"Kısa süre sonra orada olacağız, birkaç dakika sonra." Muhafızlar soğukkanlılıklarını gittikçe kaybediyorlardı. Rahatsız, acı içinde. İki saattir yoldaydık; her neredeysek yola devam ediyorduk. Geriye dönüp baktığım zaman baskının kasıtlı olarak cuma günü yapıldığından şüpheleniyorum, çünkü cuma günü etrafta daha fazla insan oluyor. Yapılan geçit törenini birçok insanın izlemesi böylece sağlanmış oluyordu. Sanırım Süleymaniye'deki Gözaltı Merkezi'nden yaklaşık olarak saat 16:30 ya da 17:00'da çıkartıldık, insanların en kalabalık olduğu saatler, mükemmel zamanlama çocuklar! Yukarı doğru havalandığımızda insanlar bizi daha iyi görüyordu. Hava kararıyordu, Kerkük'e gidiyorsak bu yavaş bir yolculuk oluyordu. Belki de düşündüğümüzden daha yavaş ilerliyorduk. Evet, birçok aracın konvoyumuzun yanından geçip gittiğini anımsıyorum. Yanımızdan geçen araçlardaki genç insanlara şüpheyle bakıyorlar, silahlarını onların üzerlerine doğrultuyorlardı. Yanımızdan ne zaman "gençlerle dolu bir araç" geçse gerilim her seferinde artıyordu. Bizi kurtarmak için saldıracaklar mıydı, yolu havaya mı uçuracaklardı, bize el bombaları mı savuracaklardı? Bundan eminim, çok telaşlanıyorlardı. Bazı küçük kızlar bize bakıyordu, ne yapabilirdim? Onlara el sallayamıyordum çünkü ellerim bağlıydı.

Her nereye gidiyorsak "beş dakika" bir türlü geçmek bilmiyordu. Kerkük'e gittiğimizi biliyordum ama emin değildim. Vurulacak mıydım, yeni bir konvoya mı bindirilecektim, işkence görecek miydim, sıcağın altında mı bekleteceklerdi? Kontrol noktalarından –Kürdistan Yurtseverler Birliği Partisi'ne aitti belki, bilmiyorum– geçtik, asker selamı verdiler. Bunu size anlattığımı biliyorum ama benim bir özrüm var, zihnim çok karışık! Küçük kızımı ararken bu adamların beni tutuklamalarına izin verdiniz ve şimdi de onları selamlıyorsunuz, gülümsüyorsunuz ve alkışlıyorsunuz! Sanırım bunları herkes bilmeli. Talabani sen bir alçaksın!

Kamyon

Adamın kelepçeleri kesildikten sonra, tutsaklar sessizleşmişti; su getiren asker bile. Korkuyor muydum? Sıra bizi öldürmeye mi gelmişti? Su yoktu, tuvalet yoktu, hoşgörü yoktu ve hiçbir soruya yanıt verilmiyordu. Ürperticiydi. Hiçbir şey yoktu, hareketsizdik, bu yüzden çok net duyabiliyordum. Bay Ray Ran ve Birleşmiş Milletler müteahhidi İngilizce konuşuyorlardı ama bu onların anadili değildi, Amerikan aksanını anlayabiliyordum ve askerlere çok yakındım, çoğunlukla sol tarafımdaydılar. Tabii aralarında şakalaşıyorlardı, kaba konuşmalar yapıyorlardı, bunlar bizim kulaklarımıza uygun konuşmalar değildi çünkü kimse benim İngiliz olduğumu bilmiyordu, daha doğrusu İngiliz olduğuma inanmıyordu. İngiliz olduğumu ve İngilizce konuşabildiğimi söyledim, ama ben Avusturyalı ya da çok iyi bir aksanla İngilizce konuşabilen bir terörist olabilirdim; "Güney İngiltere'de eğitim görmüş babası petrol zengini bir Arap olabilirdim!"

Her neyse, onlar terörist olduklarına inandıkları insanları tutuklamışlardı, milliyet, pasaport ayrıntıları ve doğum yeriyle ilgili olarak dürüst davranan halktan insanlar olduğumuzu düşünmüyorlardı. İyi İngilizce konuştuğumu, Kabil'de bulunduğumu düşünüyorlardı, çünkü henüz kimliğimi kontrol etmemişlerdi.

"Bay Acı"yı yumuşak deri bir koltuğun üzerine oturttular! Şaka yapıyorum, koltuk yüzde yüz metaldi. Adam biraz rahatladıktan sonra, askerler üniformalarını düzelti, üzerlerindeki tozları silkelediler, silahlarını kontrol ettiler ve kamyonun üzerindeki muşambanın iplerini sıkılaştırdılar. Neden böyle yapmışlardı? Kaçmamıza engel olmak için mi? Aşağıya düşmemek için mi? Bilmiyorum ama hangi lanet olası yere götürülüyorsak oraya iyice yaklaştığımızı hissediyordum. Bir yol levhasının yanından geçtik, bu beni rahatlattı, çünkü bunu geçtikten hemen sonra sağa döndük. Bu dönüşün anlamı büyük bir olasılıkla Bağdat'ta götürülmüyor olmamızdı! Yoksa ölümümüze mi götürülüyorduk? Kerkük'ün tam girişinde şaşırtıcı renkleri olan bir tank duruyordu. Bunu hemen ağzımdan kaçırdım, söylediklerim hakkında kimsenin bilgisi yoktu, hepimiz çok kısa süre içinde toplanmıştık. Bay Ray Ban diğer tutuklulara Kerkük'e yaklaştığımızı, Bağdat'a gitmediğimizi söyledi. Görünüşe bakılırsa tank özgür düşünceli sanatçılar tarafından boyanmıştı, belki de çocuklar yapmıştı. Daha önce Refik'le araştırma için buraya geldiğimizde de bu tankı görmüştüm. Bu iyi haberdi, Bağdat'a gitmiyor olmamız iyiydi. Yoksa Bağdat'a mı gidiyorduk? Belki de bizi arka yollardan Bağdat'a götürüyorlardı. Her neyse. Kum çuvallarının geri getirilmesi iyi olmadı. Ne olacağını bize tam olarak söylemiyorlardı, tank sayesinde nerede olduğumuzu biliyordum, ama askerler nerede olduğumuzu hâlâ söylemiyorlardı. Bölgeyi tanımadıklarını ve nerede olduğumuzu bilmediklerini iddia ediyorlardı. Tam bir saçmalıktı, tam bir saçmalıktı Bay Ralda! Askerler sendeleyerek ayağa kalktı, çuvallar yanımızdaydı ama bu tam bir komediydi; çünkü çuvalları yolda başımıza geçirmek zorundaydılar. Çuvallar tekrar kafamıza geçirildi. Hepimiz bir araya toplandık.

Otoyoldan sağa döndük, sonra tekrar sağa döndük ve çuvallar kafamıza geçirildi. Yön duygumu tamamen kaybettim, sadece kulaklarıma güveniyordum. Otoyolun gürültüsü hâlâ bizi terk etmemişti, bu yüzden belki de Süleymaniye yönüne tekrar dönmüştük, otoyola paralel başka bir yolda mı ilerliyorduk? Yolu tanıyor gibiydim, ama bundan yüzde yüz emin değildim. Çuvalları kafamıza geçirmeye çalışırken askerler düştü, hem de birkaç kez, benim ve diğerlerinin üzerine yuvarlandılar. Silahlar ve bıçaklar etrafta uçuşuyordu, silahların ateş almasından korkuyordum. Çok sinirlendiler, kamyona tekmeler attılar, bu öfkeyle bizi de tekmeleyecekler miydi? Evet, bu neredeyse oluyordu ama olmadı. Çuvallar kafamıza geçirilmeden hemen önce gecekondu mahallesi gibi bir yerde olduğumuzu fark ettim, dışarıdan alkış sesleri yükseliyordu. Dışarıya bakabildiğim kadar uzun süre bakmalıydım, böylece daha fazla şey görecektim ama kafama çuval geçirdiler. Etrafta Birleşik Devletler ordusuna ait çok sayıda araç vardı, arkamızdan gelmeye devam ediyorlardı, başka araçlar da gördüm. Tepemizin üzerinde uçan helikopterlerin sesini de duydum, neredeydik? Terlemeye başladım. Güneş çok çabuk batmıştı ama hava hâlâ çok sıcaktı; aslında o kadar da sıcak değildi, kamyon şoförü bir gölgeliğin içinden mi gidiyordu? Tabii ki hayır, ona güneşin pozisyonu değil, yoldaki çukurlar kılavuzluk ediyordu. Bazı seçenekleri zihnimde tartmaya başladım. Etrafta bu kadar sivil varken bizi öldürmeyeceklerini düşünerek biraz sakinleştim. İşkence yapacaklar mıydı? Serbest kalabilecek miydim? Tekrar "Birkaç dakika sonra orada oluruz" dediler. "Bay Su" hâlâ ağzına geleni söylüyordu, bizim "Bay Su" ismini verdiğimiz asker bütün yolculuk boyunca yanımızdaydı. Askerler görevlerini aksatıyorlardı, artık hepsi arkasını bana dönmüştü, striptiz kulüplerinden, kafeste çıplak dans eden kızlardan ve başka saçmalıklardan konuşuyorlardı. Karanlıkta genelevi nasıl bulacaklardı, sıkıcıydı, bu güneşten yarı yarıya yanmış genç yaştaki askerlerin burada bulunması nasıl bir saçmalıktı. Hepsi emirleri uyguluyorlardı, istihbarat görevlilerinden farklılardı. İlk kez, otuz saniyeden beri askerler bana bakmıyordu; bu ilk kez oluyordu!

Kamyon hâlâ durmamıştı, yola devam ediyordu, benim sevgili alışveriş çuvalım hâlâ kafamdaydı, çukurlara girince zıplamak çok kötüydü, ne kadar havaya sıçradığımı ya da ne kadar yüksekten zemine düştüğümü bilmiyorum. Çok acıyordu, kaba etlerim çürümüştü ve acıdan bağırıyordum. Sonunda çok rahatladım, kamyon yana doğru savrularak durmuştu; bu kötüydü, kamyon yeniden mi hareket edecekti? Trafik ışıklarında durmayacağımızdan adım gibi emindim. Bu sefer çuvalın kafamda durmasını reddettim. Dışarıyı görmek için çuvalı kaldırdım. Lanet olsun, yolun iki tarafı da dikenli tellerle çevrilmişti, çok sayıda silahlı asker, büyük araçlar ve çok fazla hareket vardı. Tıpkı filmlerdeki gibiydi. Herkes bize bakıyordu, bazı askerler tükürdü. Çok büyük bir tesisin / üssün / karakolun içindeydik, helikopterler tepemizde uçuyordu. Bağırarak yürüyen askerler, büyük cephane ve silahlar, kamyonlar, kötü bakışlar vardı. Kızgın Kürtlerin saldırısından uzaktık, yanımızdan geçerken havaya uçurulacak bir araçtan da uzaktık, güvendeydik ama gözlerden de uzaktık. Süleymaniye bürosundan beri bizi gözaltında tutan askerler bize eziyet etmekten zevk almışlardı, beni nelerin beklediğini hâlâ bilmiyordum. Hepimiz işkence görmemiş miydik? Gözlerden uzak bir yere getirilmiştik, peki burası neresiydi?

Uzun bir bekleyiş başladı ve sonunda motor durdu. Rahatlama duygusu her yerimi kapladı, fakat korkum gittikçe artıyordu.

Biri konuşmak için beni dürttü ve bir başkası da kafasındaki çuvalı çıkartmaya çalıştı. Bu doğal bir tepkiydi, uçak yere inmişti ve ilk yaptığınız şey emniyet kemerlerimizi çözmekti, tekrar özgürmüşüz gibi hissettik. İki tutuklunun yüzüne vurdular, yine iğne deliği gibi küçük deliklerden dışarıya bakıyordum, bunu yapmak zorundaydım. Kafamı arkaya attım ve çuvalı biraz kaldırdım.

Kamyonun yanındaki diğer askerler aceleyle ileriye doğru koşturdu ve çuvallarımızı çıkartmamamız için bize bağırdılar. Çok az hareket etmem benim için iyi olmuştu, yolculuk boyunca gözlerini üzerimizden ayırmamışlardı. Fısıldadıklarını duyuyordum, onların da korktuklarından emindim. "Çuvallarınıza sahip çıkın, çuvallarınızı değiştirmeyin yoksa sizin terörist olduğunuzu düşünürüz" diyorlardı, El Kaideci olduğumuzdan şüphelendiklerini daha önce söylemiştim. Başka terörist örgütlerden de söz ediyorlardı. Ensar el İslam örgütünün üssü Süleymaniye'nin çok yakınındaydı. Bu üs çok önemliydi, televizyonda bununla ilgili bir belgesel bile izlemiştim. Bu grubun Ensar el İslam'la bağlantısı olduğunu düşünüyorlardı sanırım. Başımızda yanlış çuval varsa, bizi karıştırabilirlerdi. Kafasında yanlış çuval olan El Kaidecileri vuracaklar mıydı? Askerler kafamızdaki çuvallara bakarak bizim ne olduğumuza bir saniye içinde karar vereceklerdi. Sanki plastik bir alışveriş torbasının içindeki kavun gibi benim geleceğime karar vereceklerdi!

İşkence görmüştüm, sıcaktan ölmek üzereydim, bütün bunlar

yeterince kötüydü, çok büyük, kötü bir yerdeydim; bu kadar askerin içinde güvende miydim? O sırada güvenliğim konusunda kaygılandığımı sanmıyorum, bileklerim arkadan kelepçelenmişti ve kafamda çuval vardı, sadece bunları ve bunların bana verdikleri rahatsızlığı hatırlıyorum. Son emirler verildi, "Çenenizi kapayın", "sessiz olun", "silahlar üzerine çevrildi", "herhangi bir şey denemeye kalkan vurulacak", "kamyonun etrafı kuşatıldı", "sizi öldüreceğiz" ve buna benzer saçmalıklar. Ne yapabilirdik ki? Burnumuzu karıştırmamız bile mümkün değildi. İğne deliği kadar küçük deliklerden iki tarafıma da baktım ve şaka yapmadıklarını gördüm. Ağır silahlar getirmişlerdi, çok sayıda asker vardı ve bazılarının bakışları çok kötüydü. Çavuş Cross'u tekrar görmeyecek miydim? Ama sevgi ve affetme adına ikimiz tekrar karşılaşacaktık. Çuval numaramı hatırlayamıyordum çünkü kimse bana numaramı söylememişti. Beyaz mı yoksa yeşil mi olduğunu da bilmiyordum. Birisi kendi numarasının yirmi dört olduğunu iddia ediyordu ama Bay Ray Ban yirmi dört numaranın benim numaram olduğunu söyledi. Ben kafama altı numara olduğumu kazımıştım, ama hayır, Bay Ray Ban haklıydı çünkü kamyonda yirmi dört kişiydik. Ben kamyona atılan son kişiydim ve yirmi dört en yüksek sayıydı. Hiçbir fikrim yoktu. Kimse bana numaramı falan söylememişti, ama yirmi dört numara olduğunu iddia ettiğinde gözleri yalan söyleyen, sessiz, siyah derili adama değil Bay Ray Ban'a güveniyordum. Tuzağa düşebilirdim, adam "yanlış çuval"dan kaynaklanabilecek sorunları duymuş olmalıydı, El Kaidecilere nasıl davranıldığını. Serbest kalmak ya da hayatta kalmak için İngiliz olduğunu söylerse şansı olabile-

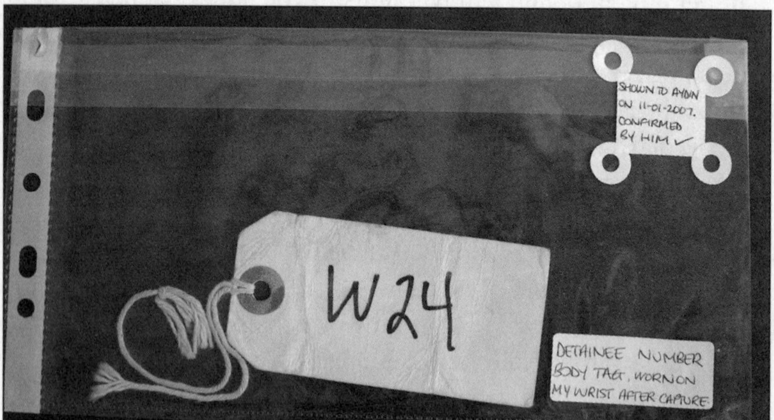

Hepimize bileklik takıp her birimize başka numara verdiler.
Bu benim bilekliğim. Tutuklu numaram W24'tü.

ceğini düşünmüş olabilir. İlginç ve çok zekice; çok fazla mı düşünüyordum? Altı numarayı alsaydım ve bu numara bir teröriste ait olsaydı o zaman ne olacaktı? Kafamdaki çuval beyaz değil de yeşil olduğu için beni öldüreceklerdi. Çok kötü.

Benim yirmi dört numara olduğumdan emin olan Bay Ray Ban'la aramızda artık sıkı bir bağ vardı. Çuvallarımız kafamızdaydı ve dışarıya fırlatılıp atılmaya hazırdık. Hiç de nazik değillerdi. Nereye gitmek ve ne yapmak zorunda olduğumuz hakkında hiçbir fikrim yoktu. Sadece itelediler, itelediler ve çok sıkı tuttular. Kötü bir duyguydu, sert ellerde olmak ve sırtımda bir silahın namlusunu hissetmek, nerede olduğumu ve nereye bastığımı bilmemek çok kötüydü. Yolculuktan sonra çok yorgun düşmüştüm, ama ölüm döşeğine yatmak istemiyordum.

İlk olarak anladığım buranın "Butlins" (İngiltere'de bir tatil kampı) hiç benzemediğiydi, küçük kare kapılar vardı, bir at tavlasına benziyordu. Gördüğüm tüm kapılar çok sıkı korunuyordu, insanların dışarı çıkmasını ya da içeride kalmalarını sağlamak üzere yapılmışlardı. Daha fazla bakabildiğimde burasının çok yüksek seviyede korunan bir hapishane olduğunun farkına vardım. Tatile gelmemiştik, bu kesindi.

Buraya Butlins adını vereceğim!

Çuvallar çıkartılmadı, buraya geldiğimizden beri sürekli sessiz olmamız konusunda emir veriyorlardı. Butlins'e geldiğimizde karanlık basmıştı, sanırım yaklaşık olarak 19:00'da gelmiştik. Çuvalın içi gittikçe kararıyordu.

Duyduklarım şunlardı, bunları yazdığım için üzgünüm çünkü kötü laflar: "Çeneni kapa!" "Pislik hacılar!" "Şu alçak bir daha çuvalını çıkartmaya kalkarsa onu delik deşik edeceğim!" "Şu alçaklardan birini süngülemek çok hoşuma gider!" "Çok üzgün görünüyorlar, sanki birazdan kafası kesilecek olan bir grup tavuğa benziyorlar!" "Burayı biraz boşaltalım, kapıları kilitleyelim ve birkaçının kafasını keselim, bakalım kafaları kesilince ortalıkta koşabiliyorlar mı?" "Nerede şu lanet olası fotoğraf makinesi?" "Bak sana söylüyorum, bu hacı pisliklerinden birini süngüleyeceğim!" "Hangileri El Kaideci?" "Belki bazıları diğer terörist gruplardandır, neydi adları, İran el İslam ya da ona benzer bir pislik!" "Kıpırdayan olursa bağırsaklarını dışarı dökerim!" "Çuvalını çıkart da seni öldüreyim!" "Bu hoşunuza gidiyor değil mi?"

İşte duyduklarım bunlar, hepimiz yerde yatıyorduk ve kafamıza da çuval geçirilmişti. Hasta ruhlu alçaklar. Söyledikleri laflar kendilerine anlamlı mı geliyordu, yoksa sadece bizi korkutmak için oyun mu oynuyorlardı? Bunu bilmiyorum, küfredenlerin yüzlerini de göremiyordum. Kafası kesilen tavuk benzetmesi gerçekten çok hoştu, siz ne büyük adamlardınız böyle, bunu söyleyebilmiştiniz.

Çuvalımın altından ayaklarını görüyordum, çok konuşuyorlardı, bir şeyler içiyorlardı. Sigara içiyorlardı, son noktaya gelmiştik. Daha çok Süleymaniye'de neler olduğundan söz ediyorlardı, bunları henüz yazamadım, kamyondan gülüşmeler geldi, kelepçeleri kesilerek serbest bırakılmış adamı askerler kamyondan aşağı atmışlardı!

Onları duymak şaşırtıcıydı. Hiç kimse İngiliz'in çuvalını çıkartın, subaylarla birlikte çay içecek demedi! Bu çok kötüydü, ama bunu deselerdi sanırım onları affedebilirdim! Son noktaya geldiğimiz ortadaydı, peki bu askerleri neyle doyurmuşlardı? Uyuşturucu mu içmişlerdi? Bana ve Türklere bunları yapmadan önce bunlar nasıl bir emir almış olabilirlerdi? Neden evraklarımı görmek için hiç çaba sarf etmemişlerdi? Neden bize teröristmişiz gibi davranıyorlardı? Neden beni yaşadığım yere götürüp, oradaki oyuncaklara bakmamışlar ve üç lanet haftadır beni arayan insanlarla konuşmamışlardı? Neden? Özel bir açıklaması yok, sanırım sadece onların küfürlerini duymamız için yapıldı bu. Sevgiyle dolu olarak Irak'a gelip çocuklara oyuncak hediye eden ve kızını arayan bir adamın kafasını kesmek için yanıp tutuşuyorlardı. Tabii çuvalın altında benim olduğumu bilmiyorlardı, yoksa biliyorlar mıydı? Tam arkamda duran askerler bana küfretti! İngiliz olduğunu söyleyen W24'ü tanıyor musunuz? diye sordular diğer askerlere.

Kana susamış muhafızlardan bazıları kuralları hiçe mi sayacaktı? Bizim infaz edilmemize burada hiç kimse şahitlik edemezdi. U şeklinde yan yana dizildik. Ben sanırım sıradaki üçüncü kişiydim, beton bir çıkıntının üzerine oturdum. Yakınımdan çok kötü kokular geliyordu, yanımdan su akıyordu, kötü kokuyordu. Yanımdaki askerlerden biri mi, yoksa birlikte tutuklandığım adamlardan biri mi işiyordu? Çok daha kötü kokan başka bir şey daha vardı. Neler oluyordu? Bizim kötü adamlar olduğumuzu düşünüyorlarsa neden hâlâ öldürmüyorlardı, bunu kimse bilmiyordu. Çuvallar kafamızdaydı, küfretmeye devam ediyorlardı, bir ses duyuldu ve hepsi birden hazır ola geçti. Peki Ralda ve Çavuş Cross neredeydi? Onlar da mı kan istiyorlardı? Bu şekilde oturmaya devam ettik, kelepçeler bileklerimizi daha fazla kesti, yüzümüz ter içindeydi, büyük olasılıkla büyük bir idam düzenlenecekti. Neden olmasın? Bu bana mantıklı geliyordu. Sonra askerlerin bir kısmı gitti ve silah tıkırtıları duydum, gözlerimiz kapalıydı, vurulmak için hazırdık. Gözlerimi açın!

Sonra biri beni tekmeledi, nazikçe! Beton çıkıntıdan, bu daha çok bir kaldırım taşına benziyordu, aşağı düştüm; bunu yapması için ortada hiçbir neden yoktu. Bunu yapan pek de mutlu olmamıştı, düzgün bir İngilizceyle bağırdı. "Bu çuvalın içinde bir İngiliz vatandaşı var" dedim. Sessizlik. Gülüşmeler duyuldu. Sonuç olarak benim İngiliz olduğuma inanmadılar. "Biri İngiliz olduğunu söylüyor." Daha çok güldüler, benimle alay ettiler ve sırtıma vurdular, kafama postallarıyla bastılar. Alçaklar. Onlara tükürdüm ama kafam çuvalın içindeydi, çuvalla mücadele etmek zorundaydım ama yapabileceğim hiçbir şey yoktu. Yalancı olduğumu düşünenler tarafından öldürülecektim. Beni bunun için öldürebilirlerdi, bu zihniyet Abla'yı da öldürmüştü, birilerinin ölmesi gerekiyordu. Yaklaşık on dakika sonra çuvallar çıkartıldı ve her şey netleşti. Tutuklu olduğum kesindi, dikdörtgen biçimindeki bahçedeydik, duvarın sonundaki kapılar dikenli telle çevrilmişti, ortalık aşırı kirliydi, yaklaşık otuz ya da kırk asker vardı. Hepsi silahlıydı, bazıları alay ediyor, bazıları da tükürüyordu; tıpkı yarı ölü avlarıyla eğlenen bir grup avcıya benziyorlardı.

Işık, sesler, kokular hızla suratıma çarptı. Kafamda çuval yoktu, yattığım yerden bakıyordum, böylesine küçük bir ayrıntı bile bana çok fazla acı verebiliyordu. Ferahladım, yoksa yanılıyor muyum, ilk gördüğüm şey benimle birlikte buraya getirilen diğer adamların yüzündeki korku ve bazı askerlerin yüzlerindeki nefretti. Bu iyi değildi ama yaşanmak zorundaydı, en azından bize saatlerce acı çektirenlerle yüz yüze olacaktık. Çuvallar çıkartıldı, tüm kafalar etrafa bakmak için sağa sola hareket etti.

Sorumlu subayı görmeyi mi istemeliydim, yoksa yerde uysalca yatmaya devam mı etmeliydim? Sürtüşme çıkartıp direnmeli miydim, yoksa uslu mu davranmalıydım? Yerde hareketsiz yatmaya devam ettim, yapılabilecek tek şey buydu. Sakinleştikten sonra oturdum ve sadece seyrettim. Bu çok düşseldi ve rahatlatıcıydı! Gökyüzü, renkler, yarasalar, kuşlar, kafesler, çöpler, meydanın ortasında duran garip bir yatak ya da buna meydanın ortasında duran işkence aleti diyebilirsiniz. Yaklaşık olarak yirmi yedi kişi saydım, hepsi yere yatırılmış ve bilekleri kelepçelenmişti, Birleşmiş Milletler müteahhidi omuzlarını ovalıyordu. Çok sessizdi. Su, tuvalet ve yiyecek talepleri reddedildi.

Beni yaraladılar: Bir Amerikan bıçağıyla kesildim. Bunu çok iyi hatırlıyorum, yara izi hâlâ duruyor. Kelepçelerimi çıkartamadılar, tıpkı kamyondaki Türk gibi. Kelepçeleri neden açamıyorlardı, bunları sıkmak çok kolaydı. İnsanın canını çok acıtıyordu ve çektiğimiz acıyı hafifletmek gibi bir amaçları yoktu. Beni bir odaya aldılar, biraz sert davrandılar ama ben mümkün olduğu kadar konuşmaya çalıştım. Sevgi yüzünden burada olduğumu bilmelerini istiyordum, oyuncaklar ve Sacide'yle ilgili her şeyi söyledim. Beni dinlemek istiyorlardı ama sessiz olmamı söylediler. Kamyon yolculuğu sırasında çok acı çekmiştim, kelepçeleri kendim çıkartmaya çalışmıştım ama bunu yapmak acımı daha da artırmıştı; denemek zorundaydım. Askerler beni elleriyle boğmazsa, alnımdan ve burnumdan akan terlerin içinde boğulacaktım. "Kerkük Meydanı"nda otururken ellerimdeki kelepçelerden birini çıkartmaya karar verdim ve bunun için mücadele ettim; canım yanıyordu ama bunları koparmak zorundaydım. İşe yaramadı, hatta daha da sıkılaştılar, on dakikadan daha fazla kelepçeleri çıkartmaya çalıştım, başaramadım. Sonra bıçak getirildi, kalın plastiği kesecek kadar keskin değildi. Başka bir bıçak bulundu, gözümün yaşına bakmadılar ve derime çok yakın bir yerden kestiler. Beni korkutmak için bunu kasten mi yapmışlardı? Bıçak kaysaydı? Çok geçti, kestiler ve sol elim yan tarafıma düştü, kanıyordu. Kanı durdurmam için bana bir bez parçası verdiler ve tekrar dışarıda oturmamı söylediler. Bir odada iki askerle yalnız başıma kalmıştım, sanki benimle ilgileniyorlarmış gibi hissetmiştim, yoksa yanılıyor muydum? Kanamam arttı, bunu görmek başımı döndürüyordu. Çok çılgıncaydı ama kanamayı durdurmak için elimi kumların içine gömdüm. Birkaç Türk bana ne olduğunu gördü.

Kelepçeler çıkartılınca hepimiz bileklerimizi ovaladık. Diğerlerinin de bileklerinin kesildiğini gördüm, buna kelepçeler neden olmuştu. Bu kelepçeler katildi. Şu Türk kamyonda ölebilirdi ama şimdi daha iyi görünüyordu.

Odadaki askerlerle birlikteyken gözüme daha iyilermiş gibi gelmişti, ama dışarıdaki askerlerle birlikte onlara bakınca aslında hepsi aynı pislikti. Kendilerini bize küfetmek zorundaymış gibi hissediyorlardı, çünkü bizim gibi "teröristlere" bu şekilde davranmaları emredilmişti. "Altınıza yapın pis alçaklar" dedi askerlerden biri. "Şimdi süngümü şu alçağa saplayacağım" dedi bir başkası. Hiç kimsenin konuştukları dili bilmediğini mi düşünüyorlardı? Sadece duymuyordum, not da alıyordum. İsimlerini bilmiyordum, şanslılardı! Her şeyi gördüm, duydum ve asla unutmayacağım. İngiliz olduğumu söylediğim zaman keşke bana inansaydınız, ama inanmadınız, benim bir terörist olduğumu düşündünüz. Benim İngiliz olmadığımı düşündünüz, bu yüzden serbestçe küfrettiniz, söylediğiniz her kelimeyi anladığımın farkına varmadınız. Çok kötü çuvalladınız, çünkü ben İngiltere'den Michael Todd'um, Irak'a sevgiyi bulmak ve onu paylaşmak için geldim. Beni hâlâ süngünüzle şişlemek istiyor musunuz?

Askerler bize şeytana bakarmış gibi bakıyor, tükürüyorlardı. Üstünlüklerini kanıtlamaya çalışıyorlardı. Birtakım işler devam ediyordu, belki de kafes sayısını artırmaya çalışıyorlardı. Yakınımda bir ahşap yığını vardı. Askerlere komuta eden yoktu, ne yapacaklarından emin değillerdi. Ortalıkta subay görünmüyordu. Ama hepsinin ağız birliği ettiği ve emin oldukları bir şey vardı; su ve yiyecek verilmeyecek, tuvalete izin çıkmayacaktı. "Bay Su" tekrar tatsız ve monoton bir sesle çağırıldı, ama kimin çağırdığını bu sefer göremedim.

Kamyondayken yüksek sesle gaz çıkartmak eğlenceliydi, pisti, ıslaktı ve komikti çünkü bunu kimin yaptığını anlamak mümkün olmuyordu. Isı kokuyu artırıyordu ve koku yükseldi mi çuvalların içinde yapacağınız bir şey yoktu. Gaz çıkartıyordum, sıcaktan pişerken kasıtlı olarak yüksek sesle gaz çıkartıyordum. Düşüncelerimi anüsüme devretmiştim. Bundan çok hoşlanıyordum. Gaz çıkartmam tuvalet ihtiyacımı dile getirme yolumdu. Bazılarımız tuvalet ihtiyacı olduğunu söylüyordu ama yanıt olarak "Altınıza yapın, umurumda değil" diyorlardı. Çok hoş ve büyüleyiciydi.

Sorgulama, yargıç, hepsi saçmalıktı. Müslüman bir ülkede cuma akşamı hava karardıktan sonra hiçbir mahkemenin çalışmayacağını çok iyi biliyordum. Sakin olmamız, ses çıkartmamamız için kamyonda bize böyle bir yalan söylemişlerdi, söyledikleri her şey kayıtsızlıkla doluydu. Bizim yargıcımız kendileriydi. Sonunda harekete geçtiler, bir adam yanımıza geldi, elinde bir not defteri vardı, pembe saçlı bir kadın da yanında dolanıyor, tercümanlık yapıyordu. El Kaideci olduğumuzu söylersek, bu kadınla birlikte olabilecek miydik? Her şeyi sordu, adım, baba adım, dedelerimin adı, lanet olsun beni Türkçe sorguladılar! Bu dili seviyordum ama hiçbir şey anlamıyordum, dipsiz bir kuyuya doğru dönerek düşüyordum, ne söylediğimin hiçbir önemi yoktu. Diğerlerini hangi nedenle tutukladılarsa, benim de bunun bir parçası olduğuma inanıyorlardı.

Adam yanıtları kahverengi bir dosyaya kaydediyordu. Numaramı W24 olarak yazdı.

Onlar için hepimiz aynı görünüyorduk, aynı şekilde kötü kokuyorduk. Kötü, terörist. Subaylar, "Bu alçakları hapsedin, bunlar terörist" dedi. Askerler, "Emredersiniz" dediler. Bunu söylerken beni işaret etme!

Mutlu değildim. "Hiçbir şey bilmiyor musunuz, ben İngiliz'im.

Beni dinleyin, pasaportumu kontrol edin. Ben İngiliz'im" dedim. Türkçe konuşmaya devam ettiler. Sonra başka bir dil duydum, sanırım Arapçaydı, pembe saçlı hanımefendi benimle Arapça konuşmaya çalıştı. Bunun kalın kafalılık olduğunu anlamaları için ne yapmam gerekiyordu? İngiliz olduğuma inanmadılar; ama Türk mü yoksa Arap mı olduğumu da kontrol etmek için zaman ayırmadılar. Arap olduğumu düşünselerdi bu benim için açıkçası çok daha kötü olurdu.

Eşyalarım için endişeleniyordum; eşyalarım neredeydi, param, şapkam, güneş gözlüklerim, anahtarlarım, cüzdanım, Louis Vuitton ajandam ve Hilton Ankara dosyam neredelerdi? Yakmışlar mıydı, fırlatıp atmışlar mıydı? Evraklarım, kontrol edilebilir kanıtlarım olmadan beni asabilirlerdi. Bunu mu yapacaklardı? Pasaportum neredeydi? Onu da mı yok etmişlerdi? Sormaya çalıştım ama "zaman yok" dediler. Nereli olduğumu ve neden Süleymaniye'de bulunduğumu sordular, ikinci kez bunu üç dilde sordular. "Ben İngiliz'im" diye bıkkın bir şekilde tekrarladım. Birkaç dakika sonra bir asker geldi ve neden aynı işi iki kişinin birden yaptığını söyleyerek şikâyet etti. Tam bir karmaşa vardı. Diğer tutuklular öfkeliydi, özellikle de kamyondan hatırladığım bir adam çok öfkeliydi. Askerlere sürekli nefret dolu bakışlarla bakmıştı. Yine aynı şekilde bakıyordu.

Tıpkı cesetlere yapıldığı gibi etiket taktılar. Vücudumuza üzerinde numaralar yazan etiketler astılar. Kahverengi bir karton parçasının üzerinde numaralar yazıyordu, bunu bileklerimize iple bağladılar. Onur kırıcıydı, daha ölmemiştik, burası morg muydu? Bizi nasıl böyle etiketleyebilirlerdi, bundan nefret ettim. Bu etiketleri çıkartmamamızı söylediler ve bizi tehdit ettiler.

Kollarımıza etiketleri takarlarken hapishaneye daha fazla asker geldi, soğutucular, kadın subaylar vardı, gazeteler, soğuk içecekler, şakalaşmalar, beş ya da on kişiden oluşan bir grup kapının yanında duruyordu, diğerleri nöbet tutuyordu ve tüm taleplere "hayır" ya da "alçaklar" diye yanıt veriyorlardı. Neden burada olduğumuzu sorduğumuzda yanıt vermiyorlardı. Birçok insan bunu sordu. Neden bize bu şekilde davrandıklarını söylemediler, yargıçla ilgili sorulara ve burada ne kadar tutulacağımız sorusuna yanıt vermediler. Çöp yığını gibi yerdeydik, artık daha fazla dayak ya da küfür işitmedim de, görmedim de. Gündüz küfretmediler, belki de bu başka bir gruptu. Bizi toplayıp buraya getirenler "geleneksel olmayan sorgulama" yöntemleri uygulamıştı! Bazıları gerçekten çok kötülerdi!

İlk kez Kerkük'te bir hücrede tek başıma kaldım, tek başıma olmam beni çok şaşırttı; kamyon macerasından sonra en az on kişilik ya da daha kalabalık bir hücrede kalacağımı tahmin ediyordum. Hayır, hücrede sadece ben vardım. Hücrenin tavanı çok yüksekti. Çok küçük iki tane pencere vardı, kapalıydılar, bu yüzden pencerelerden içeri hava girmiyordu; klima yoktu, içerisi güçlü bir flüoresan lambasıyla aydınlatılıyordu. İçeri girmem ve dışarı çıkmamam söylendi, kapımın önünde silahlı bir muhafız vardı, ileri geri yürüyordu, silahı "kırmızı" pozisyondaydı. Yere uzandım, yer kirliydi, böcekler ve sinekler vardı ama yere yatmak zorundaydım. Oda çok pis kokuyordu, bütün vücudum ağrılar içindeydi. Aşırı sıcaktı ve zor nefes alıyordum. Bileklerimdeki kesiklere yakından baktım, neredeyse intihar etmeye çalışmışım gibi görünüyordu, kesikler hâlâ kanıyordu ama bu hafif bir kanamaydı, kelepçelerin çok sıkı olması yüzünden derin bir yara izi vardı. Sol bileğim artık kanamıyordu. Çok sıcaktı, gri gömleğimi ve tişörtümü çıkarttım, ikisi de kan içindeydi, özellikle de tişörtüm; yüzüme vurduklarında kanamıştı ama ne kadar kan aktığını bilmiyordum. Kum çuvalının içinde de kan vardı. Süleymaniye'de üst araması yaparken gömleğimin önünü açmışlardı. İçgüdüsel olarak tişörtümü, kelepçelerimi ve çuvalı cebime koymuştum ama çabucak bulup çıkartılar.

Sıcak dayanılmazdı, havasızdı, kapı açıktı, muhafız gergindi; ara sıra tüfeğini üzerime doğrultuyor, bana kapıdan uzak durmamı söylüyordu. Hücremin yakınlarındaki birinin çok kötü dövüldüğünü duyabiliyordum, tekmeliyorlar ve küfrediyorlardı. "Hepinizin canı cehenneme." "Pislikler." "Cehennemden başka bir yere gidecek değilsin, alçak" diyorlardı. Birinin canlarını fena halde sıktığından emindim, peki kimdi? Neden canlarını sıkmıştı? Hiçbir fikrim yoktu. Sıradaki ben miydim? Suçlamalar duydum, terörizmden söz ediyorlardı. Bazı insanlar Amerikalılara bağırıyorlardı, Türkçe mi bağırıyorlardı? Ağır bir şiddet uygulanıyordu, beni neden öldürmek istiyorlardı?

Kadınlara ve çocuklara ne yapıyorlardı, onları da dövüyorlar mıydı? Hasta ruhlu alçaklar. Askerler "hücremin" yanından geçerken içeri bakıyorlardı, içeride ucube gösterisi mi vardı ki bakıyorlardı? Bir asker geldi, adımı, milliyetimi ve başka birtakım saçmalıklar sordu, hâlâ soruyorlardı, önce İngilizce konuştu. Çok hızlı konuşuyordu, soru sormak istediğimi söyledim ama hemen reddetti. Sonra da gitti, yarı baygın haldeydim, kendimi ezilmiş ve parçalanmış hissediyordum. Neler olacaktı?

Yerde meditasyon yaptım, muhafızlar bana kahkahalarla güldü. Pet şişe içinde su geldi, şişeyi yastık olarak kullandım, tişörtüme sardım, su kan gibi sıcaktı. Aşırı terliyordum, bu kadar terlediğimi hiç hatırlamıyorum; sanki bütün vücudum plastik bir torbanın içindeymiş gibi ter döküyordum. Sonrasında iyi şeyler olmadı, düzgün kıyafetli biri geldi, Amerikan aksanıyla konuşuyordu, çok dostça davranıyordu, elinde küçük dijital bir fotoğraf makinesi vardı, resmimi çekti. Gömleğimi giyene kadar beklemesini istedim, bunun gerekli olmadığını söyledi, sadece yüzümün fotoğrafını çekecekti. Neden yüzümü çekecekti? Bunu reddettim, küfretti ve silahını gösterdi. Adamla şakalaştım, internette mi yayınlayacaksın dedim. İyi olmadı. Fotoğrafım çekilirken yerde oturuyordum. Neden? Bu fotoğraf şimdi kimin elindeydi? Gömleğimi giymek istemiştim çünkü üzerindeki kan görülsün istiyordum, fotoğrafı kim görse gömleğin üzerindeki kanı da görecekti. Adam kanı gördü ama bununla ilgili hiçbir şey sormadı ve gömleği giymeme gerek olmadığını söyledi.

Askerler bana defalarca "terörist", "katil" ve "suikastçı" dedi. Dışarıda olanların hepsini duydum, kapı açıktı ve önümdeki kafesi görebiliyordum, içeri hava girmesi için kapı açıktı, kapıda silahlı bir muhafız vardı, dikenli tellerle benim ve diğerlerinin kafeslerini kapatmışlardı. Burası bir hapishane hücresiydi ve ben de içerideydim. Irak'ta bir hücredeydim, buradan çıkış yoktu, bu mümkün değildi, bütün bu olanlardan sonra insanların buraya geldiğimi ve neden burada olduğunu bilmelerini sağlayacaktım. Irak'ta bir hapishanedeydim. Bir asker hücremin önünden geçerken kapıya tükürdü ve bana baktı, yazmak istemediğim şeyler söyledi ve tüfeğini bana doğrulttu. Başka biri geldi, bana "katil" dedi, "sen İngiliz falan değilsin, alçağın tekisin. Seni tanıyoruz, sen pisliğin tekisin" dedi. Ama bir asker bana gülümsedi, ondan hoşlandım.

Su matarası geldi ve kapımın önüne bırakıldı, büyük kahverengi harflerle üzerinde "Birleşik Devletler Ordusu" yazıyordu, buranın bir lunapark olduğuyla ilgili kuşkularım vardı.

Hücrenin zemininde nerede oturursam oturayım altımda hemen terden bir gölcük oluşuyordu. Ter beni hücremin dışına çıkmaya zorluyordu, zemin çok çabuk ıslanıyordu. Pet şişeye sardığım gömleğime ter damlıyordu, çok gürültülüydü çünkü başımı koyunca plastik pet şişe çatır çutur sesler çıkartıyordu, çok ıslanmıştı ama orada kalmak zorundaydım.

Hücre duvarına bir şeylerin karalanmış olduğunu fark ettim,

hepsi Arap harfleriyle yazılmıştı. Bazı öfkeli kazınma izleri de vardı, yoksa işkence izleri miydi bunlar? Duvarda kan izleri varmış gibi görünüyordu, çok fazla miktarda vardı; belki de hamburgerlerden sıçrayan keççap izleriydi! Yanlışlıkla alı konulan tutuklulardan özür dilemek için Bağdat'tan buraya gönderilen hamburgerlerden mi sıçramışlardı! Bana gözcülük eden askerler tükürdü; kötü hareketler yaptılar ve kötü gözlerle baktılar. Amerikalıların terör şüphelileri listesinde ben de mi vardım? Tüm bu olanlardan sonra artık Birleşik Devletler'e seyahat etmeme izin vermeyecekler miydi? Sıcak, su, ter. Verilen su her zaman sıcaktı, susuzluğumu nadiren geçiriyordu.

Sonunda tuvalete gitmeme izin verdiler. Diğer "teröristler" önce gitti, her biri hücresinden çıkartıldı –daha önce görmüştüm, tuvaletler içerideydi– silahlı iki muhafız eşliğinde götürüldüler. Ama neden onları dışarı çıkartmışlardı, tuvaletler içerideydi? Bu iyi değildi. Belki de onları dışarı çıkartıp vuracaklardı ya da işkence yapmak için götürüyorlardı. Şükürler olsun, tuvalete götürüyorlardı, tuvalete gitmek beni rahatlatacaktı ve hâlâ yaşadığımı anlayacaktım. Ama böyle olmadı, terleyerek tuvaletimi yapmaya çalıştım, olmadı. Bu konuda anlatılacak daha çok şey var, ama ben Irak'tan çıkana kadar beklemek zorunda. Bir ihmal ya da kusur var; henüz bunu anlatma tehlikesine giremem, notlarda tehlikeli başka şeyler de var, doğru ama buradan ayrıldıktan sonra aktarmak zorundayım, şimdi olmaz.

Saat yaklaşık olarak sabaha karşı 03:00'da uyuyakaldım. Şaşırtıcıydı, zemindeki "su yatağının" üzerinde yatıyordum, yastık olarak bir pet şişe kullanıyordum. Suratıma bir battaniye fırlatıldığında uyandım, battaniye leş gibi kokuyordu, çok tozluydu ve üzerinde böcekler vardı. Suratıma battaniyeyi fırlatan asker tek kelime bile etmedi. Espri yapmaya çalıştım ama işe yaramadı, küfretti ve tekmeleyerek suyumu devirdi, tabii yanlışlıkla! Asker geri geldi ve bu sefer de bir yiyecek çantası fırlattı, sarı bir erzak torbası, hemen açtım acıkmıştım. Fazlasıyla kuru şekerlemeler, markalı ıvır zıvırlar vardı, mayalı peynirden yapılmış küçük ekmekçikler, çikolata; çok iyi yiyeceklerdi, daha sonra aldığım kahverengi erzak çantasının içindekilere hiç benzemiyorlardı. "Hey, tutuklanmama değdi doğrusu, bunları yiyebilirim" dedim, insanoğlundan bir yanıt almaya çalışıyordum. Yanıt yoktu. İnsanoğlu neredeydi? Gülüyorlardı ama benimle değil, bana gülüyorlardı.

Daha fazla küfür işittim: "Lanet olası alçak", "İngiliz falan değil", "Liderleri bu." "Amerikalılara zarar veremeyeceksin, alçak herif" dediler. Bu tarz konuşmaları sanki asırlardan beri işitiyormuşum gibi geliyordu. Karanlık bir ter denizinin içine kulaklarıma kadar batıyormuşum gibi bir hisle uykuya daldım.

5 temmuz

Dışarıda hava aydınlanmıştı, tuvalete gitmek zorundaydım, sadece sordum, bekledim. Hücrenin arka tarafına gitmem emredildi. "Şu çizgiyi görüyor musun, bunu geçme." İki silahlı muhafız hizmetimdeydi. "Bir şey denemeye kalma, vur emri aldık." Uyku sersemi söylediklerini anlamadım, tekrar etmelerini istedim. "Özür dilerim, ne dediniz?" dedim. "Kaçarsan vururuz, anladın mı?" Espri yapma şansım yoktu ama denedim, sıcak, konforlu odam, iyi yiyecekler, hoş bir manzara, Süleymaniye'den buraya kadar yapılan keyifli bir yolculuk. İşe yaramıyordu, askerlerin suratları duvar gibiydi, kötü bakışlarından başka verebilecekleri bir şeyleri yoktu. İki silahlı askerin arasında sıkışmış halde kafesin sonundaki kapıya yürüdüm, önünden geçtiğim bütün hücrelerin kapıları kilitliydi. Bir tuvaletin önünden geçtik, neden burayı kullanamıyordum, hapishanenin ana kapısına gittik, kapı iki metre yüksekliğindeydi ve kilitliydi; dışarısı görünmesin diye kamuflaj beziyle üzeri örtülmüştü, yerde metal bir boru vardı, açık ve geniş bir alandı. Binalar, askeri malzemeler, ağır silahlar, cephaneler, artık adına her ne diyorlarsa, hapishane çok iyi korunuyordu. Tetikte bekleyen askerler gördüm, hiç kimse bana günaydın demedi! Etrafa bakmak istiyor ve gördüğüm her şeyi zihnime kaydediyordum. Bir nirengi noktası bulmak için etrafı gözlerimle araştırıyordum. Neden mi? İşkence ve dayaktan sağ kurtulabilir ve sonunda serbest kalırsam nerede alı konduğumu anlatabilmek için yapıyordum bunu. Buranın Kerkük Havaüssü olduğunu duydum. En kısa süre içinde bizi yargıcın önüne çıkartacaklardı ve sorgulanacaktık. Artık ertesi gün olmuştu ve hâlâ bunu bekliyorduk. Ana yolun yakınlarındaydık, yoldan geçen araçları görebiliyor ve duyabiliyordum, dışarıda uzun bir duvar vardı, krem renkli taşlardan örülmüştü, tanıdık geliyordu.

Dolu kum çuvalları, istihkâm edilmiş bir bölge, siperler ve su kulesi vardı. Hapishane çok iyi korunuyordu. Daha önce siper görmemiştim. Su kulesi, nirengi noktam burasıydı, çok büyük bir su kulesiydi; büyüklüğünü anımsıyorum, kahverengi ve beyaz renklerle boyanmıştı, yerini tam olarak saptayabilirsem nerede alı konduğumuzu anlayabilirdim. Bu kadar büyük bir şeyin ana yoldan görüneceğinden emindim. Daha sonra buranın fotoğraflarını yayınlayacaktınız. Bir gün hapishanemizi bulacağım. Kafamıza çuval geçirerek gerçekleri bizden saklayamayacaksınız.

Sipere girmemi emrettiler ve istediğim yeri tuvalet olarak kullanabileceğimi söylediler. Bu çok acayipti. Zaman geçiyordu, burası WWI / WWII siperleriydi, eski bir savaş filmi sahnesini andırıyordu. Gözlerim etrafı araştırıyordu. "Yere bak" diye bağırdılar "yoksa küçük güzel ayaklarına işeyeceksin." "Biraz utangacım da, kimse bakıyor mu diye emin olmak istedim" dedim. Yanıt vermediler. Etrafta başka askerler de vardı ama bu manzarayı daha önce de gördükleri açıktı. Kimse dönüp bakmadı. Burası bir hapishaneydi, düzenli olarak buraya insanları hapsediyorlardı sanırım. Bana işimi bitirmemi ve bu ıslak delikten hemen çıkmamı emrettiler, ama daha başlamamıştım bile. Silahlarını üzerime doğrultular, tuvaletimi yapamamıştım, beni beklemeye niyetleri yoktu. Silahlara bu kadar yakın olmak beni korkutuyordu, tuvaleti kullanamıyordum.

Aceleyle hücreme geri götürdüler, karanlığın içindeki çatlaklardan ışık huzmeleri yayılıyordu. Bir asker benimle konuşmak istiyor gibi görünüyordu, gerçekten İngiliz miyim diye sordu. Kapıya gitmeden önce ona Abla'yı, Sacide'yi ve oyuncakları anlattım, yanımdaki diğer asker sessiz kaldı ve konuşmamamı söyledi. Belki gözaltı / işkence merkezinin içinde değil de dışında kalmak daha iyiydi. Belki de anahtar kelime buydu. Belki de tekrar tuvalete gitmeliydim, hücreye geri döndüm, çantadakilerden bir şeyler yemeye ve dinlenmeye çalıştım, kötü bir akşam geçirmiştim. Belki bir askerin kafasına girmeli ve onu etkilemeye çalışmalıydım, belki bu kişi benimle konuşan şu asker olabilirdi.

Tekrar tuvalete gitmek zorundaydım. Tekrar dışarı çıkartılar, aynı askerler vardı, konuştuk. Babası orduda üst rütbelilerden biriydi, ümitsizlik içinde eve dönmeyi bekliyordu, arkadaşları vurularak öldürülüyorlardı. "Neden buradayız?" dedi, eve gitmek istiyordu, bu savaşı istemiyordu. Hikâyemi anlattım ama kapının önüne gelene kadar sesini çıkarmadı. İyi bir başlangıç yaptığımı düşündüm, diğer asker bana siperde fazla ilerlemememi, çünkü bölgenin mayınlanmış olduğunu söyledi. Ciddi miydi, yoksa şaka mı yapıyordu? Konuşmak beni çok rahatlatmıştı, askerin ismini unuttum ama sarışındı, yaklaşık on sekiz yaşlarındaydı ve annesini çok özlediğini söyledi. Ama bu asker gece yoktu, onu hiç görmedim, belki de şafakta nöbete gelmişti. İkinci defa dışarı çıkmak çok iyi gelmişti. Bazı askerler sigara içmeye çalışıyorlardı. İkinci kez dışarı çıktığımda nerede olduğumuzu daha iyi görmüştüm; tanklar, zırhlı araçlar, kamyonlar ve kamyonların üzerine monte edilmiş silahlar, çok büyük top mermileri, subaylar, cipler, çatılarda insanlar vardı. Muhafızlık mı yapıyorlardı yoksa güneşleniyorlar mıydı anlamadım. Çok fazla hareket olan yüzde yüz faal bir üsteydik. Bana tekrar kötü gözlerle baktılar, umurumda değildi. Bölge gerçekten mayınlı mıydı?

Hücreye geri döndüm, kahvaltımı yaptım, bu sefer kahverengi erzak çantası vermişlerdi. Bekledim, uyudum, sarışın askerle sohbet etmek istiyordum, bu sefer olmadı. Su çok sıcaktı. Hücreden dışarı çıkmamıza izin vermiyorlardı ama tuvalet gezintileri olabiliyordu. Yan hücrede iki Birleşmiş Milletler görevlisi, onların yanındaki hücrede de iki kadın ve bir çocuk tutuklu vardı, ama öbür yanımdaki hücre boştu. Dört kapı aşağımda diğer mahkûmlar vardı. Gürültülü, tartışmalı bir ortamdı, şarkı söyleyenler vardı, gülüyorlar, el çırpıyorlardı; moralleri mi iyiydi, yoksa askerler bizi öldürmeden önce kendilerini mutlu etmeye mi çalışıyorlardı? Belki de Amerikan zihniyetiyle dalga geçiyorlardı.

Zaman yavaş geçiyordu, bazı tutukluları götürdüler; işkenceye mi yoksa sorgulamaya mı bilemiyorum. Yargıca çıkartacaklar mıydı? Ne zaman çıkartacaklardı? Sürekli olarak, neden, ne, nasıl sorularını soruyordum, aklım karışmıştı, yanlış hesaplar yapıyordum. Neden beni kontrol etmemişlerdi? İki silahlı askerin emriyle bir büroya götürüldüm, oturdum, sonra benim Dağ ismini verdiğim subay geldi. Masa, klima, bilgisayar, serinlik, tokalaştık; sırada ne vardı, benden özür mü dileyecekti? Sakinleştim ve rahatladım. Salıverilme zamanım mı gelmişti? Özür dileyeceklerini, kontrol ettik, bir hata yapmışız, artık özgürsünüz diyeceğini düşünmeye başlamıştım. Siyah torbayı gördüm, bütün eşyalarım bu torbanın içindeydi, subayın masasının yanında duruyordu. Torbayı açtı, eşyalarımın tamamı torbanın içinde miydi? Evet, içindeydi. "Neden buradasınız?" "Diğerlerini tanıyor musunuz?" "Neden burada tutulduğunuzu biliyor musunuz?" "Hayır." Ama nedenini söylemedi. İyi davranıyordu, tüm eşyalarımı inceledi, "Asker misiniz?" dedi. "Buradaki göreviniz nedir?", "Kimin için çalışıyorsunuz?", "Paranızı kim ödüyor?" ve buna benzer saçmalıklar. Buraya nereden geldiğimi sordu, hangi ülkelerde bulunmuştum. Ona gerçeği anlattım. Kızımı, oyuncakları, tüm öykümü anlatıyordum ama sözümü kesti, evraklarımı göstermeye çalıştım ama ilgilenmedi. Birleşik Devletler büyükelçiliğinden gelen e-postasını gösterdim, tamam dedi ve büyükelçiliği arayacağını söyledi, ama ona inanmadım. Sonra Kürdistan Demokrat Partisi kartını, Türkiye Cumhuriyeti başbakanına çekilmiş faksları gösterdim; hiç ilgilenmedi ama iyi davranıyordu. Görünüşe bakılırsa düşünüyordu, "Neden basından bu kadar çok insan tanıyorsunuz?" dedi, sigorta numaramı ve anlattıklarımı not aldı. Türkiye'de ne kadar kaldığımı ve Türkiye'ye neden gittiğimi sordu. Uçakla gelememiştim çünkü savaş başlamıştı, ben de Türkiye'den karayoluyla gelmiştim. "Neden bu adamlarla birliktesin? Silahlarınız nerede? Patronunuz kim?" soruları bana şaka gibi geliyordu. Çok nazikti ama hiç gülümsemiyordu, odayı terk etti, çıkarken masasının üzerindeki kurabiyelerden alabileceğimi söyledi. Neden odayı terk etmişti! Beni gözetleyeceğinden şüphelendim, evrakları karıştıracağımı sanıyordu. Kurabiyeler dışında hiçbir şeye elimi sürmedim. Beş dakika sonra geri geldi, bugün cumartesi olmasına rağmen büyükelçiliği arayacağına söz verdi. Beni kontrol edip emin olabilirlerse serbest bırakacaklarını söyledi. Sadece kendimi iyi hissetmem için böyle konuştuğunu düşündüm. Gözleri hikâyeme inanmadığını söylüyordu. Hücreme götürülmeden önce bana son bir soru daha sordu, "Neden Suriye'ye gittin?" İki silahlı asker beni alıp hücreme geri götürdü. Sorgulamam yapılırken askerler kapının önünde beklemişti.

İkisi de gözümün içine bakıyordu, tehlikeli görünüyorlar ve büyük olasılıkla anlattığım öyküyü gerçekleri örtmek için uydurduğumu düşünüyorlardı. Şaşkınlık içindeydim, Birleşik Devletler büyükelçiliğini arayacağını, anlattıklarımı kontrol edeceğini, sonra da beni serbest bırakacağını umut ediyordum. Aldo Sirotic'in bu yanlış anlaşılmadan haberi olsaydı, her şey yoluna girerdi. Olmazsa, olanları zaten siz de biliyorsunuz. Ankara'daki büyükelçiliğin bana yardım edeceğinden de emindim.

Sorgulamadan sonra beni başka bir hücreye koydular. Bunu neden yapmışlardı? Kapıda hâlâ silahlı bir asker bekliyordu ama bu hücrenin içinde bazı eşyalar vardı. Bu da neydi böyle? Subay beni bu hücreye aldırmıştı. Beni kısa süre sonra serbest mi bırakacaklardı? Evet, serbest bırakılmayı bekliyordum. Köşede ahşap bir masa vardı, üzeri kâğıtlar ve dosyalarla doluydu, eski giysiler ve şekerlemeler vardı. Diş fırçası ve diş macununa ek olarak birtakım askeri giysiler vardı. Pencerenin çıkıntısında mermiler bile vardı, muhafız onları gördü ama neredeyse gözünden kaçırıyordu. "Bunlara ihtiyacın olduğunu düşünme" dedi. Hücreden dışarı çıkamayacağımı hatırlattı, içeride kalmamı ve sakin olmamı söyledi. Ankara'dan gelecek haberleri beklememi söyledi.

Gün ilerledikçe sıcaklık arttı, zor nefes alıyor ve çok fazla terliyordum. Hücreye göz gezdirdim, eşyaları incelemeye başladım. Gözetleniyor muydum, bu da sorgulamanın bir parçası mıydı? Askeri evrakları ve dosyaları inceleyip incelemeyeceğimi görmek için odaya gizli kamera mı yerleştirmişlerdi? Belki de, ama bunu düşünüyorlarsa hayal kırıklığına uğrayacaklardı, çünkü benim ilgi alanımda sadece şekerlemeler vardı. Onlardan birkaç tane çaldım ve yedim. Odada havlular, terlikler, kurabiyeler ve hem Arapça hem Kürtçe bazı rütbe tanımlamaları vardı; rütbelerin yanında açıklayıcı kelimeler yazılıydı. Onların yanında da İngilizce kelimeler vardı. Neden? Bunlar Birleşik Devletler ordusunun rütbeleri miydi, yoksa Irak ordusunun mu; belki de El Kaide'nin rütbeleriydi. Muhafız kapımın yakınlarında olmadığında bütün bu saçmalıklara baktım. Beni burada bekletirlerken Süleymaniye'ye geri dönüş işlemlerimi hallediyorlar diye düşündüm. Bu nasıl bir lanet olası konvoy olacaktı acaba, Türkler ve ben sonunda serbest kalacaktık, gördüğümüz Birleşik Devletler konvoylarına el falan sallamayacaktık, böyle bir şey olmayacaktı, bu uğursuz bir şeydi. Bu hareketli bir zamandı. Arkama baktım, fazla zamanım yoktu çünkü sorgulamaya götürülürken kelepçelerimi cebime ve kanlı gömleğimi pantolonumun içine sokmuştum, yeni bir saklama yerim vardı. Kum çuvalımı da cebime koymuştum. Kurabiyeleri yedim, kanıtlar pantolonumun içindeydi. Onları gözlerinin önünde kandırdığım için memnundum. Bunların yanımda olduğunu biliyorlar mıydı, ne yapabilirlerdi ki? Bu kanıtları elimde tutmak zorunda olduğumu biliyorum.

Dikkatli dinleyin, bunu bir kez tekrarlayacağım! İlk hücrem gece boyunca çok kirlenmişti, yeni bir hücreye nakledildim, çünkü "kanıtlar" yok edilmeliydi. Daha fazlasını henüz anlatamam.

Artık yeni hücremdeyim. Sıcaklık artıyor, kapıdan dışarı bakıyorum; diğer tutuklular beni görüyor, iki tanesi el sallıyor, biri benimle konuşuyor ve kaygılanmamamı söylüyor. Onlara gülümsüyorum ve gözlerinin içine bakıyorum; bu, kamyonun arkasında askerlere nefretle bakan adam, onu tanıyorum. Varlığını koruyor ve görünüşe bakılırsa bana göz kulak oluyor.

Hücreme dönüyorum ve konuşmamaya karar veriyorum. Neden? Onlarla arkadaşlık etmek istemiyorum, çünkü ne yaptıklarını ya da neyle suçlandıklarını bilmiyorum. Onlarla iletişim kurarsam, Birleşik Devletler'e birbirimizi tanıdığımızı göstermiş olurum, o zaman beni de onlarla aynı sınıfa koyarlar. Hayır, her kim olursanız olun lütfen bana el sallamayın. Tüm hareketlerimiz titiz bir şekilde izleniyor, tercümanlar Türk mü, Kürt mü, Arap mı bilmiyorum; sürekli ortalıktalar, Amerikan askerleriyle birlikte gülüp eğleniyorlar. Askerler sanki partideymiş gibi bir ruh hali içinde. Her şeyi çok net görebiliyorum, askerlerin hareketlerini gözlemleyebiliyorum ve konuştukları her şeyi duyuyorum.

Kalemin gücü, dinleyin, yeni hücremde kâğıt var. Bir tükenmezkalem buldum, yazmaya başladım. Çok tehlikeli, kapıya arkamı dönüyorum ve uzanıyorum, böylelikle yaptığım işi gizliyorum. Kulaklarımı iyice açıyorum çünkü geldiklerinde fark etmek zorundayım. Uyuyormuş numarası yapıyorum, yazmak ve kaydetmek zorundayım. Bunu yaptım, olan biten her şeyi yazdım, yaptığınız her şeyi yazdım sizi alçaklar.

Yazmak, aşırı sıcak kadar insanı tedirgin ediyor, çok fazla terliyorum. Üzerimden zemine sular damlıyor, çok sıcak, buharlaşmayı gözlerimle görebiliyorum. Yarım bardak su gözlerimin önünde yirmi dakika içinde buharlaşıp yok oluyor. Çok sıcak, tükenmek üzereyim, bayılmamak için saunamın içinde biraz dolaşmak zorundayım.

Sarışın askeri tekrar görebilmeyi umuyordum ama çoktan gitmişti. Dışarıdaki muhafızlar hiç konuşmuyordu. Üç el silah sesi duyuldu, çok yakınımdan gelmişti, Sacide'yi düşünüyordum ve çok tedirgin oldum. Muhafızlar hücreme baktılar ama gülümsemediler. Refik'in evinde neler düşünmüşlerdi? Laven İnternet Kafe'de benim gelmemi mi bekliyorlardı? Haberlerde benim tutuklandığımı gördülerse, bu çok kötü olurdu, eşyalarımdan hemen kurtulmaya çalışırlardı; belki de Birleşik Devletler ordusu şu an evlerine baskın düzenliyordu. Belki de düzenlemiyordu. Hiçbir şey bilmiyor ve bilinmezlikle besleniyordum. Bir somun ekmektim ve fırında pişiyordum. Beni dışarı çıkartmak için fırının ağzını ne zaman açacaklardı, beni ne zaman soğutacaklardı; ekmek yenmek için pişirilir, beni yiyecekler miydi?

Birleşik Devletler ordusundan çaldığım şekerleme ve kurabiyelerden daha fazla yedim, benim hücrem dikkatle gözlemleniyordu. Hücrem ön kapının tam karşısındaydı, bu yüzden çok fazla şey görüyordum; her şeyi görüyordum, kapı açıldığında görüş açım çok iyi oluyordu. Nöbet değişimlerini gördüm; yanlarında soğuk su getiriyorlardı, erzak çantası getiriyorlardı, kadın askerlere baktım, çatıda silahlı bir asker vardı, hapishanenin çatısında en az bir tane silahlı asker nöbet tutuyordu, diğer çatılardaki askerler güneşleniyorlardı, güzel çelişki! Şişeler dolusu su, silahlar, kutular dolusu malzeme, üst rütbeli subaylar geliyordu. Üst rütbeliler düzenli olarak buraya geliyordu, bize bakıp yorum yapıyorlardı, subaylar kendi üstlerine bilgi veriyorlardı ama bize kimse bilgi vermiyordu. Bazı generaller geldi, bunlar kesinlikle çok önemli insanlardı. Kim olduklarını bilmiyorum ama birkaç tanesi içeri girdi ve sonra dışarı çıktı. Askerler hazır ola geçti ve bu alçakları selamladılar. Bu ordu kodamanları benim sorgucumla konuştular, kapının yanında durdular ve bizi işaret ederek konuştular.

Kodamanlar gittikten sonra sorgucum hücreme geldi, kapıyı çalmadan içeri girdi. "Sana bir çift sözüm var Michael" dedi, söyleyeceklerini söyledi. Odanın arka kısmına gitmek istedi, beni vuracak mıydı yoksa? Ahşap masanın kenarına oturdu, elinde bir dosya tutuyordu, sanırım bu benimle ilgili dosyaydı. "Çok üzgünüm Michael, ama komutanlarım senin gitmene izin vermiyor. Seni serbest bırakamayız" dedi. O an 1988 yılında polisin evime gelip annemin trafik kazasında öldüğünü haber verdiğinde hissettiklerimin aynısını hissettim. Polis eve gelmişti, kötü bir haber vereceğini biliyordum, ağzını açtı ve acı dolu, ağır kelimeler ağzından döküldü; annemin öldüğünü bana bildirdiği için ne kadar üzgün olduğunu söyledi. Bu adamda da aynı duygular vardı, ağzını açmış ve aynı ağır kelimeleri söylemişti. Tüm dünya Irak'ta olma nedenimi biliyordu ama Yankiler hiçbir şey yapmadığım halde beni tutuklamış, kafama bir çuval geçirmişlerdi ve şimdi de beni serbest bırakmayacaklarını söylüyorlardı. Neden beni serbest bırakamazlardı? Bunu söyleyemezdi, klasik askeri özrünü kullanarak "Bu benim rütbemi aşar" dedi. Onların büyük operasyonun yakınlarında olmak mıydı suçum? Bunun bir bomba ya da zehirli gaz saldırısı olduğunu mu düşünüyorlardı? Tutuklu olarak kalacaktım, annem eve gelmeyecek mi dediğim anın aynısını yaşıyordum. Bağdat Havaalanı'nda tutuklu olduğumda annemin ne istediğini fark ettim, güzel ruhu için bedensel kurtuluş istiyordu. Annem çok mutluydu, bütün bunlara ve bu deliliğe kahkahalarla gülerdi. Anne seni bedensel olarak kaybettiğimden beri hiç bu kadar kendime yakın hissetmemiştim seni, ama tekrar bir araya geleceğimizi hissediyorum. Seni şimdi çok daha iyi görüyorum. Anne bunu yıllar önce söylemiştim, ama hâlâ aynı şeyi söylemeye devam ediyorum. "Bir gün benimle gurur duyacaksın." Anne bütün bu olanlar çok sertti, ama bunu söylediğin zaman bile bu kadar sert olacağını tahmin etmemiştin. Böyle bir deneyim sadece ve sadece sevgiyle aşılabilir. Seni seviyorum.

Seni serbest bırakamayız da ne demekti? Tutuklu olarak kalmaya devam mı edecektim? Peki neden? Sorgucunun hiçbir fikri yoktu ya da olmadığını iddia ediyordu. Daha da kötüsü vardı. "Güneye gönderileceksin, kısa süre içinde orada hakkından gelirler, bundan eminim. Seni Bağdat'a göndermek üzere emir aldım" dedi. Bu doğru olamazdı. Ağzını açmıştı ve pislik dökülüyordu. Bu kadar da kötü olamazdı, ama her seferinde görüntü daha da kararıyor, daha da karmaşıklaşıyordu; tıpkı küçük bir çocuğun beyaz bir kâğıt üzerine yaptığı karalamalara benziyordu. Anlamsız ama eğlenceli. Bağdat. Evet, diğerleriyle birlikte gidecektim. Neden, tüm sorular zihnimde kilitlenip kalmıştı, inanamıyordum, donup kalmıştım. Çok endişeliydim, yol çok tehlikeliydi, bundan haberim vardı, konvoylara saldırılar düzenleniyordu. Aklımdaki tek soruyu sordum, oraya nasıl gidecektik, yollar tehlikeli değil miydi? Diğerlerinin de çok tehlikeli teröristler olduğunu söyledi. Bağdat'a karayoluyla gitme konusundaki korkularımı ona da anlattım. Beyaz suratımda aşırı heyecandan siyah çizgiler ortaya çıktı. "Bağdat'a hepiniz birlikte helikopterle götürüleceksiniz" dedi. Bu adam doğru mu söylüyordu? *Truman Show*'un sapık ve hastalıklı bir versiyonunu mu yaşıyordum? Sadece çerçeve almak için dışarıya çıkmıştım, Kürdistan Yurtseverler Birliği Partisi'nin tabelasını görmüştüm ve şimdi de senin ve senin askerlerinin terörist olduklarını söylediği birtakım garip adamlarla birlikte helikopterle Bağdat'a uçacaktım. Biri beni bu kâbustan uyandırsın. Aniden yatak odamın ışığını gördüm ve kuşların cıvıldaştığını duydum; zihnim gerildi, nasıl aptalca bir kâbusun içinde olduğumu düşünmeye başladım. Hiç şansım yoktu, gerçek zamanlı bir kâbus yaşıyordum. Bu sanal gerçekliğin bükülmesiydi. Ama bütün bunlar önüme çıkmış olsalar da soğukkanlılığımı kaybetmeyecektim, pekâlâ dedim, bu onun suçu değildi, bu yanlışlık elbette düzeltilecekti. Bana neler oluyordu böyle? Bağdat'a uçacağımı söylemişti, ben de onu rahatlatmaya çalışıyordum. Büyükelçilikten beni kontrol ettirdikten sonra serbest bırakılacağımı bana o söylememiş miydi? Ama büyük olasılıkla cumartesi günü olduğu için kontrol ettirememişti, çünkü elçilik kapalıydı. Ama doğru şeyi yapıp elçiliği aramış gibi görünüyordu. Elimden bir şey gelmezdi, serin bir rüzgâr kalbimi ferahlattı, bu merhametin nefesiydi. Söylediklerini kabullendim kendi kendime Bağdat'ta serbest bırakılacağımı söyledim. Yarın ya da ertesi gün, ne zaman gönderileceğimiz belli değildi, elçilik açıldığında beni kontrol edecekler ve Bağdat'a gidişim iptal edilecekti; gitsem bile havayoluyla gideceğim için karayolundaki tehlikelerden korunmuş olacaktım. Yazdığım mektupta, Birleşik Devletler büyükelçisine Bağdat'a da gidebileceğimi söylemiştim, ama bu şekilde gideceğimi bilmiyordum. Evet, Bağdat'a gitmenin zor olduğunu düşünmüştüm. Oraya gitmem için daha iyi bir yol bulmamız mıydı sanki? Tesadüf müydü, değilse neydi?

Bekleyiş uzun sürdü, buna şaşırmamıştım. Aynı günün geç saatlerinde kapıdaki hareketlilik arttı. Silahlar kontrol edildi, üniformalar düzeltildi, sigaralar içildi, gitmeye hazır mıydık? Tercümanlar çok meşguldü, diğerlerine de söylenmiş miydi? Emin değilim. Söylenmeden kimse bir şey yapmıyordu. Daha fazla mı sorgulanacaktık? Bir Türk dışarı çıkartıldı, silahlı muhafızlar ona eşlik ediyordu, adamı hapishanenin ortasına getirdiler. İşkence mi yapacaklardı? En azından adam acı çekmiyordu, peki ya onu gören gözlerimiz, bizim için bu görüntü çok acıydı. Birinci adam, iki silahlı muhafızın arasında bir odaya götürüldü. Hepimiz çok gergindik, neler olup bittiğini kimse bilmiyordu. Adamı dövecekler miydi, yoksa kafasını mı keseceklerdi? Adamı götürdükleri oda tam benim karşımdaydı, görünüşe bakılırsa içeride kavga vardı, kapı kapandı, bu yüzden hiçbir şey göremedim.

Beş dakika sonra adam ortaya çıktı, yavaşça yürüyordu, yaşamım boyunca karşılaştığım en rahatsız edici zihinsel etkiyi işte o an yaşadım. Suratıma tuğla yemiş gibiydim, başımdan aşağı soğuk sular boşaltıyorlardı sanki; çocuğunuz ölse ancak böyle bir şey hissederdiniz. Bütün bunlardan çok daha kötüydü. Şimdiye kadar yaratılmış olan en düşmanca giysiyle yüz yüzeydik. X kampına yuvarlanıyorduk. Adamın üzerinde turuncu renkli bir tulum vardı ve kafasına da bir çuval geçirmişlerdi. Bu adam için her şey artık sona ermişti, onun için çok üzüldüm. Artık damgalanmıştı. Yargıç odada mı diye merak ettim. Beş dakikada karar verebilecek kadar hızlı bir yargıç olmalıydı. Gerçekten odada bir yargıç var mıydı?

Diğer tutuklulara baktım, onların Türk mü, Kürt mü yoksa Arap mı olduklarını bilmiyordum. Bana yirmi metre uzaklıktaki odaya teker teker girdiler. Belki de dayak yemek ve sonradan serbest bırakılmak El Kaide giysisi giymekten çok daha iyiydi. Bundan emindim, kamyondaki askerler yol boyunca "El Kaide", "Ensar el İslam" ve "terörist" lafları etmişlerdi, konuştukları şeylerin artık ne demek olduğunu anlayabiliyordum. Ben manzaranın içine girmeden çok kısa süre önce yakalanmış olan adamların hepsine artık bir kimlik vermişlerdi. Birleşik Devletler ordusu onları sorgulamıştı, terörist oldukları artık kesindi. Belki de hepsini bir arada tutacakları daha güvenli başka bir kampa naklediliyorlardı, yoksa Küba'ya mı gönderiliyorlardı? Kafam karışmıştı, turuncu renkli tulumlardan giyenlerin sayısı gittikçe artıyordu; geriye bir avuç insan kalmıştı, bazı subaylar başlarıyla beni gösterdi. Geriye bir tek ben kalmıştım. Sonunda benim de sıram geldi, beni dışarı çıkartacaklar ve bir helikoptere bindireceklerdi. Yolculuk için bekliyorlardı, Bağdat'ta kadar bedava yolculuk. Kısa süre içinde tekrar araştırma yapmaya başlayacaklardı, belki de El Refai'yi ziyaret ederdik. Bir saatten daha az bir zamanda her şey açığa çıkardı, sonra benden özür dilerler ve çocuğumu bulmam için bana yardım ederlerdi, belki de Süleymaniye'ye havayoluyla dönerdim. Bunlar zamanı boşa harcayan düşüncelerdi.

Silahlı iki asker hücremin önüne geldi. Gülümsemiyorlardı, silahları ateşe hazırdı ve üzerime doğru çevrilmişti. "Hadi gidelim, eşyalarını yanına al, pislik!" Işık içinde yolculuk ediyordum, su şişem, ceplerimdekiler ve pantolonumun içindeki gömleğimden başka bir eşyam yoktu. İtiraz ettim ve çekindim, yerimden kıpırdamadım. Bağdaş kurmuş vaziyette yerde oturuyordum, aslında sadece meditasyon yapıyordum, sırıttım. Gülümsemem bir nefret kükremesine çarptı. "Özür dilerim, ne dediniz, aksanınızı anlamıyorum" dedim. Bu küçük çocuklar oğlumdan sadece sekiz yaş büyüktü. Onlara sırtımı döndüm. Delirmiştim ama onlara bir bahane verecek değildim. Bana pislik denmesinden hoşlanmıyor ve onları bekletmek için müthiş bir arzu duyuyordum. Su şişemi yavaşça yukarı kaldırarak onları geciktiriyordum. Sonra şişeyi kasten yere düşürdüm ve suyun boşalıp tatlı bir çamur birikintisi oluşturmasını izledim. Silahları tıkırdadı ve beni dışarı çıkartmak için harekete geçtiler. Su şişesiyle ilgili her şeyi unutup, onlar içeri girmeden ayağa kalktım. Çok kabaydılar. Her şey kısa süre içinde ortaya çıkacaktı. Bana çok yaklaştılar. Silahlarıyla beni arkamdan dürtüklediler. Ben son tutukluydum. Dönüp arkama baktım, tüm hücreler boştu ve tek başınaydım. Bana canlarının istediğini yapabilirlerdi. Artık şahitlik edecek kimse kalmamıştı. Kapıya doğru yürümeye başladım, tam bir aptala benziyordum. Arkamdan çektiler ve diğer tutukluların girip çıktıkları odaya doğru yürümemi söylediler. "Kapı mutluluğu"ndan eser kalmadı. Odada benden özür dileyecek bir general de yoktu. Odada tuvalet ya da bir bardak buz gibi bir bira da beklemiyordu beni. Beni kapı eşiğinden içeriye ittiler, bu odaya giren adamların hepsi turuncu renkli tulumlarla dışarı çıkmıştı. Buna inanamadığımla ilgili olarak söylediklerim ve yaptığım espriler işe yaramadı. Artık bunu durduramazdım, tıpkı zihinsel bir çığa benziyordu, deneyim fabrikası başka bir şey üretmişti. Bana soyunmamı söylediklerinde artık bunun şakaya alınacak bir tarafı kalmadığını anlamıştım. Bana üzerimdeki tüm giysileri çıkartmamı söylediler. Külotumun olmadığını söyledim, pencerenin kenarından beni izleyen kadın tercümanların ve askerlerin başlarını çevirmelerini istedim. Aslında külotum vardı ama onların bana bakmalarını istemiyordum, çünkü kanıtları üzerimde taşıyordum, bu anın benim için hayati önemi vardı ve çok tehlikeli bir andı.

Röntgencilere uzaklaşmaları söylenmedi, pencereye biraz daha yaklaştılar. Sadece belimden yukarısını görebiliyorlardı, onları aldatmak için bu kadarı yeterliydi. Evet, silahlı iki askerle yüz yüzeydik ama onlar nazikçe başlarını çevirdi, askerlerin birinin elinde turuncu renkli bir tulum vardı ve diğeri de giysilerimi içine koymam için siyah renkli plastik bir torbanın ağzını açmıştı. Annemi istiyordum, böyle bir durumda kim olduğumu ve hatta adımı bile bilmiyordum; yanımda sadece tatlı, sevgili annem vardı. Evet, ben kimdim? Gerçekten terörist miydim? Yazdıklarım Amerikalıların eline mi geçmişti? Geçmişi anımsıyordum, her şey gözümün önünden hızla akıp gidiyordu, çaresizlik içindeydim ama temel düşüncelerim gülümsetici, sakinleştirici ve iyiydi; silahlarını üzerime doğrultanlarla işbirliği yapıyordum. Kötü düşüncelerimden kurtulmak zorundaydım. Turuncu renkli tuluma dokunmadan önce görünüşe bakılırsa ellerimden yükselen kokuyu koklama hakkım vardı, kamyonda ve sorgu odasında nasıl terlediğimi anımsadım. Üzerimden fırında kızarmış sosis güveci, balık ve peynir gibi pis bir koku yayılıyordu. Paçavrası çıkmış giysilerimi astım. Asker giysilerimi yılana dokunuyormuş gibi aldı ve torbanın içine attı. Kimse konuşmadı. Durum ve yaşanması zorunlu olanlar müzakere edilebilir değildi. Olmak zorundaydı; konuşmak, bu kadar küçük bir odadaki havayı tüketmek demekti.

Yarı çıplak kalmak güzeldi, yine de odada klima olmadığı için kapıda bekleyen muhafız, makineli tüfeğini üzerime doğrultmuştu ve çok rahat bir koltuğun üzerinde oturuyordu, diğer askeri gruplar benim güzel kokumdan faydalanamadı. Aşırı titiz davranıyorlardı, bu da "büyük bir tutuklama" yapmış olduklarını gösteriyordu. Biz büyük bir şeydik, muazzamdık!

Çok fazla dikkat çekmişti, bu yüzden "büyük bir yakalama"ydı, içeri girdiğimde başka bir tutuklu olmuştum, kafama çuval da geçirilmişti, artık gitmeye hazırdım. Fotoğraflarımızı çektiler, video kamera da vardı. Biri çuvalının içinden bağırıp çağırıyordu, ona çok kötü davrandılar, gözlerimin önünde adamı yumrukladılar ve tekmelediler. Bunu gördüm ve onu korumak istedim, askerler savunmasız bir tutukluyu kıyasıya dövüyor ve bundan zevk alıyorlardı. Dışarıdan savaş çığlıkları duyuluyordu, döven askerin cesaretini artırıyorlar, o da bundan yüz bularak daha fazla vuruyordu.

Tulumu kavramak zorundaydım, eskiden buna benzer bir tulum kullanmıştım, alışkındım. Şimdi yeni bir tulumum vardı ama bu vücudumu çok sıkıyordu, fermuarları dikkatle çekildi, özellikle kasıkları çok dardı, sıkıyordu. İçgüdülerim ve duyularım tam olarak açılmıştı. Algılarım o kadar uyanıktı ki, sanki 360 derece açıyla her şeyi görebiliyordum, yani tam olarak buna benziyordu. Giysinin etrafı bir parça buruşuktu, omuzlarımdan geçirerek giyindim, biraz mücadele etmem gerekti, sonra fermuarlar kolayca çekildi. Kelepçelerim kesildikten sonra onları cebimde saklamıştım, bunlar dünya üzerindeki en sağlam kelepçelerdi. Pis kokulu battaniyenin üzerinde uyurken sağa sola dönmeden önce içgüdüsel olarak kelepçeleri çıkarmaya çalışıyordum, bu bende alışkanlık haline gelmişti. Battaniye böcekler, yumurtaları ve larvaları tarafından istila edilmişti. Onun üzerinde uyumak zorundaydım, bunları çok fazla düşünmek zihinsel olarak yorucuydu. Her tarafımı kontrol ettiğimi hatırlıyorum; acaba vücudumun herhangi bir yerine yerleşmiş olabilirler mi diye korkuyordum, oraya yerleşip yumurtalarını bırakırlar mıydı? Çok iğrençti, daha önce böyle bir pislik hiç görmemiştim. Battaniyeyi silkelediğim zaman boğulma nöbetleri geçiriyordum, silkeleme küçük bir kum fırtınası çıkmasına neden oluyordu. Kelepçeler. Kelepçelere bakmak için can atıyordum ama turuncu renkli tulumları giyerken yanımda sürekli olarak silahlı bir muhafız vardı. Bunlar çok iyi kanıtlardı, özellikle de kanım, terim ve DNA örneklerim üzerlerinde bulunursa, bunları giydiğimi ve bütün bu yaşananların bir rüya olmadığını kanıtlayabilirdim. Belki de saydıklarımın hepsi yok olacaktı ve bu kâbustan uyanacaktım. Hiç öyle görünmüyordu! Artık kelepçelerin ve tişörtün bulunması benim için büyük bir tehlike yaratacaktı, üzerimi arayacaklarından emindim. Ama üzerimi aramadılar, ihmalkâr davranıyorlardı, aramaları için giysilerimi onlara doğru uzattım, aramadılar; belki de giysilerimdeki koku onları uzak tuttu. Giysilerimi içi boş görünen siyah torbanın içine attım. Çok rahatlamıştım, kelepçeler ve tişörtüm artık torbanın içindeydi, ağzını bağladılar.

Param, dosyalarım ve otel klasörü neredeydi? Bunları yok mu etmişlerdi? Büyük olasılıkla yok etmişlerdi, her zaman trajik kazalar olabiliyordu! Çuvalım ayrıldı. Bu sefer daha iyiydi, ne olacağını biliyordum; çuval kafama geçirildi, her taraf karardı ve kollarımdan sıkıca yakaladılar, kelepçeler takıldı. Tam benim arkamdaki bir asker, "Kelepçelerin çok sıkı olmaması için emir verildi" dedi. Bu sorgulanabilir bir konuydu. "Kim verdi bu emri?" İsmi söylendi. Bunun hiçbir önemi yoktu, kelepçeleri iyice sıktılar. Çuvaldaki aralıktan aşağıya baktım, bu daha değişikti; küçük, dar ve çok daha acı veren plastikten bir kelepçeydi. OIC'nin (Dağ, sorgucu) Bağdat'a gönderileceğimi söylediğinde kelepçelerin çok sıkı bağlanmaması için emir vereceği konusunda bana söz verdiğini onlara da söylemek zorundaydım. Sinirli değil ama net konuştum, İngilizcem kusursuzdu. "Özür dilerim, bunlar biraz sıkı oldu, rica etsem biraz gevşetebilir misiniz, lütfen" dedim. Tamam, dediler, kelepçeleri kesip yeni kelepçeler taktılar. Ne oldu tahmin edin, yeni kelepçeleri de öncekiler kadar sıkı taktılar. Ağzımı açtım ama hayır, bunu yapmayacaktım. Emirlere karşı geliyorlardı; sıkmadıklarını söyleyeceklerdi. Çift fermuarlı değillerdi, tamam, tek fermuarlıydı ama sıkıydı. En hızlı askerleri seçmişlerdi, onlarla birlikte yürümek hiç de kolay değildi. İtilerek harekete geçirildim, tıpkı aküsü bitince iteklenerek çalıştırılan bir araba gibiydim. İyi de yol ne taraftaydı, yola çıkartılmış mıydım? Bu lanet olası oyunun ipleri kimin elindeydi? Bu kadar hızlı nereye gidiyorduk? Gözlerim kapalıydı, ellerim kelepçeliydi ve üzerimde turuncu renkli, parlak bir "terörist" kıyafeti vardı. Gösteri yapmak için ordu sahnesine mi çıkacaktım? Milan'ı, Paris'i unut, Kerkük Havaüssü'nü salla ve ayağa kaldır! Neye benzediğimin tam anlamıyla farkındaydım. Önünden geçtiğim askerler neşe dolu ve rahatlardı, biri tükürdü, postallarını görebiliyordum. Basamağın nerede olduğunu söylemediler ama ben yerini doğru tahmin etmiştim. Yön duygum iyiydi, 45 derece açıyla inen basamak sağ taraftaydı, sonra kapıya ulaşılıyordu, metalin burnuma çarpmasını çok istiyorlardı. Bu iki alçak bu konuda çok eğitimlilerdi. Benim yere düşmemi istediklerinden emindim. Diğer tutuklular götürülürken iki tanesi yere düştü. Askerler gülüştü. Tutuklulardan biri yere düşerken bir asker düşen adamın sırtına bir tekme attı. Gözümüz bağlıydı, ellerimiz kelepçeliydi, yere düşürülmüştük ve bizi hâlâ tekmeliyorlardı. Yere düşen adamın intikamını nasıl alacağını planladığından adım gibi eminim. Sıcaklık inanılmazdı ama Süleymaniye'deki sıcaklıktan daha azdı, çünkü ben artık çuvalın içinde nefes almaya alışmıştım. Saat yaklaşık olarak 15:30'du sanırım, güneş insanın canını yakıyordu. O kadar yavaş hareket etmeye başlamışlardı ki, Süleymaniye'den çok daha kötüydü. Havaya yükseldim, nereye çıktığım hakkında hiçbir fikrim yok. İnsan etinden kıyma yapan bir makinenin kenarında mıydım yoksa? Sanırım bu başka bir kamyondu ama kesinlikle sirenleri yoktu. Bağdat'taki yiyecek kıtlığına yeni "El Kaide sosisleriyle" çare mi bulacaklardı? Kimse konuşmuyordu ve yön duygumu tamamen kaybettim, bu da kasıtlıydı tabii ki. Ellerim dizlerimdeydi, yanımda iki silahlı muhafız vardı, kaba saba davranılmış, itilip kakılmıştım ve emirler yağdırmışlardı. Nerede olduğum ya da neyin içine "fırlatılıp atıldığım" hakkında hiçbir fikrim yoktu. Oturur oturmaz ilk hissettiğim, oturduğum yerin sıcaktan kızarmış bir yer olduğuydu, yerimden sıçradım ve bacağımın arkasına çok sert bir darbe yedim, bunun tekme mi yoksa yumruk mu olduğunu söyleyemeyeceğim, çünkü göremiyordum. "Otur yerine pislik." Sadece kıvrılabildim ve bir şeylerin üzerine oturabilmeyi umut ettim. Tuvalete mi, ustura gibi keskin bir şeyin üzerine mi, yoksa çivili bir yatağa mı? Hayır, bir koltuğun üzerine oturdum. Etrafımdakileri "görmek" için ayaklarımı ve kollarımı hareket ettirdim, sağ tarafımda biri vardı, sol tarafım boştu. "İnlemeyi kes yoksa seni öldürürüm" dedi bir asker. Kamyona benziyordu, yerde insanlar vardı, üç kişiden fazlalardı. "Lanet olsun, bu nasıl bir oyun" dedim, tekrar sessiz olmamı söylediler. Sessiz olamazdım. "Bağdat'a bedava uçak biletim var" dedim. Birleşmiş Milletler müteahhidinin konuştuklarımı duyduğunu düşünüyordum, bana daha ayrıntılı konuşmamı söyledi. Ona, helikopterle Bağdat'a götürüleceğimizi söyledim, görünüşe bakılırsa bundan haberi yoktu ama bir dakika, kiminle konuştuğumdan emin değildim, sanki Türkçe konuşuyordu. Konuşan kişinin ipucu peşindeki bir subay olması da mümkündü. Bağdat'a götürüldüğümüzü tekrar söyledim. Kamyonda Türklerle birlikte olduğumu sanıyordum ama konuşulan bazı Türkçe kelimeleri anlayana kadar emin olamadım. Evet, birlikte uçacaktık. Görünüşe bakılırsa Bağdat'a götürüleceğimizden haberleri yoktu. Neden haberleri yoktu?

Kamyon çok sıcaktı, önünde sonunda götürüleceğimizi biliyordum, peki neden bekliyorduk? Kamyonun üzerinde branda yoktu, güneşin altında bekliyorduk, çuvalların içi buhar olmuştu, kaskatı kalmıştık, hareket edemiyorduk. "Bir şey denemeye kalkan olursa öldürürüm" dedi birisi.

Koro halinde "Bay Su" diye monoton bir şekilde seslenilmeye başlayana kadar yanımda kimin oturduğu hakkında şüphelerim vardı, onu özleyecektim. Bu çok korkunç bir sesti ama garip bir şekilde insanı rahatlatıyordu, yaşam işaretiydi ve büyük olasılıkla hepimizin tekrar bir arada olduğunu gösteriyordu.

Sıcaklık artmaya devam etti, beklediğimiz süre boyunca kamyondaki sıcaklık iyice arttı. Ölene kadar bizi güneşin altında mı bekleteceklerdi? Bilmiyordum.

Nehirler çağladı ve gölcükler büyüdü. Üzerimden tuzlu sular akıyordu. Nefes alamıyordum. Başka seçeneğim yoktu, çuvalı dürtükleyerek hava almak için alt tarafını açmaya çalıştım. Onları çıkartabileceğimizi hiç sanmıyordum. Askerlerin acıması yoktu, çuvalları çıkartmaya çalışan olursa öldüreceklerini tekrar ederek bizi tehdit ettiler. Ama birazcık da olsa merhametli olanlar da vardı. Askerlerden biri, "Kısa süre sonra hepsi bayılacak, lanet olası çuvalların içinde sıcaklık 60 dereceyi geçmiştir" dedi ama kimse onu bunun için alkışlamadı. Şoför ya da artık her kimse, askere çenesini kapatmasını ve gördüğü rengi hatırlamasını söyledi. "Bu alçaklar bunu hak ediyor, aslında bunları çoktan vurmalıydık" dedi bir başkası. Akıl oyunu oynadıklarından eminim. Bunu söyleyerek bizi Süleymaniye'de vurmayı düşündüklerini mi söylemek istiyordu.

Konuşma zamanı mıydı? Bütün gün boyunca "Ben İngiliz'im" dedim, hâlâ söylediklerime aldırmıyorlardı. Bütün gördükleri turuncu renkli tulumlardı, bir kamyon dolusu turuncu renkli tulum giyinmiş adam. Çok miktarda turuncun suyu akmıştı, hepsi suratımızdan süzülüyordu. Tuzlu su gözlerime giriyordu, alnımı ileriye doğru uzattığımda burnumdan aşağı çok fazla su sızıyordu. Nefes almak için büyük yutkunmalar gerekiyordu. Bir düşme sesi duydum, biri bayılmış mıydı, yoksa birini tekmelemişler miydi? Sürünme sesleri, kimse konuşmuyordu. "Sen çeneni kapat!" diye bağırdım ama hiç kimse karşılık vermedi. Askerlerin kamyonda olduklarından emindim.

Bu üzeri açık kamyonun içinde yarım saatten fazla bir süre acı içinde bekletildik sanırım. Bunun kasten yapıldığından eminim. Çıktığım tuvalet yolculukları ve Kerkük'le ilgili deneyimlerimden, Kerkük'ün Süleymaniye'den çok daha sıcak olduğunu biliyordum, sıcaklık 48 dereceye ulaşabiliyordu. 120 Fahrenhayt sıcaklığın altında, bir çuvalın içinde insanın beyni dışarı akardı, belki de çuvalın içindeki sıcaklık 60 belki de 65 dereceye ulaşmıştı. Bunu bir düşünün, terörist şüphesiyle turuncu tulumlar giydirilmişsiniz, başınızda silahlı muhafızlar bekliyor ve kafanıza bir çuval geçirmişler, çuvalın içindeki sıcaklık 65 dereceye ulaşmış! Bizi havasızlıktan boğarak, birilerine işlerini ne kadar iyi yaptıklarını mı göstermeye çalışıyorlardı? Ciğerlerime dolan hava beni zehirliyordu, sıcak çuvalı pişiriyor ve çuvaldan zehirli gazlar çıkartıyordu. Başım daima önüme eğikti, ağzım çuvalın altından dışarıdan giren havayı emmeye çalışıyordu, yiyecek bulmak için suya dalan bir ördeğe benziyordum. Bunlar ne zaman bitecekti ve bunun bir oyun olduğunu ne zaman anlayacaktık?

Bir tutuklunun yere yıkıldığını duydum ama emin değilim. Ölmüş müydü? Ona ne olduğunu bilmiyordum ama bu düşme sesinden sonra askerler çok fazla bağrışmaya ve itişmeye başladı. Kendimden geçmek üzereydim, ama hareketlilik tam zamanında geldi.

Kamyon yola çıkmaya hazırdı, arkamızdaki kapak kapatıldı. Sonra bu ucube gösterisinin izleyicileri geldi, tekerlekler dönmeye başlamadan önce gösteri yapılmak zorundaydı. Fotoğraf makineleri çekim yapmaya başladığı zaman izleyicilerin bir araya toplandıklarını anladım. Ferahladım, askerler turuncu tulumların içinde oturan bizlerin fotoğraflarını çekiyordu. Yola çıkmakta geciktirmelerine çok sinirlendim.

Kamyondaki sirk gösterisi sürdü. Biz de sizinle eğlenebilir miydik, ağzımızın suyu akıyordu! Yaklaşık olarak on üç resmimiz çekildi. "Bir dakika bekle, ben de oraya çıkıyorum", "benim fotoğraf makinemi kullan", "tam ortalarında duracağım, öyle çek", "bekle, bıçağımla oraya çıkacağım", "postallarım çok kirli ama zaten bununla beyinlerini patlatacağım" ve buna benzer başka saçmalıklar. Bizler fotoğraf çektirmek için çok büyük bir fırsattık, bundan eminim. "Biliyor musun, bu başımıza gelen en heyecan verici şey", "kesin haberlere çıkar, selam anne", "hey, terörist pislikleri ele geçirdik." Yorum yok. Bu kelimeler söylendi. Çuvalımı biraz yerinden oynatabilmiştim, neler yaptıklarını gördüm. Bazıları ellerinde bıçakları, bazıları da silahlarıyla poz veriyordu. Aşırı sıcaktı ve güneş altındaydık, onları görmem kolaydı; saf bir karanlığın içindeki siluetlere benziyorlardı.

Tutukluların fotoğraflarının çekilmesine izin veriliyor muydu? Bu kostümlerin içindeyken sizi kim dinlerdi ki. Tulumun alt tarafı çok sıkıyordu. Bu olanlara inanamıyordum. Fotoğraf çekilirken kimse bize gülümseyin demedi!

Fotoğraf çekilmesi tuhaftı. Fotoğrafların bir kısmı basın mensupları tarafından çekilmişti. Associated Press Ajansı'nı beklediğimiz için mi geç kalmıştık? O sırada neler olduğuyla ilgili hiçbir fikrim yoktu. Başka kim fotoğraflarımızı çekmişti? Çuvallardan nefret ediyorduk ama işe yarıyorlardı.

En az yarım saat bekledikten sonra kamyon hepimiz yarı ölü bir haldeyken hareket etti, sıcaktan ve korkudan uyandık. Sessiz olmamız için hâlâ bağırıp çağırıyorlardı ama zaten kimsenin sesi çıkmıyordu; yüze yumruk atmalar, sıcak, hiç iyi durumda değildim, çok zayıf düşmüştüm. Kamyondan çıkartıldığım zamanı hatırlamıyorum, yolculuğun ne kadar sürdüğünü de bilmiyorum, şu an bunu hatırlamak için kendimi zorluyorum ama hiçbir şey hatırlayamıyorum. Neler olmuştu, hiçbir fikrim yok. Sanırım her şey kararmıştı, nasıl ayıldığımı da hatırlamıyorum, şu içmiş miydim ya da yüzüme su çarpılmış mıydı, hatırlamıyorum. Sanırım uyuyakaldığımı düşündüler, böyle bir şey mümkün müydü? Sağ kurtulduğum için sanırım kendimi şanslı saymalıyım. Bayılıp yere düşmüş müydüm, hiç bilmiyorum. Bilinçsiz bir şekilde ne kadar zaman geçirmiştim, gerilim yüzünden mi hiçbir şey hatırlamıyordum?

Karanlık bir yerde sıçrayarak uyandığımı anımsıyorum, ama oraya nasıl getirildiğimi hatırlamıyorum. Çok karanlıktı, başlangıçta hiç ışık yoktu, sarsıldım, oturdum, çok yumuşaktı, belim kemerlerle bağlanmıştı, geriye doğru itildim, kafamı çarptım. Garip bir odaydı, ilk izlenimim buranın bir işkence hücresi olduğu yönündeydi. Neden kemerle bağlanmıştım? Şimdi bizi kayışla mı döveceklerdi? Dağ'ın helikopterle Bağdat'a götürüleceğimizi söylediğini biliyordum, ama turuncu giysi üzerime geçirildiğinden beri hiçbir şeye inanmıyordum. Bunun bir helikopter olabileceğini hiç düşünmedim, ön tarafta gidiyor ve sarsılıyordum.

Işık dairelerini anlamak için mücadele ettim. Şunları okudum: "Onlarınki büyükse benimkine bir bakın." Sonra bir ışık tünelinin içine yuvarlandım, çoktan ölmüştüm! Evet, ben çoktan ölmüştüm! Hayır, bunlar sürekli yanan ampullerdi! Belki de hâlâ hayattaydım. Bir şeyler yüklüyorlardı, görüş açımın içine birçok insan vücudu girdi, dikdörtgen biçiminde büyük bir ışık vardı. Sağ tarafımda bir ışık deliği vardı, insanlar buranın önünden geçip gidiyorlardı. Bulanık ve belirsizdi. Çok ama çok tuhaftı, işlerini hâlâ bitirememişler miydi? Bir şekilde "L" biçiminde bir şeyler hissettim, ama çok zayıf düşmüştüm ve kafam karışmıştı. "Bay Su", hayır, artık o da yoktu. O da mı ölmüştü yoksa? Onun sesini duyamıyordum. Yeni tutuklularla mı birlikteydim? Türkler neredeydi? Çok sayıda asker gevezelik ediyordu, küfrediyorlardı, daha fazla fotoğraf çekildi, karanlık kutunun içinde flaşlar patlıyordu. Etrafımda insanlar dolaşıyordu, Amerikan aksanıyla konuştuklarını duyabiliyordum, sanırım hepsi Amerikan askeriydi, çok fazla hareketlilik vardı. Yüzümün yakınında bir şeyler hissettim, kafamı sol tarafıma doğru çevirdim, sert metaldi. Bunun ne olduğunu bilmiyorum.

Bir motor çalıştı, yavaşça dönen bir şeyin sesini duydum, görünüşe bakılırsa birden fazla şey dönüyordu. Sağ tarafımda büyük bir delik vardı, burada karartılar görüyordum, buna ek olarak sanırım sol tarafımda da başka bir delik vardı. Büyük bir silahın gölgesi olduğunu düşündüğüm bir şey görüyordum, ama hiçbirinden emin değilim. Görmek için kafamdaki çuvalı çıkartmak istiyor ama öldürülmekten korkuyordum.

Çok büyük bir motorun gürültüsünü duyuyordum, sesi kulakları sağır edecek kadar güçlüydü. Korktum, gürültü ve sarsıntılar beni çok endişelendirdi. Hayatımda hiç bu kadar korktuğumu anımsamıyorum. Sese bakılırsa her şey yerine oturuyordu, Bay Dağ'ın söylediği helikopter bu olmalıydı. Hayatımda ilk kez helikoptere biniyordum.

Uçak pistinde, yumuşak bir şekilde kalkacağımızı bekliyordum. Bu ne aceleydi böyle! İnanılmazdı, çürük dişimi yuttum ve ağzımda başka diş de kalmadı! Çok sert dönüşler, yanlamasına doğru gitmeler, hızla aşağı düşmeler, yukarı yükselmeler. Vücutlar, kollar, bacaklar havada uçuştu; çığlıklar, pilotu öldürmek istedim. Bu insanoğlunun ilerlemesi değil, tam bir işkenceydi. Belki de uçmuyorduk ve bu da bir çeşit işkence makinesiydi. Çok kötüydü. İçsel gücüm tükendi. Sıcak, rüzgâr, gürültü, kulaklarımın acısı, askerlerin bağırtısı, sert dönüşler ve vücutlarımızın bowling topu gibi sağa sola savrulması beni tüketti. Bütün bunların yanı sıra gözlerimizin hiçbir şey görmüyor olması gerilimi daha da artırıyor, büyütüyor ve aşırılaştırıyordu. Hiçbir şey görmüyor ve yaşamak için dua ediyorduk. Bazılarımız yuvarlandı, küçük şeyler gördüm, çünkü rüzgâr kafamızdaki çuvalları savuruyordu, aklımı kaçırmamak zorundaydım. Rüzgâr çok şiddetliydi, bir helikopterde olduğumuzu gördüm, ön tarafımda yaklaşık olarak sekiz asker vardı, emin değilim; ağır silahlar vardı, su yoktu, kırmızı koltuklar ve yerde malzemeler vardı. Sağ tarafımdaki arka kapı hâlâ açıktı. Işık daireleri, yan tarafımdaki yuvarlak pencerelerdi. Zihnim ve ruhum çok meşguldü, hepimizin hayatta kalmasını istiyordum ve çok üzgündüm. Artık kızımı görebileceğimi hiç sanmıyordum. Onun Irak'ta bir yerde olduğundan emindim ama ben burada, turuncu tulum içinde Bağdat'a uçuyordum!

Bu bir helikopter jimnastiği miydi? "Bacaklarını ger, kollarını ger, şimdi ikisi birden, haydi bir iki üç." Birkaç kez ellerimin ve bacaklarımın kemer sayesinde koltukta kaldığından eminim. Canavar, görünüşe bakılırsa iki tarafına doğru da yatabiliyordu, tehlikeli bir şekilde dalabiliyordu. Hiç durmadık, özellikle de havalandıktan sonra. Uçuş yüksekliğimiz çok kötü değildi, sadece gürültüler, pervanelerden gelen sesler midemi bulandırdı. Biraz rahatladım, hayatta olan biri vardı, "Bay Su" diye bağırdım. Askerler daha çok bağırdı. Rüzgâr sorundu, kafamdaki çuval birkaç kez neredeyse uçuyordu, ellerimi önümde tutan kelepçelerim harikaydı! Böylece çuvalınızı kendimiz kafamıza geçirebiliyorduk, bunu yapmak zorundaydım çünkü böyle emir vermişlerdi. Gizlenmeliydik, gerçekten tuhaftı. Çuvalları çıkartır ya da şüpheli davranışlarda bulunursak bizi öldürmekle tekrar tehdit ettiler. Daha fazla fotoğraf çekildi, bazı askerler hareket ettiler sanırım, fotoğraf karesine girmek için uğraşıyorlardı. Maço tavırlara tanıklık ettim ama benim için hayatta kalmak daha önemliydi. Ama sağduyu sahibi askerler de vardı. Bir asker, "Buradan hiçbir şeyi göremeyecek olan tutukluların neden kafalarına çuval geçirmek zorundayız" diye sordu. Çok yumuşak olduğunu söyleyerek ona bağırdılar. Ne zaman biraz sakinleşsem, inanılmaz bir düşüş oluyordu ve yere çarpacağımızı sanıyordum, yumuşak bir iniş olmuyor, diklemesine aşağı iniyorduk, taş gibi düşüyorduk. Bu türbülans yüzünden miydi, yoksa kabızlığı rahatlatmak için yapılan özel bir uçuş tekniği miydi, bilmiyorum! Hiç eğlenceli değildi. Vurulmuş muyduk? En çok bundan korkuyordum. İki dakika uçuyor, sonra sanki yere düşüyor gibi gidiyorduk ve bu çok kötüydü. Sürekli kustum. Askerler yüzümüze bakıp gülüyorlardı. Bunu gerçekten yaptılar ama onlar buna alışkındı. Irak'a koliler dolusu oyuncak getirmiştim ve terör şüphelisi olarak kafamda bir çuvalla bir Amerikan Chinook helikopterinde uçuyordum. "Teröristler"in kustuklarını, altlarını pislettiklerini görmek onlar için çok büyük bir eğlenceydi. Sizlere gerçeği anlatmak zorundayım. Altımı ıslattım ama şükürler olsun hava o kadar sıcaktı ki hemen kurudu, bağırdım, korktum, terledim ve onlardan merhamet bekledim.

Aniden biri koluma dokundu ve su şişesiyle kafamdaki çuvalı dürttü. Çuvalı kaldırdım, komşum nazikçe bana su ikram ediyordu. Bu dostluğu asla unutmayacağım, o da en az benim kadar korkmuştu, benim gibi o da yaşamının en korkulu dakikalarını yaşıyordu ve bu Türk bana su ikram ediyordu, şişenin içinde çok az su kalmıştı, suyun hepsini içebilirdi ama bu suyu benim için ayırmıştı.

Suyu çok yavaş içtim, gözlerimle etrafı araştırmak için oyalandım, solgun yüzler, bir adam siyah çöp torbasının içine kusuyordu. Bütün eşyalarımız bu siyah çöp torbalarının içindeydi, kusmuklarımız da şüphesiz bize aitti. Bu siyah torbalar helikopterin içinde sağa sola savruluyorlardı. Koltuğa otururken siyah torbayı bacaklarımın arasına sıkıştırmıştım. Su içerken bacaklarımın arasına baktım, bacaklarımın arasında hiçbir şey yoktu, torbam neredeydi? Paniğe kapıldım, helikopterden dışarı mı uçmuştu, bütün kanıtlarım siyah çöp torbasının içindeydi.

Yeni kardeşimin bana ayırdığı su sıcaktı ama iyiydi. Bana bakan çevremdeki diğer insanlara gülümsedim, yaklaşık altı kişinin çuvalları başlarında değildi, çünkü onlar da benim gibi su içiyorlardı. Nasıl bir andı anlatamam, sonsuza kadar birbirimize bağlanmıştık. Yüzlerini tanıyordum, onlar da beni tanıyorlardı, onları görmek beni rahatlattı, hepsi kurtulmuştu, onlar da beni görünce aynı duyguları hissetti. Suyu içtim, ne kadar çaresiz ve üzgün olduğumuzu anımsıyorum. Yüzlerimiz korku doluydu, buna karşılık ev sahiplerimizin ne kadar mutlu, tatmin olmuş ve kendilerinden emin olduklarını da hatırlıyorum. Kısa süren bu bakışlar hemen sonra yine çuvallar yüzünden karardı. "İnsanlık dışı. İnsan haklarına ne oldu?" dedi biri, bu Deniz'di. "Boş ver onları, dostum" diye bağırdım. Diğerleri de bağırdı ve bu diğerlerini şikâyet etmeleri için cesaretlendirdi, tıpkı kamyonda yaptığımız gibi yapıyorduk yine. Silahlar üzerimize doğrultuldu, çuvallar kafamıza geçirildi. Sessizlik sağlandı. Cehennemi yaşıyorduk, aşırı terliyorduk ama bu sefer en azından rüzgâr vardı. Rüzgâr çok güzeldi, bizi serinletiyordu.

Helikopter nadiren on dakika boyunca normal uçuşunu sürdürüyordu ve bu on dakika çok güzeldi, askerlerden bazıları etrafta dolaşıyordu. Sonra helikopter tekrar aşağı dalıyor, düşüyordu, havada takla mı atacaktı? Zaman çok yavaş geçiyordu, bazı zihinsel egzersizler yapıyordum, gözümde canlandırmalar ve meditasyon gibi; bunu ölüme karşı hepimizi korumak için yapıyordum ama bu zorlu sınav boyunca bunu başarmak pek mümkün olmuyordu. Çok tehlikeliydi, vurulabilirdik de. Sam füzeleri ya da roketatarlarla helikopteri düşürebilirlerdi. Kurtulduğumuzu gözümde canlandırıyordum, ama bunu yapmak çok zordu, karanlık bir güç beni eziyor, paramparça ediyordu. O kadar ağırdı ki beni darmadağın ediyordu.

Sırada ne vardı? Bundan kurtulabilecek miydim? Bu benim sonum muydu? Bu Türkler kimdi? Hiçbiri gözüme "tehlikeli teröristler" gibi görünmüyordu.

Yumuşak uçmaya başladık, dengeli bir şekilde uçmak beni sakinleştirdi ama gördüklerim tekrar canımı sıktı. Bu kâbustan uyanmak ya da onu durdurmak mümkün değildi. Yüksek sesle konuşmalar duydum, ışığın yanında hareketlenme vardı. Bedenlerin karartısını seçebiliyordum. Görünüşe bakılırsa askerler tutukluları ayağa kaldırıyordu. Tutuklulara ayağa kalkmaları için emir veriyorlardı. Adamları ayağa kaldırdılar ve gözden kayboldular. Çuvalımın altından artık daha fazla bakmaya cesaret edemiyordum, bu kadarı çok fazlaydı. Pervaneler dönüyor, motorlar çalışıyordu. Görüşüm çok kısıtlıydı, dışarıyı göremiyordum, çuvallarla ilgili sert emirler duymaya başladım. Birkaç saniye önce biri gelip çuvalı kafama iyice geçirip sıkılaştırdı. Bizi birer birer tahliye ediyorlardı. Paniğe kapıldım. Bu bir darbeydi, hiçbirimizin paraşütü yoktu. Bizi dışarı fırlatıp atıyorlardı.

Paraşütle hiç atlayış yapmamıştım. İki kişi mi atlayacaktık? Gözlerimi kapattım, çok gergindim, yere inince kurtulduğumu hayal ettim, yerde pamuktan bir şilte olacaktı.

Sıra bana geldi, ben sonuncu muydum, hâlâ uçuyorduk evet, hâlâ uçuyorduk, kuş uçmadan önce hâlâ biraz zamanımız vardı. Aceleleri vardı, bu iyiydi, askerler beni sıkıca tuttu, aşağı çekti ve büyük dikdörtgen biçimli bir ışığa doğru sürüklediler. Bir asker beni çok sıkı tutuyor, canımı yakıyordu. Paraşüt giydirmeleri için hazırdım. "Ben İngiliz'im, efendim" dedim, bunu söyleyerek bana açılacak ya da üzerinde oynanmamış bir paraşüt vermelerini umut ediyordum. Kapının kenarında ya da kenardan bir metre kadar uzakta durdum, rüzgârın beni aşağı uçurmasını istemiyordum, rüzgâr çok sert esiyordu ve hava çok sıcaktı. Hayır, hayır, hayır, hayır, hayır. Zamanım dolmuştu. Kılavuzlarım kaybolmuş ve yaşama arzum tükenmişti, sonunda kendimi uzun ve acı dolu ölüme bıraktım. Ölüm zamanım gelmişti. Paraşütüm yoktu. Anne, işte geliyorum... peki neden bizi aşağı itiyorlardı? Alçaklar diye düşündüm, peki bunu neden yapıyorlardı, Lex beni bir daha göremeyecekti. Kızımı bulmayı başaramamıştım. Kötülük kazanmıştı. Savaş bitmiş, sevgi ezilmişti. Artık ölüyordum.

Kendimi iyi hissetmiyordum ama bu ölümü kabullendim. Olacaklara kendimi hazırladım. Önümü aydınlatacak bir meşaleye ihtiyacım yoktu, çünkü gideceğim yer aydınlık olacaktı. Başka bir yaşama sıçrayacaktım ya da gerçeklik dediğimiz bu yanılgı dünyasından atlayarak çıkacaktım. Zaman hızla tükendi. Beni ileriye doğru ittiler, ölümün kıyısında duruyordum. Bu da neydi böyle, cehenneme inen basamaklar mı? Basamaklardan aşağı indim ve ayağımın metal bir merdivene bastığını hissettim. Yoksa çoktan ölmüş müydüm ya da cehenneme giden otoyolun ortasında bir kamyonun beni ezmesini mi bekliyordum?

Altımdaki düzlük sürekliydi. Ölmüş müydüm? Hızlı bir şekilde çekildim ve itelendim, aşırı sıcaktı, sıcaklık yakıcıydı ve homurtular kulakları sağır ediyordu. Bu bir canavar mıydı yoksa şeytanın kendisi miydi? Yanıyordum. Kafamdaki plastik eriyor muydu? Bu kükreme kafamın içinde miydi, yoksa kafam bu şeytanın ağzının içine mi girmişti? Bu ölüm olmalıydı. Ölümü durdur. Sesler duydum. Bunlar ölüm melekleri miydi? Eğer öyleyse hepsi Amerikan aksanıyla konuşuyorlardı. Askerleri nasıl duyabiliyordum? Sırtıma çok güçlü bir darbe yedim, ileri doğru fırladım. Tökezledim ve lanet olası yere düştüm. Boynumdan tutup kaldırdılar. Çuval boğazımı sıkıyordu ve çuvala asıldım. Boğazım sıkılıyordu. Boğazlanıyordum. Kahramanlık yapmaya gerek yoktu. Nefes alamıyordum ve ellerimle çuvalı gevşetmeye çalıştım. Kollarıma vurdular ve ellerimi çuvaldan çektiler. Nefesim istekli bir şekilde çabalıyordu ama soluyabileceğim hava yoktu. Tıkandım, ölüyordum.

Gösteriyi durdurun, perdeyi kaldırın, alkışlayın. Gösteri bitti. Ölsem daha iyiydi. Utancımı gizlemem kolaydı, sadece yere indiğimizi anlamadığımı söyledim. Yere indiğimizi anlamamıştım. Gözleriniz kapalıysa, sıcaksa, başınız iki saat boyunca aşırı gürültü yüzünden ağrımışsa bu hissetmek normaldir. Her şey birbirine karışmıştı, ama karşımda oğlumu görüp, kafamdaki çuvalı çıkartıp bütün bunların bir oyun olduğunu söylemesini dilemiştim. Evet, oğlum seni bir kez daha gözlerimle görebilmeyi istiyordum, ama hâlâ senden çok uzaklara sürükleniyordum. Chinook'un yere indiğini bilmiyordum! Cehenneme inen basamaklar tabii ki zemini metalden yapılmış bir rampaydı, aşırı sıcak motordan geliyordu ve beni götüren alçak boğazımı sıkıyordu. Bu kadar aşırı sıcakta tökezlemem benim için kötü olmuştu. Ama ben bir teröristtim, olmalıydım, terörist elbisesi giymiştim ve teröristlerin hak ettikleri muameleyi görüyordum. Onlar büyük ve küçük resmi görüyor ve davranışları tetikliyorlardı. Gördüler ve zarar vermek istediler, İkiz Kuleler'in çöküşünü gördüler, geriye sadece bir metal yığını kalmıştı. Şimdi de bu teröristleri yakalamışlardı. Tabii ki onu tökezletecekler ve boğazını sıkacaklardı. Evet, bu doğru sevgili okuyucularım, işte hostesimin yaptığı tam olarak buydu. Boğazımı sıktı. Tekrar söylüyorum, adam benim boğazımı sıktı. Kasıtlı olarak benim boğazımı sıktı. Bunu beni öldürmek niyetiyle yapmış olduğundan hiç şüphem yok. Konuşamadım bile, şaşkınlık içinde sendeledim, kafamı döndürmeye çalışarak bir yerlerden birazcık hava almak için çırpındım. Bunu tekrar okuyun ve düşünün, hiç görmediğim kızımı bulmak için Irak'a gelmiştim, çocuklara ve yetimlere oyuncaklar dağıtıyordum ve komik elbiseler giyerek çocuklara gösteri yapıyordum. Kayıtsız şartsız bir sevgi adına Irak'a geldim ve işte şimdi buradayım, benim bir terörist olduğumu düşünen bir asker boğazımı sıkıyordu.

Uzun bir yürüyüş, uzun bir boğazlanma ve uzun süren bir korku. Durduğumuzda bile asker boğazımı sıkmaya devam ediyordu.

Diğer askerlerin yanına yaklaştığımızda, onların seslerini duyabiliyordum, boğazımı sıktığı eli gevşedi, belki de sadece ölmemi istiyordu; yalnızdık, böylece benim nasıl öldüğümü kimse bilmeyecekti? Saçmalık, diğerlerinin önünde bizleri aşağılamak çok hoşlarına gidiyordu. Boğazımı sıktığı an çok korkmuştum, ama belki de bu bizim gibi tutuklulara eşlik ettikleri zaman uyguladıkları normal prosedürdü. Sırtımdan sertçe itelendim, bir yumruk darbesi değildi ama yumrukla ya da elle yapılan sıkı bir itelemeydi. Boğazım sıkıldı ve itelendim. Bu sevgili askerlerle birlikteyken insan neler yapacaklarını kestiremiyordu ama daha sonra her şey netleşti! Peki ne kadar sonra?

Ayakta durdum ve bekledim, Amerikan aksanıyla İngilizce ve Türkçe konuşanları duydum. Bağırmalardan sonra sessizlik oldu. Ayaklarımın altında çakıl taşları hissettim, zemin engebeliydi vardı, sonra aniden düzleşti. Serin olduğunu söyleyemeyeceğim, aynı sıcak sürüyordu. Ayakta durmaya devam ettim, kahkahalarla güldüler, sert bir nesneymişim gibi biri benimle oynadı. Tükürdüklerini ve bağırdıklarını duydum, görünüşe bakılırsa biri bana daha fazla acı çektirmek istiyordu. Oturmamızı söylemediler, sadece geriye doğru çektiler. Korktum. Alçakların elindeydim, kafama çuval geçirmişlerdi, boğazım sıkılmıştı, helikopterin gürültüsü yüzünden yarı yarıya sağır olmuştum ve sonra da arkamdan çekmişlerdi. Sert zemine çok kötü düştüm. Kaba etlerim çok fena yaralandı, kamyonun metal zemini ve "başka şeyler" yüzünden oluşan yaralarım zaten iyileşmemişti, bu yüzden çok acı çekiyordum. Çuvalın altından gördüm, zemin sarsılıyordu. Sağımda solumda turuncu tulumlar giymiş insanlar yerleri tırmalıyor ve ayağa kalkmaya çalışıyordu. Önümde bir kamyon vardı, beton bir zeminin üzerindeydik, yol çakıl taşlarından yapılmıştı. Çuvalları çıkartmamamız için ağır hakaretler ettiler. Küfrettiler. Üzerimize çok sayıda silah ve karanlık bakış doğrultulmuştu. Bir demet çiçekle hoş geldin diyen kimse yoktu. Sigaralar yakıldı; tükürdüler, tekmelediler, güldüler, böbürlendiler, fotoğraflar çekildi. Aniden sessizlik oldu, üst rütbeli bir subay mı gelmişti? Çuvallar çıkartıldı, bu sefer çuvallarımızı yanımızdan ayırmamamızı söylemediler, ama ben minder olarak kullanmak için altıma sokup, üzerine oturdum. Kelepçeler bu sefer daha kolay kesildi, bileklerimiz yine yaralanmıştı ama bunu önemsemediler. Bileklerimiz kanamamıştı, geçen seferki kadar kötü değildi. Kelepçelerimi turuncu tulumumun göğüs cebine koydum.

Tutsak arkadaşlarımın tamamının hayatta olduğunu görmek beni sevindirdi, aramızdaki büyük bağ güçleniyordu; hayatımızın en inanılmaz deneyimini birlikte yaşıyorduk, birbirimize sessizce gülümsedik. Bakışlarımız kararlı, gözlerimiz kin doluydu. Bazıları çok yorgun görünüyordu. "Bu büyük bir hata" dedim, bir asker beni duydu ve bana baktı. Evet, teröristlerle bağım vardı, bunların hepsi kötü adamlar olmalıydı, yoksa onlara neden bu kadar kötü davranılsın ki? Ben de artık bu "şer kulübü"nün üyesiydim, ama kalbimde hiçbir kötülük yoktu, sadece onlar kötü olduğumu varsayıyorlardı. Terörist ya da değil, birbirimize yakındık, önemli olan da buydu. Tutsak arkadaşlarıma yakın hissediyordum kendimi ve işte tekrar ortak düşmanımıza karşı birleşmiştik.

Yanımdaki adam bayıldı, patates çuvalı gibi yere yığıldı. Yere indiğimizden beri uçuştan şikâyet ediyordu. Bay Ray Ban iyiydi, düşen adamla ilgilendi, askerler bunu umursamadı. Sonra bunun ciddi bir durum olduğuna karar verip su getirdiler, doktor geldi ve sonra adama serum taktı. Çok hasta görünüyordu. Sırada ben mi vardım? Umarım olmazdım, düşmanımın bana yapacağı iğneye güvenemezdim.

Çok yorgundum. Başım dönüyordu ve kendimi yere yığılacakmışım gibi hissediyordum. Uçuş tüm enerjimi tüketmişti, tıpkı bir merkezkaç makinesinden çıkmış gibiydim.

Sağ tarafımda büyük bir depo vardı, her yer dikenli tellerle çevrilmişti, askeri bir kamyon, yaklaşık olarak otuz tane silahlı asker çevremizi kuşatmış ve silahlarını üzerimize doğrultmuşlardı. Bize de su verdiler, içinde bulunduğumuz durum ve susuzluğumuz bizi biraz bencilleştirmişti ama konuşmak iyiydi. Bize baktılar. Geldiler, yanımızda durdular ve bize baktılar. Başka bir sirk kurulmuştu. Süleymaniye'de, Kerkük'te ve şimdi de Bağdat'ta. Buranın Bağdat olduğunu umuyordum, özel bir final gösterisi yapılıyordu. Burası Bağdat'tı, öyle değil mi? Belki de Dağ yalan söylemişti, burası Küba'ydı.

Betonun üzerinde sağa sola sürünmemize ses çıkartmıyorlar ama ayağa kalkmamıza izin vermiyorlardı. Biri omzuma dokundu, sivil giyimli biriydi, güneş gözlükleri vardı, genç bir profesöre benziyordu, "İngilizce biliyor musunuz?" diye sordu. "Elbette, ben İngiliz'im" dedim. İnanamayarak gülümsedi. "Tamam, sizi daha sonra tercüman olarak kullanabiliriz." Al işte bir tane daha. Adam benim İngiliz olduğumu duymuştu ve hâlâ tercümanlık yapacaksın diyordu. Hâlâ benim Türk ya da Kürt olduğumu sanıyor, ama İngiliz olduğumu düşünmüyorlardı. Nasıl tercümanlık yapacaktım? Bay Ray Ban benim çok az Türkçe bildiğimi, bu yüzden "tercüme" işini kendisinin üstlenebileceğini söyledi. "Tercüman" olunca ayağa kalkıp bacaklarını esnetebildiği için onu çok kıskandım. Yere uzanmak zorundaydım, bayılmak üzereydim, zihinsel gerginlik yüzünden her şey üzerime doğru geliyordu. Uzanmak zorundaydım, ayaklarımı uzattım, kollarımı ve başımı arkaya attım, kafamı dik tutamıyordum, her yerim ağrıyor, ürperiyordum. Uzanmasaydım bayılabilirdim. Dizimi yükseltmek için sol bacağımı sağ bacağımın üzerine koydum, bu şekilde çok rahatlamıştım ama koca bir postal sol bacağıma bir tekme savurdu. Sıkı bir tekmenin ardından küfürlerin yağmur gibi yağacağından emindim. Çok şaşırdım, askerin neler söylediğini şimdi anımsamıyorum ama söyledikleri, "Efendim, size rahatsızlık verdiğim için özür dilerim, şurada uzanmanız için ipek bir hamak var. Orada daha rahat edersiniz. Lütfen beni takip edin, efendim" değildi. Bu kadarı fazlaydı. Yerde yatan bir adamı tekmeleyemezsiniz. Yarı baygın bir halde yerde yatıyordum ve bir asker beni tekmeliyordu. Belki de bacak bacak üstüne atmam aptalcaydı. Askerin gözlerinde şaşkınlık vardı. "Ben bir İngiliz vatandaşıyım. Neden bana bunu yapıyorsun?" "Otur aşağı ve çeneni kapa!" Çok sinirlenmiştim, askere saldırmak üzereydim, silahlar üzerime çevrildi ve askerler arkadaşlarını korumak için aceleyle yanımıza koştu, hızla geri çekildim ve oturdum. Vurulmama çok az kaldığının farkındaydım. Neden bu kadar öfkelenmiştim ve asker neden doğrudan üzerime saldırmamıştı? Suratına tükürseydim, bunu yapmayı çok istiyordum, o zaman neler olurdu?

Sanırım ona karşı kredim çok yüksekti, neden diğerleri üzerime saldırmamıştı?

Üç dakika sonra kısa, kahverengi saçlı kadın bir asker yanıma geldi, bana baktı ve "Bunun için özür dilerim, kasten yapmadı" dedi. Ben de özre özürle karşılık verdim, "Birden parladığım ve insanları korkuttuğum için özür dilerim" dedim. Çok sıcaktı ve hepimiz çok yorgunduk. Neye benzemiştim böyle!

Tekmeleme sona erdi, beni tekmeleyen askeri bir daha görmedim. Su Kerkük'teki sudan daha iyiydi; sarsak ellerimle suyu içtim. Maruz kaldığım olay yüzünden ellerim titriyordu. Aptal kafam, neden ismini hatırlamıyordum? Daha sonra onunla karşılaşmak istiyordum. Önünde diz çökerek ölmeyi bekleyeceğimin garantisi yoktu, ama onu alaşağı edip sonra da yüzüne gülümsemek harika olurdu. Neden? "Teröristler" sıçrayarak ayağa kalkmaz ve onu yakalayan askerlere kin dolu bakışlarla bakamaz ve şikâyet edemezlerdi. Vurulmayı bekliyordum; en azından beni çok kötü döveceklerdi.

Bekleyiş kısa sürede sona erdi, deponun içine bizi götürürlerken mehtap parlamaya başlamıştı. Bazı üst rütbeli subaylar ortalıkta dolaşıyordu. Kibirli ya da kendine fazla güvenen bazı subaylar bana rütbelerini söyledi. Burnu en havada olan subay en üst rütbeli olandı. Ağır, iyi yağlanmış bir görev üstlendiğini düşünüyordu; peki şimdi bizimle kim ilgilenecekti? Süleymaniye, Kerkük ya da buradakiler mi, bunların içinde hiç iyi adamlar yok muydu? Sanırım yeni adamlar vardı ama emin değilim. Etrafta ciddi, çetin ceviz askerler vardı, bize kötü bakışlarla bakıyor ve silahlarını üzerimize doğrultuyorlardı. Yediğim tekme yüzünden hastalanan adamı unutmuştum, onun için çok endişeleniyordum. Tekme yediğim bacağım gerçekten çok acıyordu.

Burası tam bir cehennemdi, her tarafta dikenli teller ve büyük, acımasız bir güç vardı. Sağ tarafımda büyük bir depo vardı, çok iyi aydınlatılmıştı, deponun diğer ucu açıktı, çok sayıda asker deponun içinde ve dışında kaynaşıyordu. Görünüşe bakılırsa burada geceleyecektik. Çok büyüktü, burası benim odam mı olacaktı? Teker teker bu garip depoya doğru ilerlememizi emrettiler, üzerimize ışık tutuyorlardı, sonra tutsaklar ipnotize olmuş gibi buraya yürüdü. Hâlâ kendimi toparlayamamıştım. Tekme atanı bulamadım, belki de gece geç saatlerde günah çıkartmaya belki de beni uyurken öldürebileceği gizli bir silah bulmaya gitmişti. Ya da Iraklı bir fahişeyle birlikteydi. Bana tekme atan asker acaba boğazımı sıkan askerle aynı kişi miydi? Tekme atan asker gitmişti ama kadın asker hâlâ buradaydı, ona gülümsedim, eminim çok rahatsız oldu. Bana şefkat göstermişti, belki biraz da umut vermişti, onu gözümün önünde tutmaya karar verdim, gözlerimle ve zihnimle onun "üzerinde çalışacaktım". Hayatta kalmak için onun zayıflığından faydalanabilirdim.

Tutsaklar teker teker ileri çıktı ve aynı ışığın altında ayakta durdular, sıkı bir şekilde üzerimiz arandı, arkanı dön, ayakkabılarını çıkart, çoraplar, saçlar... Metal detektörünü üzerimizden geçirdiler. Ne kadar aptalcaydı! Kerkük'te bizi çırılçıplak soymuşlar, kelepçelemişler ve kafamıza çuval geçirmişlerdi, yolumuzun üzerindeki bir marketten M16 piyade tüfeği almamız mümkün değildi! İş olsun diye yapıyorlardı. Boş insanların, boş işleri. Güç gösterisi ya da sadece saçmalık.

Diğer turuncu tulumlu adamlar ilerledi ve bir duvarın önünde yere oturdular. Beni de bekleyin, ben oraya gelene kadar sakın ayağa kalkmayın, böylece hepimizi birden vurabilirler! Çok parlaktık, aç sinek sürüleri için iyi birer av oluyorduk.

Tutsak arkadaşlarım depoya gitti, şimdiye kadar gördüğüm çiftlikler içinde bu kadar büyük bir ağıla rastlamamıştım. İçeri girince sol tarafta metal bir duvar olduğunu gördüm. Burası bir depo değildi, büyük olasılıkla bir uçak hangarıydı. Askerler sağ tarafta odalar yapıyor, odaların üzeri kontrplakla kapatılıyor, kapıları takılıyordu. Kapıların üzerinde "M1" ve "M2" yazıyordu, içerisi çok aydınlıktı, kapının yanında, yerde aşırı aydınlık veren kocaman bir lamba vardı. Buranın bizim sorgulanma odamız olduğundan emindim. Yoksa işkencehane miydi? Böyle bir yerin içindeyken dışarıdaki dünyanın bizim başımıza gelebileceklerin haberi bile olmazdı. Burada bize istediklerini yapabilirlerdi, neler olacağı ya da nerede olduğumuzla ilgili herhangi bir ipucu yoktu. Bacağım hâlâ sızlıyordu. Çok fazla tükürdüm, sinirli bir şekilde yapmadım ama bunu, sadece oturduğum yerin hemen yanına tükürdüm. Ayağımın kenarında duran küçük taşları aldım ve öteye attım. Sınırlarımı genişletmek istiyordum, tekrar yanıma gelmelerini istiyordum. Bir planım vardı ama bu çılgınca bir plandı. Küçük taşları ileri doğru fırlatıyordum ve bunlarından biri yuvarlanıp Amerikan postallarına çarptığı zaman içimden neşeyle dans ediyordum. Bana ve Türklere ne yaptılarsa hepsi için taşlanmayı hak etmişlerdi. Onları "taşladığım"da kendimi çok iyi hissettim, ama bu sembolik bir eylemdi ve bunu huzur bulmak için yaptım. Sanırım bundan hiç hoşlanmadılar. İki asker beni gösterdi, kendimi kötü hissediyordum, tekmelenmek beni onların kötülük dolu efendileri hakkında aydınlatmıştı. Buranın düşmanca bir yer olduğundan emindim, beni yerde yatarken tekmelemişlerdi. Mizahın bu kötülüğü aydınlatabilmesi mümkün değildi. Bizler ele geçirilmiş teröristlerdik ve artık Kerkük'ten çok uzakta, Birleşik Devletler'in silah ve askerlerle dolu bir hapishanesinde çürüyecektik. O ana kadar her şey bir kâbus gibi görünüyordu, her şey inanılmazdı ama artık en azından gözlerimin biri açılmaya başlamıştı ve karşı karşıya olduğum durumu görebiliyordum. Muazzamdı, çok büyük ve çok kocamandı. Bütün bunların olmasına nasıl izin vermişlerdi ve neden izin vermişlerdi? Bu nasıl başlamıştı? Emirleri kim vermişti? Neden Irak'ta olduğumu anlatabilecek durumda olan Ankara Büyükelçiliği'ne telefon edemez miydim? Neden bir pantomim sanatçısına, kızını arayan bir adama terörist muamelesi yapıyorlardı? Nasıl bu kadar kötü olabilirlerdi?

Sıra bana geldiğinde ayağa kalktım ve ışığa doğru yürüdüm. Başlangıçta bakışlarını önemsemedim, tekmelendiğim için hâlâ çok öfkeliydim. Askerler bana baktı ve başka bir tutuklunun gelmesini işaret ettiler. Neler oluyordu? Kendi kendime "Oraya gelmemi istiyorlarsa bunu bana söyleyebilirler" dedim. Artık hava çok kararmıştı, bu yüzden bir asker el fenerinin ışığını yüzüme tuttu. Işığa baktım, gözlerim kamaştı ama hareket etmedim. Tekrar sırtımı onlara döndüm. Bana nazik bir şekilde sorana kadar hareket etmeyecektim. Oturmaya ve el feneriyle taciz edilmeye devam ettim. Kaba etlerime bir tekme yiyene kadar hareket etmedim. "Kıpırda, seni alçak" dediler sanırım. "Nereye?" diye hırladım. "İngilizce konuştuğumu biliyorsunuz, ben İngiliz vatandaşıyım, benimle nazik konuşun" dedim, sanırım hiçbiri söylediğimi anlamadı. Uçuştan sonra kendimi hiç iyi hissetmiyordum; zehirli gaz solumuştum, tekmelenmiş ve Türk tutuklulardan birine tıbbi müdahale yapıldığını görmüştüm. Adam ölmüş müydü? Gerçekten patlamak üzereydim, kendimi vurdurtacaktım. İşte gerçek bu. İnsan gibi davranılmasını talep ettiğim için beni vurup öldüreceklerdi. Derin ve karanlık bir çukurun içine atılmışım gibi hissediyordum ve yapabileceğim tek şey kendimi vurdurmaktı. Bu çok kötüydü.

Sonunda bana seslendiler. Ayağa kalktım, tekrar ışığın altına doğru yürüdüm, el feneriyle birlikte silahlar da üzerime çevrildi. Yerdeki bir çizginin üzerinde durmamı söylediler, bunun üzerinde mi vuracaklardı beni? Bu ne içindi? Çok kaba bir şekilde üzerimi aradılar, ayakkabılarımı, çoraplarımı, ayak parmaklarımı, kulaklarımı, ağzımın içini ama yine de Süleymaniye'deki kadar kötü değildi. Gıdıklandım, yüksek sesle gülmek zorundaydım ama bunun yerine cıyakladım, belki onlar da gülmek istiyordu ama onlar gülemezdi! Çuvalım ve su şişem elimdeydi, helikoptere binerken takılan kelepçelerim tulumumun göğüs cebindeydi. Torbamın içini aramadılar ve su şişemi kontrol etmediler. Neden torbamı aramamışlardı. Kamyonda yanlış çuvalı alırsak terörist, El Kaideci muamelesi göreceğimizi söylediklerini anımsadım, bunu aklımızı karıştırmak için söylediklerini sanmıştım ama şimdi turuncu tulumlar içindeydik, hepimiz terörist olarak damgalanmıştık; artık hiçbir şeyin önemi kalmamış mıydı?

Uçak hangarı ya da depoya doğru itelendim, geniş bir yerdi, sağ tarafta odalar vardı, turuncu tulumlu insanlar yan yana yere yatırılmıştı. Yerler tozluydu ve tulumlar kirlenmişti. Kimse bu turuncu renkli meyvelerden istemiyordu ve bu yüzden portakallar yerde çürüyecekti! Çok ama çok üzücü bir manzaraydı. Yelken yoktu, yelkenlerini dolduracak rüzgâr yoktu. Bozguna uğramış ve yenilmişlerdi, karakolda tutulan kayıp çocuklara benziyorlardı. Burada ana şefkati yoktu. Pis bir sessizlik vardı. Gözler fal taşı gibi açıktı ve büyük bir ruhsal bağ şekillenmeye başlamıştı. Birlikte saatler geçirmiştik, bu Türkler her kimse kendimi onlara çok yakın hissediyordum. Benim hakkımda çok az şey biliyorlardı, aslında sadece İngiliz olduğumu biliyorlardı, hiçbiri beni daha önce görmemişti. Yankiler için çalışan ama verilen emirlere karşı gelmiş biri olduğumu mu düşünüyorlardı? Birçok boş ifade vardı ama düşünceleri yüzlerinden okunuyordu. Fazla derin ve kesin düşünme lüksümüz yoktu; birlikteydik, hayatta kalmaya çalışıyorduk, bundan eminim. Artık çok daha büyük bir tehlikeyle karşı karşıyaydık. Bizi suçladıkları açıktı. Terör şüphelisiydik. Guantanamo Kampı giysileri giydirmişlerdi, artık her şey olabilirdi.

Şunu söylememe izin verin: Toz, pislik, sigara izmaritleri, tükürük ve çöplerle dolu zemine yatırıldığım zaman çok acı çektim, ama kumun ipek kadar yumuşak parmakları zihnime dokunarak beni bir süre sonra sakinleştirdi, sonunda bir yerlerde duracağımıza inandım. Havaalanında değildik, neden bizi buraya getirmişlerdi? Gece bizi burada tutacaklar, sonra da Küba'ya göndereceklerdi ya da sorgulama için başka bir üsse gönderilecek, sonra da hapse atılacaktık. Küba'ya gidecektik, bunu düşünen tek kişi ben değildim, bunu daha sonra öğrendim. Orada başka söylentiler de vardı, birisi uyuyacağımızı ve bir daha hiç uyanmayacağımızı söylüyordu! Diğer tutuklular, bizi ortadan sessizce kaldıracaklarından korktuklarını daha sonra söyledi. Belki Küba'da ya da başka bir yerde.

Guantanamo Körfezi'ne mi gidecektik? Tabii ki kimse bize bir şey söylemedi. Sormanın da bir anlamı yoktu, sözcüklerimizi de boğacaklardı. Buranın Bağdat olduğundan bile emin değildim. Neredeydik? Irak'tan çıkarılmış mıydık, yoksa hâlâ Kuzey Irak'ta mıydık? Her yerde olabilirdik. Bu da oyunun bir parçasıydı, hiçbir bilgi verilmiyor ve daima yönümüzü kaybetmemizi sağlıyorlardı; nerede öleceğini bilmemek korkunç bir duygu. Bay Dağ, Irak'a götürüleceğimizi söyledi, ama ben yönümü bulmak için baktığımda hiç dağ göremedim. Belki de bana yalan söylemişti.

Oturdum, etrafa bakındım ve dinlenmeye çalıştım. Türkçe, Kürtçe, Arapça ve Tanrı bilir başka hangi dillerde konuşuluyordu. Ah, evet Teksasça da var. Seslerin ve dillerin korkunç bir karışımı. Helikopter pervaneleri baş döndürücü bir şekilde etrafımda savruluyordu, akıl sağlığımı gittikçe bozarak beynimi paramparça ediyordu. Çok sayıda asker –dışarıda ve içeride belki de elli kadar asker vardı– etrafta dolaşıyor, tozları havaya kaldırıyordu. Bunu kasıtlı mı yapıyorlardı? Bazıları heyecanlı ve havalı görünüyordu, bazılarının canı sıkılmıştı.

Çok tozluydu, terk edilmiş turuncu çöp torbalarına benziyorduk. Kimse bizi yerimizden kaldırmaya cesaret edemiyordu sanırım. Askerlerin hiçbiri konuşmuyor, hiçbiri gülümsemiyordu, diğer tarafla kurulan köprü, normal tarafla, uygarlıkla ve insanlıkla kurulan köprü kaldırılmıştı, köprü havaya uçurulmuştu. Görünüşe bakılırsa geriye dönüş yoktu. Kalın bir duvarla çevrelenmiştik. Kerkük çok kötüydü, burada da etrafımıza bir parmaklık örülmüştü. Sarışın bir subay "üzgünüm" demişti, ama buradaki hareketsizliğimiz çok zorluydu. Katıydı. Bu yüzden arkama yaslandım ve izledim, kumu avucuma aldım ve parmaklarımla ezdim. Kafa kafaya verip konuşuyorlardı. Subaylar, daha yaşlı adamlar ve çöl şapkalılar içeri giriyordu, daha yaşlı adamların etraflarında askerler dolanıyordu. Her yerde silah vardı, birçoğu üzerimize doğrultulmuştu. Sağ tarafımda bir koli yığını yükseliyordu, peki benim eşyalarım neredeydi? İçindeki kanlı giysilerimi bulmuşlar mıydı? Hepsini imha mı etmişlerdi? Bizi öldürdükten sonra kimliklerimiz tespit edilmesin diye bunları kasıtlı olarak yok ettiklerini düşündüm. Olanları içime sindirmem çok zordu, tam bir delilikti ve hiç kimse gülmüyordu. Tutuklular turuncu tulumlar giydirilmeden önce Kerkük'te gülüyor ve şarkı söylüyorlardı, ama burada hepimiz çok sessizdik. Ölüm gürültücüdür. Sol tarafıma baktım, başlar öne eğilmişti, bazılarının başları ellerinin arasındaydı ve diğerleri de boş gözlerle etrafa bakıyordu. Bazıları tetikteydi ama çoğunluk öfkeli ve endişeliydi. Onların gerçekten "tehlikeli teröristler" olup olmadıklarını bilmesem de, hepsi için çok üzülüyordum. Ben sıranın sağ tarafından üçüncü kişiydim, koca bir koli yığınının yakınındaydım, kolilerin içinde yiyecek istihkakları, "insani yardım malzemeleri", mataralar, silahlar ve cephane vardı. Oyunumun adı gözlerimi dışarı çıkartmaktı, gözlerimle her şeyin üzerine kilitleniyor, notlar alıyordum. Bir grup adam ellerinde klasörlerle geldi. Bazıları üst rütbeli subaydı, generaller de vardı, bunları daha sonra öğrendim. Rütbeleri bilmiyordum, hâlâ bilmiyorum ama kimin sorumlu olduğu belli oluyordu. Askerler adamlara korku ve saygıyla bakıyordu, bunu anlamamak imkânsızdı.

Turuncu renkli sıraya yaklaşmamaları askerlerin utangaçlığından mı kaynaklanıyordu? Belki de çürüyen portakalların kokusundan rahatsız oluyorlardı. Bakıyorlar, silahlarını doğrultuyorlar, bizim hakkımızda konuşuyorlar ama yanımıza yaklaşmıyorlardı. Hepimize birer kahverengi çanta fırlattılar. Sanırım yiyecekti. Bazıları açıp içindekileri yedi. Çevremi kuşatanlara baktım ve onlara karşılık verdim. Bir kadın içeri girdi. Gerçekten böyle bir şey görmüş olabilir miyim? Bir kadın silahlı askerlerin eşliğinde içeri giriyor ve M1 odasına alınıyor, yerdeki kocaman lambanın yanından geçiyor. Tavanda da flüoresan lambalar vardı, bu ışık eminim kadının gözlerini kör etmiştir. Bu kurbanları hiptonize etmenin bir parçası mıydı, böylece sorgucular ne isterlerse öğrenecek ya da tutuklular işkence gördüklerini anımsamayacaklar mıydı? Bunun inanması güç bir yanılsama olup olmadığını bilmiyorum. Tulum giymemişti ama bu kadını Kerkük Havaüssü'nde gördüğüme eminim, onu hapishanede görmüştüm. Onun burada ne işi vardı? Bu onu son görüşüm oldu. Kadın dışarı çıkmadı. Onu bir daha hiç görmedim. Neden görmedim? Bu kadın şimdi nerede?

Erzak çantasında fıstık ezmesi ve bisküvi vardı, karnım aç değildi ama bunların tadına bakabilirdim; bazıları soğuk yemek yedi, kimse ısıtıcıyı kullanmayı denemedi. Isıtıcının kullanma kılavuzunu okudum ama içinde bulunduğum durum ısıtıcının nasıl kullanacağını öğrenmeme uygun değildi. Sıcak yemek potansiyel bir silahtı. Daha fazlasını söyleyemiyorum.

Daha sert bakmaya başladım, bakışlarımdan hoşlanıp hoşlanmaları umurumda değildi, hâlâ beni tekmeleyen askeri arıyordum. Askerlerin hepsi birbirine benziyordu, postalları da öyle. Hâlâ pislik içindeki kumsalda oturuyorduk, ay güneşimizdi ve ortalıkta güneş yağı satan biri görünmüyordu. Tek bir kadın asker bile yoktu. "Bayan Özür" gitmişti. Askerlerin sayısı azalmıştı ama hâlâ otuz kadar asker deponun etrafında dolaşıyordu. Her yerde silah vardı, silahları üzerime doğrultmalarından nefret ediyordum, ama her zaman değil.

Sonunda birileri yanımıza geldi, sanki final kupası öncesi iki takımın oyuncularının birbirlerini tebrik etmesine benziyordu. İki üniformalı ve bir kahverengi tişörtlü, çöl şapkalı ve esmer tenli yaşlı bir adam yanımıza yaklaştı. Kimse el sıkışmadı ya da kimse "iyi bir maç" olsun demedi. Yanımıza çok fazla yaklaşmadılar, silahlar üzerimize doğrultulmuştu ve ateş etmeye hazırdı; iktidar sahibi züppeler "tehlikeli teröristlere" yaklaşırken askerler alarma geçmişti. Benim için bütün bunlar bir gösteriden ibaretti, güç ya da güçsüzlük gösterisi; hangisi olduğunu söylemeli? Bilmediğim bir dilde suratıma sorular soruldu. İngiliz bayrağı mı asmalıyım ya da alnıma İngiliz mi yazmam gerekiyor? Daha kaç kez milliyetimi söylemem gerekiyor? "Ben İngiliz'im" diye hırladım. Kahverengi tişörtlü yaşlı adam "İngilizce konuşabiliyor musun?" diye sordu. Yavaş konuşuyordu, İngilizce anlamadığını düşündüm. "Evet, ben İngiliz'im" dedim, yerimden tekrar sıçramayı ve olacaklarla yüzleşmeyi düşündüm. Adam zihinsel olarak çürüyen portakal sırasından biraz geri çekildi ve astı olan subaylara, askerlere, artık onlar her kimse onlara danıştı. Şaşırmış gibi görünüyorlardı, kulaklarımı açtım ve dudaklarını da okuyarak ne konuştuklarını anladım. "İngilizce konuşan bu adam da kim? İngiliz vatandaşı olduğunu söylüyor! Çok iyi İngilizce konuşuyor."

"Çok iyi İngilizce konuşuyor." Tanrı aşkına, artık dayanamayacaktım, hayır bunu söyleyemeyeceğim.

Başka bir yerdeydim ve birtakım adamlar bana inanılmaz bir şaka yapıyordu bu artık tam bir komediye dönüşmüştü, kumların üzerinde canlı olarak icra ediliyordu. Bütün bunlar çok komikti ama şaka değildi, adamlar çok ciddiydi. Çok iyi İngilizce konuşuyordum, çünkü lanet olası İngiltere'de doğmuştum, sizi beş para etmez adamlar. Ne zaman benim lanet olasıca pasaportuma bakacaklardı? Neden bu kadar beyinsizlerdi? Neden inandıkları şeylerin gerçeğe uymadığını kabul edemiyorlardı, inandıkları şeyleri mi söylüyorlardı, yoksa inanmak istediklerini mi? Kuzey Irak'ta "çok tehlikeli bazı yabancı teröristleri" yakaladıklarına inanıyorlardı; peki lanet olası bir İngiliz'in onlarla ne işi olabilirdi? Hiç kimse daha fazlasını araştırma ihtiyacı duymuyordu, turuncu renkli tulum giyiyorsam büyük olasılıkla varsaydıkları şeydim ve diğer teröristlerle birlikteydim, birileri bunu nasıl olsa araştırmış olmalıydı. Turuncu tulum giyiyorsam suçluydum, lanet olası bir teröristtim; kafalarını karıştıran tek bir şey vardı, o da çok iyi İngilizce konuşuyordum.

Benim çok iyi İngilizce konuştuğumu söyleyen adam Birleşik Devletler ordusunda generaldi. Ceketini çıkartmıştı, bu yüzden isimliğini okuyamıyorduk ve onu tanıyamayacaktık, bunu bana daha sonra söylediler.

Geri geldiler, adımı, babamın adını, dedemin adını yazdılar. Bütün bunları Kerkük'te de yapmışlardı ama bu sefer pembe saçlı askerler ortalıkta yoktu. Bunun yerine hepsi pantolonluydu, ceketlerini çıkartmışlardı, bu yüzden isimlerini okuyamıyorduk.

Onlarla bağırarak konuşsam daha mı iyi olurdu acaba, İngiliz olduğumu söyleyecektim ve beni tekmelemeye mi başlayacaklardı? "İngiliz" olduğumu söylesem bile Guantanamo'dakilerin çoğu İngiliz vatandaşıydı, bu insanlara bunu söylemenin hiçbir anlamı yoktu aslında. Hiçbir şey söylemedim, sadece bu turuncu renkli nehirde yüzdüm. General ya da her kimse gittikten sonra kuma bir şeyler çizerek oyalandım. Kalpler çizdim ve bekledim. Sevgi dolu kalpler çizdim ve kalplerin birinin içine "UCL", diğerinin içine de Sacide yazdım.

İzin verildiğinde diğer tutuklular birbirleriyle konuştu, ben tek başıma kalmıştım, yalnızdım ve hareketsizdim. Gülümsemiyordum.

Kodamanlar gittikten sonra bekleyişimiz uzadı. Daha fazla bekleyince, kumla daha çok oynadım ve kalpler çizdim, daha fazla su verdiler ve daha fazla izlediler. "Lider" kendi grubuna ait olanları gösteriyordu ya da ben öyle sandım. Çok gergin bir andı, oyun oynayan çocukların takım seçmesine benziyordu. Kimse beni seçmedi. "Lider" çok yavaş hareket ediyordu ve oldukça isteksizdi, çok öfkeli olduğu da açıkça belli oluyordu. Sıranın en sonuna gitti, "liderlik yaptığı" herkese işaret etti. İşaret ettiklerinin tamamı ayağa kalkıp yanına gitti, kısa süre sonra on sekiz kişi gitmeye hazırdı. Lanet olsun, bu adamlar serbest mi bırakılıyordu? Bana ne olacaktı? Bana şimdi ne yapacaklardı? Beni istiyorlar mıydı? Beni ve geriye kalan tutukluları öldürecekler miydi?

On sekiz adam silahlar üzerlerine çevrilmiş bir halde depodan yürüyerek çıktı. Lider yanımdan geçerken, aramızdaki mesafe yaklaşık olarak dört metre kadardı, gülümseyerek kısa süre sonra benim de çıkacağımı bir baş işaretiyle belirti, hiçbir şey konuşmadık. Kararlı ve zihinsel olarak çok güçlü görünüyordu, bizim serbest bırakılmamızla ilgili bir planı mı vardı? Kamyonun arkasındayken onun nasıl mücadele ettiğini görmüştüm, gözlerindeki bakışı hatırlıyordum, bakışları hepimizin hissettiği karanlığı delip geçiyordu. Tetikteydi ve olacakları göğüslemeye hazırdı. Konuşmadan iletişim kuruyordu.

On sekiz kişi karanlığın içinde kayboldu; öldürülmeye mi götürülüyorlardı yoksa serbest mi bırakılıyorlardı? Kumların üzerinde oturan, altı tulumlu kalmıştık. Onları tekrar görebilecek miydim? Kendimi çok yalnız ve savunmasız hissediyordum, adam başına sekiz silahlı Amerikan askeri düşüyordu. Bay Ray Ban, patronu ve tanımadığım üç kişinin arkasından karanlığa baktım ve onları nelerin beklediğini düşündüm. Üzerimizi kaplayan bu karanlığı kim kontrol ediyordu?

Gece sıcaktı ve tuvalete gitmem gerekiyordu. İki silahlı asker beni dışarı çıkartı, bir metre kadar arkamda beklediler. Büyük askeri bir kamyonun arkasına tuvaletimi yaptım. Karanlıkta endişeleniyor, göremediğim gözlerin beni izlediğini hissediyordum. Kerkük hâlâ zihnimdeydi, bu yüzden tuvaletimi aceleyle yaptım.

Hangara geri döndüğümde askerler ayağa kalkmamıza, bacaklarımızı açmamız için hareket etmemize izin verdiler ve bizi dikkatle izlediler. Geriye az sayıda tutuklu kalmıştı, ama bütün bina hâlâ korunuyordu. Hâlâ üzerimizde helikopterler uçuyordu ve ben hâlâ çok korkuyordum, ama ortam artık yumuşamıştı; "kırmızı alarm" geçmiş gibi görünüyordu. Askerlerin hepsi tam donanımlıydı ve çelik yelek giymişlerdi. Tetik çekmek için eskisi kadar hevesli görünmüyorlardı, belki de yirmi dört kişi yerine altı kişiyi gözlem altında tutmak onlara daha kolay geliyordu.

Diğer beş kişi ayağa kalktı, ben hiçbir şey yapmadım, sağ elimle kuma bir şeyler çizmeye devam ettim, kalpler çizdim ve "UCL" yazdım. Birkaç saniye meditasyon yapmaya çalıştım ama mümkün değildi. Karanlığın üzerime olanca ağırlığıyla çöktüğünü "hissediyordum", binlerce alaycı postal beni çiğniyordu. Soluduğumuzda boğazımızı sıkan havadaki karanlık enerjiyi artık hissetmiyordum. "Meşale ışığım" sönükleşiyordu ama "içsel ışığım" hâlâ yanıyordu. Sona yaklaştığımı hissediyor ve beni bekleyen şeyleri göremiyordum. İçsel ışığım da sönmek üzere miydi? Meşalemin pilleri neredeyse boşalmıştı. Üzerimizde bu kadar silah çevrilmişken UCL'yle bağlantı kurmam çok zordu. Genç askerlerin bazıları oğlumdan sadece on yaş büyüktü. Bu çocukların babaları olacak yaştaydım! Oğlumu seviyordum, peki yeni oğullarımı nasıl sevebilirdim? Yapmaları söylenirse hepimizi öldürmek zorundaydılar. Kendi oğullarım tarafından vurulacaktım! Böylesine karanlık bir enerjiyle savaşmak zorundaydım. On bin kez vücudumu atomlarına ayıracak kadar çok silahın önünde oturuyordum, hayatımın en karanlık yerinde bulunuyordum. Neden bu deneyimi yaşıyordum? Kesin başka bir şeyler vardı. Bu kozmik bir meydan okuma mıydı? Bu bir sınav mıydı, yoksa ölüm zamanım mı gelmişti? Gerçekten her şey sona mı erecekti, yoksa deliriyor muydum? Guantanamo Kampı'na giden yolda mıydım, yoksa bunların hepsi sadece bir kâbus muydu? Süleymaniye'deki Laven İnternet Kafe'de uykuya mı dalmıştım?

Meditasyon yapmayı başaramamıştım, kafamı metal duvara dayayıp yere uzanmış yatıyor, geçen sefer yere uzandığımda olanları unutmaya çalışıyordum. Tekrar tekmelenmedim ama ayak parmaklarım hâlâ çok acıyordu. Tavana baktım, Süleymaniye'deki dostlarımı merak ediyordum. Polise başvurmuşlar mıydı? Hikâyem Kürdistan TV'de yayınlanmış mıydı? Beni hâlâ Laven İnternet Kafe'de bekliyorlar mıydı? Beni kamyonun içinde görmüşler miydi, çünkü Süleymaniye'nin içinde "gezdirilirken" birinin "Michael" diye bağırdığını duyduğuma emindim. Şehrin içinde kafamızdaki çuvalları çıkartmışlardı, peki helikopterin içindeyken çuvalları neden çıkartmamışlardı? Gökyüzünde bizi görecek kimse olmadığı için mi yapmışlardı bunu?

Neden etrafta bu kadar yiyecek ve su kolisi vardı? Bu hangar ya da depo tutukluların toplandığı merkez miydi? Fransız tostları neredeydi? Belki de bizi hamburger yapacaklardı. Bu yüzden mi helikopterdeyken bu kadar çok yanmıştık. Amerikan askerlerini beslemek için mi bizi yakalamışlardı?

Bay Ray Ban bazı askerlerle konuşmuş ve çok tehlikeli sorular sormuştu. Çok öfkeliydi ama soğukkanlılıkla konuşmuştu. Zihni çok güçlüydü ve hiç korkmuyordu. Ona sadece Bağdat Havaalanı'nda olduğumuzu söylemişlerdi. Bana sigara ikram ettiler, bu çok şaşırtıcıydı. Kabul etmedim. Sanırım askerlerin Zippo çakmağını kullansaydım, gizli silahım olan gazımı ateşlerdim!

Görünüşe bakılırsa bulunduğum yer, ruhumun kurtuluşu için tehlike oluşturuyordu. Kuşkusuz karanlık bir mağaranın en derin yerindeydim. Girişte ışık vardı ama ben en karanlık yerde, girişten çok uzaktaydım. Işık hâlâ görünüyor, ama gittikçe kararıyordu. Işığı görüş açımın içinde tutmamın benim için hayati önemi vardı. Mağaranın arka tarafında düşman bir ayının varlığından da emindim, turuncu tulumlar giymiş bu tutsakları ayı mı yiyecekti? Pis kokulu kumların üzerinde otururken, bacaklarımı esnetirken, meditasyon yapmaya çalışırken etrafta yiyecek ve su kolilerinin yığılı olması düş gibiydi. Gerçekten bu bir düş müydü? Helikopterdeyken çok sarsılmıştım, hem fiziksel hem de ruhsal açıdan, artık gözüme her şey mümkün görünüyordu. Oğlum Lex'i gözümün önünde canlandırdım, yanıma gelip beni buradan çekip çıkartacak ve kendimi İngiltere'de bulacaktım. Bekledim, bekledim. Çocuk sesi de duymadım. Masum, oyun oynayan çocukların sesini duymayı o kadar özlemiştim ki. Burada hiç çocuk yoktu. Burası oyun bahçesi değildi. Burası kitap okunacak bir yer de değildi. Burası daha çok Blair Cadısı Projesi'ne benziyordu. Karanlık bir ormanda kaybolmuş insanların korkusunu burada çok iyi anlayabiliyordum. Bu film beni neden bu kadar etkilemişti? Tutuklanmamızdan sorumlu olanları öğrenebilecek miydim? Bu gerçekten karanlık ve şeytani bir güç müydü, yoksa bu tuhaf yer hakkında yeterince bilgi sahibi olmadığım için ormanda kaybolan çocukların paranoyasına mı kapılmıştım? Bu lanet olası Irak filminde cadı kimdi?

Mağaranın derinliklerine girmeme belki de çok az bir zaman kalmıştı. Bunun çok çetin geçeceğini biliyordum ama hazırdım, giriş çıkıştaki ışığı çok uzun zamandır görüş açımın içinde tutuyordum, en azından zihnimdeki gözlerle ışığı görebiliyordum! Işığın tamamıyla kaybolması ihtimali de vardı. Hâlâ işkence göreceğimden, öldürüleceğimden, uzun süre hapiste kalacağımdan ya da Guantanamo Kampı'na gönderilmekten korkuyordum. Üzerimde turuncu tulum vardı, her şey olabilirdi. Kafamın içinde sorular dolanıyordu, ama kıpırdamamızı söyledikleri zaman hayatta kalmak için bu soruları uzaklaştırdım. Silahlar üzerimize çevrildi ve yürümemiz emredildi. Kafama geçirilen çuval benim için çok önemliydi, daha önceden çuvalımı katlamış ve kimsenin bakmadığından emin olduğum anda arka cebime sokuşturmuştum. Bu çuvalı saklamam gerektiğinden emindim, diğer tutuklular bu çuvallardan kurtuldukları için sevinmiş, kendi çuvallarını fırlatıp atmışlardı.

Belki de on sekiz turuncu tulumlu adam özgürlüğe koşuyordu, kapıdan dışarı çıkmak üzereydiler, belki de cesetleri çıkartılıyordu dışarı. Yana doğru kayarak açılan kocaman kapıdan dışarı çıktığımız sırada belki de hepsi öldürülmüştü. Asıl terör şüphelisi olarak biz mi kalmıştık geriye? Bizi Guantanamo Kampı'na mı gönderiyorlardı?

Dışarıda hava karanlıktı ama ışık çok güçlüydü. Güçlü lambalar ve üzerime çevrilmiş silahlar başımı öne eğmemi gerektiriyordu, ışıktan gözlerim kör olmuştu. Sağ ve sol tarafımda çok fazla dikenli tel vardı, ama en fazla sağ tarafımda. Ellerimiz kelepçelenmemişti, üzerimiz aranmamıştı ve kum çuvallarını depo ya da hangarda bırakmıştık, ama çok sayıda asker ve onların çok sayıda silahı üzerimize çevrili halde ileriye doğru yürüyorduk. Neden ellerimiz kelepçelenmemiş ve kafamıza çuval geçirilmemişti? Bizi serbest mi bırakacaklardı? Hâlâ tepemizde helikopterler uçuyordu ve hâlâ etrafımızda çok sayıda muhafız vardı. Beton zemin üzerinde yürürken sağ tarafıma baktım. Askeri kamuflaj brandalarından yapılmış, yan tarafları açık çadırlar vardı. İçlerinde insanlar yürüyordu. Çadırların etrafına dikenli tel çekilmişti, çok güçlü bir ışıkla aydınlatılıyorlardı, gözlerimi kırpıştırdım, belki de bizimle tanışmak isteyen canavara götürülüyorduk. Belki de canavar bizi canlı canlı yiyecekti. Dikenli tellerin arkasındaki perişan görünüşlü bu insanlar kimdi? Böyle bir yerde kimse kamp kurmazdı. Lanet olası bir tatil kampında da bu kadar güçlü ışıklar bulunmazdı. Onlar da tıpkı bizim gibi tutukluydu, lanet olası bir esir kampındaydık. Burası lanet olası bir esir kampıydı. Resimlerini gördüğüm esir kampları gözümün önüne geldi. Dikenli teller, ifadesiz yüzler ve çaresizlik. Burası bir esir kampıydı. Bizi bunun içine mi fırlatacaklardı?

Önümüzde duran araca doğru ilerliyorduk. Aracın ışıkları açıktı, hem iç hem de dış ışıkları yanıyordu. Kapılar açıldı, önümüze kırmızı halı serecekleri izlenimine kapıldım. Çok fazla ışık vardı, tüm dikkatler üzerimizdeydi, çok sayıda muhafız ortalıktaydı ama paparazziler ve fotoğrafçılar yoktu. Gözümüzün içine sokulan ışıklar habercilerin ışıkları değildi, sadece bizi daha iyi görebilmeleri içindi. Bunlar vuracakları kişileri daha iyi görmeleri için ordunun yaktığı ışıklardı. Başım dönüyordu. Sendeledim, fiziksel açıdan hiç iyi durumda değildim ve çok korkuyordum. Bizi bekleyen aracın renkleri Yanki ordusunun renklerine boyanmamıştı, pembe ve beyaz renkliydi, bu araç Kuzey Irak'ta gördüğüm minibüslere benziyordu. Minibüs Sri Lanka'da şehir içi ulaşımda kullanılan araçları anımsatmıştı. Bunun anlamı minibüsün sivil bir araç olduğuydu, bizi özgürlüğe taşıyacaktı. Ama burası Bağdat Havaalanı'ydı, başka nereye gidebilirdik ki, El Raşit Oteli'ne mi? Birden heyecanlandım, kısa süre sonra hikâye açlığı çeken gazetecilerin arasına karışacaktım! Bu çok iyiydi, en azından hikâyemi anlatabiilecektim, peki buna kim inanacaktı? Evet, havaalanı aracıyla otele götürülüyorduk!

Söylediğim gibi hiç iyi durumda değildim, ama Birleşik Devletler ordusu anlayışlı davranmak zorundaydı. Görüş açımızın ışıklar yüzünden kısıtlı olduğunu biliyorlardı, minibüsün iki yanına otelin isminin başharflerini büyük puntolarla yazmışlardı. Bu minibüsle nezaketlerini göstereceklerdi! Otelin ismi benim için büyük bir gizemdi. Bize karşı kötü davrandığı için Amerikalılar bizi bu otelde ağırlayarak özür mü dileyeceklerdi? Birden onları sevmeye başladım! Otelin isminin ne olduğunu tahmin etmeye çalıştım. İpuçları ortadaydı, başharfler büyük yazılmıştı, kısmen kör olanların bile okuyabileceği kadar büyüktü. Belki de kum fırtınasına yakalananlara yardımcı olsun diye bu kadar büyük yazmışlardı, bilemiyorum ama sadece iki tane harf vardı. Şoför kapısının üzerinde "Best Western" logosunu mu görüyordum? Gerçekten bizi serbest bırakacaklarına inanmıştım. Ellerimize kelepçe takmadıklarını fark ettiğim zaman bu düşüncelerim iyice güçlendi. Sadece kelepçeler değil, askerlerin elinde kafamıza geçirecekleri çuvallardan da yoktu ve üzerimizi de aramıyorlardı. Bir otelin minibüsüne binmek üzereydik, peki şoför koltuğunda neden bir asker oturuyordu? Bize silahlı bir aracın eşlik edeceğini düşündüm, bu da canımı sıkmadı, peki minibüsün iki yanına neden iki tane büyük harf yazmışlardı? Daha önce "SE" isimli bir otel duydum mu diye düşündüm. Hiçbir fikrim yoktu. Birdenbire aklım başıma geldi. Bu bir otel minibüsü değildi; bu büyük harflerin açılımı "savaş esiri" demekti. Savaş esirleri için tahsis edilmiş bir minibüse binmek üzereydik. Artık bu kadarı fazlaydı, mağaranın derinliklerindeki canavara yem olma zamanım gelmişti.

Hissettiğim korku artık çok tuhaftı. Burası harikalar diyarıydı, ama sadece benim yüreğim kışı severdi. Sorular yağmur gibi yağıyordu ama gökyüzünde hiç bulut yoktu. Buraya hiç kar yağmazdı ama korkum beni çok gerginleştirmişti. Mağaranın en derinine mi götürülüyordum, yoksa ışığa mı yaklaşacaktım? Koltuklarımıza oturduk, istediğimiz koltuğu seçtik, ayrı ayrı oturduk, yanımızda iki de silahlı muhafız vardı. Depodaki askerlerden çok daha gergin görünüyorlardı. Askerler ayrılırken onlara el sallamadığı için mi muhafızlar bu kadar gergindi, yoksa ganimetten onlara pay veren olmamış mıydı? Ruh halim çok kötüydü, tek kelime konuşulmadı ama düşüncelerim duyulabilecek kadar yüksekti ve birbirleriyle çelişiyorlardı.

Dikenli tellerle çevrili çadırlara yaklaşıyor olmamız hepsinden daha kötüydü. Sarsılarak ilerledik ve onların yanından geçtik, esirlerin çaresiz bakışlarıyla karşılaştım. Çadırların altında yaklaşık olarak on kişi birbirine sokulmuş oturuyordu. Gözlerini unutmam mümkün değil. Gözleriyle özgürlükleri, çocukları ve sevdikleri insanlar için çığlıklar atıyorlardı. Gözleri çaresiz ve ölüydü, kesinlikle terk edilmişlerdi. Çadırların içindeki adamlar, onları esir alanlar tarafından yargılanmış savaş esirleri olmalılardı. Buradan kaçmayı düşünmek bile imkânsızdı. Peki neden burada tutuluyorlardı ve neden bizim gibi turuncu tulum giymiyorlardı? Biz onlardan çok daha mı tehlikeliydik? Biz terör şüphelisi miydik, Guantanamo Kampı'na mı gönderiliyorduk? Akrepler ile yılanların arasında, böyle bir çadırın altında mı uyuyacaktık. Zihnimizi ve tüm duygularımızı kasıtlı olarak yok etmek istiyorlarsa, lanet olası işlerini gayet iyi yapıyorlardı. Esirlerin çadırları çok kötü görünüyordu. Her seferinde yavaşladık ve şeytanın bile çekineceği bir çadırın içine atılma korkusu yaşadık. Cehennem Oteli. Buranın dünya üzerindeki cehennem olduğundan emindim.

Minibüsün buradan uzaklaşmasını çok istedim, çünkü oraya gitmek istemiyordum. Sanki bizi kasıtlı olarak korkutmak istiyorlarmış gibi çok yavaş ilerliyorduk. Karanlık ve korkunç bir görüntünün yanından uzaklaşır uzaklaşmaz başka bir karanlık ve korkunç görüntü beliriyordu. Silahlar, askerler, helikopterler, tanklar ve zırhlı araçlar karanlık ve kötü enerji saçıyordu. Savaş esiri minibüsünde bulunan diğer tutukluların ne hissettiğini bilmiyorum. Bombalanmış arabalar, yanmış araçlar, yıkılmış duvarlar, şarapnel parçasıyla delik deşik olmuş havaalanı binaları, terk edilmiş Irak tankları, molozlar ve dikenli teller vardı. Bu hiç iyi değildi, bizi uyanık tutmak için seçilmiş bir yol olduğundan eminim. Gözlerimi o kadar kocaman açmıştım ki acıyorlardı. Çok fazlasına tanık olmuştum. Hayatta olduğumu sonuna kadar hissediyordum, tetikteydim.

Molozların, dikenli tellerin ve mayınlandığını düşündüğüm bölgelerin etrafından sağa sola dönüyorduk. Kıyametti bu, tam anlamıyla kıyamet; karanlık görüntüyü daha da zalimleştiriyordu. Irak'a geliş nedenim sevgimdi ve şimdi böyle bir kıyametin içindeydim. Taştan yapılmış kemerli büyük bir kapıya doğru yaklaşıyorduk. Kemerin üzerinde Saddam Hüseyin'in resminden geriye kalanlar vardı, resim tahrip edilmişti ve üzerinde kurşun delikleri vardı. Büyük bir nefretle resmi yok etmeye çalışmışlardı ama kim olduğu gayet net belli oluyordu, resim hâlâ orada duruyor ve hâlâ etkin olduğunu bizlere anımsatıyordu. Binlerce mermi bile bu adamın sırıtışını yok edememişti, kalan gözüyle sanki bize göz kırpıyordu. Bu gerçeküstü ifade bizim bildiğimizden çok daha fazla deliliğin yaşandığını gösterir gibiydi. Bu bölgeyi terk ettiğimiz belli oluyordu, görünüşe bakılırsa havaalanından ayrılıyorduk. Parlak ışıklar kaybolmuştu. Neden? Hapishaneye mi gidiyorduk?

Çok karanlıktı ve tozlu camlardan dışarıyı görmek çok zordu. Dışarıya baktık ama camların dışında ne olduğunu görmek mümkün değildi. Neden Amerikan askerleriyle birlikte seyahat ediyorduk. Amerikan karşıtı milisler için açık hedeftik. Tamamen tetikteydim. Pencerenin önünden uzaklaşan ve yere eğilen tek kişi ben değildim. Üzerimize kurşun sıkılırsa, bu cam ve kafatasımız kolayca parçalanırdı. Minibüsün içindeki ışıklar açıktı. Neden? Keskin nişancıların turuncu tulumlarımızı rahatça görebilecekleri ortadaydı. Belki de Amerikan karşıtları bizi gördüklerinde "kendilerinden olduğumuzu" düşüneceklerdi. Işıkların açık tutulması hayatta kalmamıza yardım ediyordu. Bu şekilde düşününce rahatladım, ama sonra bunun geçerliliği ortadan kalktı, çünkü minibüsün içindeki ışıkları kapattılar. Neden? Keskin nişancılar minibüsü ve içinde ne olduğunu göremezse, potansiyel müttefiklerinin öldürüleceklerini bilmeyecekler miydi? Belki de keskin nişancılar minibüsün içindeki askerleri görmesin diye kapatmışlardı ışıkları. Artık sebebi her neyse... Yanımızdan geçen her araç korkumu artırıyordu, yaklaşmakta olan araçların farlarını görebiliyordum. Hepimiz pencereden dışarı bakmaya ve keskin nişancılara kendimizi göstermeye çalışıyorduk. Bu konuda yapabileceğimiz hiçbir şey yoktu, ama ateş etmeden önce gözlerime bakan biri hayatta kalmak için bunun tek şansım olduğunu görebilirdi, tek umudum mesafeyi iyi ayarlamalarıydı!

Yol çok kötüydü, yol bombaların açtığı çukurlar, tanklar ve

terk edilmiş, yanmış araçlarla doluydu. Minibüsün arkasından baktığımda birçok uçaksavar ve tank görebiliyordum. Minibüsün içine büyük bir korku hâkimdi.

Havaalanından gittikçe uzaklaşıyorduk. Artık bazı araçlarla karşılaşmaya başlamıştık. Araçlar yaklaşıp yanımızdan geçerken, şoförümüz karşıdan gelen araçlardaki sürücülerin gözleri kamaşmasın diye farlarının ışığını azaltmıyordu, askerler yaklaşan araçlara ve içindekilere gergin bir şekilde bakıyordu. Araçların bomba ya da silahlı adamlarla dolu olmasından mı korkuyorlardı? Askerler çok endişeliydi, elleri terliyordu, beynimizi dağıtmaya hazırlardı.

Peki nereye gidiyorduk? Bir sorgulama merkezine mi, bir hapishane hücresine mi, bir işkence odasına mı, kurşuna dizilmeye mi yoksa şu SE oteline mi, nereye? Yolculuk sanki sonsuza dek sürecekmiş gibi görünüyordu. Gerginlik yüzünden boynum ve omuzlarım ağrıyordu. Chinook helikopterinin motorları kadar gürültüyle çarpan kalplerimiz minibüsün motorunun sesini bastırmış mıydı? Bunlar nasıl gerçek olabilirdi? Durma noktası, kapı, kavşak ya da kontrol noktası gibi görünen yerlerin hepsinden rahatça geçtik. Hiçbir kontrol noktasında durmadığımıza göre bu aracın bu bölgede çok iyi tanındığı açıktı. Etrafta keskin nişancıların saklanabileceği bir sürü çalılık, duvar ve bombalanmış araç vardı. Arkamızda en azından bir araç vardı, ışıklarını dikiz aynasından görebiliyordum. Yanımızdan Birleşik Devletler ordusuna ait olduğu açıkça belli olan araçlar geçiyordu ara sıra, ama diğer araçlar Irak plakaları taşıyan sivil araçlardı. Kalbim göğsümden dışarı fırlayacakmış gibi çarpıyordu, bayılmak üzereydim. İki metre uzunluğundaki bir duvarın yanından geçerken çok korktum, bu çok kötü bir deneyimdi. Duvarda büyük bomba delikleri vardı, ezilmiş tanklar ve etrafa dağılmış molozlar vardı. Bu korkutucu bir deneyimdi, çünkü havaalanının dışında bulunduğumuzu bana tekrar ve tekrar anımsatıyordu. Çok tehlikeli bir durumdaydık. Helikopterler üzerimizde uçarak bizi koruyor muydu, yoksa trajik bir "kazaya" mı kurban gitmek üzereydik? Korkum o kadar büyüktü ki, ani ve kalıcı bir deneyim beni rahatlatacaktı. Ölmek istemiyordum ama bir kez daha ölümü kabul etmeye hazırdım. Çaresizlik içinde ışığa ulaşmaya çalışıyordum. Duvara çok yakın gidiyorduk, duvar sağ tarafımdaydı, kendimi çok kötü hissediyordum. Keskin nişancıların duvarın arkasına saklanması, buradan ateş açması ya da bir el bombası fırlatması çocuk oyuncağıydı. Ölmek çok kolaydı, karanlığa son vermek çok kolaydı. Bu yolculuk gerçekten hayatımın en karanlık ve en şeytani deneyimiydi, (1989 yılında Sri Lanka'da öldürülmüş, işkence görmüş ve yakılmış cesetler görmüştüm) çünkü kötü enerji her yerdeydi. Sri Lanka deneyimim sırasında en azından hayal gibi görünen kırlara kaçabiliyordum. Buradaki tek görüntü ise ölüm, yıkım, korku, nefret ve savaştı. Birçok insanın cehennemi bu şekilde tasavvur ettiğinden eminim. Burası cehennemdi ve çocuğum da bu cehennemin içindeydi, bu haldeyken onu bulmam mümkün değildi. Gözlerimi kırpmam lükstü ve hayatıma mal olabilirdi, duvar yanımızda uzanmaya devam ediyordu. Bu Alice'in harikalar diyarında gördüğüne benzeyen sonu olmayan bir duvar mıydı yoksa? Bu duvarın neden bu kadar ağır şekilde bombalandığını açıklamak oldukça zor. Diğer tarafta kimin olduğunu bilmediklerinden mi, havaalanının dışında olduğumuzu düşündükleri için mi, yoksa duvar bana tutsakları anımsattığı için mi bilemiyorum. Belki de sadece keskin nişancıların bu duvarın arkasına saklanabileceklerinden korktuğum için böyle düşünüyordum. Sonunda duvar bitti, yolculuğumuzun kısa süre içinde sona ereceğine inanıyordum. Duvarın sonundan sağa döneceğimizi tahmin ediyordum, ama hayır, tek şey yeni bir duvardı ve daha fazla araç ortaya çıkmıştı. Gözlerimiz dışarıdaydı ve birbirimize karşı hissettiğimiz yakınlık bizi rahatlatıyordu. Ruh halimiz kaybettiğimiz yakın bir dostumuzun cenazesindeymişiz gibi kasvetliydi. Ama burada bir kilise ya da cami yoktu, "savaş tiyatrosunun" içindeydik. Buradaki oyuncular çöl kamuflajları giyinmiş askerlerdi. Bizler de korkunç mahkûm tasvirleriydik, ama biz tiyatro oyunu sahnelemiyorduk. Hareket bile edemiyorduk, konuşamıyorduk, sadece korkabiliyorduk. Midem çok kötüydü, midemin içinde bir düğüm varmış gibi hissediyordum. Gaz çıkartıyordum ama anüsümün ağzı genişlemiyordu. Artık kanamam olmasını bile önemsemiyordum. Askerler çıkardığım gazları uzaklardaki bir patlama sanabilirler diye kısmen de olsa korkuyordum. Kokuyu da gaz saldırısı sanabilirlerdi!

Silah sesleri duyduğum an hemen yere eğildim. Çok yakındaydı. Saldırıya mı uğramıştık? Endişem yanıt bulmadı ama hayır, bu kadarı da fazlaydı. Şoför, kaybolmuş turistleri ortalıkta dolaştıran Londralı açgözlü bir taksi şoförü gibi davranıyordu. Bizi kasıtlı olarak uzun yoldan mı götürüyordu? Tüm paramıza el konulmuştu, vereceğimiz tek şey korkumuzdu. Bunu da yeterince almıştı, bu yüzden ona daha fazla ödeme yapmak istemiyordum. Evet, askerler de tetikteydi ama görünüşe bakılırsa şoför bütün bundan sadomazoşist bir zevk alıyordu, dikiz aynasından dışarıya fırlamış gözlerimize bakıyordu sık sık.

Benim ve diğerlerinin hissettiklerini anlatmaya kelimeler yetmez. Kendi adıma, tüm ruhumla tamamen inanılmaz bir deneyim yaşıyordum. Dilerim benim en derin yerlerine kadar indiğim bu mağaranın girişine bile yaklaşmazsınız. En nefret ettiğim düşmanımın bile bu zorlu sınavı yaşamasını arzu etmem.

Havaalanının dışına çıkmıştık, peki neden etrafta bu kadar çok askeri araç vardı? Yanımızdan gelip geçen birkaç araçtan söz etmiyorum; onlarca araçtan, konvoylardan, park etmiş ve hareket halindeki araçlardan, üzerindeki silahların ateş açmaya hazır beklediği araçlardan söz ediyorum. Çok büyük güvenlik önlemleri vardı, sivil araçlar zırhlı araçların miktarı ve gücü altında ezilmek üzereydi. Şeytanın bahçesinden akan şelalenin altında eziliyorlardı.

Yolculuk beni gerçekten mahvetmişti. Bedenimi ölüme hazırlıyordum, ruhumu ani bir sonu takip edecek yeni bir yolculuğa hazırlıyordum. Hazırdım ve tetikteydim ama hayır, zaman henüz gelmemişti.

Bütün gece boyunca savaş alanında gezindikten sonra, kimseye ait olmayan topraklara ve yılanın ağzına girdik; sanki *Apocalypse Now* filmindeki Albay Kurtz'u arıyorduk. Hiç beklenmedik şekilde parlak bir ışık havuzunun içine daldık. Birkaç saniyeliğine bedenim bilinmeyen bir bilinçsizliğin içine daldı, neredeyse bayılıyordum. Işıklar gece oynanacak bir futbol karşılaşması için aydınlatılmış bir sahadan geliyor gibiydi, ama ne top ne de oyuncular vardı. Gördüğüm tek şey çok sayıda askerdi ve hepsi silahlarını üzerimize doğrultmuştu, Humvee cipler de silahlarını üzerimize çevirmişti. Bu çok ağırdı, yolculuk bile beni bu kadar korkutmamıştı. Askerler bana ve minibüstekilere hiç de "hoş geldin" der gibi bakmıyordu. Evet, bunlar çok kötü bakışlardı. Bu kadar ezici ve vahşi bir güçle karşılaşınca düşüncelerim dondu. Bu normal zamanlarda hafta sonu için tercih ettiğim bir etkinlik değildi! *Matrix* filmindeki sahneden bile çok daha fazla silah vardı. Belki de bu manzara gerçek değildi. Bunu açıklamam zor ama rüyadan çok gerçek gibi görünüyordu. Bu kadar silahı Irak'a kızını aramak için gelmiş ve çocuklara oyuncak dağıtan benim gibi lanet olası bir palyaço ve pantomim sanatçısı için kim harekete geçirmişti? Hiç kimse bu kadar aptal olamazdı, tam bir zaman ve para israfıydı!

Belki de askerler kahkahalarla gülmek için işaret bekliyorlardı, işaretten sonra hep beraber gülecektik ve silahlarının namlusundan çiçekler çıkacaktı. Belki de bu *Truman Show*'un başka bir versiyonuydu. Yine tüfekler ve silahlar vardı ama ateş edeceklerine inanamıyordum. Bu doğru olamazdı, yoksa olabilir miydi? Zihnim, dış dünyayı algılayan duyularımı kapatmış gibiydi, belki de bu deneyimin beni ele geçirmesini engellemeye çalışıyordu. Sanki mürekkeple boyanmış gözlük camlarından dış dünyaya bakıyor gibiydim, sanki her şey gözüme mükemmelmiş gibi görünüyordu. Korkum ve tehlikeli seviyelere ulaşmış gerginliğim yüzünden bir yaprak gibi yere düşmemem için bu belki de bir tür savunma mekanizmasıydı. Tamamen inanılmazdı, hiçbir şey anlamıyordum. Pencereden dışarı baktım ve kahkahalarla güldüm. Bir asker bunu gördü. Şaşkınlığa uğramış gibi göründü. O da gülsün mü, yoksa vurup beni yere mi yıksın bilemiyordu. Kaçmaya kalkışsak bizi hemen vuracağından hiç şüphem yoktu; tamamen mahvolmuştuk, hem fiziksel hem de zihinsel olarak kaçmaya kalkışmak, salyangozun tavşanla yarışa girmesi gibi olurdu. Binlerce asker postalının bir salyangozun üzerine basarak geçmesini hayal edebiliyor musunuz? İşte durumumuz tam olarak buydu. Artık her şey benim için netleşmeye başlamıştı, yakalanmış ve tuhaf bir oyunda rol almak üzere Bağdat'a getirilmiştik. Terörist rolü oynayacaktık, askerler de bizimle buluşacak ve hep birlikte çölde dans edecektik, sonra da tetiği çekip bizi öldüreceklerdi. Bunların hepsi bir tür hastalıklı şaka mı, yoksa şeytani bir ayin miydi? O an kendimi çok güçlü hissediyor, ama bunu nasıl yapabildiğimi bilemiyordum.

Minibüste biraz ağladığımı anımsıyorum, bunlar "korku gözyaşları"ydı. Askerler gerçekten çok neşeliydi, park ettiğimiz yerde, ışıkların altında bize bakışlarından bu rahatlıkla anlaşılabiliyordu. Bu gözyaşları nereden çıkmıştı ve neden sırtımda iyilik dolu bir enerjinin sıcak spirallerini hissediyordum? Kendinizi benim yerime koyun ve neye benzediğini düşünmeye çalışın. Düşüncelerimi ve deneyimlerimi şu an İngiltere, York'ta yazıyorum, Irak'tan ayrılalı sadece birkaç gün oldu.

Minibüsten dışarı çıkmak için acele etmedim, önce diğer beş kişinin çıkmalarını bekledim, kendi kendime gülüyordum, bütün bu olanlar gerçekten çok aptalcaydı. Biz meşhur rock grubu Turuncu Çöl Çocukları'ydık, tura çıktığımız otobüsümüzden iniyorduk ve hayranlarımız bizi karşılamaya gelmişti. Herkes çığlık atıyordu, kadın hayranlarımızdan bizi koruması için orduyu buraya çağırmak gerekiyordu! Ne utanç! Neredeyse hayranlarımı selamlamak için elimi havaya kaldırıyordum, ama girmek üzere olduğumuz oteli düşünerek bunu yapamadım! Bu bir şaka olmalı! Uyan Amerika, ödediğin vergiler işte böyle delice bir şey için harcanıyor! Sol tarafımda, minibüsten sadece on metre uzaklıkta iki katlı büyük bir bina vardı. Albay Kurtz burada mı yaşıyordu? Çöl kumu rengine boyanmış bina hiç yaratıcı görünmüyordu. Burası önceden Baas Partisi'nin bürosu ya da bir hapishane miydi? Çok güvenli, katı ve sıkıcı görünüyordu, sanki önceden bir tür gizli polis operasyonu yapılmış gibiydi. Belki de eski dostum Saddam'la burada yüzleştirilecektim! En tepe noktadaki adam, içeride kızımı dizine oturmuş beni mi bekliyordu ya da eski karısını sunmak için! 1-94'üncü. Sahra Topçusu için üzüldüm, onlar beni kızını bulmak için Irak'a gelmiş bir palyaço ve pantomim sanatçısı olarak değil, turuncu tulum giymiş, emirlere göre hareket eden ve korkudan altına kaçıran biri olarak görüyorlardı. Kötü gözle bakmayı nasıl başarabiliyorsunuz?

Minibüsten çıktım ve iki silahlı askerin sıkı koruması altında binaya götürüldüm, beni aceleyle koşturdular. Zihnim buna biraz direndi, vücudumun da direnmesini istiyordum. Ama üzerime çevrilmiş çok sayıda silah vardı ve bunu yapmak için iyi bir zaman olmadığını düşündüm. Artık gün ışımıştı, ama ben hâlâ bir otel tabelası göremiyordum.

Binanın içine girdiğime sevindiğimi söyleyemem, çünkü içeride dışarıdakinden daha fazla sayıda silah vardı. Müdür hoş geldin demek için bizi karşılamaya gelmedi. Otelin içinde insan yaşıyor gibi görünmüyordu. Anlamdan yoksun bir hayat ve koridorda yirmi beş silahlı asker görmek insanda iyi duygular uyandırmıyor. Yanlarından hızla geçtim ve içlerinden biri "Kıpırda lanet olası pislik!" dedi. Askerler yürüdüğüm koridorun iki tarafına dizilmişti ama çocukluğumun geçtiği İngiltere Yorkshire'daki Thorganby köyünün yolundaki meşe ağaçlarına benzemiyorlardı; daha çok beni arkamdan tekmeleyerek karnı aç bir canavarın ağzına yuvarlayacak ölü askerlere benziyorlardı. Çok ciddi görünüyorlardı, ellerindeki M16 piyade tüfeklerini üzerime çevirmişlerdi ve hepsinin üzerinde çelik yelek vardı. Neden bizi üzerinde helikopter uçan bu lanet olası kaleye getirmişlerdi ve neden hepsinin elleri tetikteydi? Neden hepsinin başında miğfer vardı?

Kapıdan otel odasına kadar otuz üç adım saydım. Buraya gidene kadar birçok askerin yanından geçtik, hiçbiri gülümsemiyordu, hepsinin bakışları tehditkârdı. Hepimizin estetik ameliyatla Saddam'ın dublörlerine çevrilmiş kişiler olduğumuzu mu düşünüyorlardı? Bizim ne ya da kim olduğumuza karar vermeye hakları var mıydı? Benim ve diğerlerinin kim olduğunu bilmiyorlardı, kim olduğumuzu kolayca anlamaları için bu şekilde giydirilmiştik. Turuncu tulumu görüyor ve kim olduğumuzu anlıyorlardı: "Tehlikeli teröristler!" Bizim El Kaideci, Ensar el İslam örgütü üyeleri, terörist, suikastçı ya da pembe panter olduğumuzu söyleseler diğerleri buna hemen inanacaktı. Bu şekilde giydirilip buraya getirilince hayal, gerçek olmuştu.

Kısa süre sonra, sola dönüp üç adım attım ve odamın kapısına ulaştım. Hemen içeri girmedim, tırmanacağım bir dağın önünde durup dağa bakar gibi bir süre kapının önünde durdum, silahlı askerlerin bölgenin güvenliğini sağlamasını ve kapıyı açmalarını bekledim. Bu özel dağda hiç ağaç ya da bitki yoktu, bunun yerine dağ üç kat dikenli telle kuşatılmıştı ve iki kat yüksekliğindeydi. Dikenli telin arkasında yirmi üç turuncu tulumlu adam ve yirmi dört çadır bezinden yatak vardı, hepsi bir tenis kortundan daha küçük bir yere tıkıştırılmıştı.

Bağdat Kumsal Oteli'ni gözden geçiren son kişiydim, bu yüzden nerede uyuyacağımı düşünmedim, çünkü geriye bir tane boş yatak kalmıştı, bu yatak kapıya ve dikenli tel dağına en yakın olandı. Bir daha göremeyeceğimi sandığım kayıp on sekiz turunculu adama gülümseme zamanımın geldiğini düşünmeye başladım. İşte hepsi buradaydı, yine bir araya gelmiştik. Sırada ne vardı? Savaş esiriysek, neden SE minibüsünün yanından geçtiği dikenli tellerle çevrili çadırlardan birinin içine konmamıştık? Neden içerisi görünmesin diye pencerelerinin yüzde doksan beşi karartılmış olan iki katlı bir binanın içindeydik? Burası kare biçimindeydi, binanın Avrupai bir görünümü vardı, belki işlevseldi ama çok sıkıcıydı. Tutukluların bazıları gülümsemelerini uzattı, bu yüzden kendimi rahatlamış hissettim, peki teröristlerle arkadaşlık etmek iyi bir şey miydi? Özellikle beni hiç tanımadıkları için ağır toplardan biri olduğumu düşünüyor olmalılardı. Sanırım karşılıklı olarak birbirimizden şüpheleniyorduk. Aynı zamanda canavarla yüz yüze kalan insanlar olarak, bir çeşit kader birliği içinde olduğumuzu da hissediyorduk.

Yatağımın kenarına oturdum, "pantomim sanatçısı için ayrılmıştır" tabelasını kaldırdım, tabii ki şaka yapıyorum! Yüzümü kapıya döndüm. Oda arkadaşlarıma arkamı dönmem belki de ayıp karşılanacaktı, ama yatağımın diğer tarafında ayaklarımı yukarı kaldıracak kadar yer yoktu. Ayrıca onlara da henüz güvenmiyordum, korkuyor ve sevgili Amerikalıların onları tanıdığımı düşünmelerini istemiyordum, bunun altını özellikle çiziyorum. Ne de olsa onlar "tehlikeli teröristler"di, öyle değil mi?

Bağdat Kumsal Oteli'ne ulaşmıştım, tabii bu benim taktığım bir isimdi, çünkü her yer deniz kenarlarında bulunan kumlarla kaplıydı. Bu gerçekten de çok garipti, bir otelin halı yerine böyle bir malzemeyle kaplanmış olması çok yaratıcı bir düşünceydi! Saat yaklaşık olarak 22:30'du ve tarih 5 temmuz 2003'tü, 4 temmuz saçmalığından bir gün sonra. Hepimiz mahvolmuş durumdaydık, birçok kişi yataklarına yatmış dinleniyordu. Üzerimize doğrultulmuş silahların altında uyuyacaktık, bu çok bunaltıcıydı. Çatıdaki askerlerin gözü üzerimizdeydi, çünkü bizi tuttukları binanın tam ortasında yer alan kare biçimindeki bu avlunun üzerinde tavan yoktu. Çatıda en az on tane silahlı asker vardı, aşağı bakıyorlar ve her hareketimizi dikkatle izliyorlardı. Bu kare biçimli avluda dört tane "sokak lambası" vardı, uzun metal kazıklar betonun içine gömülmüştü ve direklerin tam tepesinde büyük ampuller vardı. Büyük parlak toplar, beyaz auraya benziyorlardı; ihtiyaç duyduğum anda Buda hangi cehenneme gitmişti? Dört lambadan üçü çalışıyordu ama çalışan lambalar da zaten gereğinden fazla ışık saçıyordu, bir lambayı da yukarıdaki pencerelerden birine asmışlardı, bu da fazladan aydınlık veriyordu.

Etrafımı saran şeyleri gözden geçirmem için bana fırsat doğmuştu. Mağaranın derinliklerine yapılan her yeni seyahatte canavar daha tehditkâr bir şekilde büyüyordu. Yirmi dört tane turunculu adam vardı; silahlı adamların sayısını Tanrı bilir. Oturma pozisyonum yüzünden binanın diğer tarafına geçen asker ve subayların kullandığı koridoru görebiliyordum. Sağ tarafımda ve arkamda da birer koridor vardı ama bunları göremiyordum, çünkü arkam dönüktü. Belki de üçüncü gözümüz, kalp gözümüz vardı ama benim üçüncü gözüm arkamda olup bitenleri görmüyordu. Görünüşe bakılırsa her koridorda iki ya da üç kapı vardı.

Koridorlar bu kare avlunun çevresini kuşatmıştı. Tahliye edildikten sonra yazacaklarım için zihinsel notlar alıyordum, bunlar nerede tutulduğumu saptamak için faydalı olabilir diye düşünüyordum. Daha sonra, büyük bir dikkatle diğer kelimelerin arasına gizleyerek, ajandama bu notları karaladım. Bunu yapmak tehlikeliydi; bu bir meydan okumaydı ama bunları size daha önce de anlatmıştım.

Plastik çöp torbalarından oluşmuş bir yığın görmek birçok insan için sevinilecek bir şey değildir, en azından "gerçek dünya"da. Ama bu kâbusta bunlar iyimser olmamızı sağlıyordu. Etrafıma cesurca bakarken, bir yığın siyah torba ve çöp çuvalı dikkatimi çekti, sağ tarafımdaki duvarın önüne istiflenmişlerdi. Bakışlarımı onlara diktim ve yüzüme telaşlı bir ifade takınarak diğerlerinin dikkatlerini buraya çekmeye çalıştım. Kerkük'teki subayın söylediği gibi onlarla arkadaşlık etmek ve konuşmak istemiyordum. Gözaltında tutulduğumu ve aldığım her nefesin bile dikkatle izlendiğini anımsadım, "onlarla arkadaşlık ettiğim" için suçlanırsam bu çok tehlikeli olurdu. Bu tutuklular "tehlikeli teröristler"se, ben de onlara karşı dostça davranıyorsam, Birleşik Devletler ordusu benim de bu grubun bir parçası olduğuma hemen ikna olurdu. Bunun için çok endişeleniyordum ama onlara elimle işaret ettim, çünkü bu torbalar belki de bizim torbalarımızdı. Diğerlerinin de torbaları gözden geçirmelerini bekledim, birkaç kişi yavaşça torbaların ağzını açarak içindekilere göz attı. Yiyecek mi vardı? Torbaların içinde ceset parçaları mı vardı? İçgüdülerim yanılmamıştı, torbaların içinde giysilerimiz vardı, hepsi yırtılıp parçalanmış ve üzerleri kumla lekelenmişti. Diğerleri de çok yavaş bir şekilde torbaların başına yürüdü, benim acelem yoktu. Üzerimize çok sayıda silah doğrultulmuştu. Torbaların içine bakmamız gerektiğinden emin değildim. Boş verdim, önemli malzemelerimi tekrar ele geçirmek konusunda hiç umudum yoktu. Şimdi tam zamanıydı, hareket ettim, bizi vurmalarını ya da yeşil portatif karyolalarımıza geri dönmemizi emretmelerini bekliyordum. Böyle bir şey olmadı ve torbamı aldım, kayıp bir şey var mı diye içine baktım. "Hassas malzemelerim", yani kelepçelerim ve beyaz tişörtüm torbanın içinde miydi? Evraklarıma ne olmuştu? Hiçbir şey düşünmeden torbayı sıkıca kavradım, koltuğumun altına soktum, portatif karyolamın üzerine fırlatıp attım, içindekileri ne zaman ve nasıl gözden geçireceğimi merak ediyordum. Torbanın içindeki şeylerin hayati öneme sahip olduğunu çok iyi biliyordum, peki içindekiler yerlerinde duruyorlar mıydı bakalım? Kanlı tişörtümü, kelepçelerimi, Abla'nın bana yazdığı mektupları ve kimliğimi yüzde yüz kanıtlayacak olan pasaportumu anımsadım. Eşyalarımı karıştırdılarsa, çıkartıp yok ettilerse, tüm dünyaya benim ne kadar "tehlikeli bir terörist" olduğumu kanıtlamaları çok daha kolay olurdu. Uzandım ve düşündüm, üzerime bu kadar çok sayıda silah çevriliyken torbamın içindekileri nasıl gözden geçirebilirdim?

Saatler sonra, gizlice etrafa göz attım, ajandamı çıkarttım, biraz karaladım ve sonra torbanın içindekileri gözden geçirdim. Çok şaşırtıcıydı, her şey yerli yerinde duruyor gibiydi; Abla'nın mektupları, evraklarım, pasaportum ve hatta kanlı beyaz tişörtüm ve plastik kelepçelerim bile torbanın içindeydi. Korkarak tekrar baktım. Evet, bütün eşyalarım buradaydı ve her şeyimi tekrar geri almıştım. Torbanın içindekiler çok önemliydi, bunları Irak'ın dışına çıkarabilirsem, İngiltere'ye geri dönebilirsem, bu eşyalarla bir hukuk bürosuna gidecektim. Torbamın yanında benimle ilgili ayrıntılı bilgilerin yer aldığı açık kahverengi bir dosya da vardı. Dosyanın içindekilerin tamamını okuyamadım ama okuduğum kadarı beni huzursuz etmeye yetmişti. Dosyayı uzağa koydum, dosyayı buraya koyma nedenlerinin ne olduğunu bilmiyorum.

Belki de kafam çuvalın içinde çok fazla zaman geçirmiştim. Belki de yazdıklarım yüzünden onları alarma geçirmiştim. Her neyse, askerler bana baktı. Hiçbiri gülümsemiyordu. Silahlar üzerime dönüktü ve bizi dikkatle izliyorlardı. Ne kadar gergin olduklarını siz bile "hissedebilirdiniz", artık hepimiz mağaranın dibindeydik. Canavarla yüz yüze gelecek miydik? Bizi ısıracak, canlı canlı yiyecek ya da kedinin fareyle oynadığı gibi bizimle oynayacak mıydı? Dışarısı tamamen karanlık olmasına rağmen bazı askerler güneş gözlüğü takıyordu. Hepsinin üzerinde çelik yelekler ve başlarında miğfer vardı. Çatıdaki askerleri duyuyorduk; telsizle konuşuyor, silahlarını tıkırdatıyor ve sohbet ediyorlardı! Duyduklarım hiç iyi şeyler değildi, temelde bizi gözlem altında tutmaları gerektiğini söylüyorlardı ve en yüksek seviyede alarma geçmişlerdi. Bizim gerçekten kim olduğumuz konusunda tahminde bulunmak istiyorlardı; birkaçımızın İngilizce bildiğinden ve onları anladığından haberleri yoktu. Çok önemli birkaç şey duydum. "Onların El Kaideci olduklarını düşünüyor musun?" "Bu halka açıklanacak bir bilgi." "Hepsini havaya uçurmak hoşuna gitmez mi?" Ve buna benzer saçmalıklar. "Onlara izlemeye devam et, uyuklama." Çatıdaki askerler birbirlerini bu şekilde uyarıyorlardı. Etrafta dolaşırlarken konuştuklarını duymak çok zordu. Bazılarının üniformalarının üzerinde küçük mavi ışıklar vardı, bunları ayırt etmek çok kolaydı. Ara sıra üzerimize çok parlak ışıklar tutuyorlardı, bunların ne olduğundan emin değilim.

Daha önce de söylediğim gibi, benim yatağım dikenli tellere en yakın yataktı. Yatağımın sağ tarafından aşağı düşersem dikenli teller her tarafımı lime lime doğrardı. Yatağımın kenarına oturduğumda, dizlerim dikenli tellerden sadece birkaç santimetre uzakta kalıyordu. Bunu bir düşünün! Sağ kolumun üzerine yatarsam "dikenli tel dağı"yla aramda sadece on iki santimetre kalıyordu. Beni buraya getirdiklerinde neden sadece bu yatağın boş kaldığını şimdi anlıyordum, çünkü bu portatif karyola kapıya en yakın olanıydı, en fazla "gözlem altında" tutulan, askerlerin ve subayların bize bakmak için toplandıkları yere en yakın olan karyolaydı. Cam bir kapının arkasında toplanıp bize bakıyorlardı, karyolamın yanındaki dikenli tellerin diğer tarafında sadece bir koridor vardı. Dikenli tel dağının içinden bakıyordum ve sadece bu noktada sürekli olarak on ya da daha fazla sayıda asker, turuncu tulum giyinmiş yirmi dört adama bakıyordu. Kare biçimindeki avlunun üç tarafında üç koridor vardı, üç tarafta da askerler silahlarını üzerimize doğrultmuş bizi izliyorlardı. Diğerleri de sadece bakıyor, işaret ediyor ve konuşuyorlardı. Birinci kattaki bir pencereden silahlarını üzerimize doğrultmuşlardı. Ayrıca çatıda da silahlarını üzerimize çevirmiş askerler vardı. Bu çok ağırdı, ne manzaraydı ama; "tehlikeli teröristler"den bazıları tuvalete gittiğinde durum daha da üzücü oluyordu. Tuvalet nerede miydi? Bakın, hiçbir nedenle dikenli tellerle korunan bu kumsaldan dışarı çıkmamıza izin vermiyorlardı. Köşede gördüğüm boş su şişeleri bizim tek tuvaletimizdi! İlk "tehlikeli terörist" idrarını bu şişelerden birinin içine yapmak için kendini zorladıktan sonra diğerleri de onu izledi. Köşeye sıkışarak şişeleri doldurmak için mücadele ettiler. Peki bu şişelerin kapaklarını kim kapatacaktı, çünkü hiç kimsenin idrarını şişenin dışına damlatmadan, küçük bir delikten içeriye yapması mümkün değildi. Ellerinizi kirletmeden ve kokuyu solumadan şişelerin ağzını kapatmak imkânsızdı. Şişelerin ağzı açık kaldı, köşeden yayılan pis koku acı vericiydi.

Sıcak bira şişeleri gibi görünen idrar şişelerinin yanında, ağzı açık karton bir kutu vardı. Dışkımızı da bunun içine yapmak zorundaydık! İdrarımızı su şişelerinin, dışkımızı da karton kutunun içine yaptık.

Bazılarımız zamanı gelince çok acı çekti, çünkü dışkısını yapmak zorundaydı ama hiç kimse bu karton kutuyu kullanarak aşağılanmak istemedi. "Onlara bu zevki vermektense altıma yaparım daha iyi" dedi Türklerden biri. Ayrıca tek fermuarlı olarak olarak tasarlanmış bu turuncu tulumun tamamını çıkartmanız gerekiyordu. Sonunda çırılçıplak kalacaktınız. Etrafta diğer tutuklulardan başka kim bilir kaç asker vardı! Buraya geldiğimiz andan beri üzerimizde uçup duran helikopterleri de unutmamak gerekir.

Tutukluların çoğu yorgundu ve giysilerini tekrar bir araya getirdikten kısa süre sonra uzanıp yatıyorlardı. Ben de çok yorgundum ve serseme dönmüştüm. Bazılarının bana sevgiyi hatırlattığı yıldızları seyretmek iyiydi. Daha önce sözünü ettiğim nedenden dolayı diğer tutuklularla arkadaşlık etmekte hâlâ gönülsüz davranıyordum. Birkaçının gülümsemesini görmezden gelsem de, Bay Ray Ban yanıma geldiği zaman onunla konuşmak zorunda kalıyordum. Gördüğümüz muamele yüzünden çok öfkeliydi, özellikle de tuvalet yüzünden. Birleşmiş Milletler müteahhidi olduğunu tekrarladı ve diğer tutukluların çoğunun da Türk askeri olduğunu söyledi. Sorularım vardı ama sormadım, benden ne istediğini söylemesini bekliyordum. Neden Amerikalılar, Kuzey Irak'ta Türk askerlerini tutuklamışlardı? Birleşik Devletler'le Türkiye'nin müttefik olduğunu sanıyordum, yoksa değiller miydi? Su ve yiyecek sözü verdiler ama yenilebilir bir şeylerin gelmesi ve sonunda kapının açılması için aradan en az iki saat geçti. Birleşik Devletler ordusuna ait kum renkli kocaman bir tankerle iki saat sonra su geldi. Türkler çok kızgındı, verdikleri su kirli olduğu için şikâyet ediyorlardı. Bay Ray Ban bunun daha önce petrol taşınan bir tankere benzediğini ve içindeki suyun içilemeyeceğini söyledi. Bu petrollü suyu içmek için fincan ya da tabağımız da yoktu. Su konusunda umutsuzluğa kapılmıştık. Hiçbir seçeneğimiz yoktu, bu suyu avucumuzla içtik.

Kısa süre sonra mukavva bir kutuda başka bir su getirildi. Diğer tuvalete ek olarak mı getirilmişti? Bu da önceki kadar pisti ama bu pislik yenilebilir türdendi. Kutunun içinde MRE olduğu söylendi, bunun anlamı artık her neyse! Bay Ray Ban kutuyu açtı ve kutunun içindeki kahverengi plastik kutuları dışarı çıkarttı, bunlar depo ya da hangarda daha önce gördüğümüz kutuların aynısıydı.

Askerler uyumuyordu, gölgeleri ay ışığında uzadı. Bu onları daha anlamlı insanlar mı yapıyordu, yoksa tanınmamak için kendilerini bizden koruyorlar mıydı, bilmiyorum. Orada uzanmıştım ve Bağdat Havaalanı'nın ortasında yıldızları seyrediyordum. Göz kırpan yıldızların altında garip bir şekilde kendimi huzurlu ve rahatlamış hissediyordum. Yıldızlar Saddam'ın gökyüzündeki mücevherleri gibi görünüyordu, tüm tesisin nasıl bu kadar parlak görünebildiğini merak ediyordum. Evet, yıldızlar. Yıldızlar, yıldızlar beni rahatlatıyor, Sacide'nin ve oğlumun bütün bu saçmalıklarla ne gibi bir bağlantısı olabileceğini düşünmeme neden oluyorlardı. Gördüğümde bana rahatlık veren tek şey bu yıldızlardı, meditasyon yapmama yardımcı olan tek şey yine bu yıldızlardı. Meditasyon yapmayı başardım, parlak turuncu rengini, silahları, parlak ışıkları ve "savaş tıkırtılarını" bastırdım. Sadece birkaç saniye sürmüş bile olsa bu çok güzeldi. Sacide, Irak'ın neresinde olursa olsun, o da benimle birlikte aynı yıldızları görüyordu.

Hepimiz "uykuya daldığında" bile parlak ışıkları karartmadılar, asker, silah ya da üzerimize kilitlenmiş bakışların sayısı da azalmadı. Durum dengedeydi ama gergindi, ışıklar sönene kadar da bu durum devam etti. Her yer karanlığa gömüldü ve tehlike arttı. Askerlerin hareketliliği çılgıncaydı. Biraz ay ışığı vardı ama henüz doğrudan üzerimize vurup bizi aydınlatmıyordu. Gerçek bir zifiri karanlığın içine gömüldük. Alarm durumu en üst seviyeye çıkartıldı. Gece görüş dürbünleri aceleyle kullanıma sunuldu ve gece telsiz konuşmalarıyla yarıldı. Bir şey denemeye kalkan olursa ateş açacaklarını söyleyen sesi çok net bir şekilde duydum. Karanlıkta, her tarafta el fenerleri ışıldıyor, belki de yirmi tanesi birden yanıyordu. Küçük renkli ışıklar bedenlerimizin üzerinde geziyordu, bunlar da neydi böyle? Silahların üzerindeki lazer ışıklarıydı, bunlarla nişan alabiliyorlardı. Tepemizde parlak ışıklarıyla helikopterler uçmaya başladı, öncekinden çok daha parlak ışıklarını üzerimize tutuyorlardı. Çatıdaki askerler kenarlara çok daha fazla yaklaştı ve bize bakmaya başladılar. Tıpkı şekerci dükkânının camekânına suratını yapıştırmış çocuklara benziyorlardı. Ama bu çocukların şekerci dükkânındaki çocuklarla aralarında yaş farkı vardı ve bunlar insanı daha fazla tehdit ediyorlardı. Karanlığı yaran fenerler, gölgelerin içinden çıkan subayları aydınlattı; elleriyle işaret ediyorlar, emirler veriyorlar ve askerlere bu durumun en yüksek seviyeden alarm durumu olduğunu hatırlatıyorlardı. Tuvalete gitmek için iyi bir zamandı. Beni anında vurup, öldüreceklerinden hiç kuşkum yok!

Elektrikler kesildiğinde neler olacağını hissettim. Bunu şimdi söylemeyeceğim ama daha sonra bunu bana muhafızlık eden daha genç askerler anlattı, bu sadece sağduyunun sesiydi. Bir dizi ciddi tehditle yüz yüze kalırken, çünkü biz "tehlikeli terörist-ler"dik, askerler elektriklerin kesilmesini bizi buradan kaçırmak için düzenlenen bir operasyonun parçası sanmışlardı. Bunun arkasından bir saldırı gelmesini bekliyorlardı. Bizim kim olduğumuz bu kadar belirsizken, Amerikalılara kim saldıracaktı? Türk ordusunun seçkin kuvvetlerine bağlı bir birlik mi, paralı askerler mi, yoksa diğer terörist gruplar mı? Elektrik kesintisi boyunca, kesinti bir saatten fazla sürmüştü, bir milimetre bile yerimden kıpırdamadım. Ne olacağı beni hiç ilgilendirmiyordu. Bu hiçbirimizin umurunda bile değildi. El fenerleri sayesinde diğerlerinin ne yaptığını görebiliyordum; onlar da tehlikeyi fark etmişlerdi ve hareketsiz bekliyorlardı. Hepimiz için en tehlikeli an buydu. Karanlığın bizi öldürmek için fırsat kollayan Amerikalara çok iyi bir bahane sağlayacağını düşünüyordum. Bazı askerlerin yüzünden akan ter kolayca görülebiliyor, hareketleri ateş açmak üzere olduklarını gösteriyordu. Silahların tıkırtısını ve telsiz konuşmalarını hayatım boyunca unutamayacağım.

Bedenim hareketsizdi ama ağzım durmuyordu. "Bu nasıl bir zaman kaybı böyle" diye mırıldandım, bana ateş etmediklerini görünce de sesimi iyice yükselttim. "Beni bu şekilde burada tutmaya ne hakkınız var? Okuma yazmanız yok mu sizin? Neden evraklarımı okumayı reddediyorsunuz? Yapacak daha iyi bir işiniz yok mu sizin?" dedim. El fenerleri sözlü saldırganı buldu ve bir ses "Kapa çeneni, pislik!" diye bağırdı. İyi olmadı, hatta çok kötü oldu çünkü başka şeyler de söyledim. "Bütün bu yaptıklarınızı kızıma nasıl açıklayacaksınız?" dedim. Bu tam bir çılgınlıktı, onlara fazla geldi. Kapının açıldığını duydum ve üzerime doğrultulmuş bir silah gördüm. "Kapa çeneni!" dedi birisi. Ben de çenemi kapattım. Alçaklar!

Sinir krizim ve sataşmam beni esir alanlar arasında dost kazanmamı sağlamadı, ama diğer tutsakların bundan çok hoşlandıklarından eminim. Belki de bu yaptığım onların bana ısınmalarını sağlayan bir şey oldu ve rahatladılar, ben de en az onlar kadar öfkeliydim. Bu olaya kadar diğerleri bana şüpheyle bakıyordu. Ben de onların "tehlikeli teröristler" olduklarını düşünüyordum, belki onlar da benim için aynı şeyleri düşünüyorlardı. Aramızda bir bağ vardı, aynı kaderi paylaşıyorduk ama hâlâ kumsalda kiminle birlikte güneşlendiğimizi bilmiyorduk. Ama hepimiz bu kumsalda en saygısız insanların kimler olduğunu çok iyi biliyorduk.

6 temmuz

Bu notu yaklaşık olarak saat 15:35'te yazıyorum, yazarken 4 temmuz cuma gününden beri yaşanan olayları yeniden hatırlıyorum, tarih 04 07 2003. Bu tarihi sonsuza kadar aklında tutacağım, çünkü bu benim savaş esiri olduğum gün.

6 temmuz 2003'te, güneşli bir pazar günü Bağdat'a geldim. Buradan devam ediyorum, artık Bağdat'ta savaş esiriyim, ağır silahlı on askerin çatıyı, otuz ya da kırk kadar askerin de giriş ve üst katı koruduğu bir binada tutuluyorum. Burası modern, iki katlı bir bina, binanın aydınlatması elden geçirilip yenilenmiş, sonradan güvenli bir yer haline getirilmiş.

Süleymaniye'deki Laven İnternet Kafe'nin sunucusu çökmüştü, bu yüzden ben de yaklaşık olarak saat 15:30'ta internetten kopmuştum. Şehre giden çift şeritli yolun kenarından yürüyerek (yol boyunca sıralanmış "Amerika'yı Seviyoruz" tabelalarının yere indirildiğini fark ettim) bir çerçeveci arıyordum. "Büyük Ted'in epey önce kazayla kırılmış olan resmini çerçeveletmek istiyordum. Çerçeveciye benzeyen dükkânlar, cep telefonu ve Türk malı elektrik malzemesi satan dükkânların hepsi kapalıydı.

Kürdistan Yurtseverler Birliği Partisi'nin Dışilişkiler Bürosu'nun tabelasını gördüm, yeşil-beyaz yol tabelasının üstüne asılmıştı, diğer bir yeşil-beyaz yol tabelasında da "Kürdistan İnsan Hakları Bürosu" vardı. Bunun Sacide'nin kayıp olduğunu bildirmek ve yardım istemek için iyi bir fırsat olduğunu düşündüm.

Amerikan askerleri çok sert bakıyor, silahlarını üzerime doğrultmuş durumdalar. Burada kesiyorum. Ayrıntıları daha sonra vereceğim.

Kürdistan Yurtseverler Birliği Dışilişkiler Bürosu'nun önünde kahverengi üniformalı askerler tarafından oldukça sert bir şekilde esir alındım. Cadde boyunca yürütüldüm ve görevli Amerikan askerlerine teslim edildim. Kavşağa ulaştığımızda iki ya da üç tane daha kahverengi üniformalı asker gözüme çarptı. Yolun kenarında da bir kalabalık birikmişti, dört ya da beş Humvee cipi seyrediyorlardı, birçok silahın bana doğrultulduğunu gördüm. Üst rütbeli bir asker tarafından karşılandım, binanın arka bahçesine alındım, burası ağzına kadar Amerikan askeriyle doluydu; ne manzaraydı, korkmuştum ama bu bir rüya olmalıydı. RESİM ÇERÇEVESİ ALMAK VE KIZIMIN KAYIP OLDUĞUNU BİLDİRMEK İÇİN DIŞARI ÇIKMAM BENİ NASIL OLMUŞTU DA BİR SAVAŞ ESİRİ HALİNE GETİRMİŞTİ?

Yere yatırdılar, kelepçelediler (plastik kelepçelerle), ince bir şekilde üzerimi aradılar, açıklama yapmak için zaman yoktu ve kimsenin de beni dinlemeye niyeti yoktu. Konuşmaya çalıştım, sessiz olmamı söylediler. İngiliz vatandaşı olduğumu kanıtlamak için pasaportumu gösterdim ama belgelerimle ilgilenmediler. Başımda Coca-Cola şapkam, güneş gözlüğüm, yanımda Louis Vuitton ajandam ve üzerinde Ankara Hilton Oteli amblemi ve yazısı olan klasörüm vardı. Söylediğim gibi kimse bunlarla ilgilenmedi, zamanları da yoktu! Bu ciddi bir operasyona benziyordu. Şikâyetçi olabilecek durumda değildim, çünkü öldürülebilirdim. Silahlar üzerime doğrultulmuştu ve askerlerin nezaretindeydim. Diğerleri tüfeklerini duvara dayamıştı. Halterler ve diğer ağırlık aletleri dikkatimi çekti, hepsi el yapımıydı.

Plastik bir torbayı –onlar buna "kum çuvalı" diyordu– kafama geçirdiler, aşırı sıcaktı, bekletildiğim yer Süleymaniye'deydi. Yola çıktık, çuvallar çıkartıldı, bir kamyonun metal zemininde yatıyordum. Ellerim sıkıca arkadan bağlıydı. Plastik kelepçeler bileklerimi kesiyordu. Yoldaki kasisler belimi zorluyordu. Kerkük'e ulaştığımızda kızarmış bir tankın tam yanından sağa döndük, sonra tekrar sağa döndük, çuvallar tekrar kafamıza geçirildi. Kerkük Havaüssü'ndeydik.

Ertesi gün, öğleden sonra Chinook helikopterleriyle Kerkük'ten Bağdat'a yollandık, toplam yirmi dört kişiydik. Hepimizin üzerinde turuncu tulumlar vardı ve Küba'daki Guantanamo Körfezi'ndeki "turistler" gibi görünüyorduk. Terörist olmamdan şüpheleniyorlardı.

NOT: Bu notları Bağdat Havaalanı'nda ağır silahlı askerlerin gözetimi altında hızlı bir şekilde yazdığımı lütfen göz ardı etmeyin.

Benimle birlikte toplam yirmi dört kişiydik, aramızda Türk

Özel Kuvvetleri'nden askerler de vardı. Amerikan askerlerinin silahları üzerime çevrilmiş olduğu halde bir şeyler karalıyordum. Yazmak tehlikeliydi ama bana ve Türklere neler olduğunu kaydetmeye kendimi mecbur hissediyordum, çünkü yapılanlar haksızlıktı. Kahverengi ajandamı kullanarak belli bir sistemle yazdım, hassas bilgileri "geriye bir mektup bırakmak" bahanesini kullanarak gizledim; tükenmezkalemimi elimden alırlarsa yazdıklarımı onlar da bilemeyeceklerdi, ayrıca delirmemek için elimdeki tek silah bu tükenmezkalemdi.

Süleymaniye ve Kerkük'te neler olduğu hakkında şifreli notlar aldım, bunlara ek olarak Bağdat'ta neler olduğunu da aynı şekilde yazdım. Asker ve subayların isimlerini not aldım, kapıların üzerindeki yazıları ve bize söylenenleri de not ettim.

Amerikalılar yazdıklarımı yakından takip etti, birkaç kez yazmamı engellediler, bazı askerler beni silahlarının namlusuyla dürtükledi ve tehdit dolu bakışlarla beni süzdüler. Sadece karalama yapıyormuşum gibi davrandım ve ajandama notlar aldım, aptal gibi görünmeye çalıştım, yeni "otelimde" kimse için tehdit oluşturmadım ve rahat davrandım. Gülümseyerek karşılık verdim ama yüz ifadem incinmiş bir insanın ifadesiydi.

Küçük tükenmezkalemim bir şekilde onlara gözdağı veriyordu. Yeri geldiğinde birkaç silahın namlusuna mermi sürüldü ve üst rütbelilerden sözlü uyarılar aldım. Bana "yerleşmemi" söylediler, ama oda servisini nasıl çağıracağımı ya da banyonun nerede olduğunu söylemediler. Son kez uyarılana kadar onların silahlarına karşı tükenmezkalemimle mücadele etmek zorundaydım.

Yazdığım kelimeleri görünce bunun kötü bir rüya olmadığını anladım.

Benim ve Türk Özel Kuvvetleri'nden askerlerin esir tutulduğu Kerkük Havaüssü'nde aşağıdaki notu yazdım: "Kerkük'te kötü bir zırvalık. Yazamıyorum ve düşünemiyorum; kötüyüm, moralim bozuk, ayrıca sessiz olmak zorundayım. Aldırmamalıyım, unutmalıyım – rahatsız edici düşünceler zihnimde uçuşuyor. Kötü. Cinsel taciz XXXE. KK 4.7.3 KK DC 4.7.03'te cinsel taciz."

Kapıların ve duvarların üzerindeki tabelalarda şunlar yazıyordu: "BD BEECH." "759. EOD." "ÇAVUŞ FLOWE." "BIAP KÖRFEZİ – EBAY."

Türk Özel Kuvvetleri serbest bırakıldıktan sonra çok daha rahat bir şekilde yazabildim. Amerikan askerleri nezaket gösterip bana kâğıt verdi, çünkü oğluma mektup yazmak istediğimi düşünüyorlardı. Bana ve Türklere neler olduğunun net ayrıntılarını yazdığımı bilmiyorlardı (tekrar ediyorum, çoğunlukla şifreli kelimelerle ve anlamları gizleyerek yazdım). Yirmi dört saat silahlı muhafızların gözetimi altında tutulmama rağmen, serbest bırakılana kadar her gün yazdım. Evet, üzerime iki tane M16 piyade tüfeği doğrultulmuş halde yazdım.

6 temmuzda, sorguya alındık. Sorguya alındığımda, birinci kat penceresinden aşağıdaki kumlu, kare biçimli yere bakmak çok korkutucuydu; bu kare meydana turuncu ve yeşil renkler hâkimdi, tıpkı yeşil çimenlerin üzerinde büyüyen portakallara benziyordu. Daha çok çürüyen bir pislikte çürüyen portakallara benziyordu! Kötü bir manzaraydı, yirmi üç turuncu tulumlu adam ve yirmi dört yeşil çadır bezinden yapılmış portatif karyola. Bu manzarayı asla unutmayacağım. Sorgucular başlangıçta çok nazikti, ama "iyi polis kötü polis" oyunu oynuyorlardı ve çok güçlü askeri akıl oyunları sahneye konmuştu. Bana tutukluların ne hakkında konuştuğunu ve anlamadığım başka sorular sordular. En yüksek rütbeli subayı, liderin kim olduğunu sordular. Kime suikast düzenlenecekti, başka silahlar var mıydı ve para nereden geliyordu; destek var mıydı, yasadışı faaliyetlerde bulunuyorlar mıydı, kaçakçılık yapıyorlar mıydı ve başka bir sürü saçma sapan soru. Pencereye gitmemi ve hakkında konuştuğumuz insanları elimle göstermemi istediler. Onlara yardım etme hakkını kendimde görmüyordum, çünkü o sırada ben de Amerika Birleşik Devletleri'nin bir düşmanı olarak orada zorla tutuluyordum. Ne yaparlarsa yapsınlar, ben de diğer tutsaklarla birlikteydim ve onlarla aynı kaderi paylaşıyordum. Türk grubun liderini göstermemi istediler. "Hatırlamıyorum" diye yanıt verdim.

"Askeri eğitimini nerede aldın?" diye sordular. Yorum yok! "Bu adamların komutanı sen misin?" Yorum yok! Pencereye gitmemi ve lideri göstermemi söylediler, ama pencereye çok yaklaşmamamı belirtiler. Birleşmiş Milletler müteahhidi olduğunu iddia eden adamları göstermemi istediler.

Tekrar söylüyorum, bu resmi bir sorgulama olmasına rağmen kimse evraklarımı sormadı, belki de Kerkük'te kopyasını almışlardı. Sordukları sorular aklımı karıştırıyor olsa da benim bir tür "askeri bir faaliyet" içinde olduğuma inandıklarından hiç kuşkum yoktu. Her şeyi açıklığa kavuşturmak için kim olduğumu tekrar söyledim ve evraklarımı incelemelerini istedim. Evraklarımı görmek istemediklerini, kendi soruşturmalarını yürüttüklerini söylediler. Evraklarımı görmüş olsalardı zaman kazanacaklardı. Evraklarımın sahte olduğunu mu düşünüyorlardı? Amerikalı vergi mükellefleri-

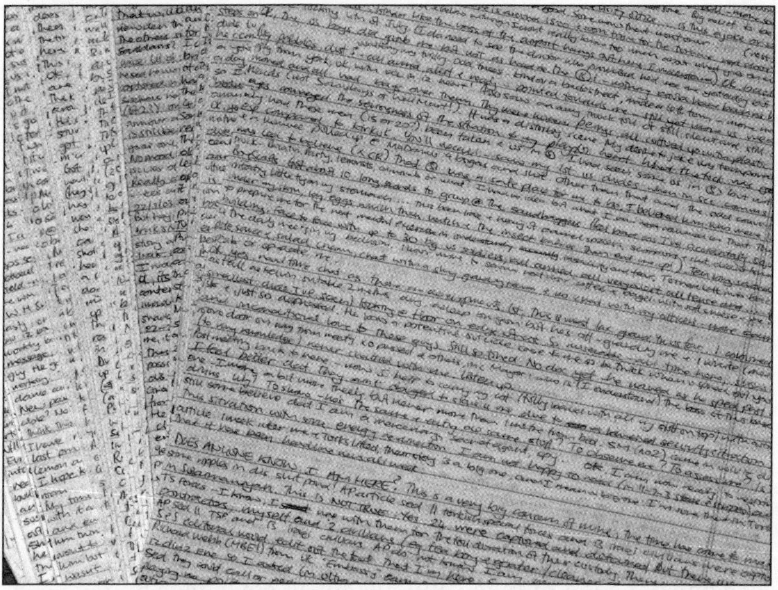

Michael Todd Irak'taki esaret anılarımı, tanıştığım kişileri, karşılaştığım olayları ajandama not aldım. Hiçbir ayrıntıyı unutmak istemiyordum. Bana çevrili namlulara karşı tek silahım elimdeki kalemdi.

nin parasını boşa harcıyorlardı, kendilerinin de bunun para kaybı olduğunu düşündüklerinden eminim. "Terörle savaş mı?" Irak'ta oyuncak dağıtan ve kızını arayan bir pantomim sanatçısının asker-ler tarafından tutuklanması ve ona kötü davranılmasının terörle mücadeleye bir etkisi olduğunu hiç sanmıyorum.

Bana siyasi sorular sordular, arabamın nerede olduğunu, patlayıcıları ve Türkiye'yi çok sevdiğim için burada anlatamayacağım başka sorular da sordular. Şeytanın avukatlığını yapıyorlardı! Türkiye'de üç ay kalmıştım, biraz Türkçe konuşabiliyordum, Türk basınıyla yakın bağlarım vardı, Türk hükümetini ziyaret etmiştim ve Başbakanlık'la iletişimim vardı. Beni gördükleri sırada elimde Ankara Hilton Oteli'nin dosyasını taşıyordum. Uzun lafın kısası, hikâyeme inanmaları için ellerinde bir sürü kanıt vardı. Belki de Suriye'ye gitmem işleri iyice karıştırmıştı. Geriye dönüp baktığımda, benim Türklerin komutanı ya da Irak'taki işlerin dengesini bozmaya çalışan üst rütbeli bir yönetici olabileceğimi düşünmelerini anlayabiliyordum. Bu züppelerin neden böyle düşündüğünü anlayabiliyordum. Ama evraklarımı tam olarak gözden geçirselerdi, telefonla gerekli yerleri arasalardı, bir sürü zaman ve para kaybından kurtulabilirlerdi. Hiçbir şeyi kontrol etmediniz, çünkü benin bir terörist olduğuma inanmayı tercih ettiniz, öyle değil mi? Bir terörist olarak yaptığınız iş için çok uygundum, öyle değil mi? Alçaklar!

Sorgulandığım süre boyunca odanın arka tarafında üç kişi sürekli ayakta bekledi, gölgelerin içindeydiler. Dışarıda görsem içlerinden birini tanıyacağımdan eminim, bu üst rütbeli biriydi, bu adam depo ya da hangarda yerde yatarken yanımıza gelen generaldi. Çok tuhaf bir nedenden dolayı gidip bu adamın elini sıktım. O da benim elimi sıktı ve sıcakla ilgili biraz sohbet ettik; eli de dahil olmak üzere her şeyi sıkıca kavradım, ama bu tuhaf bir manzaraydı, neden bunu yaptığımı bilmiyorum. Neden?

Sorgudan sonra tesise geri döndüm, iki asker bana eşlik ediyordu, diğer askerler koridorda bekliyor ve M16 piyade tüfeklerini üzerime çeviriyorlardı; tıpkı okul müdürünün odasından çıkmak gibiydi. Ben yaramaz bir öğrenci miydim? İşlemediğim bir suç yüzünden beni cezalandıracaklar mıydı? Diğer tutuklular bana ne söylediklerini bilmek istiyorlardı; ne zaman serbest bırakılacağımızı, neden burada tutulduğumuzu söylediler mi diye sordular. Görünüşe bakılırsa İngiliz olduğum için benim gerçeği ortaya çıkartma şansımın daha yüksek olduğunu düşünüyorlardı. Benim İngiliz olduğuma bile inanmadıklarını söyledim! Sorgulama bizi birbirimize daha da yakınlaştırmıştı.

Sadece durumun ne kadar tehlikeli olduğunu anlamıştım, çünkü beni sadece Türkler hakkında bilgi almak için sorgulamışlar, ama istedikleri geri tepmişti! Komutan ben miyim diye diğer tutuklulara da sormuşlardı, bunlara Turgay, Deniz ve binbaşı da dahildi. Beni daha önce görüp görmediklerini, rütbemin ne olduğunu ve buna benzer saçmalıkları onlara da sormuşlar. Onlara benim casus olup olmadığımı ve kimin için çalıştığımı sormuşlar! Lanet olsun! Bunu düşündüklerine bile inanamıyorum. Şaka yaptıklarını düşündüm, özellikle de binbaşının şaka yaptığını düşündüm, çünkü onunla şakalaşmaya başlamıştık. Ama şaka yapmıyorlardı! Türkler bile benim El Kaide üyesi olduğumu düşünmüştü. Bu ne kadar aptalca bir oyundu.

7 temmuz

7 temmuz, pazartesi sabahı saat sabaha karşı 5'ti. Diğer tutuklular serbest bırakıldığında içimi hüzün kapladığını size söylemeliyim. Pazar günü aramızdaki bağ çok kuvvetliydi, binbaşı beni onunla birlikte oturmam için kendi köşesine davet etti. Daha önce sözünü ettiğim nedenden dolayı bundan kaçınmıştım. Amerikalılar beni "tehlikeli teröristler"le sohbet ederken görürse ne düşünecekleri çok açıktı. Binbaşıyla dostluk kurarsam, Amerikalıların şüphelerini güçlendirmiş olacak, sonra da benim Türk Özel Kuvvetleri'nin komutanı olduğumu iddia edeceklerdi! Canları cehenneme, istediklerini düşünsünler. Kendimi çok yalnız hissediyordum, bu yüzden binbaşının portatif karyolasına gidip oturdum, idrar şişelerine çok yakındık. Binbaşı çok etkileyici bir insandı, bir düşünürdü ve bana Che Guevara'yı hatırlatıyordu. Köşesinde onu sık sık Yoga ve meditasyon yaparken görüyordum. Dua da ediyordu. Bağdat'ta kendilerine kötü davranılmadığını söyledi, daha önce gittiği yerlere kıyasla burası beş yıldızlı otele benziyordu. Dağlarda yaşamaya alışkındı, kısa süre sonra bize güneş yağı bile vereceklerini söyleyerek benimle şakalaştı, aşırı sıcak yüzünden çok acı çekiyorduk çünkü. Kare avlunun tavanı olmadığını size tekrar anımsatırım, aşırı sıcağa maruz kalıyorduk. Binbaşı güneş yağından söz ettikten iki saat sonra bir kutu tuvalet eşyası ortaya çıktı, bunların arasında kalıplarca sabun, diş macunu, şampuan, deodorant ve evet, güneş yağı vardı. Kutu getirildiğinde bunu yeni bir dışkı kutusu olduğunu düşündük. Güneşten korunmanın bizim için hayati önemi vardı, çünkü hepimiz çok kötü şekilde yanmıştık. Güneş öğlenleyin tam tepeye geldiğinde hepimiz küçücük kalan gölge kısma siniyorduk. Eğilip bükülüyorduk, çünkü saklanacak başka bir yer yoktu. Şaşırtıcı ama

173. Hava İndirme Tümeni yerleşkesi. Türk askerleri bu binada esir tutuldular.

gerçek, güneş bizi hırpalıyordu, gölgenin altında hepimiz bir araya toplanıp kafamızın üzerine çuvallarımızı koyuyorduk!

Sıcak bize işkence ediyordu. Pazar sabahı erken saatlerde büyük bir askeri kamuflaj örtüsü tepemizdeki açık çatının üzerine örtüldü. Bizi güneşten korumak için mi, yoksa "düşman" kuvvetlerin bizi görmemesi için mi yapılmıştı bilmiyorum. Daha sonra söylediklerine göre, uydulardan çok rahat görülebilirdik; Bağdat Havaalanı'ndaki kare bir binanın tam ortasında turuncu renkli bir kalabalıktık. Plastik bir ağ bile olsa, yeşil ve siyah parçalar yaprak gibi görünüyordu, tuvalet ihtiyacını gidermek için hareket eden turuncu renkli küçük lekelerin uydulardan görülme olasılığı yine de çok yüksekti. Önceleri bu çok kötüydü ama karton kutu tercih edilebilir bir tuvalet oldu! Hava aşırı sıcaktı, aşağıda şişelenmiş olan idrarlar çok kötü kokuyordu, idrar ve dışkılar yerin altındaki kimyasallarla karışıyordu. Bazı tuvaletlerde duvar yazıları vardı, bunlardan bazıları cinsel içerikli, bazıları da Amerikan askerlerinin neden Irak'ta bulunduğuyla ilgiliydi. Yazılardan birinde Amerikalıların nükleer silah olduğu yazıyordu. Bu yazı birçok Iraklının görev yaptığı Bağdat Havaalanı tuvaletine bir Amerikan askeri tarafından mı yazılmıştı? Hava kuvvetleri ve koalisyon güçleriyle ilgili sözler de vardı. Bazı çizimler de vardı. Ara sıra esrar kokusu alıyordum ve yerlerde şüpheli izmaritler görüyordum. Bunları görmek beni hiç şaşırtmıyordu. Burnumu sıkıca kapatıyordum, keskin kokuyu burnumu ve ağzımı kolumla kapatarak süzüyordum. Başka bir duvar yazısında Bush'un öldürülüp, çölde kavrulmaya bırakılması gerektiğini yazıyordu. Şaşırtıcıydı, bir diğer yazıda da Amerikan askerlerinin Irak'ta kalmalarının uzamasından generallerin sorumlu olduğundan bahsediyordu.

Türkler serbest bırakıldıktan sonra tuvalete giderken ellerim kelepçelenmedi. Ben içeri girmeden önce askerler tuvaleti kontrol etti ve silahlı muhafızlar eşliğinde getirilip götürüldüm.

Binbaşının sıradan biri olmadığı hep aklımda. Onun keskin mizah anlayışı başka bir şeydi, beni çok güldürdü, ben de onu çok güldürdüm. Sanki bir telefonu kulağıma götürüyormuş gibi yaparak "Bir saniye bekleyin, George Bush telefonda. Merhaba Bay Bush, ne dediniz?" dedim. Yanıt verme sırası Bush'a geldiğinde, olmayan telefonu tutan elimi kıçıma götürerek gaz çıkarttım, böylece Bush'un kıçından konuştuğunu ima etmiş oluyordum. Bu çok hoşlarına gidiyordu. Binbaşı bana asırlardır bu kadar çok gülmediğini söyledi. Süleymaniye'deki izleyicilerime ne olduğunu kasıtlı olarak abarttığımda, Amerikan karşıtı düşüncelerim de çok hoşlarına gitti, bir kitap yazacağıma ve tüm gerçekleri kitapta anlatacağıma söz verdim. Blair'in, Bush'un "peşinden" ayrılmadığını ve bu yüzden küresel jandarmalığa soyunup savaş suçu işlediğini söyledim. Söylemimi kasıtlı olarak çok keskin bir şekilde ifade ediyordum. Bu askerlerin kulağına kadar gidiyordu, diğerleri de bu yüzden beni daha çok seviyorlardı. İngiliz olduğumu sürekli hatırlatmak zorundaydım. İngiltere savaş başladığından beri Amerika'nın en yakın müttefikiydi. Blair'in yaptıklarından utanç duyduğumu ve ondan nefret ettiğimi yeterince ifade ettim. Belki de binbaşı benim Sacide'yi aramamla ilgili olarak Türk basınında çıkan haberleri okumadığı için hikâyemden kuşkulanıyordu. Beni güvenlik soruşturmasından geçirdiğinden emindim. Adamları onun bana resmi olmayan "dostluk" belgesi vermesinden memnun olmuşlardı. "Masanın başına" birlikte oturuyorduk, küresel politikaları, Amerikan hegemonyasını tartışıyorduk; kalabalık etrafımıza toplanıyor ve binbaşının söylediği her kelimeyi akıllarında tutuyorlardı. Bu çok önemli bir andı, gerçekten öyleydi. Peki komutanla bu kadar samimi olduğumu gören Amerikalılar benim hakkımda ne düşünecekti. Adamlara çok yakındım, bu "tehlikeli teröristler"e çok yakındım. Bu benim için çok tehlikeliydi ama binbaşıyı ve adamlarını seviyordum; beni kabul etmiş, hoş karşılamışlardı, bu zor anımda beni yalnız bırakmıyorlardı. Çok azı iyi İngilizce konuşuyordu, binbaşı ve Turgay söylediklerimi diğer askerlere tercüme ediyordu. Amerikan karşıtlığı çok canlı ve tutkuluydu. Kana susamış Amerikan askerleri tarafından düşmanca bir şekilde tutuklanmamışlar mıydı, belki de ben binbaşının kelimelerinden biraz şaşkınlığa düşmüştüm, ama duyduklarım anlaşılır şeylerdi. Türk basının "Türk Bürosu" ismini verdiği binalarına Amerikan askerleri baskın düzenlediğinde binbaşı tam olarak neler olduğunu anlattı. Ben de bunu olduğu gibi size aktarıyorum, anlattıklarımın içinde gizli askeri bilgiler olabilir. Dışarıda Birleşik Devletler askerlerini gördüklerini ve kendilerine yakın bir bölgede operasyon yaptıklarını sandıklarını söyledi. Hedefin kendileri olduğundan hiç şüphelenmemişler. Haftalar önce Birleşik Devletler ordusunun bürolarında kendilerini ziyaret ettiğini ve Süleymaniye'de bulunmalarına herhangi bir itirazları olmadığını söylediklerini anlattı. Amerikalıların "eşgüdüm sağlamak için not aldıklarını", birlikte çay içtiklerini ve sonra iyi bir şekilde ayrıldıklarını söyledi. Amerikalılarla kesinlikle hiçbir sorunları yoktu. 4 temmuz günü tekrar görüşme yapmaya geldiklerini sandığını söyledi. Dostça yapılan bir ziyaret için kapı açıldı, çok sayıda Amerikan askeri kapıyı tekmeleyerek içeriye daldı ve silah çektiler. Etraftaki insanları tekmelediler, dayak attılar, yumrukladılar, yüzlerine tükürdüler ve küfrettiler. Amerikalılar hepsinin teslim olmasını istedi. Söylediğine göre, birçok el ateş edildi. Birisi "gaz"dan da söz etti, ama ne demek istediğini anlamadım. Binbaşı Aydın çok kötü şekilde dövüldüğünü ve tekmelendiğini söyledi. Siyahi askerler onu dövmüşlerdi, hiçbirinin yüzlerini unutmayacağını söyledi. Davranış biçimlerinden nefret ettiğini ve yakın gelecekte basını takip etmemi söyledi. Bu çok hassas bir konuydu! Kendi biriminin ve Amerikalıların yakın gelecekte birlikte eğitim göreceklerini ve onlar için "büyük bir sürpriz" planladığını söyledi. Sabır isteyen bir intikamdan söz etti ve canlarını fena halde acıtacağına söz verdi. Tabii ki ayrıntılardan söz etmedi, ama çok öfkeli bir insan olduğu için onun kan dökeceğinden adım gibi eminim. İkimiz de benzer acılar çektik. Irak'ta bulunduğundan Amerikalıların haberi vardı, ama dayak yedi ve terörist muamelesi gördü. Onu her zaman kardeşim olarak göreceğim. Binbaşı Aydın, kendisinin Türkiye'de çok iyi tanınan biri olduğunu söyledi, büyük şeyler yapacaktı. Amerikan ve İngiliz karşıtı söylemim onların hoşuna gitti, bana güvendiler ve saygı gösterdiler. Türk basınında benim hakkımda çıkan haberleri görmüştü, ayrıca Sacide'nin fotoğrafını görmekten de büyük mutluluk duydu. Bush ve Blair'e yolladığım faksları, Türkiye Cumhuriyeti başbakanına gönderdiğim faksları, diğer e-postaları ve hakkımda yayınlanan haberleri ona gösterdim. Evrak ve belgelerimi etrafta dolaştırmanın aptalca olduğunu hiç düşünmedim; kalbimi hepsine açtım, belki de bu kadarı fazlaydı, özellikle de binbaşının daha sonra gösterdiği mikrofonlarla Amerikalılar bizi dinlerken yapmıştım bunu. Onun hafiften paranoyak olduğunu bilmiyordum, paranoya ne demekmiş sonradan öğrendim; belki de binbaşı sadece sezgileriyle hareket ediyordu. Belki de Amerikalılar konuştuklarımızın hepsini dinliyordu.

Pazar günü ben binbaşıyla sohbet ederken bir asker pencereye geldi. Bize el salladı, açıkça gülümsedi ve göğsünde yazan isimliğini gösterdi. Ne yapmaya çalıştığını anlamadım ama Türklerin buna çok sevindikleri her hallerinden belli oluyordu. Bana bu adamın Birleşik Devletler ordusunda hizmet veren bir Türk olduğunu söylediler. Başparmağını yukarı kaldırarak işaret verince Türkler cesaretlendi. İlk kez bir Amerikan askeri bizimle dostça iletişim kuruyordu. Pazar akşamı Türklerin serbest bırakılacağı tartışılırken aynı asker şu generalle birlikte yanımıza geldi, kendisini tanımamamız için general yine üniformasının üstünü giymemişti. Türkler onun etrafına toplandı, sonunda güvenecekleri birini bulmuş gibi görünüyorlardı. Ben tek başıma oturdum, bir partide görmezden gelinen biri gibiydim.

Türkler, Kürtler ve Türkmenler; binbaşı beni hepsiyle teker teker tanıştırmıştı, 7 temmuz pazartesi günü, saat sabaha karşı 5'te serbest bırakıldıklarında, Binbaşı Aydın, Turgay ve Deniz yanaklarımdan öpmek ve kucaklamak için hazırlandı; bu Türklerin geleneksel öpüşmesiydi, peki bu öpücük benim ölüm öpücüğüm olacaktı? Gece boyunca onlarla birlikte bekledim ve onlara e-posta adresimi verdim. Onlar giderken dikenli tellerin yanındaki "çıkış"ta bekledim ve hepsiyle teker teker tokalaştım. Sessizce onlara isteklerimi söyledim, söz verdiler, özellikle Turgay benim hapishanede tutulduğumu Türkiye'deki İngiliz Büyükelçiliği'ne bildireceğini söyledi, Türk basınıyla da iletişime geçeceklerine söz verdiler. Benim tutuklandığımı insanlar bilmek zorundaydı.

Ben de hepsini öpmek istiyordum ama tokalaşarak ayrıldık. Son Türk kapıdan çıkana kadar onlarla birlikte serbest bırakılacağımı umuyordum, ama böyle bir şey olmadı. Artık canavarla baş başa kalmıştım. Çok kötü bir andı.

Bağdat'ta pazar sabahı atan şafak çok ürkütücüydü, ruhum eziliyordu. Sağır edici bir sessizlik vardı ama artık yirmi dört yataktan istediğimde yatabilirdim! Etrafta dolaşmak yerine oturup düşünmeyi tercih ettim, çok korkuyordum. Sırada ne vardı? Türkler gittikten sonra da silahlar bırakılmamıştı. Hâlâ çatıda askerler vardı ve hâlâ silahlarını üzerime doğrultuyorlardı; sanki sıçrayıp buradan kurtulabilirmişim gibi davranıyorlardı, ama sayıları azalmıştı. Hâlâ paranoya vardı, hâlâ delilik devam ediyordu, artık iyice aşırıya kaçmışlardı. Elimizde kızını arayan biri var, askeri bir birim tarafından tutuklanmış, bir komutan, "üst" rütbeli bir asker ya da bir terörist gibi muamele görüyor. Gerçekten onlarla birlikte serbest bırakılacağıma inanıyordum. Binbaşı Aydın da böyle söylemişti. Onun keskin içgüdülerine güveniyordum ama bu sefer güneş yağıyla ilgili tahminleri gibi olmamıştı. Bu yasadışı görünüyordu. Amerikalılar bu kokteyli benim karıştırdığımı düşünüyor, ama kokteylin içinde neler olduğunu bilmiyorlardı. Yaratıkları şeye dönüp bakmak yerine bu kokteyli bir dikişte içmeyi tercih etmişlerdi. Ben bilinmez bir karışımdım ve ağızlarında en acı tadı ben bırakıyordum, şimdiye kadar hiç tatmadıkları bir şeydim. Belgelerimi görmüş, lezzetli bileşimlerin tamamını gözden geçirmiş ve her şeyi çok leziz ve sindirimi kolay bir şey olarak mı görmüşlerdi? Ama beni içenler, yani bana muhafızlık edenler tadımın acı olduğunu söyledi. Benim tehlikeli bir terörist olduğumu söylediler, aksini düşünselerdi beni de diğerleriyle birlikte serbest bırakırlardı. 7 temmuz pazartesi sabahı saat yaklaşık olarak yedide, bir asker kapıyı açtı ve dikenli telden içeri girdi; şaşkınlık verici bir nezaketle aç olup olmadığımı ve kahvaltı etmek isteyip istemediğimi sordu. Bundan sonra birkaç saat uyumayı başardım, rüyamda Sacide'yi gördüm. Aslında Irak'ta değildim ve bunların hepsi bir rüyaydı. Asker beni uyandırdı, çöl üniformasını ve dikenli tel yığınının üzerinde duran M16 piyade tüfeğini gördüm, bu karanlık mağaranın en derininde olduğumu biliyordum. Sorgu odasına tekrar götürüldüğümde şaşkınlığım daha da arttı. Türkler gittikten sonra geriye tek şüpheli olarak ben mi kalmıştım? Hayır! Bu sefer silahlar suratıma çevrilmedi, yalnızca kızarmış yumurta ve pastırmanın muhteşem kokusu, taze kahve, portakal suyu, tatlı küçük ekmekler ve fıstık ezmesi vardı. Rüya mı görüyordum?

13 temmuz

Tekrar Bağdat Uluslararası Havaalanı'ndayız. Hâlâ buradayım ve sonunda yazma işime geri dönebildim. Size söylemeliyim ki, artık acayip ve gerçeküstü bir dünyada yaşıyorum. 4 temmuz 2003'te, yaklaşık olarak saat 15:40 ya da 15:50'de Amerikan askerleri tarafından gözaltına alındığımdan beri iki silahlı muhafızla birlikteyim, beni vurmaya hazırlar ve üzerlerinde çelik yelek var. Beni korumak için mi oradalar yoksa başımda mı bekliyorlar? Ben burada yarı zamanlı bir palyaço ve pantomim sanatçısı olarak bulunuyorum, Iraklı çocuklara oyuncak dağıtıyorum ve kaybolan kızımı arıyorum. Hayır, Afganistan'a hiç gitmedim. Usame Bin Ladin'in nerede olduğunu bilmiyorum ve onu hiç görmedim! Terörist değilim, 11 Eylül'le hiçbir ilgim yok ve Saddam'ın (olası) kitle imha silahlarını nereye sakladığını bilmiyorum. Hadi, ciddi olun, bu torunlarıma anlatacağım komiklikte bir öykü. Amerika, lütfen, incindiğine inanıyorsun, bunu biliyorum, bütün dünya sana karşı ve teröristler senin şefkatle yarattığın her şeyi yok etmek istiyor. Bu korku dolu bir zihnin yarattığı paranoyadan başka bir şey değil. Ben sadece bir palyaçoyum.

Öncelikle Bağdat'ta bana fazla düşmanca davranılmadığını söylemeliyim. (BÜTÜN BUNLARI BENDEN SADECE BİR METRE UZAKTA DURAN ASKERLERİN GÖZETİMİ ALTINDA VE SİLAHLARI ÜZERİME DOĞRULTULMUŞ HALDE YAZDIĞIMI GÖZ ARDI ETMEYİN!) 5 temmuz pazar gecesi getirildiğim binanın birinci katındaki klimalı bir odada oturuyorum. Askerler ve subaylar gün boyunca bu serin odaya (başka bir yere girmek çok ama çok zor) telefonu ve interneti kullanmak için girip çıkıyor. Kapıya kuvvetle vurup açıyorlar ve turuncular içindeki bana, portatif karyolaya (ortası çökmüş, alüminyum yatağın rengi yeşil ve çok hafif) ve içi gittikçe artan pisliklerimle dolu büyük siyah çöp torbasına bakıyorlar.

Coca-Cola şapkamı artık içeride de takıyorum, öğleden sonra saat beşte "yiyecek" geliyor. Yemek bu binada görev yapan ekip için (belki de en önemli yer Bağdat Havaalanı – Başçavuş 1 ve Başçavuş 2 benim alt katımda, havaalanı çok büyük, içerisi asker ve mühimmatla dolu) yemekte hamburger, domuz pirzolası ve peynirli makarna vardı. Benim yemeğim daha sonra gelecekti.

Görevli subay (ismi O'Toole'du) bana altı tane Arapça ve İngilizce yazılı eski zarf verdi, kâğıt bir tepside akşam yemeğimi getirdi; anladığım kadarıyla hapishanede bulunan insanlarla benzer şekilde muamele görüyordum, metal hiçbir şey yoktu. Tekrar yazmaya başlamak beni çok rahatlattı; yazmak zorundaydım çünkü buradaki hiçbir şeyi kaçırmak istemiyordum.

Yaşadığım son on günün hayatımın en inanılmaz anları olduğunu söylemem mümkün, en keyifli, tehlikeli ve inanılmaz on günü. Ve en komik on günü. Evet, ama önümde daha fazlası vardı ve diğer deneyimler de bu on gün kadar iyi ve sözle anlatılamaz güzellikte olacaktı. (Birçok Amerikalıyı kafaya aldım ve onlarla Amerikan İngilizcemle iletişim kurdum – bunu çok seviyorum!)

Burada ne söylersem söyleyeyim (bağımsız askeri kaynaklar tarafından) bunların ancak yarısı doğrulanabilir, bu hikâye en üst insani seviyede tüm dünyaya yayılıyor. George Bush'un buraya telefon ettiğini söylediler, burada olduğumu biliyor ve Amerikan televizyon kanalları Kuzey Irak'ta esir alınan bir İngiliz'in "dost" olduğunu duyuruyor. Bu gerçekdışı. Bunları onlardan duydum ve onlara inandım, çünkü suratıma gerçek silahlar doğrultulmuştu. Blair ve Bush'un bana ne olacağını tartıştıklarını söylüyorlar.

Buradaki başçavuş neler olduğu hakkında hiçbir şey bilmediğini ikinci komutan ve diğer subayların tamamı en üst seviyede bir düzenleme yapıldığını söylüyorlar. Buradaki en üst rütbeli züppeler benim neden burada tutulduğumu bilmiyor. "George Bush ve Tony Blair senin hakkında görüşüyor" dedi nöbetçi subay Vanderford. İngiltere'de uçaktan iner inmez etrafımın basın mensupları tarafından kuşatılacağını söylüyor. Bana bunları neden söylüyor? Kızım nerede ve ben neden burada tutuluyorum? George Bush benim "dost" olduğumu söylüyorsa neden gözaltında tutuluyorum? Şu an bile neden iki tane M16 piyade tüfeği yirmi dört saat boyunca üzerime çevrilmiş bulmuyor? Evet, uyurken bile iki tane M16 piyade tüfeği üzerime doğrultulmuş halde tutuluyor ve çelik yelekli iki asker her an başımda bekliyor. Hep-

Irak'taki tutukluluk döneminin son iki haftası nispeten rahat geçti.
Bazı Amerikalı askerlerle ahbaplık kurdum.

si silahlı on iki askerle neden aynı odada tutuluyorum, beni korumak için mi buradalar? Neden? Neden? Neden? Ben dostsam beni buradan çıkartsınlar, kızımı ve annesinin mezarını bulmam için bana yardım etsinler. Bana bundan daha fazla kötülüğünüz dokunamazdı.

Zamanı bilmek iyi olacak; bugün pazar, saat yaklaşık olarak 18:00 ve Bay Enos (köylü, avcı, gözleri deli deli bakan, bu havaalanının dışına hiç çıkmamış, I. Körfez Savaşı'nda çarpışmış ve kolunda üç kazık rütbesi olan) nazikçe bana ikinci dikdörtgen kâğıt tepside makarna getirdi. Bay O'Toole birinci tepsiyi getirmişti. Mektup zarfları ödül olarak erken geldi ve onlarla birlikte yirmi küçük kutu "Teksaslı Pete" acı sosu da akşam yemeğinde geldi. Kerkük Havaüssü'yle ilgili kötü anıları yeniden hatırlıyorum. Sessizlik. Daha sonra. Alçaklar. Çocukların e-postalarını yazdırabilecekleri bir yazıcı yok. Sitelerin çoğu yasaklanmış, porno siteleri ya da dedikodu sitelerine izin yok. Bazı haber siteleri de yasaklı ama Foxs News'a erişim serbest.

Buraya gelen birkaç yeni asker (bana muhafızlık etmek için) benim hikâyemi biliyor – güvenlik önlemi mi? Bu üsse / merkeze / garnizona dışarıdan hiçbir şekilde kâğıt girişine izin verilmiyor, bu yüzden beş yüz metre dışarıda yaşayan askerlerin havaalanındaki turunculu bir İngiliz'in varlığından haberdar olmaları mümkün değil.

Saat 19:00. Nöbet değişimi. Uyurken dostça bakan yüzler görmek güzel! Yabancılar izlerken uyumak oldukça garip; savaş alanında çabalıyorum ve uyuyorum, burası düşmanın birincil hedefi, üst düzey subayların kaldığı bir üste uyumak... silahlarını üzerinize çevrilmiş yabancıların bakışları altında uyuyorum. Ne hissediyorum, hiçbir şey. Korkuyor muyum, hayır. Neden, sevgiden.

Nöbet değişiminde sadece meraklanıyorum; silahlar dolduruluyor, boşaltılıyor. Hiç korkmuyorum. Sevgi seliyle yıkanıyorum ve güçlerinin farkında olanların kılavuzluğuyla ben de güçleniyorum. Artık çok mutluyum. Şarkı söylüyorum, parmaklarım ve ayaklarım coşkuyla ritim tutuyor, neşeli parçalar söylüyorum ve gözlerimden mutluluk yaşları akıyor. Bu ruhsal bir bağlantı ve tam bir kendini tanıma; vücudumun içinde değilim. Kimyasalların / göllenmiş bataklığın ("porta-potties" / "jonhns") burada nasıl vakit öldürdüğünü anlayabiliyorum. Kesinlikle bedenimin içinde değilim. Saf bir sevgiyle doluyum. Bundan emin olun!

Sizin için verileri güncelleştirmem çok zor. Geriye ve ileriye dönük özür dilerim. Söyleyecek çok şey var. Şimdi "yatak odamda"yım; deneysel hapishane hücresi. Burası büyük bir dikdörtgen oda, otuz metre uzunlukta, altı metre genişlikte. Büyük bir Irak haritası, operasyon haritaları (mavi kareler her gün yer değiştiriyor: 3'te, şimdi 2 ve 1, artık İran'ın içinde!) karyolamın yanında asılılar. Subaylar ve askerleri haritalar, buraya çekiyor. Odanın sonundaki turunculu İngiliz'in evini hepiniz seyredebilirsiniz. Bu odaya giren herkesin üzerinde silah var. Subay olmayanlar piyade tüfeği taşıyor (çoğunlukla M16), subayların bellerinde tabancaları var. Hepsi bana bakıyor ve hepsinin aklı karışıyor. Bunları yazmama izin verilecek mi bilmiyorum ama, sanırım oldukça serbestim – şifreli İngilizce tercih edilebilir. Bu bir kumar ama denemek zorundayım; hey, evlat, buradan biri sana telefon açıp benim ne yazdığımı sorarsa, mektup yazıyorum! Evet, sorarlarsa, bu oğlum için yazdığım uzun bir mektup.

Irak'tan sonra

İngiltere yeşil ve hoş bir yer midir? Artık burayı ne hoş ne de yeşil buluyorum, portakal renginden nefret ediyorum. Önümde duran bu portakal suyundan nefret ediyorum. Bugün 1 ağustos 2003, cuma akşamı, saat 21:30, gerçekten nerede olduğumla ilgili elimde tek bir ipucu bile yok. Kafam karmakarışık, uyanık kalmak ve olanları yazmak için çabalıyorum. Hayatta kalmak için yazmak zorundayım, akıl sağlığımı ancak böyle koruyabilirim. Bir şeylerle uğraşmazsam kendimi öldüreceğim, çünkü hâlâ içimde kötülük var; bu kötülüğü Irak'tan buraya kadar içimde taşıdım.

Aydın'ın Bağdat Havaalanı'nda yaptığı gibi derin bir yoga nefesi alıyorum, şu an şehir merkezinin hemen dışında, nehrin kıyısında bulunan Novotel York'ta olduğumu "düşündüğümü" sizlere söyleyebilirim. Hayatta mıyım yoksa öldüm mü, gerçekten bilmiyorum. Irak'ta öldüm mü? Nasıl öldürüldüm? Şu an gördüğüm bu otel gerçek mi, yoksa bir yanılsama mı, bilmiyorum. Artık bana hiçbir şey gerçekmiş gibi gelmiyor, her şey bulanık görünüyor ve ağır çekim önümden geçip gidiyor. Duyduğum sesler sanki karanlığın içinde boğuluyormuş gibi uzaktan geliyor. Bu otelde dinleniyor ve etrafıma bakıyorum. Her neyse; buraya nasıl geldim bilmiyorum, hiçbir şey hatırlayamıyorum. Öldüm mü? Sekiz saattir İngiltere'de olduğumu sanıyorum ama burada ne yaptığımı hatırlayamıyorum. Öldüm mü? Sacide nerede? Beni teselli edecek oğlum nerede? Neden burada yapayalnızım?

Havaalanında aptal basın bana aptalca sorular sordu. "Eve dönmek nasıl bir duygu?" diye sordular, hepsi aynı sorulara yanıt istiyordu. Onlara eve döndüğüm için mutlu olmadığımı, çünkü Sacide'nin hâlâ Irak'ta mahsur kaldığını söyledim. "Kızımı yanıma alana kadar burası benim evim olmayacak" dedim. Kızımla birlikte eve dönememiş olmamın verdiği his beni iğrendiriyordu. Def olup gitmelerini ve beni yalnız bırakmalarını istedim, oğlumun koşturarak gelip bana sarılacağından emindim. Hiç kimse gelmedi; yalnızdım, yabancıların önünde gözlerimden yaşlar boşandı.

Zihnim ve tüm bedenim yara bere içindeydi, ama ruhumu çalamamışlardı. Geride bıraktığım sesler beni burada da takip ediyordu. Lanet olası helikopterleri, silah seslerini, patlamaları ve karanlığı şu an bile duyabiliyorum. Beni arayan Amerikan askerleri her an otele dalabilir. Arka kapıdan dışarıya çıkarsam kendimi daha iyi hissedeceğim, tabii beni orada da beklemiyorlarsa. Yine başıma çuval geçirecekler. Tekrar öleceğim.

Hayatta kaldığımı yazmak zorundayım, tıpkı Bağdat'ta hayatta kaldığım zamanki gibi. Kelimelerimi görünce bunların bana ait olduğunu anladım.

İngiltere, evet, bulutlarını görmeyi ne kadar çok istediğimi anımsıyorum, serin havanı yüzümde hissetmeyi ve kokunu... Şu an sadece bu sersemlerin sattıkları sinir bozucu saçmalıkların kokusunu alabiliyorum; hızlı arabalar, tatil, satış hedefleri ve para. Bunlar yoksa kılık değiştirmiş Amerikan askerleri mi? Gürültü çok fena ve parlak ışıklar Belediye binasının önüne geri dönmeme neden oluyor. Belki de hâlâ oradayım, belki de bunların hepsi oranın yeni bir biçimi. Hemen buradan çıkmalıyım. Ambalajlanmış dünyanızdan uyanın, çünkü Bağdat gerçek dünyaya bu lanet olası yerden çok daha yakın. Bağdat gerçek dünyanın maskelenmemiş hali. Benim gerçekliğim ise Sacide'nin orada, benim burada olmam. Artık benden nefret ediyor olmalı. Bu nasıl oldu? Oturuyor olmama rağmen hâlâ başım dönüyor. Makyajsız ve yaldızsız bir dünya, maske düştü. Burada büyük olasılıkla içecek bir şeyler bulabilirim ama yerimden kalkacak gücüm yok.

"Parkta uyuduktan sonra uyanmak gibi. Beş ay sonra York'un ünlü Müze Bahçeleri'ne geri döndüm, burada Irak'taki şehirlerin tamamında bulunan ağaçlardan daha fazla ağaç var. Yeşil halılar, yeşil duvarlar, büyülü bir mavi ve beyaz bir tavan. Havanın tadı şerbet gibi ve her yerden kuş sesleri yükseliyor, bana savaşı hatırlatan mermi ve helikopter sesleri hızla kayboluyor. Güzel sesler, harika ama kötü sesler hâlâ var, şu andan itibaren sadece güzel seslere yoğunlaşmalıyım. Çimenlerin üzerine oturuyor ve uykuya doğru sürükleniyorum. Kimse başımda muhafızlık yapmıyor, kimse yatabileceğimi söylemiyor, kimse ayaklarımı tekmelemiyor, beni iteklemiyor, üzerimi aramıyor, yüzüme tükürmüyor, bana vurmuyor ve yüzüme su dökmüyor. Hızla geçen bulutları seyrediyor ve o an ne düşüneceğimi bilemiyorum. Çok güzel ama canavar çok uzakta değil, seslere karşı artık çok hassasım, omzuma bir arı konuyor; bir tank, üç el silah sesi, helikopterler, bir helikopterin pervaneleri dönüyor, metal bir kaşıkla metal bir kahve fincanını karıştırdığınızda çıkabilecek rahatsız edici seslere benziyor. Arı geri geliyor ve ellerini elimin üzerine koyuyor. Özgür müyüm? Her şeyin sona erdiğine inanamıyorum, beni tekrar tutuklayacaklar mı, beni takip ediyorlar mı? Dün gece çok kötüydü. Sacide nerede? Süleymaniye'deki arkadaşlarıma ne oldu? İngiltere'ye geri döndüm, dönmek istemiyordum."

Kısa bir yürüyüşten sonra bunları parkta yazdım. Kelimelerime bakınca hayatta olduğuma ikna oldum.

Sonraki hareketim, 2 ağustos, saat yaklaşık olarak 14:00'te oldu, Irak'la bağlantı kurmak için interneti kullanıyordum. Erbil'deki Uluslararası Kızılhaç Komitesi'nde çalışan Beatrice'e e-posta gönderdim ama e-postam bana geri döndü, adres karşılıksız çıkmıştı. Bağdat'taki El Refai Seyahat ve Turizm Acentesi'ne bir e-posta göndererek Abla ve Sacide'yi sordum. Daha sonra onlara telefonla ulaşmaya çalıştım. Ulaşamadım. Kendimi çok kötü hissediyordum, sanırım tekrar bayılacaktım.

Sonra mail adresime baktım. Türk Özel Kuvvetler komutanından gönderilmiş iki e-posta vardı. Irak'ta onunla birlikte kader birliği yapmıştık, bütün bunlar rüya değilmiş.

"Bayım, özgürlüğünüze kavuştuysanız lütfen bana haber verin. Hayatınızdan endişe ediyorum." 9 temmuzda yazılmış.

"Bay Michael, özgürlüğünüze kavuştuysanız sizi görmek istiyorum. Ben Bay Su." 13 temmuzda yazılmış.

Hayrete düşürücü sözler, bu mailleri kendileri serbest bırakıldıktan sadece birkaç gün sonra göndermişler. Bağdat'ta birlikte tutsakken, e-posta adresimi bir kâğıda yazarak ona gizlice vermiştim. Bu kâğıdı Irak'tan dışarı çıkarabildiği için çok mutlu olmuştum ama hayatımdan endişe ettiğini yazmış olması beni sersеme döndürmüştü. Benim öldürülebileceğimi mi düşünmüştü? Serbest bırakılmayacağımı mı söylemişlerdi ona?

Bu olağanüstü insanla yeniden bağlantı kurmak benim için çok heyecan vericiydi; aynı zorluklara göğüs gerdiğimiz için onunla kendimi kardeş gibi görüyordum, ama bu çok acı vericiydi, çünkü tutuklanmış ve Bağdat'ta zorla alı konmuştuk. Gözaltındayken siyahlara karşı duyduğu nefreti bana anlatmıştı, yerde yatarken beni tekmeleyen asker de siyahtı, bu olaydan sonra siyahlardan nefret etmeye başlamıştım. Tekrar bilgisayarın başına oturdum ve kendimi çok daha güvende hissettim; birinin benim için endişelendiğini artık biliyordum. Fiziksel olarak yanımda değildi ama düşünceleriyle bana güç veriyordu.

Sonra Erbil'deki yetimhaneyi aradım ama burada da bir duvarla karşılaştım. Telefon numarası ulaşılamaz görünüyordu, belki de ben yanlış numaraları tuşluyordum; yoksa yetimhaneyi bombalayıp yok mu etmişlerdi? En kısa sürede Irak'la yeniden bağlantı kurmak zorundaydım. Kendimi çaresiz hissediyordum. Sacide'yi bulmak için bir şeyler yapmalıydım; Peştevan'ı aradım, Süleymaniye'de yanında kaldığım ailenin oğulları Peshtewan'daydı. Onun numarasına da ulaşamıyordum, belki artık İngiltere'de kalmıyordu. Bu tam bir felaketti, üç yeri aramıştım, iki e-posta almıştım ama hiç kimseyle bağlantı kuramamıştım. Kendimi daha kötü hissediyordum, sonraki saati doktordan randevu almaya çalışarak geçirdim. Yanlış günde arama yapıyordum; bugün cumartesiydi ve her yer kapalıydı, pazartesiye kadar beklemek zorundaydım. Bu kadar uzun süre yaşayabilecek miydim? Çabuk bir intiharla hayatımı sonlandırmayı düşündüğümü itiraf etmek zorundayım, kendimi çok yalnız hissediyordum. Aydın Komutan bana o e-postaları göndermemiş olsaydı, şu an belki de ölmüş olurdum.

Sonra tekrar internete bağlandım, Birleşik Devletler Türkiye Büyükelçisi Aldo Sirotic'in 7 temmuzda gönderdiği e-postayı okudum. Kullandığı şaşırtıcı kelimelerden benim tutuklanmış olduğumdan haberi olmadığı gayet açıktı; o tutuklandığımı bilmiyorsa, dünyanın da bundan haberi yok demekti. Bu beni çok korkuttu. Bana Irak'ta iyi şanslar diliyordu, Yeniden Yapılanma ve İnsani Yardım Ofisi (ORHA), OCPA'ya mail göndermemi, ayrıca Bağdat'taki Irak Bilgi Merkezi'ne başvurmamı öneriyordu, Irak Bilgi Merkezi'nin, Kuveyt'teki İnsani Yardım Merkezi'nin yerine kurulduğunu ve buradaki görevlilerin benim Irak'taki görevim hakkında bilgilendirildiklerini yazıyordu.

Başka bir e-posta da Birleşik Devletler'den, Barry M. C. tarafından 7 temmuzda gönderilmişti. E-postalarına yanıt vermediğim için alı konduğumu, hatta öldürülmüş bile olabileceğimi düşünüyordu.

Medya çılgınlığı

Ertesi güne kadar odamda saklandıktan sonra odayı paylaştığım insanların özel olmayan sorularına yanıt vermeye başladım; gerçeğe ulaşmak için interneti kullanmak zorunda olduğumu hissediyordum. Kısa süre sonra da keşke kullanmasaydım dedim, çünkü Türklerin tutuklanmaları basında geniş yankı bulmuştu ve yerel basın benim üzerimden her şeyi yanlış aktarabilirdi. İnsanlar benden şüphelenirken sorulara yanıt vermek çok zordu; bunun büyük bir öykü olduğunu anlayamamışlardı benim uluslararası bir krizin parçası olduğuma nasıl inanacaklardı?

Yerel gazeteler benim İngiltere'ye dönmemle ilgili birkaç hikâye yazdı, hiçbiri ön sayfada yayınlanmadı, buna hiç şaşırmadım çünkü gazetelerin mülkiyet hakları Amerikalılardaydı. Bir haberde şöyle söylediğim yazıyordu: "Bir insan bir ülkeye gidiyorsa, kalbi sevgiyle dolu olarak kayıp kızını bulmaya çalışıyorsa ve sonunda kendini savaş esiri olarak buluyorsa, ortada çok ciddi bir hata var demektir." Bir diğer haberde şöyle söylemişim: "Güvende olduğum için rahatladım ama kızım hâlâ orada. Ben buraya dönmek istemedim." Gazete, Birleşik Devletler ordu sözcüsünden de bir alıntı yapıyor, "Savaş esirlerine ya da tutuklulara yaptığımız muamele Cenova Anlaşması'na uygundur. Bay Todd bu standartların dışında bir muamele görmüşse, bunu Birleşik Devletler ordusuna mal etmek doğru olmayacaktır, bir asker bireysel olarak bu standartların dışına çıktıysa soruşturulma açılacaktır."

"Özel 'plastik kelepçelerle' bağlandığını, başına bir çuval geçirildiğini ve El Kaide üyesi olmakla suçlandığını, Guantanamo Kampı'ndaki tutuklulara giydirilen tulumlara benzer turuncu bir tulum giydirildiğini iddia ediyor. Şöyle söylüyor 'Bir tesise götürüldüm ve yerde tekmelendim, ayaklarım çiğnendi ve yumruklandım. Onlara evraklarımı göstermeye çalışıyordum, defalarca evraklarımı göstermeye çalıştım ama hiç ilgilenmediler. Orada bulunmam milyonda bir görülecek bir tesadüftü. Gözaltına alındığımda bile İngiliz olduğum için evime bırakılacağımı ve bir fincan çay ikram edeceklerini düşünüyordum. Üç hafta boyunca esir olarak tutulacağımı hiç tahmin etmemiştim" diye devam ediyordu.

Yerel İngiliz basını

Yerel gazete *Yorkshire Evening Press*, *Yorkshire Post*, Calendar TV News, *Newsastle Journal*, Tyne Tees TV News, Channel

4'ün de aralarında bulunduğu İngiliz basını İngiltere'ye "güvenli" bir şekilde geldikten sonra, 1 ve 2 ağustos 2003'te bu öyküyü yayınladı. Basının "varsayımları" ve satır aralarında okuduklarım hiç hoş değildi. "İddia" edilenlerden de hoşlandığımı söyleyemem. Öykü çok az etki uyandırdı. Cuma günü öğleden sonra İngiltere'ye geri dönmüştüm, editörlerin çoğu çoktan haftalık programlarını hazırlamıştı. Öykünün tamamını sonradan ele alacaklarını söylediler, böylece olan biteni sakladılar.

C4 patlayıcısına benzer bir makale internette yayınlandı, büyük olasılıkla havaalanında benimle röportaj yapan TV kanalının haberi temel alınarak hazırlanmıştı. Richard Edwards'la birlikte York'a geri dönüyorduk, arabanın içindeydim.

Kayıp kızını ararken Irak'ta tutuklanan İngiliz, Birleşik Askerler askerleri tarafından kötü muameleye tabii tutulduğunu iddia ediyor.

Otuz üç yaşındaki Michael Todd, Sacide isimli on dokuz aylık kızını bulmak için savaş patlamadan çok kısa süre önce Irak'a gitti. Çocuğun annesinin ismi Abla olarak biliniyor. Todd'un Abla'yla bir birlikteliği vardı. Abla, Leeds'te üç yıl önce öğrenim görüyordu ama çift evlilik hazırlığı yapmalarına rağmen Abla hamile kaldıktan kısa süre sonra İngiltere'den ayrıldı. York'ta sokak oyunculuğu yapan Todd, 4 temmuz günü Irak'ın Süleymaniye şehrindeki bir operasyon sırasında tutuklandıktan sonra yirmi iki gün boyunca Birleşik Devletler güçleri tarafından savaş esiri olarak gözlem altında tutuldu.

Türk Özel Kuvvetleri askerleriyle birlikte alı konulduğunu ve kötü muameleye tabi tutulduklarını iddia ediyor.

Önce yüzüne tükürüldüğünü ve yumruklandığını, sonra da başına çuval geçirilip ellerinin arkasından kelepçelendiğini söylüyor.

Elektrikler kesildiği zaman öldürüleceklerini düşündüğünü ve makineli tüfek sesleri duyduğunu belirtiyor.

Irak'ta görev yapan İngiliz askerlerini eve getiren İngiliz ordusuna ait bir nakliye uçağıyla İngiltere'ye getirilmiş.

Havaalanına indikten birkaç dakika sonra yaşadığı zorlu sınavı bizlere anlattı.

Türk Özel Kuvvetleri Komutanı Aydın'dan gelen e-postaları tekrar okumak, internette 4 temmuzla ilgili yeni hikâyeler var mı diye bakmam için bana güç verdi. York'ta konuştuğum insanlar anlattıklarım hakkında hiçbir şey bilmiyor ve inanmakta güçlük çekiyordu. Bulduklarımı hızlıca gözden geçirdim. Hayrete düşmüştüm, benim de bir parçası olduğum şeyin sertliğini idrak edemiyordum. Türklerin tutuklanması uluslararası ve büyük bir hikâyeydi, askerler serbest bırakılmazsa Türk ordusu Irak'a girebileceğini söyleyerek büyük yankı uyandırmıştı. "Uluslararası bir krizin tam ortasındaymışım" diye yazdım, şaşkınlık içinde bir makaleden diğerine geçiyordum. Bir tutuklunun anlattıklarını görünce aniden okuduklarım bana fazlasıyla ağır geldi.

İlk makaleyi CNN'de buldum, 5 temmuz tarihliydi. Tutuklanmamızdan bir gün sonra, Türkiye Cumhuriyeti Başbakanı Recep Tayyip Erdoğan'ın on bir Türk askerinin tutuklanmasına verdiği tepkiyle ilgiliydi. "Derhal serbest bırakılmalarını talep ettik" diyordu Erdoğan, "bu hiç olmaması gereken çok çirkin bir olay" diye ekliyordu. "Müttefik bir ülkenin, müttefikine bu şekilde davranması hiçbir şekilde açıklanamaz" demişti.

Makaleden bir alıntı yapıyorum:

> Bu tutuklama iki NATO müttefiki arasındaki sıkı bağları tehdit ediyor, Birleşik Devletler'in Türkiye'nin komşusu Irak'ı işgal etmeden önce Ankara, Birleşik Devletler askerlerinin Irak'a düzenleyecekleri saldırılar için topraklarını kullanmasına izin vermemişti.

Tutuklama, cuma öğleden sonra, Irak'ın Süleymaniye şehrindeki Türk Özel Kuvvetleri'nin bürosunda gerçekleşti. Türkiye'nin en büyük tirajlı gazetesi *Hürriyet*'e göre, 100 Birleşik Devletler askeri, üç Türk subayı ve sekiz astsubayı tutuklayarak, Süleymaniye'den Kerkük'e götürmüştü.

Yine *Hürriyet*, askerlerin Kerkük'ün Kürt valisine suikast düzenlemeyi planlamakla suçlandıklarını söylüyordu.

Türkiye Cumhuriyeti Dışişleri Bakanı Abdullah Gül, resmi haber organı Anadolu Haber Ajansı'na "Bunların hiçbirinin inandırıcılığı yok" demişti. "Türkiye Irak'ın istikrarı için çalışmaktadır, istikrarsızlığı için değil" diye eklemişti. Gül, Birleşik Devletler yetkilileriyle temas kurduklarını, buna Dışişleri Bakanı Colin Powell'ın da dahil olduğunu söylemişti.

Birleşik Devletler hemen yanıt vermemişti.

Tutuklamadan sonra, Türkiye, Habur Sınır Kapısı'nı kapatmıştı.

Türkiye, 1980 ile 1990 yılları arasında Türkiye'nin Güneydoğu bölgesinde ayrılıkçı mücadele yürüten Kürt isyancıları bastırma harekâtının bir parçası olarak Kuzey Irak'ın içinde birkaç bin asker tutmaktadır. İsyancılar liderleri Abdullah Öcalan yakalandıktan sonra ateşkes ilan etmişlerdir.[1]

Benzer haberler Associated Press, Agence France Presse, BBC, *USA Today*'de de yayınlandı.[2]

Birleşik Devletler, askerlerini gözaltına alarak Türkiye'yi sinirlendirdi

Washington'da, Dışişleri Bakanlığı sözcüsü, Birleşik Devletler Dışişleri Bakanı Colin Powell'ın askerlerin gözaltına alınmasını Türkiye Cumhuriyeti Dışişleri Bakanı Abdullah Gül'le telefonda müzakere ettiklerini açıkladı. Anadolu Haber Ajansı'nın bildirdiğine göre, Powell, Gül'e toplam yirmi dört kişinin gözaltına alındığını, bunlara Türk askerlerinin de dahil olduğunu ve hepsinin Bağdat'a götürüldüklerini haber verdi. Anadolu Haber Ajansı, Powell'ın bazı tutukluların serbest bırakıldığını, ama sayı vermediğini söylediğini de ekledi.

Türk askerlerinin yanı sıra, Birleşik Devletler askerlerinin bürodaki çalışanları ve bina güvenlik görevlilerini de tutukladıkları bildirildi.

Anadolu Haber Ajansı, Gül'ün Powell'a bu konunun iki ülke arasındaki ilişkileri zarar vereceğini, Türk kamuoyunun bu konuda çok "hassas" davrandığını ve hükümete baskı yaptığını da aktardı. Tampa'daki Birleşik Devletler Merkez Komutanlığı Sözcüsü Tuğgeneral Nicholas Balice, Türk askerlerinin gözaltına alınmasıyla ilgili olarak yorum yapmadı. Sadece "bunun bir kriz olduğunun kesinlikle farkındayız ve şu an bunu soruşturuyoruz" dedi.

Türk yetkililer, yüz Amerikan askerinin Süleymaniye kentindeki Türk Özel Kuvvetleri'ne ait büroya baskın düzenlediğini, on bir Türk askerini gözaltına aldıklarını ve askerleri Kerkük'e götürdüklerini açıkladı.

Hürriyet gazetesi, gözaltı raporlarında Türk askerlerinin Kerkük'teki üst düzey bir görevliye suikast hazırlığı içinde olduklarının iddia edildiğini yazdı. Kimliğinden söz edilmezken, Kürt avukat Abdulrahman Mustafa yeni vali seçilmişti, yeni yönetimin bir etnik grubu diğerine tercih ettiği gözlemlenmektedir. Şehirde Arap, Kürt, Türkmen ve Hıristiyan nüfus birlikte yaşamaktadır ve etnik gerilim giderek artmaktadır.

Türkiye bu iddiaların tamamını reddetmiştir.

Tutuklamadan sonra, sınır görevlileri Türkiye'nin Habur Sınır

1. http://edition.cnn.com/2003/WORLD/meast/07/05/turkey.us/

2. http://news.bbc.co.uk/2/hi/middle_east/3048090.stm

Kapısı'nı kapattıklarını söylediler. Birleşmiş Milletler yardımları, petrol ve Kuzey Irak'taki Birleşik Devletler askerlerine yardım malzemeleri Habur Sınır Kapısı üzerinden gönderiliyordu. Sınır kapatıldıktan sonra sınır kapısındaki kontrol noktasında bekleyen araçların uzunluğu altı kilometreyi geçti.

NTV televizyonu, Türk askerleri serbest bırakılmazsa Türkiye'nin güçlü bir askeri operasyonla karşılık verebileceğini açıkladı; buna ek olarak Türk hava sahasının Birleşik Devletler askeri uçaklarına kapatılması, güneydeki İncirlik Havaüssü'nün kullandırılmayacağı ve Kuzey Irak'a daha fazla sayıda asker göndereceği de söylendi.

Anadolu Haber Ajansı'nın bildirdiğine göre, Birleşik Devletler diplomatı Robert Deutsch, Dışişleri Bakanlığı'nın gözaltını müzakere ettiğini, Türk ve Birleşik Devletler yetkililerinin askerlerin serbest bırakılması için birlikte çalıştıklarını açıkladı.

Türkiye, bölgede askeri eylemler düzenleyen Kürt isyancıları bastırma harekâtı kapsamında uzun süredir Kuzey Irak'ta asker bulunduruyor.

Birleşik Devletler Irak'ı işgal etmek için saldırıya geçtiğinde, Türkiye asker göndereceğini açıklayarak gözdağı verdi; bu açıklama Türkiye'deki Kürt ayrılıkçıları destekleyen ve Kuzey Irak'ta bağımsız bir devlet kurmak isteyen Kürtleri korkuttu.

Kürt isyancılar Türkiye'nin Güneydoğu bölgesinde özerklik kurmak için on beş yıldır Türk askerleriyle çatışıyor; çatışmalarda bugüne kadar 37 000 kişi hayatını kaybetti. İsyancılar, liderleri Abdullah Öcalan 1999 yılında yakalandıktan sonra tek taraflı olarak ateşkes ilan ettiler. Türk Silahlı Kuvvetleri bu ateşkesi kabul etmedi ve seyrek de olsa çatışmalar devam etti.

Türkiye gözaltılarla ilgili olarak Birleşik Devletler yetkilileriyle görüşmek üzere Süleymaniye'ye bir heyet gönderdi.

Erdoğan, "Bu akşam bir sonuca ulaşacağımızı umut ediyorum" dedi.

Bu, Amerikan güçlerinin Kuzey Irak'ta Türk askerlerini ikinci kez gözaltına alma olayı.

Nisan ayında, Birleşik Devletler 173'üncü Hava Tümeni bir düzine Türk askeri yakaladı, askerler sivil kıyafetler giymişti ve bir yardım konvoyunu izliyorlardı. Birleşik Devletler güçleri, Türk takımının, Kürt ve Arapların arasındaki gerginliğin giderek arttığı kentlerde, Türkmenleri örgütlemek için gönderildiklerinden şüphelendi.[3]

3. http://www.usatoday.com/news/world/iraq/2003-07-05-turkey-iraq_x.htm

Birleşik Devletler 11 Türk askerini Irak'ta serbest bıraktı

Birleşik Devletler Kuzey Irak'ta gözaltına alınan on bir Türk askerinin pazar günü serbest bırakıldığını kabul etti. Bir yetkili, NATO müttefiklerinin Irak Savaşı yüzünden yıpranmış olan ilişkilerini tamir etmek için gerginliği sona erdirmek istediklerini açıkladı.

İsmini açıklamayan bir üst düzey yetkili, Türk askerlerin geceyi geçirmek için Bağdat'taki bir misafirhaneye gönderildiklerini ve pazartesi "hava aydınlandıktan sonra" Süleymaniye'de Türk yetkililere teslim edileceklerini söyledi.

CNN-Türk ve NTV haber kanalları, askerlerin Bağdat'ta serbest bırakıldıklarını bildirdi. Ama Anadolu Haber Ajansı güvenlik ve hava koşulları yüzünden pazar akşamı Süleymaniye'ye ulaşımın yasaklandığını söyledi.

Birleşik Devletler yetkilisi Türk askerlerinin serbest bırakıldığını doğrulamadı ve Dışişleri Bakanlığı açıklama yapılmasını isteyen telefonlara hemen yanıt vermedi.

Açıklama yoğun bir diplomasiden sonra geldi, buna pazar günü Başbakan Recep Tayyip Erdoğan ile Birleşik Devletler Başkan Yardımcısı Dick Cheney arasında yapılan telefon görüşmesi ve Birleşik Devletler Dışişleri Bakanı Colin Powell ile Türkiye Cumhuriyeti Dışişleri Bakanı Abdullah Gül arasında yapılan telefon görüşmeleri de dahil.

Kuzey Irak'taki Süleymaniye şehrinde cuma günü Türk askerlerinin gözaltına alınması Türkiye'de nefretle karşılandı ve kamuoyunun Birleşik Devletler'e duyduğu güvensizliği iyice derinleştirdi.

Kuzey Irak'taki kamplardan Türkiye'ye saldırılar düzenleyen özerklik peşindeki Kürt isyancılara karşı mücadele eden Türkiye, uzun süredir Kuzey Irak'ta asker bulunduruyor.

Birleşik Devletler, Irak'ı işgal ettikten sonra, Iraklı Kürtleri korumak amacıyla bölgeye askeri danışmanlarını gönderdi. Türkiye, Kuzey Irak'ta Kürtlerin gittikçe kuvvetlenmesinden ve Türkiye'nin Güneydoğu bölgesinde Türkiye'ye karşı silahlı eylemlerde bulunan Kürt isyancıların desteklenmesinden rahatsızlık duyuyor.

Türkiye Cumhuriyeti Başbakanlığı, Türk ve Birleşik Devletler yetkililerinin pazar gecesi geç saatlere kadar bu konuyu müzakere ettiklerini ve uzlaşmaya vardıklarını erken saatlerde açıklandı.

Pazar sabahı erken saatlerde Birleşik Devletler Başkanlığı'ndan yapılan açıklamada, Süleymaniye Baskını'nda 173'üncü Hava Tümeni'ne bağlı askerlerin Türk askerlerini gözaltına aldı-

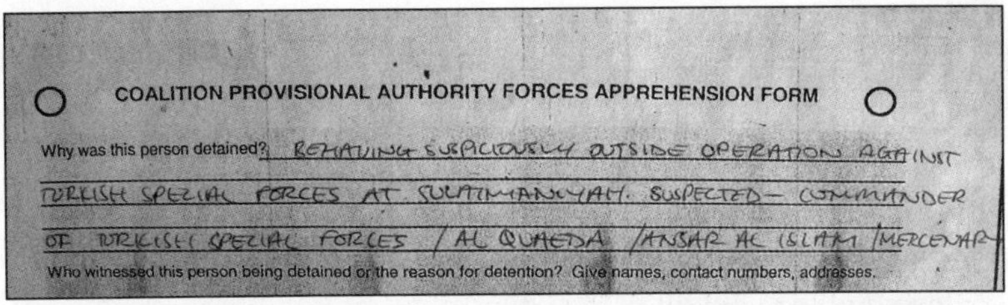

COALITION PROVISIONAL AUTHORITY FORCES APPREHENSION FORM

Why was this person detained? REMAINING SUSPICIOUSLY OUTSIDE OPERATION AGAINST TURKISH SPECIAL FORCES AT SULAIMANIYAH. SUSPECTED — COMMANDER OF TURKISH SPEZIAL FORCES / AL QUAEDA / ANSAR AL ISLAM / MERCENARY

Who witnessed this person being detained or the reason for detention? Give names, contact numbers, addresses.

Bu belge beni Türk timi komutanı sandıklarının yazılı kanıtı. Yazım hataları, savaştıkları terör örgütünün adını bile bilmediklerini gösteriyor.

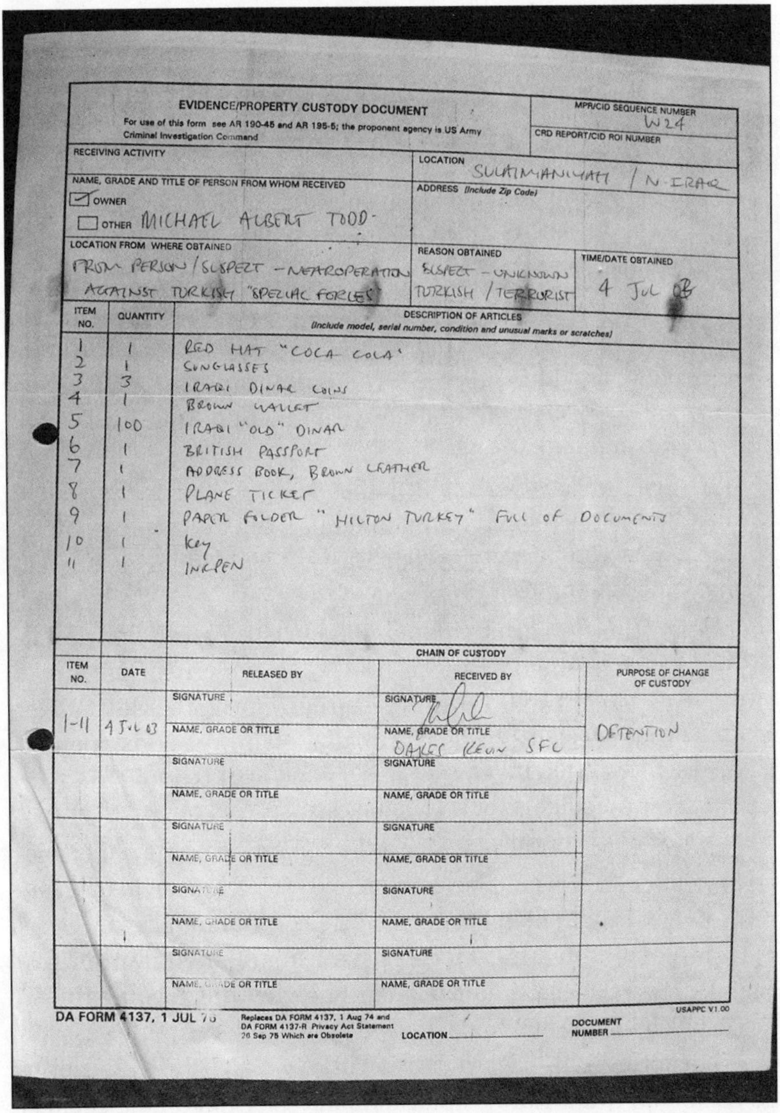

EVIDENCE/PROPERTY CUSTODY DOCUMENT

For use of this form see AR 190-45 and AR 195-5; the proponent agency is US Army Criminal Investigation Command

MPR/CID SEQUENCE NUMBER: W24

CRD REPORT/CID ROI NUMBER

RECEIVING ACTIVITY

LOCATION: SULAIMANIYAH / N-IRAQ

NAME, GRADE AND TITLE OF PERSON FROM WHOM RECEIVED: [x] OWNER [ ] OTHER MICHAEL ALBERT TODD

ADDRESS (Include Zip Code)

LOCATION FROM WHERE OBTAINED: FROM PERSON / SUSPECT — NEAR OPERATION AGAINST TURKISH "SPEZIAL FORCES"

REASON OBTAINED: SUSPECT — UNKNOWN TURKISH / TERRORIST

TIME/DATE OBTAINED: 4 JUL 03

ITEM NO.	QUANTITY	DESCRIPTION OF ARTICLES (Include model, serial number, condition and unusual marks or scratches)
1	1	RED HAT "COCA COLA"
2	1	SUNGLASSES
3	3	IRAQI DINAR COINS
4	1	BROWN WALLET
5	100	IRAQI "OLD" DINAR
6	1	BRITISH PASSPORT
7	1	ADDRESS BOOK, BROWN LEATHER
8	1	PLANE TICKET
9	1	PAPER FOLDER "HILTON TURKEY" FULL OF DOCUMENTS
10	1	KEY
11	1	INKPEN

CHAIN OF CUSTODY

ITEM NO.	DATE	RELEASED BY	RECEIVED BY	PURPOSE OF CHANGE OF CUSTODY
1-11	4 JUL 03	SIGNATURE / NAME, GRADE OR TITLE	SIGNATURE [signed] / NAME, GRADE OR TITLE: OAKES KEVIN SFC	DETENTION
		SIGNATURE / NAME, GRADE OR TITLE	SIGNATURE / NAME, GRADE OR TITLE	
		SIGNATURE / NAME, GRADE OR TITLE	SIGNATURE / NAME, GRADE OR TITLE	
		SIGNATURE / NAME, GRADE OR TITLE	SIGNATURE / NAME, GRADE OR TITLE	
		SIGNATURE / NAME, GRADE OR TITLE	SIGNATURE / NAME, GRADE OR TITLE	

DA FORM 4137, 1 JUL 76 — Replaces DA FORM 4137, 1 Aug 74 and DA FORM 4137-R Privacy Act Statement 26 Sep 75 Which are Obsolete — LOCATION — USAPPC V1.00 — DOCUMENT NUMBER

Irak'tan ayrılmadan baskınla ilgili bazı belgeleri ve tutukluluk kayıtlarımı almayı başardım.

ğını ve kuzeydeki Iraklı sivil yetkililere zarar verileceği iddialarına karşı böyle bir koruma yoluna gidildiği söylendi.

İsmini açıklamayan bir yetkili, askerlerin kısa sürede serbest bırakılacağını söyledi. Toplam yirmi dört kişinin gözaltına alındığını, bunlara Birleşik Devletler'in koruması altında olan dokuz Türk askerinin de dahil olduğunu ve Bağdat'a getirildiklerini de sözlerine ekledi.

Türk yetkililer on bir Türk askerinin pazar günü teslim edildiğini açıklasalar da, Amerikalı yetkililer toplam yirmi dört kişinin gözaltına alındığını söylemektedir. Bu çelişkili durum açıklığa kavuşturulmamıştır.

Gözaltına alınan diğer insanlar Irak'ta yaşayan Türkmen azınlığa mensuptur, Türklerle kan bağları vardır ve baskın düzenlenen büronun çalışanlarıdır.

Gözaltılar birçok Türk'ü çileden çıkartmıştır ve pazar günü İstanbul'da ateşli gösteriler düzenlenmiştir. Polis, kent meydanında Amerikan bayrağını ateşe veren ve parçalayan yüzlerce milliyetçi göstericiyi göz yaşartıcı bomba kullanarak dağıtmıştır. Yaklaşık olarak yüz kadar sol görüşlü Türk de İstanbul'daki Birleşik Devletler Konsolosluğu'nun önünde gece boyunca oturma eylemi yapmıştır.

Milliyet gazetesi pazar günkü sayısını "Çirkin Amerikalı" manşetiyle yayınlamıştır.

Mart ayında Türkiye Büyük Millet Meclisi, Irak'ın işgali için Birleşik Devletler'e topraklarını kullanma izin vermemişti, bu tarihten beri Türkiye ile Amerika Birleşik Devletler'i arasındaki ilişkiler gerginliğini koruyor.

Saddam Hüseyin artık yok, iki ülkenin Kuzey Irak ilgileri sürtüşmeye neden oluyor. Birleşik Devletler güçleri Kuzey Irak'ta gittikçe güçlenen Iraklı Kürtlerle işbirliği yapıyor. Türkiye, diğer taraftan Irak üzerinde gittikçe artmakta olan Kürt etkisinden rahatsızlık duyuyor ve kendi topraklarındaki Kürt isyancıların bundan cesaret bulacağından endişeleniyor.

Türkiye, Kuzey Irak'ı üs olarak kullanarak saldırılar düzenleyen ayrılıkçı Kürt isyancılarla mücadele etmek amacıyla uzun süredir Kuzey Irak'ın belli kesimlerinde asker bulunduruyor.

Birleşik Devletler, Irak'ı işgal ettikten sonra, Iraklı Kürtleri korumak amacıyla askeri danışmanlarını Kuzey Irak'a gönderdi.

Türkiye'nin aynı zamanda kuzeydeki Kerkük kentinde yaşayan Türkmenlerle yakın bağları var ve Türkiye, petrol bölgesi üzerinde gözü olan Iraklı Kürt grupların bu heveslerinin önüne geçmek istiyor.

kınadı. Pazar günü, askerlerin serbest bırakılacağının bildirilmesinden önce, gerginliği azaltmaya çalışarak, "Birleşik Devletler'le aramızdaki olumlu havayı bu olay gölgelememelidir" dedi.

Baskın, Türk askerlerinin karakol olarak kullandıkları küçük bir eve komando tarzında yapıldı; Birleşik Devletler askerleri kapıları kırdı ve havaya ateş açtılar, Türk askerlerinin yemeklerini pişiren sekiz çocuk annesi bir kadın tanıklık ettiği baskını anlattı.

Fatma Alias Hasan, "Kafama çuval geçirdiler ve ellerimi arkadan kelepçelediler" dedi. "Çok korktum." Hasan, "Saatlerce evde alı konduğunu ve sonra da kamyonla Kerkük'e götürüldüğünü söyledi. Amerikalılar karnını doyurmuş, 10 dolar vermişler ve sonra da verdikleri rahatsızlık için kadından özür dileyerek arabayla evine götürmüşler. Hasan, "Komutan çok nazik biriydi" dedi.

Yetkililer Amerikan güçlerinin Türk karakolundan ve yakınlardaki Türkmen Birleşik Cephesi Genel Merkezi'nden 33 kişiyi gözaltına aldıklarını söylediler. Bazıları kısa süre içinde serbest bırakılırken, on bir Türk askeri kamyonla Kerkük'teki koalisyon üssüne ve sonra da Bağdat'a nakledildi. Türk resmi haber ajansı Anadolu Ajansı'na göre, on bir Türk askeri pazar günü Süleymaniye'ye geri getirildi.

Türkiye Cumhuriyeti Dışişleri Bakanlığı Sözcüsü Hidayet Eriş, "Amerikalıların aklında ne vardı tam olarak bilmiyoruz, ama bu eşi benzeri görülmemiş bir olaydır" dedi.

Pazar günü yaptığı açıklamada Eriş, 100 Amerikan askerinin evi yağmaladığını, binadaki tüm silahlara, cephaneye el koyduklarını, bütün bilgisayarları, telsizleri ve uydu iletişim cihazlarını söküp götürdüklerini söyledi.

Pazar günü, iki odalı küçük evi koruma altına almak için Ankara'dan askeri yetkililer gönderildi. Kızgınlık gittikçe artıyordu. İsmini vermeyi reddeden üst düzey askeri bir yetkili "Bu, Türkleri burada istemeyenler tarafından yapılmış bir provokasyondur" dedi.

Bölgenin yönetilmesine yardım eden, Kürdistan Yurtseverler Birliği lideri Barham Salih, pazar sabahı, Süleymaniye'de Türk yetkililerle bir araya geldiklerini ve suikast suçlamalarının çok ciddi bir iddia olduğunu söylediğini açıkladı.

"Bunun çok ciddi bir gelişme olduğu açık. Türkiye bizim komşumuz ve iyi ilişkiler yürütmeye çalışıyoruz" dedi. "Bu iddiaların doğru olmadığını umut ediyoruz. İddialar doğruysa, Türkiye'nin bunu ortaya çıkartmak için ciddi adımlar atmasını bekliyoruz."

Türkiye'deki kıdemli bir Amerikalı yetkili, ilk raporlarda,

"Türk askerlerinin çok kötü bir şey yapmak üzere olduğu belirtiliyordu" dedi.

Türkiye'deki bir hükümet yetkilisi, "Baskını kimin komuta ettiğini ve karar zincirinin başında kimin olduğunu Amerikalılar hâlâ bulmaya çalışıyor" dedi. Görünüşe bakılırsa ve kaynakların bildirdiklerine göre, Birleşik Devletler ordusu üst düzey askeri yetkilileri bu baskını onaylamamış. Ayrıca, Birleşik Devletler yetkilileri, Türkler böyle bir saldırı planlamışlarsa bile, Türk devletinin üst makamlarının bundan haberi olmadığına inandıklarını ısrarla vurguluyorlar.

Savaşın sona erdiğinin ilan edildiği 1 mayıs tarihinden beri, Amerikan güçlerine saldırılar düzeleyen Iraklıları ele geçirmek amacıyla, Yılan Operasyonu ismi verilen ve Irak'ın iç bölgelerinde koalisyon güçlerinin düzenlediği yedi günlük harekât yüzünden, kuzeydeki baskın sırasında da sertliğe başvurulduğu yorumları yapılıyor.[4]

(*Tribune* yurtdışı muhabirleri Christine Spolar Süleymaniye'den, Catherine Collins İstanbul'dan bildirdi.)

7 temmuzda Reuters başka bir etkenden, tutuklama yüzünden Türkiye'deki Amerikan karşıtı gösterilerden söz ediyordu. Eylemciler İstanbul'daki Birleşik Devletler Elçiliği'nin önünde oturma eylemi yaptılar.

Benim serbest bırakılmam için kim eylem yaptı? Hiç kimse... Çünkü kimsenin benden haberi yoktu. Sanki hiç var olmamışım gibi bu haberlerin hiçbirinde benden söz edilmiyordu.[5]

"Kahretsin! Ama aşçının masum olduğunu çabucak anladılarsa, 10 dolar verip, evine arabayla götürdülerse, neden bana da aynısını yapmadılar? *Chicago Tribune*'ün alıntı yaptığı Hidayet Eriş aynı zamanda 7 temmuzda Türk basınına da Dışişleri Bakanlığı sözcüsü olarak açıklama yapmıştı. Basına benim hakkımda o mu bilgi vermişti? Eğer benim hakkımda bilgi verdiyse, Birleşik Devletler basını neden benim adımdan hiç söz etmemişti?

YUKARIDA ALINTI YAPTIĞIM HABERLERİN HİÇBİRİNDE NEDEN BENDEN SÖZ EDİLMEMİŞTİ?

Neden, neden, neden?

Hâlâ benim tutuklandığımdan söz edilmiyordu. "İnsanların bana aklımı kaçırmışım gibi bakmalarına şaşırmamam gerek, gaze-

4. http://highbeam.com/library/doc3.asp?DOCİD=1G1:119289997&num =2&ctrlInfo=Round9g%3Aprod%3ASR%3aResult&ao=

5. http://www.chron.com/cs/CDA/ssistory.mpl/special/iraq/1982638

telerde benden hiç söz etmediler. Bu yüzden insanlar bana inanmıyor. Neler oluyor?" diye yazdım.

Teeside Havaalanı'ndaki "röportaj"dan sonra, bu röportajı verdiğimi de kesinlikle hatırlamıyorum, "eve" döndüğüm gün ve ertesi gün gazetelerde bazı saçmalıklar yayınlandı.

Bu zamana kadar araştırdığım ve okuduğum haberlerin hiçbir yerinde benim adımdan söz edilmiyor. Belki de bir düş görmüşümdür!

Görünüşe bakılırsa dünya basını aklını kaçırmış olmalı, 6 temmuzda, askerler hâlâ benimle birlikte Bağdat'ta tutulurken, Associated Press Türk tutukluların serbest bırakılacağını bildirmiş. Belki de Türkleri sakinleştirmek için bunu yazdılar. Yine de, haberde birçok hatalı bilgi var.

Türkler bu olay üzerine gösteriler düzenliyor, Türk basını hızla olayın üzerine gidiyor ama dünya bir İngiliz'in de tutuklandığını bilmiyor. Bu gün, bunun kasıtlı olarak yapıldığı sonucuna vardım.

Kahraman Aydın

Neredeyse bütün bir gün gerçeği aradım, bana yapılanları dünyanın bilmiyor olması çok ağırıma gitti. İnternetteki arama seçeneklerini genişlettim, Aydın Komutan'ın verdiği sözü tuttuğunu görünce içim rahatladı. Türk basının 7 temmuzda, benim de Süleymaniye'de tutuklandığımı haber yaptığını keşfettim. Bağdat Havaalanı'nda gözaltında tutulurken, Aydın Komutan benim hâlâ tutuklu olduğumu halka duyuracağına söz vermişti. Serbest bırakılır bırakılmaz verdiği sözü tutmuş olmalıydı, bu yüzden onu çok seviyorum. Doğrudan basına bilgi vermişti ya da Türk Genelkurmayı'na rapor etmişti. Daha sonra Süleymaniye'deki Türk bürosunu ziyaret eden Türkiye Cumhuriyeti Dışişleri Bakanlığı Sözcüsü Hidayet Eriş de Genelkurmay'dan benimle ilgili bilgi almıştı.

Kuzey Irak'ta tutuklanan Türk Askerleri serbest bırakıldı (Anadolu Ajansı; Ankara, 7 temmuz)

Kuzey Irak'taki Süleymaniye kentinde Birleşik Devletler askerleri tarafından tutuklanan ve daha sonra Bağdat'a getirilen on bir Türk askeri, pazar günü geç saatlerde serbest bırakıldı.

Süleymaniye'deki Türk Özel Kuvvetler Bürosu'na baskın düzenleyen yaklaşık 100 kadar Amerikan askeri tarafından üç subay ve sekiz astsubayın tutuklanmasından sonra Ankara, cumartesi günü en üst seviyeden girişimlerde bulunmuştu.

"Bazı Türklerin Kerkük valisine suikast düzenlemeyi planladıkları" istihbaratı üzerine askerlerin tutuklandıkları iddia edildi.

On bir Türk askeri ve on üç sivil, pazartesi günü, yerel saatle sabah 7:15'te Süleymaniye'ye geldi.

Grup Süleymaniye'ye Birleşik Devletler'e ait üç helikopterle getirildi. Türk askerler şimdi iletişim bürosunda bulunuyor.

Silopi'deki Dışişleri Bakanlığı İletişim Bürosu el konulan askeri teçhizatın da iade edildiğini açıkladı.

Eriş, "Arkadaşlarımız ve teçhizat iade edildi. Dün görüştüğümüz Birleşik Devletler yetkilileri bu olay yüzünden duydukları sıkıntıyı bize ifade ettiler" dedi. Eriş, Türk ve Birleşik Devletler yetkililerinden kurulacak bir heyetin olayı araştıracağını sözlerine ekledi.

Türk yetkililer iade edilen teçhizatın sayımına başladı.

Bu arada, tutuklananlar arasında Michael Todd isimli İngiliz bir işadamının da bulunduğunu öğrendik. İngiliz yetkililer geldikten sonra, Bağdat'ta tutulan işadamının da kısa süre içinde serbest bırakılacağı söylendi. Olay sırasında İngiliz işadamının yolda yürürken tutuklandığı ifade edildi.[6]

Anadolu Haber Ajansı tarafından verilen bu haberin hayati önemi vardı, çünkü haber İngilizce yayınlanmıştı. Türklerle birlikte tutuklanmıştım ama hâlâ Bağdat'taydım. Bu haber ajansı, küçük ve önemsiz bir haber ajansı değildi, bu yüzden uluslararası basının bu haberi neden ciddiye almadığını kendi kendime sordum, neden özellikle İngilizler ve Amerikalılar bu haberi görmezden gelmişlerdi? Neden? Hem 7, hem de 8 temmuzda, Türk basını benim de tutuklandığımı bildirmişti; buna internette İngilizce olarak yayınlanan *Zaman* gazetesi de dahildi. NTV, *Zaman* ve *Akşam* gazetesindeki haberlerde benimle ilgili olarak da bilgi verilmişti.

KONTV, Radyo Atılım, haberanaliz.com, habervitrini.com ve elazig.com, Türkçe haberlerinin içinde benim ismimden söz etmişlerdi. Daha fazlası da var ama İngilizce olmadıkları için burada yazmam çok zor.[7]

Hem NTV hem de *Akşam* gazetesi 2003 temmuz ayında Ankara'da yaptığım basın toplantısını haber yapmıştı; ama diğer haber

6. www.turkishpress.com/turkishpress/news.asp?ID= 11597

7. http://www.zaman.com/?hn=2324&bl=international ve http://zaman.com.tr/2003/07/08/dis/h11.htm

NTV (MSNBC): http://ntvmsnbc.com/news/223345.asp

Akşam: http://www.aksam.com.tr/arsiv/aksam/2003/07/0//politika/politika/3.html

kuruluşları gibi onlar da, benim kızını arayan ve Iraklı çocuklara oyuncak dağıtan aynı Michael Todd olduğumu fark etmemişlerdi. Haber benden "işadamı" olarak söz ediyordu, bu yüzden haber kuruluşlarının bunu fark etmeleri oldukça zordu. "İşadamı" olarak adlandırılmam beni hiç de mutlu etmemişti, ama Bağdat'ta Aydın Komutan'a gizlice verdiğim kartvizitte unvanımın bu şekilde yazılı olduğunu unutmamak zorundaydım.

Dünya bu öyküleri neden görmezden gelmişti?

Tutuklandığımı bildiren tek ülke Azerbaycan'dı. 8 ağustosta, *Baku Today*, Türkiye'deki *Zaman* gazetesini kaynak göstererek ve İngilizce olarak benim öykümü nakletmişti. O zamana kadar Türkiye dışında benim tutuklandığımı haber veren tek gazete de bu olmuştu. Dünya basının bu haberi neden görmezden geldiğiyle ilgili yorum size kalsın.[8]

John Giles duyurdu

Tutuklandığım haberinin "İngiltere'de duyulduğu" günü bana Richard Webb anlattı. Kendisinin basın olduğunun farkında olmayan John Giles'in, "basına gidebileceğinden" şüphelendiğini söyledi.

Gerçeğe ulaşma konusunda duyduğum doymak bilmez arzu acı vericiydi, ama hepsi gerekliydi çünkü Irak'a gitme nedenim gerçekti. John Giles'in tutuklanmamı kamuoyuna duyurduğunu keşfetmem harika bir duyguydu. Anladığım kadarıyla, John Giles benim öykümü 22 temmuz günü PA (Press Association)'a koymuş, buradan da BBC, AFP, EFA ve diğer haber kuruluşları aynı gün haberi yayınlamışlardı. 22 temmuz günü, ben Irak'ta tutuklandıktan tam on sekiz gün sonra, dünya bunu öğrendi. Ama neden İngilizler ve dünyaya Amerikalılar bu olayı, daha önce duyurmamıştı?

Kızını arayan İngiliz, Birleşik Devletler askerleri tarafından Irak'ta alı kondu. (AFP. 22 temmuz 2003.)

Birleşik Devletler'in önderliğindeki savaş başlamadan önce Irak'a giden bir İngiliz'in, hiç görmediği kızını ararken Birleşik Devletler askerleri tarafından tutuklandığını ve iki haftadan daha fazla süre gözaltında tutulduğunu Dışişleri Bakanlığı salı günü duyurdu.

Saddam Hüseyin'i deviren savaş başlamadan önce, mart ayında, York'lu sokak oyuncusu Michael Todd, başlayacak olan savaşa rağ-

8. http://www.bakutoday.net/vievw.php?d=5285

men on dokuz aylık kızı Sacide'yi bulmak için Bağdat'a gitmeye karar verdi.

Sacide, 32 yaşındaki soyadı bilinmeyen Abla'dan olma, Michael Todd'un kızı. Abla Michael Todd'la Kuzey İngiltere'de öğrenciyken tanıştı.

Todd, hamile olduğunu anladıktan sonra çiftin evlenme kararı almalarına rağmen, Abla'nın ailesinin yanına gitmek için İngiltere'den ayrılıp Irak'a gittiğini söyledi.

Kuzey Irak'taki Kerkük şehrinin Amerikalılar tarafından bombalanması sırasında Abla'nın öldüğü bildirilince, Todd, Türkiye'ye gitti. Türk hükümetinin Kuzey Irak'a geçmesine izin verdiğini ve kızını aramaya devam edeceğini söyledi.

Dışişleri Bakanlığı sözcüsü, "Kuzey Irak'ta, Süleymaniye'de Birleşik Devletler askerleri, 4 temmuzda Michael Todd isimli bir İngiliz vatandaşını tutuklamıştır, bunu teyit ediyorum" dedi. Sözcü Todd'un neden tutuklandığını bilmediğini de sözlerine ekledi.

Sözcü, Todd'un ertesi gün Bağdat'a nakledildiğini söyledi ve Dışişleri Bakanlığı'nın bu tutuklamayla ilgili olarak Birleşik Devletler güçleriyle temasa geçtiğini ekledi.

İngiliz yetkililer, yardım etmek için konsolosluğun Todd'u üç kez ziyaret ettiğini ve kendisine iyi davranıldığını teyit ettiler.

Abla, Todd'a bir dizi mektup yazarak hem savaş olasılığı hem de hamile kaldığı için aile üyelerinin öfkesiyle karşılaşmaktan çok korktuğunu yazmış.

Ocak ayında gönderdiği son mektubunda, Abla, "Burada büyük bir tehlike var. Hayatın tehlikeye gireceği için bence gelmemelisin" diye yazmış.[9]

Belki de Amerikalı ve İngilizlerin örtbas etmek istedikleri bu öykü sonunda dünya basınında yer aldı. Artık basının ilgisi çığ gibi büyüyecekti; buna tüm dünyada ahlaki bir öfke duyulacağın-

9. http://quickstart.clari.net/qs_se/webnews/wed/cp/Obritain-us-iraq-etainee.RF9Y_DIM.ltml

BBC, 22 temmuz: http://news.bbc.co.uk/go/pr/fr//2/hi/uknews/england/north_yorkshire/3087135.stm

Agencia EFE: http://noticias.terra.com.br/mundo/interna/o,, OI123080_EI294,00.html

The Middle East Times: http://www.metimes.com/2K3/issue 2003-30/reg/us_detains_british.htm

Islamic Republic News Agency (IRNA): http://www.irna.ir/en/ head/030722194435.ehe.shtml

York Evening Press: http://archive.thisisyork.co.uk /2003/07/ 22/262460.html dan eminim, çünkü ben Irak'a bir sevgi görevi için gittim.

Dikkat edin, basının ilgisi falan olmadı, çünkü benim öykümün yayınlandığı gün Saddam Hüseyin'in iki oğlu Musul'da öldürüldü. Uday ve Kusay'la birlikte benim öykümü de öldürdüler. Onların katledilmeleri kuşkusuz çok önemli bir olaydı, dünya basını günlerce bu olayı haber yaptı. Gözaltındayken aldığım notları anımsarsınız, yazdıklarımı dışarı çıkarttığımda bunların nasıl kötü bir etki yaratacağından söz etmiştim. Bu benim için kötü, İngilizler ve Amerikalılar içinse iyi oldu. İngiliz bir diplomatın Bağdat'ta bana Uday ve Kusay'ın ölümlerinin ne kadar "şiirsel" olduğunu söylediğini hatırlayın. Bu inanılmazdı. Ölümleriyle bile, Saddam'ın oğulları öne çıktılar, benimle ilgili gerçeklerin üzerine daha başlamadan perde çekilmişti.[10]

Tüm dünya saplantılı bir şekilde Musul'daki öyküye odaklanırken, benim öyküm yerel *Evening Press*'in kapağında kaldı, çok kötü oldu. 23 temmuz çarşamba günü yayınlanan haberde, York Milletvekili Hugh Bayley'in, "Bağdat'taki İngiltere konsolosuyla" (Chris Segar), konuştuğu iddia ediliyordu. "Konsolosun verdiği bilgiye göre, Bay Todd yolda yürürken Birleşik Devletler'in düzenlediği askeri bir operasyonda gözaltına alınmış. Konsolos Bay Todd'a iyi davranıldığını ve İngiltere'deki iki kişiyle telefonla görüşebileceği söylenmiş." Bölge milletvekilim bunları söylemiş. İddia edildiği gibi elçilikten hiç kimse bana İngiltere'den iki kişiyi arayabileceğimi söylemedi. Bölge milletvekilim yine, haberde yazdığına göre, temasa geçmeleri için aileme kendi telefon numarasını vermiş. HİÇ KİMSE TELEFON NUMARASI VERMEDİ! Uluslararası Af Örgütü de bu haberle ilgili olarak temasa geçti, benim "Irak'ta Birleşik Devletler ordusu tarafında tutuklanan tek İngiliz vatandaşı" olduğumu söylediler. Haberde gazete elçiliğin ailemle temasa geçtiği de yazıyor. ELÇİLİKTEN HİÇ KİMSE AİLEMLE TEMASA GEÇMEDİ![11]

Ertesi gün, 24 temmuzda işler daha da kötüleşti. *Evening Press* tarafından yayınlanan bir makalede, "Amerikalı yetkililerle" konuşulduğu söyleniyor, tutuklanma nedenim olarak da "sınırdan Türkiye'ye girmeye çalıştığım" iddia ediliyordu. "Koalisyon güçleri sözcüsü"nden alıntı yaparak, "Tutuklanmış, çünkü sınırdan Türkiye'ye girmeye çalışıyormuş, bunun neden yaptığını biz de bilmiyoruz. Bize verdiği bilgilerin hepsi kontrol ediliyor. Kısa süre içinde

10. http://edition.cnn.com/2003/WORLD/meast/07/22 /sprj .irq.sons/index.html

11. http://www.thisisyork.co.uk/york/archive/2003/07/23 /york_news_local20ZM.html

serbest bırakılmasını bekliyoruz" dediğini iddia ediyorlardı. Bunların hepsi saçmalık. Bir örtbas etme kokusu alıyordum ve bu yazıyı okuduğum zaman çok öfkelendim.[12]

Aynı zamanda, serbest bırakılmamın yakın olduğuyla ilgili haberler gazetenin beşinci sayfasında küçük bir yerde yayınlanmıştı; sizin de anlayacağınız gibi, mülkiyet hakları Amerikalılarda olan bir gazeteden başka ne beklenir ki?

O zaman kim yalan söylüyordu? 23 temmuzda, Bağdat Konsolosu Chris Segar, bölge milletvekilime askeri bir operasyon sırasında tutuklandığımı bildirmişti. Aynı gazeteye "koalisyon güçleri sözcüsü" olduğunu söyleyen biri, sınırı geçerek Türkiye'ye girmeye çalıştığım için tutuklandığımı söylüyordu! Birleşik Devletler'in gerçek öyküm dışarıya sızmasın diye bunları yaptırdığını söylersem benim hâlâ paranoyak olduğumu düşünür müsünüz? Birleşik Devletler ordusunun yanlış bilgi verme makinesi olduğunu bu olay kanıtlıyor, ayrıca bu sadece Irak'ta savaş esiri olmuş bir İngiliz'in düşünceleri değil. Birleşik Devletler, beni, Süleymaniye'deki 4 temmuz krizine karıştırmamaya mı çalışıyordu? Süleymaniye'de tutuklananlar arasında benim de olduğumu hiçbir zaman söylemediler, belki de ben yanılıyordum. Belki de Türkiye sınırındaydım, sınırdan çok uzakta değildim! Sadece 100 kilometre uzaktaydım! Örtbas et! Örtbas et! Bütün bunlar, Birleşik Devletler ve Koalisyon'un kasıtlı yanlış bilgilendirmeyle benim davamı engellemeye çalıştığını kanıtlıyor; ama şükürler olsun ki hâlâ gözaltında olduğum için bütün bunları bilmiyordum. Her şey internette yazıyordu, bu yüzden Birleşik Devletler askerleri ve subayları bunları kontrol etmedi. Geldiler ve bana tutuklanmamla ilgili olarak hiçbir yerde hiçbir bilginin olmadığını söylediler. Belki o zaman ne kadar paranoyakça davrandığımı anlayabilirsiniz. Belki bana hiçbir şey olmadığını söylerken sadece yalan söylüyorlardı ya da belki bu tür sitelere erişim yasaktı. Yine de, gerçeği bilmek çok zor.

4 temmuz kriziyle ilgili birleşik soruşturma

Daha da kötüsü olabilir miydi? Birleşik Devletler ile Türkiye'nin, 4 temmuz krizini birlikte araştıracaklarını öğrenince zihnim bir şekilde rahatladı; gördüğüm muameleyle ilgili gerçekler açığa çıkartılacaktı. Serbest bırakıldım, gerçekten onlardan benimle ilgili bir açıklama yapmalarını bekliyorum. Kimse beni ara-

12. http://www.thisisyork.co.uk/york/archive/2003/07/24 /york_news_local38ZM.html

madı, çünkü onların "soruşturma" adını verdikleri şey haftalar önce bitmişti, ben bu arada hâlâ gözaltındaydım. Ben zorla alı konurken davanın kapatılması bir şamar gibi yüzüme indi. Aşağıdaki makale 15 temmuz tarihinde yayınlandı.

Türkiye, Birleşik Devletler tutuklama kargaşasına son veriyor

Birleşik Devletler ile Türkiye 11 Türk askerinin tutuklanmasından karşılıklı olarak üzüntü duyduklarını ifade etti.

(Suzan Frazer, Associated Press Yazarı)

Birleşik Devletler ve Türkiye salı günü, Kuzey Irak'ta Türk Özel Kuvvetleri'ne mensup askerlerin tutuklanmasıyla ilgili olarak üzüntülerini bildirdi. Irak savaşıyla birlikte bu baskın iki ülke arasındaki iyi ilişkilere zarar verdi.

Geçen hafta, Kuzey Irak'taki Süleymaniye şehrinde Birleşik Devletler askerlerinin Türk askerleri tutukladıkları sürpriz 4 Temmuz Baskını'nı araştırmak üzere, Birleşik Devletler ve Türkiye ortak bir heyet kurmuştu.

Türkler, daha önce Türk geleneklerine uygun olarak Amerikalılara çay ikram etmiş, ama Birleşik Devletler askerleri Türkleri tutuklamış, kelepçelemiş, kafalarına çuval geçirmiş ve sorgulamak üzere helikopterle Bağdat'a götürmüşlerdi. İki gün sonra askerler serbest bırakıldı. Birleşik Devletler yetkilileri, Türk Özel Kuvvetleri'nin Iraklı Kürt bir yetkiliye suikast hazırlığı içinde olduklarını iddia etti, ama Birleşik Devletler ordusu ikna edici herhangi bir kanıt bulamadı. Türkiye iddiaları reddetti.

Heyet yaptığı açıklamada, "İki taraf da iki müttefik arasında çıkan bu krizden ve gözaltındayken Türk askerlerinin maruz kaldıkları muameleden üzüntü duyduklarını ifade etti" dedi.

Türkiye'nin Birleşik Devletler'in 60 000 askerinin Irak savaşı için kendi topraklarını kullanmasına izin vermediği mart ayından beri gerginleşen Türk-Amerikan ilişkilerini bu tutuklama daha da derinleştirdi. Birçok Türk bu tutuklamaya çok öfkelendi ve askerlerin aşağılandıklarını söyledi. Bu olay, Birleşik Devletler'in yakın müttefiki olan bir ülkede Amerikan karşıtı duyguları körükledi.

İki ülkenin Irak'taki stratejik ilgilerinin çatıştığının da altını çizmek gerekir. Türkiye, bölgede Irak Kürtlerinin etkisinin artmasını kaygıyla izliyor, ama Washington Kürt gruplarla çok yakın işbirliği içinde çalışıyor.

Bu durum iki ülke tarafından da ifade edildi, "işbirliği ve eşgüdümü geliştirmek için aşama kaydettiğimizi kabul ediyoruz" dendi. "İki taraf da elindeki her türlü istihbaratı hızlı bir şekilde paylaşacağını... herhangi bir eyleme geçmeden önce bölgenin güvenliğini ve istikrarını gözeteceğini kabul etti" açıklaması yapıldı.

Türkiye, Kuzey Irak'ta kamplar kuran ve özerklik için mücadele eden Kürt isyancıları takip etmek amacıyla uzun süredir Kuzey Irak'ta asker bulunduruyor. Türk Özel Kuvvetleri, bu arada Irak'ta gittikçe artmakta olan Kürt etkisini dengelemek için Türkmen azınlıkla birlikte çalışıyor.

On beş yıldır kendi ülkesindeki Kürt ayrılıkçılarla mücadele eden Türkiye, Kuzey Irak'ın Kürtler tarafından özerk olarak yönetilmesinin ülkesinde yeni ihtilaflar yaratacağından endişe ediyor. Türkiye, Iraklı Kürtlerin bağımsızlıklarını ilan etme olasılığına karşı çıkmak için Kuzey Irak'ta bulundurduğu asker sayısını artıracağını söyleyerek gözdağı veriyor; ancak Birleşik Devletler'in buradaki varlığı yüzünden bu tehdit geri tepti.

Genelkurmay başkan yardımcısı, General Yaşar Büyükanıt, cuma günü geç saatlerde, Kürt isyancıların tehdidi devam ettiği sürece Türkiye'nin Kuzey Irak'taki askeri varlığını sürdüreceğini açıkladı.

Büyükanıt, Washington'un, Türk askerlerinin geri çekilmesi gibi bir talebi olmadığını da söyledi.[13]

İngiltere sessiz kalmayı tercih etti

Benim hâlâ tutuklu olduğumdan dünyanın haberi bile yokken, Türkiye ile Amerika arasındaki kriz "karşılıklı üzüntü" durumuyla çözüme ulaştırılmıştı. Sanki ben hiç var olmamıştım. Bütün bu saçmalıktan Richard Webb ve Dışişleri Bakanlığı sorumluydu, benim gözaltında tutulduğumu biliyorlardı ama bunu dünyaya duyurmamayı tercih ettiler. Hiçbir şey yapmadılar! İngiliz devleti yaygara kopartmamayı tercih etti! Tıpkı Amerikalıların hiçbir açıklama yapmamayı tercih etmeleri gibi, onlar da sessiz kaldı. İngilizlere bu sorgulamayla ilgili herhangi bir bilgi vermedikleri anlaşılıyor benden hiç etmediklerinden de eminim. Richard Webb insanı hayrete düşürüyor. Yaptığı şey yüzünden onu seviyorum, ama benim şikâyetim doğrudan onun Londra'daki üstleriyle ilgili.

İngilizlerin de Türk hükümeti gibi bir tepki gösterdiklerini düşünebiliyor musunuz? Bu konunun özü, Süleymaniye'de tutuklanan İngiliz vatandaşının tüm dünyaya bir Amerikan başarısızlığı olarak duyurulması olacaktı. Benim İngiliz olduğumu bilmediklerini iddia

13. http://edition,cnn.com/2003/WORLD/meast/07/15/turkey.us/

edeceklerdi. Tutuklandığım andan itibaren onlara evraklarımı kontrol etmelerini söylememiş miydim, bunu biliyor olmaları gerekirdi. Irak'a girmeden önce tüm kimlik bilgilerimi onlara verdiğim için yaygara kopartmıştım, ama onlar beni baskının yapıldığı yerin yakınında görmüşlerdi; elimdeki "Ankara Hilton" dosyasını görmüşler ve benim Türk Özel Kuvvetleri'nden olduğumu farz etmişlerdi.

İngiltere'ye sessiz kalması tavsiye edildi, İngiltere ve Birleşik Devletler bu konuda sessiz bir anlaşmaya vardılar; çünkü bu konunun sansasyonel bir şekilde savaş çabalarının altını oyma potansiyeli vardı. Bunu bir düşünün; benim davamın duygusal gücü kamuoyundan büyük destek görecekti ve birçok kişi "Çirkin Amerikalı"ya karşı çıkacaktı. Ya da ben durumu yanlış değerlendiriyorum, siz ne dersiniz?

Otelde zor günler

Bütün bunlar olurken, otelde hayata dönüş hem gerçeküstü hem de çok zordu. Devamlı yatak odasında saklanıyordum, dostluk öneren insanlara direniyordum. Sevgi istiyordum ama duygularımı yitirmiş gibiydim, yakınlaşmak isteyenleri uzaklaştırıyordum. Hâlâ serbest bırakıldığımdan emin değildim, beni kelepçeleyerek Irak'a götüreceklerini ve orada zorlu bir sınava tabi tutacaklarını anımsatan şeyler yüzünden zihinsel olarak acı çekiyordum. Halüsinasyon, baş dönmesi nöbetleri, gürültüden nefret etme ve ne zaman dışarı çıksam takip edildiğim korkusunun yanı sıra sıkça gördüğüm kâbuslar yüzünden acı çekiyordum. Ayak parmağım kötü yaralanmıştı, anüsüm hâlâ kanıyordu ve duyma zorluğu çekiyordum. Otelde Amerikalıların misafiri olmaktan nefret ediyordum. İki kişi içeri girdiğinde oturma odasından dışarı çıkıyordum, tetikledikleri anılarla uğraşamıyordum. Saklandığım yeri nasıl işgal edebiliyorlardı? Bunlar gizli ajanlar mıydı? Üniformalarını nerede saklıyorlardı merak ediyordum. Sessizce sıvışıyordum, diğerlerinin artıklarından besleniyordum ve sigara için kül tablalarına saldırıyordum. Çöp kutusundan yiyecek çıkardığımı itiraf ediyorum.

Yuvaya dönüş

Beş ay sonra oğlum Lex'i gördüğümde onu kucaklayamadım. O gelmeden saatler önce, kavuşma anımızı, onun beni kucaklayışını ve beni ağlatmasını zihnimde canlandırmıştım. Onu gördüğümde arkamı dönmek istedim, bu anlam veremediğim bir davranıştı. Memnuniyetimi göstermek için ona Irak'tan iki kutu getirmiştim, onları verdim ama orada neler olduğunu anlatmadım. Yiyeceklere, Irak kumuna, Irak taşlarına, resimlere, haritalara, gazetelere, kitaplara baktık; bunlar bana İngiliz Elçiliği'ndeki "hayranlarım" tarafından getirilmişti. Oğluma turuncu tulumu, kum çuvalını ve diğer eşyaları göstermek, ama kâbuslardan korumak istiyordum.

Bas da bize katıldı. Eşyalar hoşuna gitmiş gibi görünüyordu, ama beni ağlarken görmediler. Tuvalete gidiyormuş numarası yaptım ve banyoda ağladım.

Oğlumun gitmesini istiyordum. Orada bulunduğu süre boyunca kendini çok rahatsız hissetmişti. Sanırım Irak'ta başıma gelen korkunç şeyleri onun bilmesini istemiyordum. Oğlum gittikten sonra, neden ona dostça davranamadığımı anlamadım, üst kattaki banyoya çıktım ve biraz daha ağladım. Irak'tan ona üvey kardeşini getirmemi bekliyordu ama getire getire ona iki kutu getirmiştim.

Oğlumla ilişki kuramayacak kadar yetersiz biri miyim? Çok

Irak'tan ayrıldıktan sonra aralıksız araştırma yaptım. Sayısız yetkiliyle yazıştım. Kızımı bulmaya yardım etmeleri için başvurmadığım yer kalmadı. Bu yazışmalardan elimde bu ajandada isimler, mektuplar ve gittikçeye zayıflayan bir ümit kaldı. Kızım hayatta mı hâlâ bilmiyorum.

acil yardım almam gerekiyordu. Bu yüzden Doktor Ormston'a gittim, yardımı kabul ettim ve kırık ayak parmağımın röntgenini çektirmek için gerekli işlemleri yaptırdım. Ne kadar kötü durumda olduğumu anladı ve randevuyu daha erken bir tarihe alacağına söz verdi.

Şimdi yazacaklarımın sizin için bir anlamı olmayacak, ama bunları yazmam çok önemli! Sevgili dostum, Moncef'in Seksenli Yıllar Barı'nda yaptığın dansı hayatım boyunca unutmayacağım, sen olağanüstü bir insandır. Irak'tan geldiğimden beri ilk kez beni kahkahalarla güldürecekleri için minnettarım. Moncef ve Fransız Marc, doktordan geldikten sonra beni zorla bara götürdüler, alkolü boğazımdan aşağı dökerek beni neredeyse boğuyor, Irak'ı unutmak zorunda olduğumu söylüyorlardı. Kendimi biraz rahatlamış hissediyordum, ama zihnim bir türlü Irak'tan çıkamıyordu, sarhoş olduğumda bile.

Aynı gece geç saatlerde dişlerimi fırçalarken, dişimden küçük bir parça koptu, bu dişim Süleymaniye'de kafama çuval geçirirlerken bir Amerikan askerinin beni tekmeleyip, yumrukladığı zaman yerinden oynamıştı. O zaman aşırı gergin olduğum için bir tepki verememiştim, ama şanslıydım ki güvenli bir yerde kırılmıştı dişim.

Rüya

O gece, Irak'tan döndükten sonra ilk kez rahatlatıcı rüyalar gördüm. Güçlü bir şeyin varlığını hissettiğimde evde yalnızdım, ışıklar doğaldı. Aniden ışıklar tekrar güçlendi, önümde bir adam belirdi. Bu çok ama çok inanılmazdı, önümde beliren adam Cecil Amcamdı, delikanlılığımda birbirimize çok yakın değildik. Üzerinde kalın kahverengi bir ceket, kafasında bir şapka vardı, onun sıcakkanlı mizacının en belirgin özelliği olan gülümsemesiyle beni kucakladı, beni gördüğüne çok sevinmişti. O zamanlar aynı evde birlikte yaşıyorduk, ben yirmi beş yaşındaydım. Bu şekilde hiçbir zaman kucaklaşmamıştık ve bu "ruhsal buluşma", ailemle ruhsal olarak tekrar bir araya gelmem çok önemliydi.

Bu rüya beni pozitif enerjiyle doldurdu, York'ta sokak gösterisi yaptığım yere gitmek için kendimi yeterince güçlü hissediyordum. İyileşmek için bir gösteri daha yapmaya zorladım kendimi. Amerikalılar Irak'ta yaptıkları gibi, bir kez daha kalbimle kendimi ifade etmeme engel olamayacaklardı. Maalesef, Stonegate'e doğru yürürken, kalabalık bir Amerikan turist grubuyla karşılaştım; hepsi bir ağızdan konuşuyorlardı, çıkarttıkları ses elle dokunulabilir gibiydi ve hiç hoş değildi. Korkudan hızla çarpmaya başlayan kalbim beni aceleyle otele geri dönmeye zorladı ve bunun arkasından daha da kötüsü geldi. Oteldeki sığınağıma ulaştıktan sadece yirmi dakika sonra, sanki beni izliyorlarmış gibi karşılaştığım grup gelip otelime girdi. Onların sadece yaşlı turistler olduklarını biliyordum, ama Amerikan aksanını duymak beni gerçekten mahvetmişti. Bas çok düşünceli bir insan, gerçekten harika biri; durumu çok iyi okudu ve neler hissettiğimi tam olarak anladı. Bürodan koşarak geldi ve onların olduğunu söyledi. Onların müzisyen olduklarını söylediğinde kendimi çok iyi hissettim, ama ilk bakışta keman çantalarının içinde ne olduğunu anlamadım. Oturma odasının köşesine çekildim ama duyduğum sesler yüzünden tekrar o karanlık mağaranın içine döndüğümü hissettim.

14 ağustos 05:57

"14 ağustos, saat 05:57 ve hâlâ uyumadım. Uyuyamam. Onlar gidene kadar gözlerimi kapatmayacağım. Üzgünüm çocuklar, üzerinize alınmayın ama sizin gerçekten müzisyen olduğunuzu nereden bileyim? Birleşik Devletler müzisyen kuvvetleri mi? Özel askeri harekât mı? Size nasıl güveneyim? Bu klarnet modifiye edilmiş bir M16 mı? Bütün bu saçmalığın arasında kulaklarıma küçük kuşların şarkısı gibi hoş ezgiler dinlettiğiniz için teşekkür ederim; belki ilerde bütün kuşların sesini duyabilirim, ama şimdilik sadece yüksek sesle ötenleri duyabiliyorum! Kısa süre sonra Amerikalı grup, en az elli kişiler, bu odaya giriyor, benim şu an bulunduğum odaya ve koltukları dolduruyorlar, kahvaltı için hazırlar. Hemen buradan çıkmam gerek. Lanet olası elli Amerikalının yemek yerken çıkarttıkları sesi duymaya tahammül edemem. Lütfen biri bana yardım etsin, burada kendimi çok yalnız hissediyorum. Ama dinleyin, bununla savaşacağım, Bağdat Havaalanı'nda M16'ya baktığın zamanı hatırlıyor musun? Evet. Dinle, sabahın köründe bu Amerikan işgaline karşı tavrım ne olacak? Benim fiziksel yanıtım ne olacak, tam şu anda, Bağdat Havaalanı'nda yere yıkıldığımda aldığım tekmelerin anısı ve diğer bütün saçmalıklar? York Youth Oteli'nde elli Amerikalı için kahvaltı masalarının hazırlanmasında Bas'a yardım etmek! Evet, sadece dört tane bardak altlığı, dört tane peçete, çatal bıçak takımı, sürahiler ve fincanlar, hepsi masalara Amerikalılar için tertemiz ve sevgiyle yerleştirildi! Evet, işte benim yanıtım bu oldu!

Verilecek tek yanıt sevgidir, bunu yapmak zor olsa da. Çok zordu ama başardım."

15 Birleşik Devletler askerine e-posta

Müzisyen Birleşik Devletler Deniz Piyadeleri'nden ilham alarak 50 Amerikalıya gülümsemekten daha dikkate değer bir şeyler yaptım. Evet, onlar kahvaltılarını ederken ben gülümsedim ve Irak'ta bana neler yaptıklarını onlara anlatmamak için kendime hâkim oldum. Yemek salonundan ayrıldıktan sonra internete daldım ve çok daha inanılmaz bir şey yaptım, Bağdat Havaalanı'nda bana muhafızlık eden Birleşik Devletler askerlerinden bazılarına e-posta gönderdim. Nefret ya da öfke kelimeleri kullanmadım, çünkü üç hafta, yirmi dört saat boyunca silahlarını üzerime doğrulttuklarını saymazsak, 1-94 Sahra Topçu Birliği'ndeki çocuklar bana gayet iyi davranmıştı, işin gerçeği bu. Silahların ötesini ve bu genç adamların kalplerinin içini gördüğümü anımsıyorum. Turunculu Mike, Bağdat Havaalanı'ndaki çocuklara dostça bir merhaba demek ve şifa bulmak için 15 ağustosta bir mail gönderdi. Sizin de bildiğiniz gibi, askerlerden birçoğu temas kurmak için bana e-posta adreslerini vermişti, ben de adreslerini "küçük yeşil kitabım"a yazmıştım. Belki bu bir hataydı ama onlara gözaltındayken benimle birlikte çektikleri fotoğraflardan göndermelerini istedim.

E-posta yazmak çok zordu, ama kesinlikle yapılması gereken en doğru işti. İlk malimde fotoğrafların bir kopyasının bende olmamasına üzüldüğümü yazdım. Belki de bunu kullanacağımı düşündüler, hukuksal bir süreçte delil olarak göstereceğimi sandılar! Ben bir tutukluydum, resmimi çekmiş olmaları belki de başlarını derde sokacaktı.

"Beni ele geçirenleri" ödüllendirecek miydim? Kaldığım otelin müdüriyeti, gece kabul görevlisi olarak çalışmamı teklif etti; haftada iki akşam çalışacaktım, bunun karşılığında da ücretsiz konaklayacaktım ve özel bir odam olacaktı. Bir odamın olması benim için daha öncelikliydi, çünkü dokuz kişiyle birlikte bir yatakhanede kalıyordum, bazıları gaz çıkartmada benden çok daha başarılıydı. Zihnimi toparlayabilmem için daha fazla özel alana ihtiyacım olduğunu söyleyen Charles'tan harika bir davranış daha görmüştüm. Özel bir odamın olduğu bir otelde tüm gün boyunca kalacağımı bilmek, bir süre sonra benim için harika bir duygu haline geldi. Kısa süre sonra biraz daha açıldım, daha rahat konuşmaya başladım, özellikle benim öykümle samimiyetle ilgilenen ve beni dinleyen oteldeki üç Güney Afrikalıyla iyi bir ilişki kurabildim. Hassas konulardan onlara söz etmesem de, bazı evrakları gösterdim. Çok şaşırdılar! Zamanla onların yanında kendimi çok rahat hissetmeye başladım; Nick, Mitchell ve Dean'in yanında. Ama bazen soruları çok ağır geliyordu, donakalıyor ve boş gözlerle bakıyordum; yanıt vermiyor, şakayla karışık konuyu değiştiriyordum. Onların hayata bakışlarını seviyor ve onlar kadar rahat olabilmeyi arzuluyordum. Merhaba çocuklar, her neredeyseniz, dinleyerek bana yardım ettiğiniz için size çok teşekkür ederim! İyileşme aşamasını sürdürmek için Richard Webb'e ve Bağdat'taki İngiliz Elçiliği'ne yardım ve konukseverlikleri için birer teşekkür e-postayı gönderdim. Belediye başkanının telefonunu ve büyükelçinin tavsiyesiyle milletvekilinin ismini sordum, bu milletvekilinin Talabani'yle de bağlantısı vardı. O an için örtbas etme şüphelerimi kendime saklıyordum.

Birleşik Devletler askerinden gelen ilk e-posta

Selam Mike,

Senden haber aldığıma ve hayatının yavaş da olsa normale döndüğünü duyduğuma sevindim, dostum. Dışarı çıkmak, benim yerime de eğlenmek ve benim için de birkaç bira içmek zorundasın. Sana neler olduğu hakkında bana bilgi vermek için zamanın olursa ve mayıs haziran ayları arasında Almanya'ya gelebilirsen, birlikte "yarına kalmayacağız" partisi verebiliriz.

Kendine iyi bak kardeşim.

Dostun Çvş. Tom Fremault

Bu adamdan haber almak harikaydı, Bağdat Havaalanı'ndayken bu asker bana çok iyi davranmış ve iki tane "biraya benzer içki" getirmişti. Bölge milletvekilim, Hugh Bayley'le görüşmek için biraz morale ihtiyacım vardı.

Bölge milletvekilimle yaptığım görüşme

15 ağustosta Hugh Bayley'le yapacağım görüşme için tüm evraklarımı, turuncu renkli "savaş esiri" tulumumu, kanlı tişörtümü, kum çuvalımı ve plastik kelepçelerimi yanıma aldım. Bunları bir araya getirmek, onları tekrar görmek ve onları Irak Savaşı lehinde oy kullanmış bir İngiliz milletvekiline göstermeye hazırlamak benim için çok zordu. Irak'tan beri bu eşyaları ilk defa bir

araya getirmiştim; bu canımı çok sıkıyordu ama bunlarla yüzleşmeye kararlıydım. Bölge milletvekilim savaşın lehinde oy kullanmıştı, bu yüzden Abla'nın öldürülmesi ve Sacide'nin yetim kalmasında sorumluluğu vardı.

Alaycı bir şekilde serbest kalmam için yaptıklarından dolayı ona teşekkür ettim, Bağdat'taki İngilizlere telefon ettiğine inanmadığımı yüzüne vurmadım. Basın kendisine bu konuda ne yaptığını sorduktan sonra sadece birkaç telefon ettiğine inanıyordum. Abla, oyuncaklar ve Sacide'yi aradığım konusunda hiçbir bilgisi olmadığını kendisi de kabul etti. Onunla görüşmeye gitmeden önce davamla ilgili hiçbir araştırma yapmamış olması inanılmazdı. Belki de görüşmek için acele ettiğinden hiçbir hazırlık yapamamıştı. Hem kendisi hem de sekreterinin çok aceleleri vardı, 19:00'da başka bir görüşmesi olduğunu hatırlattılar. Bu görüşmenin üst düzeyde ve çok önemli olduğunu tahmin ettim; sonraki görüşmesinin benim davamdan daha öncelikli olduğu ortadaydı. Daha sonra, benden sonra davamla ilgili olarak Tony Blair'le görüştüğünü öğrendim. Sonra tekne gezintisine çıkacakmış, bir nehir partisinde bir arkadaşının emekliliğini kutlayacaklarmış.

Eşyalarımı suratlarına çarptığımda onun ve onun Amerikalı sekreterinin yüzlerini ekşitmesi çok hoşuma gitti. Turuncu renkli tulumu tutmasını ve korkunun kokusunu almasını istiyordum ama bunu reddetti; kollarını göğsünde kavuşturdu, gözaltı evraklarını incelerken kanlı tişörtü, turuncu tulumu, kum çuvalını ve kelepçeleri ortadan kaldırmamı istedi. Evrakları yüksek sesle okurken ben de eşyalarımı torbaya geri koydum, sanki bir çocuğa masal okuyor gibiydi. Soğukkanlılığını kaybetmemeye çalışıyordu ama onu incittiğimi biliyordum. Savaşın zarar verdiği kendi bölgesinden bir insanla yüz yüze kalmış olması beni sevindiriyordu.

Kuzey Irak politikasını geniş bir şekilde özetlerken, söyledikleri hatalı ve gereksizdi, benim "savaşa karşı bir eylem" için Irak'a oyuncaklarla gitmiş olduğunu düşündüğünü açıkça anladım. Adam tam bir aptaldı! Çok öfkeliydim, karşılık beklemediğim bir sevgi adına bütün bu yolculuğu yaptığımı açıkladım. Anlamadı, bu yüzden oyunlarımı çocuklar için sergilediğimi ve birbirlerini sevmelerini istediğimi açıklamaya çalıştım. Beni "küçümsediğinden" hiç kuşkum yoktu, çünkü yaptığım işe burun kıvırıyordu; beni Irak'a sürükleyen sevginin gücünü anlayabilecek bir insan değildi. Çünkü hayata politika gözlüklerinden bakmaya alışkındı. Amerikalıların beni "canlı kalkan" olduğum için uzun süre gözaltında tutmuş olabileceklerine bile inanabiliyordu, benden "şüphelenmiş" olabilirlerdi, Irak'ta beni gözlemiş olabilirlerdi.

Irak'a geri dönmek istediğimi söyledim, zihinsel olarak kendimi toparlar toparlamaz gitmek istiyordum, ama önce Amerika Birleşik Devletleri'ne giderek Sacide'yi bulmak için destek aramak istiyordum. "Yumuşak yaklaşımların" en iyi yol olduğunu söyledi bana, olanlardan sonra Birleşik Devletler'in ahlaki bir borcu olduğunu, bu yüzden yardım etmek zorunda olduklarını söyledi. Öykümün bazı Amerikalı politikacılara çok duygusal geleceğini düşünüyordu, bunun bazı York'lu politikacılar için de çok duygusal olduğunu eklemeyi unuttu! Amerika'ya gittiğimde düzenleyeceğim toplantılara yardım edebilecek Amerikalı politikacılarla tanışmama önayak olmasını istedim. Kabul etmedi ama Amerika Birleşik Devletleri'ndeki "bağlantılarını bir düşüneceğini" söyledi.

"Tutuklama" kelimesini kullanmasına itiraz ettiğimi söyledim. Askeri bir operasyon sırasında, savaş bölgesinde zorla alı konulursanız, bunun adı "tutuklama" değil, "esir almadır" Bay Bayley. Burada park cezasından konuşmuyoruz!

Sekreteri, yardım için Amerikan Sivil Haklar Konseyi'ne başvurmam gerektiğini ve internetten hukuksal danışmanlar bulabileceğimi söyledi.

Benim kim olduğumu kontrol etmeleri için üç hafta gözaltında tutulmuş olabileceğimi düşünüyordu, büyük olasılıkla benim gizli faaliyet yürüten biri olabileceğimi düşünmüşlerdi! Sonunda üst düzey nehir partisine aceleyle koşturmadan önce, Bağdat'taki Geçici Yönetim Konseyi ve Londra'daki Dışişleri Bakanlığı'ndan serbest bırakılmamla ilgili koşulları kontrol edeceğini söyledi. Hayrete düştüm, çünkü bunu daha önce düşünmemiştim. Hugh serbest bırakılmamla ilgili koşullar olabileceğini ima ediyordu! Serbest bırakılmam bu yüzden mi bu kadar uzun sürmüştü? Serbest bırakılmamın karşılığında İngilizler benim Irak'tan ayrılacağım sözünü mü vermişlerdi? Bu sözler beni korkuttu, özellikle Irak'a dönmemin bazı gizli siyasi anlaşmalar yüzünden engellenmesinden korktum. Sevgi yüzünden yapılacak işler politikacılar için korkunç işlerdi. "Birleşik Devletler beni bir "terör listesi"ne ya da ona benzer başka bir saçmalığa soktuysa ne yapardım? Resmimi çektikleri kesindi, vesikalık fotoğrafım her yere dağıtıldıysa ne olacaktı? Kara listede miydim? Beni hâlâ takip ediyorlar mıydı? Ne olursa olsun, ne siyasi ne de askeri bir saçmalık beni durdurulabilir" diye yazdım.

Ertesi gün milletvekilini gördüğüm zaman çektiğim acıdın tadı hâlâ ağzımdaydı. Kırılmış dişimden bir parça daha koptu. Bir gün sonra e-posta adresim yok oldu. Evet, Irak'taki Birleşik Devletler askerlerine, Ankara'daki Birleşik Devletler Büyükelçiliği'ne, Bush ve Cheney'e e-posta gönderdikten bir gün sonra e-posta hesabım çöktü. Birkaç hafta boyunca çalışmadı, bir şekilde yasaklanmış olduğum sonucuna vardım. Bu konuda daha fazla şey yazamam; ayrıntıları veremeyeceğim.

E-posta hesabımın çöktüğünü fark etmeden hemen önce, Hull'u bir kez daha telefonla aradım ama her zamanki gibi hiçbir gelişme olmadı. "Artık ailesinin bir şeyler öğreneceğini ve Kürt televizyonunda bu öyküye epey geniş bir yer ayrılmış olması gerektiğini biliyordum. Peki Kürt televizyonu bir İngiliz'in tutuklandığından da söz etmiş miydi?" diye yazdım.

Bölge milletvekilimden ayın 24'ünde aldığım mektup dikkate değerdi. Benim "serbest bırakılma koşullarımla" ilgili olarak Dışişleri Bakanlığı'yla temasa geçtiğini iddia ediyordu, bir kez daha "esir alma" tabirini kullanmadan, yapmayı düşündüğüm yolculuk için, "önceden tutuklandığım için seyahat etmemim yasaklanmış" olduğunu söylüyordu! "Ortadoğu Masası"ndaki bir yetkili, Ortadoğu ülkelerinin çoğunda, daha önce tutuklanmış birinin ülkeye tekrar girmesinin çok zor olduğunu söylüyor. "Yine de, Irak'ta yerli bir hükümet kurulmamış olduğu için aynı yasaklamaların uygulanıp uygulanmayacağı belli değil. Irak'a dönmeye karar verirseniz, İngiliz ya da Birleşik Devletler güçleri tarafından tekrar tutuklanma tehlikeniz olabilir" diye yazmış. Görüştüğümüzde konuştuğumuz şeyleri dinlemediği açıktı, onun ilgisi daha yat partisine yoğunlaşmış durumdaydı! Onunla randevum zaten on beş dakikaydı, adam beni görmeden önce tam kırk beş dakika beni kabul etmesini beklemiştim. Kapı açıktı ve konuştukları her şeyi duydum. Hugh Bayley kasıtlı olarak benden önceki görüşmesini uzatmış, bu yüzden de bana çok az zaman ayırmıştı, bu konunun kendisi için ne kadar "hassas" olduğunu çok iyi biliyordu. Beni Irak'tan uzak tutmak için korkutması gerektiğini mi düşünmüştü? Alçak!

24 ağustosta Bağdat'taki İngiliz Büyükelçiliği'nin "inandırıcı bir tehdit"ten sonra tahliye edildiğini öğrendim. 19 ağustosta tahliye edildiklerini anladım ama bundan kesin olarak emin değilim. Orada bulunduğum sırada bulunduğum yerin ne kadar tehlikeli olduğunu yazmıştım, buraya bir saldırı düzenlenmesi kaçınılmazdı. Bütün diplomatların, güvenlik görevlilerinin ve sözleşmeli çalışanların, Geçici Yönetim Konseyi'nin "güvenli bölgesine" yerleşti-

rildiklerini okudum, buraya artık "Yeşil Hat" ismini veriyorlar.[14]

O akşam kâbuslar görmeme büyük olasılıkla bu haber neden oldu. Televizyonda Irak'la ilgili bir mülakat veriyordum ama hiç kimse beni dinlemiyordu, çok ağır hastaydım ve birkaç saatlik ömrüm kalmıştı. Röportajı bitirmeden önce bana davamla ilgili bir şey dinlemek istemediklerini söylüyorlardı! Daha sonra, derin ve karanlık bir mağaranın içine batıyordum, Sacide de yanımdaydı. Çok soğuktu ve ıslaktı; "canavar" bir yerlerde gizleniyordu ama onu göremiyordum. Kızıma sımsıkı sarılıyordum. Aşağıya doğru uzanan bir zinciri kullanarak ikimizi de yukarı çekiyordum ve güvenliğimizi bir şekilde sağlıyordum. Biz güvenliğimizi sağlayınca canavar kükrüyordu. Kükremesi hâlâ kulaklarımda çınlıyor.

Cevapsız sorular

Binlerce kez 4 temmuzda ve hemen sonrasında olan olayları düşündüm, bana yaptıklarını ve olayların inanılmazlığını bir türlü kabullenemedim. Büyük olaylar insanı fena yaralıyor. Neden Birleşik Devletler ve İngiltere benim tutuklandığımı dünyaya duyurmamıştı? Neden üç hafta boyunca 24 saat silahlı muhafızların gözetimi altında tutulmuştum? Neden 173'üncü Hava İndirme Tümeni pasaportumun sahte olduğunu söylemişti? Neden benim Türk Özel Kuvvetler komutanı olduğumu düşünmüşlerdi?

"Bazen çıldıracak gibi oluyorum. Artık aklım başımda değil. Bu karmaşayı idare edemiyorum. Yardıma ihtiyacım var. Bir şeyden eminim, bir aydan fazla süreden beri 'evde' olduğumu düşünüyor olsam da, bütün bu olanların anısı çok taze. Bunları asla unutamam, ama İngiltere'de yaşamakla ilgili düşüncelerim karmakarışık ve hâlâ baş dönmesi nöbetleri geçiriyorum; kâbuslar görüyorum ve başka bir sürü şey. Helikopterlerden ve ani gürültülerden nefret ediyorum. Mermi ve silahları televizyonda görmekten bile nefret ediyorum, çok canım sıkılıyor, bu yüzden donup kalıyorum. Bazen patates ya da mısır cipslerinin ambalajlarını açamıyorum, fasulye konservesinin kutusunu açamıyorum, hatta muslukları bile açamıyorum bazen. Orada öylece dikilip kalıyorum, akıl hastanesinde 'güvenli bölge'de duran bir hasta gibiyim. Bu beni ve bunu gören insanları çok korkutuyor. Tamamen bomboş oluyorum, ne yaptığımı bilmiyorum, nerede olduğumu ve hatta kim olduğumu bile bilmiyorum. Kendimi ölmüşüm gibi hissediyorum; hayatta mıyım yoksa bir rüya âleminde miyim emin değilim. Bazen şehirde yürüyor ve ne

14. http://news.bbc.co.uk/2/hi/middle_east/3175513.stm.

yaptığımı hatırlamıyorum, çünkü anlık hafıza duygum silinmiş. Ama Irak pisliği kafamda hâlâ çok net. Bu neden benim başıma geldi? Özellikle Sacide, Maisy ve Lex'le birlikte İngiltere'de yaşacağımız hayatı düşündüğüm zamanlarda kendimi iyi ve harekete geçmeye hazır hissediyorum. Röntgen çektirmek için hastaneye gittiğimi hatırlayamıyorum ama doktorum rontgen sonuçlarını bana gösterebiliyor. Bu çok ürkütücü, çünkü birini öldürürsem sonradan bunu hatırlamayacağım. Neden bu olay benim başıma geldi? Neden bilmiyorum ama tatlı bir yağmur bana neşe veriyor, dışarı koşuyorum ve yağmurun altında dans ediyorum. Benim delirdiğimi düşünüyorlar ama hiçbir şey bilmiyorlar." 7 eylülde bunları yazdım.

Anılarla yüzleşmek

Ertesi gün tehlikeli bir girişimde bulundum. Kendimi ve diğerlerini büyük bir tehlikeye atabilirdim; Birleşik Devletler ordusu tarafından gözaltında tutulduğum sırada yazdıklarıma sonunda bakabildim. Bu büyük bir andı, sürekli sigara içip volta atarak saatlerce yazdıklarımı düşündüm. Sonra hareketsizce oturdum, bir an için akıl hastanesine geri dönmüştüm, önümde duran kahverengi zarfa gözlerimi dört açıp baktım, sanki zarfın içinde ölüm tarihim yazıyordu. Zarfı açamadım. Zarfın içindeki korkuyu hissedebiliyordum, gözlerimi bile kırpmadım. Sonunda yumruğumu masaya vurdum, zarfı açtım ve kötü bir el yazısıyla yazılmış notları okumak için tuvalete koştum. Bunun kâbus gibi olduğunu itiraf ediyorum, tekrar o karanlık mağaranın içindeydim. Bir kez daha canavarın sesini duydum. Yazdıklarımı gördüm, kendi kelimelerimi okudum ve Irak'ın kokusunu aldım, sanki Alaaddin'in sihirli lambasından çıkan cinin şeytani bir versiyonunu serbest bırakmış gibiydim. Alçak boğazımı sıkıyordu. Bütün gücümü kullanarak onu tekrar zarfın içine sokmak zorundaydım, yoksa beni gitmek istemediğim bir yere götürecekti. Tuvaletin kapısını tekmeledim, Kral Kobra gibi tükürdüm. Neredeyse notlarımın tamamını yırtacaktım. En az dört kez kafamı kapıya vurduğum için kafam çok kötü yaralandı ve biraz kanadı. Gözyaşları içinde yere yığıldım.

Sesimi duyurmalıydım

Eylülün başında, sonunda Associated Press Ajansı'nın benim Ankara'da yaptığım basın toplantısını haber yaptığının kanıtlarını buldum. İnternette yazan bir haberde Associated Press Ajansı kaynak gösteriliyordu. Metinde Sacide ve Abla'yı aramak ve Irak'a girmek için Türk hükümetinden izin aldığım yazıyordu, ayrıca oyuncaklardan da söz ediliyordu. Tek amacım, tüm dünyanın Irak'a neden gittiğimi bilmesiydi, aksi takdirde her şey boşa gitmiş olacaktı; basın benim tek hayat sigortamdı. Amerikalılar sürekli benim kim olduğumu ve neden Irak'ta bulunduğumu soracaktı. Irak'a gitmeden önce Associated Press Ajansı'nın bunu haber yaptığını biliyordum, böylece ileri sürdükleri şeyleri kanıtlamaları epey zor olacaktı. Bunu keşfettiğim zaman çok sevindim, Süleymaniye'den telefon ettiğim de John Giles bu haberden söz etmişti, bu da düşüncelerimi onaylıyordu.

Türk hükümetiyle temasa geçtim

Mark, hikâyemi okuduktan sonra bir Türk gazetecinin benimle temasa geçmek istediğini söyledi. Bu gazeteciye güvenmem konusunda ısrar etti, bu gazetenin konuyla ilgilenen ilk gazete olduğunu söyledi. Bunun Sacide'yi bulmama yardım edip etmeyeceğini merak ediyordum. Gazeteciyle görüştüğünü ve benim onunla görüşeceğimi söylediğini anlattı. Onun ricasını reddetmek için bir neden bulamadım. 4 temmuzda neler olduğunu yazmamı istedi, yazdıklarımı Türk gazetesine kendisi yollayacaktı. Bunu yapamazdım çünkü benim için çok zordu, bu yüzden Mark bunu kendisinin yazacağını söyledi; benim anlattıklarımı temel alarak bazı kuşkularını da metne ekledi. Bunun benim için bir mahsuru yoktu ama bu ölümcül bir hataydı, çünkü gazeteci olmak isteyen Mark her şeye çok uzaktı ve İstanbul'daki bu gazeteciye gönderdiği metin hatalarla doluydu. Ne yazık ki benim davam Mark'ın babasıyla olan ilişkisini düzeltme şansıydı, Mark'ın babası Kanadalı ünlü bir gazeteciydi ve oğlunun orduya katılma kararını hiçbir zaman desteklememişti. Bu babasıyla arasını düzeltmesi ve onun onayını alması için tek şansıydı.

Bugün yaptıkları yüzünden Mark'ı eleştiriyorum, ama bunu bana bir an önce yardım edilmesi için yaptığını da biliyorum, yardım beklerken sadece Mark vardı! Sorduğu sorulara yanıt vermem çok zordu. Bazen travmatik oluyordu, ama sonunda yüklü miktarda esrar ve biranın yardımıyla bunu bir düzene sokabildi. "Sorgulamasından" sonra, birkaç saat sürmüştü, birkaç sayfalık bir metin çıkarttı ve göndermeden önce metni kendisinin tekrar düzelteceğini söyledi. Yaptığı iş onu mutlu etmişti ama ben ne yaptığımı çok sonra fark ettim. "Yüzümü göstermemiştim" ve duygusal davranmıştım, ama "Türk kardeşlerime" yardım etmek için bir şeyler yapmak istiyordum. Onların çetin sınavlarının da bilinmesini istiyordum, Mark'a biriyle konuşmadan önce, Türk hükümetiyle temasa geçmemizin daha iyi olacağını söyledim. Ayrıca Türk devleti, 13 haziranda sınırı geçmeme izin vererek bana büyük bir insaniyet ve merhamet göstermişti. Olayların bir özetini duyma hakkı öncelikle onlara aitti. Mark, Türkiye Cumhuriyeti Dışişleri Bakanlığı'nda görevli Alp Ay'a bir e-posta göndereceğini söyledi; bunu tam olarak kontrol etmedim çünkü yine taş kesilmiştim. Mark'ın söylediklerimi eksiksiz olarak yerine getireceğini düşünerek ona güvendim.

"Türkiye Cumhuriyeti Dışişleri Bakanlığı ve diğer yetkili kurumların dikkatine ve denetimine, bu metinde yaşanılan olayları anlatıyorum. Amacım, Türk hükümetini bilgilendirmek. Gerekli görürseniz Sayın Recep Tayyip Erdoğan, Sayın Abdullah Gül ve Sayın Hilmi Özkök'e de bu metnin bir kopyasını ulaştırırsanız çok sevinirim. Henüz konuşamadığım daha fazla bilgiye sahibim Bu bilgiyi kişisel olarak Türk hükümetine göndermeniz beni çok mutlu edecektir. Metinde sizlerin de yararınıza olabilecek hassas bilgiler mevcut. En kısa sürede Türkiye'ye gelmek ve olanlar hakkında hükümetinizi tam olarak bilgilendirme fırsatını yakalamak için uğraşıyorum. Şu an Beyaz Saray'da lobi çalışması yapmak üzere Amerika'ya gitmeye hazırlanıyorum; kayıp kızımı bulmam için Amerikalıların bana yardım edeceğini ümit ediyorum. Bunu reddederlerse, böyle yapacaklarından şüpheleniyorum, Kuzey Irak'ta olduğuna inandığım kızımı bulmam için Türk hükümetinin bir şekilde bana yardım edeceğini bilmek, benim için inanın çok değerli olacaktır. Bu konuyu Ankara'ya geldiğim zaman tam olarak konuşabileceğimizden eminim" diye yazdım.

Mark sonra aynı metni İstanbul'daki gazeteciye gönderdi. Metni kontrol etmeliydim ama yapamadım, çünkü bir kez daha Aladdin'in sihirli lambasındaki cin dışarı çıkmış ve boğazıma sarılmıştı. Sizi korkutan bir şeyi yapmayı güvendiğiniz birine bırakmak çok daha kolaydı. Mark bu önemli bilgilerin bana ne kadar acı verdiğini yüzüme baktığında bile rahatça görebiliyordu. Metni kontrol etmedim, bunu neden yaptım hâlâ bilmiyorum.

Ankara'daki Birleşik Devletler Büyükelçiliği'nde görevli Aldo Sirotic'e de bir e-posta gönderdim. Daha önce gönderdiği yanıtı e-postayı bana yeniden göndermesini rica ettim ve 4 temmuzda Irak'ta Türklerle birlikte esir alındığımı ona hatırlattım. E-posta adresim hâlâ çalışmadığı için bana e-posta gönderip göndermediğini bilmiyordum. "En kısa sürede sizden haber almayı ve kızımı bulmam için Birleşik Devletler'in bana yardımcı olmasını bekliyorum. Teşekkür ederim" diye yazdım.

Sonra milletvekili Ann Clwyd geldi. Ann Clwyd, hem İngiltere Başbakanı Tony Blair'in "Irak İnsan Hakları özel temsilcisiydi, hem de İngiltere'nin Irak Büyükelçisi Christopher Segar bana onu tavsiye etmişti. Büyükelçi, Ann Clywd'in Kuzey Irak'taki bağlantılarında da söz etmişti. Büyükelçi, Ann Clwyd'nin Celal Talabani'yi çok iyi tanıdığını –bu adam Saddam'dan sonra Irak devlet başkanı olmuştu– Irak'ta çok sayıda bağlantısı olduğunu, bir telefonla her şeyi yoluna koyabileceğini ve Sacide'yi ararken bana çok büyük yardımı dokunacağını söylemişti. İşçi Partisi aracılığıyla ona e-posta gönderdim, Irak'taki İngiltere büyükelçisinin bana yardımcı olabileceğini söylediğinden bahsederek kısaca davamla ilgili bilgi verdim.

Bağdat'taki El Refai'ye başka bir e-posta gönderdim, birtakım umut dolu dualar ediyordum. E-posta başarıyla gönderilemedi, Kürdistan TV ve Beatrice Apostolico'ya gönderdiğim e-postalar da gitmedi. Yanıt vermesini beklemediğim biri de Kürdistan Demokrat Partisi'nden Safeen Dizayee'ydi, ama ona gönderdiğim mailler başarıyla gitti. Daha önce gönderdiğim e-postalara hâlâ yanıt vermemişti, bu yüzden ona durumu takip ettiğimi gösteren bir e-posta gönderdim ve eğer istiyorsa olayın tüm metnini kendisine gönderebileceğimi yazdım. Geçmişte e-postalarıma çok çabuk yanıt verirken bu sefer sessizliğe gömülmesi beni çok şaşırttı. Politikacılara güven olmuyor!

E-postayla verdiğim yanıta Hugh Bayley'in epeyce sinirlendiği açıkça belli oluyordu, yine de ona yazmak çok eğlenceliydi!

> Neden "İngiliz ya da Birleşik Devletler güçleri tarafından tekrar tutuklanacağımı" düşündüğünüzü bir türlü anlayamıyorum. Bir şeyi açıklığa kavuşturmak zorundayım, Irak'taki kızımı aramamdan beni caydırabilecek hiçbir koşulu kabul etmeyeceğim. Benim başıma gelenler mide bulandırıcı ve insanlar bunu bilmek zorunda. Sizin de söylediğiniz gibi, hiçbir endişem yok, Irak'a seyahat etmem yasaklanmış olabilir, çünkü en sert askerlerin bile bir kalpleri olabileceğini gördüm ve bunu biliyorum. O sert askerlerin de çocukları var, bu yüzden onların da benim bu kötü durumumla ilgileneceklerinden eminim. Amerika Birleşik Devletleri'ndeki bağlantılarınızla görüşebildiniz mi diye soracaktım; bunu kabul etmiyorum. Bush yönetiminin kızımı bulmasına yardım etmesi için lobi faaliyeti yürütmek ve basına mülakat vermek için Amerika Bir-

leşik Devletleri'ne gitmeye niyetim var. Bu konuda bana verebileceğiniz destek benim için çok değerli olacaktır.

Ann Clwyd'a iletilmek amacıyla Welsh İşçi Partisi'ne e-posta gönderdim. Onun Kuzey Irak'la olan bağlantılarını biliyorum ve yardımcı olabilir diye düşündüğüm için onu bilgilendirmek istiyorum.

Bu konuyla ilgili olarak bana yardımcı olursanız memnun olurum, teşekkürler" diye yazdım.

"Ama bu politika saçmalığı beni çok rahatsız ediyor. Amerika Birleşik Devletleri'ndeki Demokratların yardımını almak için "siyasi iltimas" kullanmak hoşuma gitmiyor. Ama bunun Sacide'ye bir faydası dokunacaksa, Mark'ın da söylediği gibi, başka bir seçeneğim yok. Politika her şey, bense bir hiçim ve kayıtsız şartsız bir sevgiden başka elimde hiçbir şey yok; tamamen farklı konular. Ne yaparsam yapayım, gerçeği dile getirdiğim için insanlar benim politikacılara zarar vermeye çalıştığımı düşünecek, ama benim tek bir isteğim var: O da Sacide. Irak'la ilgili haberleri izleyemiyorum, hâlâ helikopterlerden nefret ediyorum. Annemin ve babamın bana yardım etmelerini isterdim, ama Mark'tan başka hiç kimsem yok. Bazen Mark'ın bunu gazetecilik kariyeri için yaptığını düşünüyorum. Güzel şeyler söylüyor ama.

11 eylül akşamı başka bir kâbus görüyorum, rüyamda Dicle Nehri'ni yüzerek geçmeye çalışırken bir Amerikan helikopteri tarafından vuruluyordum; büyük olasılıkla "kaçışımdan sonra" İngiliz Büyükelçiliği'ne sığınacaktım.

Çok rahatsız bir şekilde uyandım, nerede olduğumu bir türlü anımsayamıyordum. İsmimi bir kâğıda yazabilirim umuduyla yazmak için kendimi zorladım.

"Şu an nerede olduğumu hatırlayamıyorum. Bu çok ciddi bir şey. Neredeyim ben? Tekrar yoldan çıkmak üzereyim. Tuvalete koştum ve aynaya baktım. Biri bana ismimi seslenerek, her şey yolunda mı diye sordu. Yüzüme su çarptım ve şimdi kendimi daha iyi hissediyorum. Birkaç dakika boyunca kendimi kaybettim, sahip olduğum lanet olası her şeyi kaybettim. Hiçbir şey hakkında, hiçbir bilgim yok. Hiçbir şey hatırlamıyorum, sadece büyük bir boşluk. Bu saçmalığı kontrol edemiyorum. Ben tamamen bu boşluğu yaşarken bir İngiliz, belki de Birleşik Devletler uçağı kafamın üzerinden geçti ve her şeyi daha da kötüleştirdi. Bu uçağa ve bütün askeri saçmalıklara küfrettim. Radyolarına ve tamamen bir saçmalık olan televizyon kanallarına da sinirleniyorum. Hepsi tam bir saçmalık. Hemen bir şeyleri tekmelemeliyim, hemen, hemen. Bunu söylemek istemiyorum ama birilerini öldürebilirim. Bunu yazmam gerçekten çok üzücü ama doğrusu bu" diye yazdım.

Aldo Sirotics'in kıymet bilen yanıtı çok hızlı geldi, ama kelimeleri öyle değildi. E-postasında Amerikan askerleri tarafından esir alınmamdan ya da Sacide'yi bulmak için Birleşik Devletler'in yardım edeceğinden de hiç söz etmiyordu. Çok sinirliydim, kontrol edemeyeceğim bir şiddet gösterisine başvuracağımdan endişeleniyordum. Sorularımın hepsini görmezden gelmişti, sadece Irak'taki Ian Reakes'le temasa geçmemi öneriyordu; Ian Reakes benimle birlikte Bağdat Havaalanı'na gelmişti.

Şu yanıtı verdim:

Sevgili Aldo,

4 temmuzda Amerikan ordusu tarafından Süleymaniye'de Türk Özel Kuvvetleri'yle birlikte esir alınmamla ilgili olarak yazdığın e-posta için teşekkür ederim. Sayın Ian Reakes'in ismini vererek Irak'taki İngiliz Büyükelçiliği yetkilileriyle temasa geçmemi öneriyorsun. 25 temmuzda serbest bırakıldım ve altı gün boyunca İngiliz Büyükelçiliği'nde tutulduktan sonra bunun bana ne gibi bir faydası olacak? Bay Ian Reakes'le elçilikte tutulduğum zaman boyunca defalarca görüştük; aslına bakarsan onunla görüşürken yanında dört tane de yakın koruması vardı. 1 ağustosta eve döneceğim uçağa da beni bu korumalar bindirdi. Efendim, bu konudaki esas mesele, İngiliz askerleri tarafından değil, Amerikan güçleri tarafından esir alınmış olmam, bu yüzden sorumun İngiltere'den değil, Amerika Birleşik Devletleri'nden yanıtlamasını arzu ediyorum. 4 temmuz olayını araştırmak için kurulan Birleşik Heyet'le nasıl temas kurabilirim? Türkiye Cumhuriyeti Dışişleri Bakanlığı'na 28 sayfalık bir bilgilendirme metnini yeni gönderdim ve basının da dahil olduğu bir dizi görüşme yapacağım Türkiye'ye kısa süre içinde gitmeyi umut ediyorum.

Çocuğumu aramamda Birleşik Devletler'in bana ne tür bir yardımı dokunacak? Şu an en önemli konu bu. İletişim kurabileceğim isimler verebilir misiniz? Sayın Bush ve diğer devlet yetkililerine e-posta gönderdim, ama gönderdiğim e-postaları okumadıklarını tahmin ediyorum. Normal mektup göndermem daha mı iyi olur acaba, ne dersiniz?

En derin saygılarımla efendim, bu konu bir an önce çözüme ulaştırılmalı, çünkü kızımın hayatı tehlikede ve Amerikan güçleri tarafından esir alınmam kızımı bulma şansıma çok zarar verdi.

Saygılarımla,
Michael Todd

Birleşik Heyet'e atıfta bulunduğumu gördünüz; Amerikan ve Türk araştırma grubu 4 temmuz krizinde neler olduğunu ortaya çıkartmak için kuruldu. Sizin de anlayacağınız üzere, araştırmanın hâlâ sürdüğünü düşünüyordum; ama tüm dünya benim esir alındığımı öğrenmeden önce araştırma mutlu bir şekilde ve hiçbir şeyden habersiz sona erdi. Bu heyetin benimle de görüşeceğine gerçekten inanıyordum ve olanları tarafsız (Türk olmayan) bir tanıktan öğreneceklerdi.

Sonuçsuz girişimler

11 haziranda Ankara'daki Amerikan Büyükelçiliği'ni ziyaret ettikten sonra, Aldo Sirotic Koalisyon Geçici Yönetimi'nden birilerine ve Irak'taki diğer Birleşik Devletler askeri ve insani kuruluş görevlilerine e-posta gönderdi. Irak'ta başıma gelenlerden sonra büyük olasılıkla bu e-postaları göndermemiş olmayı arzu ederdi; çünkü Amerikalıların beni esir almaları bütün yaptıklarının saçmalık olduğunu gösteriyordu; Irak'a gideceğimi ve gitme nedenimi hepsi biliyordu. Onun e-postaları, Amerikalıların benim Irak'a gideceğimi ve gitme nedenimi bildiklerinin kanıtıdır! İletişim kuracağım isimleri Aldo Sirotic bana e-postayla göndermişti, 13 eylülde Robert Genkinger, Lawrence Pickett, Cameron Sellers, Marciel Scott, William Butcher, Kuzey Takımı ve Kuveyt'teki HOC'a (Humanitarian Operations Center) e-posta gönderdim. Bütün bu insanlara Türkiye'deki Amerikan Büyükelçiliği tarafından çocuğumu bulmak için Irak'a gideceğim ve Iraklı çocuklara oyuncaklar dağıtacağım konusunda bilgi verilmişti. Aşağıdaki e-mai her bir alıcıya gönderildi.

Sevgili Beyefendiler,

11 haziranda Ankara'daki Birleşik Devletler Büyükelçiliği'nden şahsım ve kayıp kızımı bulmak için Irak'a yapacağım seyahatle ilgili ayrıntılı bilgi aldınız. Bu konuyla ilgili olarak başıma neler geldiğini bilmiyorsunuz, kısa süre içinde Washington'u ziyaret ederek olanları orada da tartışmaya açacağım; Irak'ta büyük bir şeye karıştım.

Ben İngiliz vatandaşıyım, Iraklı kız arkadaşım savaş başladığı sırada öldürüldü, Bağdat'ta doğmuş bir kızım var. Daha önce hiç görmediğim kızımı bulmak ve aynı zamanda bir sevgi hediyesi olarak Iraklı çocuklara dağıtmak için yanımda oyuncaklarla Irak'a gittim. 4 temmuzda, Süleymaniye'de yolda yürürken Kürdistan Yurtseverler Birliği ve Birleşik Devletler askerleri tarafından esir alındım, çünkü Türk

Özel Kuvvetleri'ne düzenlenen çirkin bir operasyonun yakınlarında bulunuyormuşum. Türklerle birlikte tutuldum ve önce Kerkük Havaüssü'ne, sonra da 3 hafta boyunca 24 saat silahlı muhafızların gözetiminde tutulduğum Bağdat'a götürüldüm. "Savaş esiri" olarak zorla alıkondum, bunun nedenini bilmek istiyorum.

Elbette ki bu hoş bir deneyim değildi. Birtakım ciddi soruların yanıtlarını merak ediyorum. Irak'ta kiminle konuşmalıyım? Koalisyon Geçici Yönetimi'nin e-posta adresi nedir? Beni 173'üncü Hava İndirme Tümeni'nin esir aldığına inanıyorum, bu doğru mu? Bu olayın soruşturulmasını nasıl sağlayabilirim? Bu olayı araştırmak için bir Birleşik Heyet kurulduğunu biliyorum, orada kendimi nasıl temsil edebilirim? Neden bu kadar uzun süre savaş esiri olarak alıkondum? Neden Birleşik Devletler Ordu Basın Bürosu, basına (Associated Press Ajansı, vs) bir İngiliz vatandaşını esir aldığını haber vermedi? Türklerin esir alınmaları basına bildirildi, ama hiç kimse benim de esir alındığımı bilmiyor. Neden?

Bölge milletvekilim gerekli işlemleri yapıyor. Ben ziyaretim sırasında öncelikli olarak Birleşik Devletler senatörleriyle ve diğer yetkililerle temas kuracağım. Bütün isteğim bazı yanıtlar bulmak, özür dilenmesini beklemek ve kızımın bulunması için yardım istemek; bunları dostluk ruhu adına istiyorum. Lütfen beni, sadece kızını önemseyen sakin ve anlayışlı bir insan olarak bilin; ben gereksiz yere sorun çıkartan biri değilim!

Birleşik Devletler hükümeti kızımı bulmak için Irak'ta bana yardım edecek mi? Yanıt evetse, bu hikâye mutlu sonla bitecektir, eminim bu basının da çok hoşuna gider.

Hepimiz mutlu sonlardan hoşlanırız diyerek, sizden en kısa sürede haber almak dileğiyle!

Saygılarımla,
Michael Todd

Yedi kişiye gönderdiğim bu e-postaya şimdiye kadar hiçbir yanıt almadığımı lütfen not edin.

Tek isteğim kızımı bulmaktı

Neyse ki, Mark'ın İstanbul'a gönderdiği hatalı metin, meçhul, az sayıda basılan siyah beyaz bir gazetede yayınlandı. Ayrıntılarına fazla girmek istemiyorum ama Mark'ın hataları, çeviri aşamasında da katlanarak büyüdü, haberi okuyanlar Abla'nın benim eşim olduğuna inandı ve buna benzer şeyler. Türk gazeteci, Mark'ın kelimelerini kendisine göre değiştirmiş miydi? Ben mutlu değildim ama

Mark mutluydu; değişik haber sitelerine teklifte bulunduğunu söyledi. Buna bir son vermesini söyledim, bana kızımı bulmayı ne kadar istediğimi sordu. Ne yanıt verebilirdim ki?

Bu gazetenin bana gönderdiği e-postayı görünce alarm zilleri çalmaya başladı, Türkiye'ye gelmemi ve "savaş karşıtı harekete sesimle destek vermemi" istiyorlardı. Bunlar akıllarını mı kaçırmıştı? Benim Irak'taki görevimin politikayla hiçbir ilgisi yoktu.

"Sacide bütün bu politika saçmalıkları yüzünden bu haldeydi; bu politika kaçıkları yüzünden aklımı kaybetmek üzereydim. Mark bu gazete işini eline yüzüne bulaştırmıştı, insanlar artık benim savaş karşıtı olduğumu düşünüyor" diye yazdım, ama artık çok geçti, zarar çoktan verilmişti. NBC'nin Londra'da bana "savaş karşıtı" olup olmadığımı sorduğunu anımsıyorum. Birleşik Devletler istihbaratı bunları öğrenirse, benim savaş karşıtı olduğuma çok daha kolay inanacağı ortadaydı.

Bu konu hakkında çok endişeli olduğumdan bu gazeteyle ilgili bilgi almak için Barbaros'u görmeye gittim, onun yaptığı yorumlar beni daha da endişelendirdi. Gazetenin radikal solcu olarak tanındığını, savaş karşıtı olduklarını, hükümet tarafında sevilmediklerini, muhabirlerinden birinin şüpheli bir şekilde öldürüldüğünü söyledi. "Çok kötüydü. Bunu nasıl bilebilirdim? Kafam yürüttüğüm diğer saçmalıklarla doluydu ama bunu yapmamalıydım, Mark bu yüzden bana yardım etmiyor muydu? Politikaya ve savaş karşıtı saçmalıklara lanet olsun, ben sadece kızımı istiyorum.

"ABD ordusu asla özür dilemeyecektir"

Ayın 28'inde, Los Angeles'taki birinden Amerika'yı ziyaret etmemle ilgili olarak beni uyaran bir e-posta aldım.

> Öykünün burada hoş karşılanmayacağı konusunda seni uyarıyorum ve iktidar seni susturmak için elinden geleni yapacaktır, belki seni tekrar esir bile alabilirler. Ne olursa olsun, turuncu renkli tulumu ve bazı evraklarını sakın getirme. Her ne pahasına olursa olsun, Bush yönetimi senin hikâyeni ezecektir, çünkü önümüzdeki yıl seçim yapılacak.
>
> Kamuoyunun senin hikâyeni öğrenmesinin hayati önemi var, hapishane hücresindeyken mülakat vermen mümkün olmayacaktır! İnan bana Michael, bu senin için çok tehlikeli. Sadece kızını ararken bizim çocuklar tarafından esir alınman ve üç hafta boyunca silahlar üzerine çevrilmiş durumda alı konman Bush ekibinin kamuoyuna duyurmak istemeyeceği türden bir hikâye. Birleşik Devletler ordusu asla "özür dilemeyecektir". Bu yüzden ben özür dileyeceğim; sana yap-

tıkları şeyler yüzünden senden çok özür dilerim! Sözün kısası Michael, umarım iyi olursun ama buraya gelir ve çok fazla gürültü çıkartırsan, korkarım ki seni tutuklayacaklar.

Saygılarımla,
Curly Brown (Los Angeles)

E-posta kötü anılarımı ve korkunç kâbuslarımı depreştirdi, kalbim sıkışıyordu. Danışmanlığın sağladığı bütün iyi gelişmeleri silip süpürdü. Hem annem hem de ben, Irak'ta Birleşik Devletler ordusu tarafından esir alınmış ve bir kamyona fırlatıp atılmıştık. Annemi korumak için onun önüne oturmuştum, annemin ayaklarının dibinden ayrılmayı reddediyordum ve ona zarar verecek askeri öldürmeye hazırdım. İkimiz de turuncu tulumlardan giymiştik. Bir şekilde bir mektup göndermek için ben kaçtım, neden olduğunu anlamasam da uyandım, çok acı çekiyordum. Duvarı yumrukladım ve yastık kılıfını dişlerimle parçaladım, bir askerin bacağını dişlerimle parçaladığımı düşünüyordum. Attığım çığlıklarla bir sürü insanı uykusundan uyandırdım, neler olduğunu görmek için odama geldiler. Arkadaşlarım beni sakinleştirmek için su ve sigara verdi; kötü hastalanmıştım, ağlamak için üst kattaki tuvalete koştum, bir saatten fazla bir süre kapıyı açmayı reddettim. Mark kapının altından esrarlı bir sigara attıktan sonra dışarı çıkabildim.

Şu an tek başıma ağlıyor ve gördüğüm kâbusu hatırlıyorum.

Bu kâbustan sonra mücadele etmeye devam etmek zorundayım. Bölge milletvekilimin de bana hiçbir faydası dokunmadı. Bu yüzden Richard Edwards'la görüşmek beni çok şaşırttı ve duygularımı onun sırtına yükledim; ekimin başında gazetesinde bunu haber yapacağını hiç beklemiyordum.

"York'lu adam Irak'a geri dönmeye ant içti"

Yorklu sokak oyuncusu Michael Todd kararlı, Irak'taki kızını aramaya devam etmek için hazırlıklarını sürdüren Todd, "beni gözden çıkardılar" diyerek Dışişleri Bakanlığı'nı suçluyor.

Pantomimci Michael olarak da tanınan Michael, kendisinden uzaklaştırılan kızı Sacide'yi aramak için bu yıl Irak'ta dört ay kaldı. Döner dönmez geri gideceğine dair yemin etti ve yılbaşında aramaya devam edeceğini söyledi.

Michael, "Geri dönersem, hükümet bana hiçbir şekilde yardım edemeyeceğini bir mektupla bildirdi. Sacide için vize alamayacağımı da söylediler. Ama iyi kılavuzlarım olduğunu da biliyorum, son seferinde gözaltına alınmadan önce kızımı bulmak üzereydim. Geri dönersem bu sefer başaracağımı hissediyorum. Benim durumum Kürt televizyonunda yer aldı ve yardım teklif edildi. Kızımı bulacağımdan eminim" dedi.

Michael ilk gidişinde korkunç bir yanlışlıkla yüz yüze kaldı, "askeri bir operasyonun yakınlarında başıboş dolaştığı için" Birleşik Devletler askerleri tarafından Kuzey Irak'ta tutuklandı. Askeri bir nakliye uçağıyla İngiltere'ye gönderilmeden önce Birleşik Devletler ordusu tarafından üç hafta gözaltında tutuldu.

Dışişleri Bakanlığı sözcüsü, gitmeden önce Michael'e hukuki görüş almasını önerdi. Sözcü, çocuk İngiltere'ye getirilmeden önce babalık durumunun kanıtlanmış ve gözetim sorunun çözüme kavuşturulmuş olması gerektiğini söyledi.

Ama sevgili Tony Blair günü kurtardı! Ben bu "rapora" hiçbir politikacının yanıt vermeyeceğini düşündüğüm sırada, İngiltere Başbakanı Tony Blair'den iyimser ve yardımsever bir yanıt gelince çok şaşırdım; benim her zaman inandığım gibi, Tony sonunda ne kadar yumuşak kalpli olduğunu tüm dünyaya gösterdi:

Sevgili Bay Todd,

Başbakan 16 aralık tarihli hem George Bush hem de Milletvekili Ann Clwyd'e gönderdiğiniz mektubunuzun bir kopyası ve ekleri için size teşekkür etmemi istedi.

Bay Blair, Irak'ta kızınızı ve kızınızın annesini ararken yaşadıklarınızı öğrenince çok üzüldü. Bir baba olarak sizin ne kadar sıkıntı çektiğinizi anlıyor.

Bay Blair özel olarak kendisi yanıt verecekti ama takdir edersiniz ki her hafta binlerce mektup alıyor ve bunu yapması mümkün değil.

Sizin sesinizi yükselttiğiniz bu konu, Dışişleri ve Vatandaşlık Bürosu'nun sorumluluğunda; bu yüzden başbakan mektubunuzun bu bölüme yönlendirilmesini istedi; onlar başbakan adına doğrudan size bir yanıt verebilirler.

Saygılarımla,

Kathy M. C. Cann. Doğrudan İletişim Birimi

6 ekimde, Türk hükümetinin Irak'a asker göndermeye karar verdiğini okudum. Aydın Komuta'nın gözaltındayken bana söylediklerini hatırlayarak, "Türkler, Sacide'yi bulmama yardım edebilir" diye yazdım. Üzgünüm ama sadece Sacide'nin bulunmasını istiyordum. Ertesi gün, Türkiye Büyük Millet Meclisi'nde Irak'a as-

ker gönderilmesi oylandı, ben de daha iyimser düşünmeye başladım; bu konuyu ertesi gün danışmanımla paylaştım ve onun yanında biraz ağladım. Bana güldü, önüme çıkan her yardım ümidine sıkıca sarılmama anlam veremiyordu.

"Sevgiyle ilgili her şeyi biliyor ama en derinlerdeki şeyleri ortaya çıkartma konusunda da iyi mi? İyi şeylerden konuştuk. Daha fazla ağladım, korkum daha fazla ortaya çıktı, sıkıntılarım hafifledi. Paylaşmak için fazla zaman yoktu. O paha biçilmez bir insandı, belki de, ama bir şey var, olaylara kendi penceresinden bakıyordu. Tam bir boşluk ve sessizlik, bazen olduğu gibi. Buraya iyi hislerle geldim ama şimdi bunları yazarken, nerede olduğumu hatırlayamıyorum" Ayın 9'unda bunları yazdım.

Faruk Zabcı

Bu gazeteci, serbest bırakıldıktan sonra Süleymaniye'ye geri dönen Aydın Komutan'la görüşmüştü, hem de biz orada hâlâ tutsakken Kerkük Havaüssü'ne girmişti; aynı zamanda Bağdat'taki İngiliz Büyükelçiliği'ni ziyaret ederek benim esir alınmamla ilgili olarak oradaki yetkilileri alarma geçirmişti. Kardeşim olarak gördüğüm bir insanla bu gazetecinin doğrudan bağlantısı vardı, peki ona güvenebilir miydim? İçgüdülerim güvenebileceğimi söylüyordu ama Mark'la ilgili anılarım hâlâ tazeydi.

"Bağdat'tayken seni her yerde aradım. Hatta İngiliz Büyükelçiliği'ne bile giderek onları alarma geçirdim. Türk Özel Kuvvetleri'yle birlikte geçirdiğin günleri yazabilir misin? Özel Kuvvetler bana senden çok söz etti" diye yazdı. Kendimi Türklere çok daha yakın hissetmemi sağlıyordu, aslında kendimi çok duygusal hissediyordum, çünkü basına benimle ilgili bilgi vereceklerine söz vermişlerdi ve Komutan Aydın'ın verdiği sözü tutması beni çok mutlu etmişti.

Kafam karıştı. İngilizler neden Faruk Zabcı'nın büyükelçiliği ziyaret ettiğini bana söylememişlerdi? Onu engellemişler miydi, geri mi göndermişlerdi? Elçilikten onları telefonla aramıştım, Associated Press öykümü bu yüzden mi yayınlamamıştı? Onları da mı geri çevirmişlerdi? İngiliz Büyükelçiliği'nin benim esir alındığımdan haberi olsun istemiyordu. Faruk Zabcı'nın e-postayı da bunu kanıtlıyor. Bilmiyordum ve daha yanıtlanmamış bir sürü sorunun yükü omuzlarıma biniyordu.

Ayın 14'ündeki doğum günüm benim için unutulmaz bir güne dönüştü; danışmanımla sıkıntılı bir oturum yaptım, anüsümdeki kanama sonunda durdu ve Faruk Zabcı'yla ilk kez konuştum. Kendimi hemen iyi hissetmeye başladım çünkü çektiğim acıyı anlamış gibi görünüyordu. Aydın'ı tanıyor olduğunu duymak harikaydı, hâlâ bir tutsak olduğumu insanlara duyuracağına söz verdi. Türklerle birlikte geçirdiğim zamanı anımsayınca gözyaşlarına boğuldum, gazetesi *Hürriyet*'te benimle ilgili haber yayınlanırsa, dünya basınının benim öykümden haberdar olacağı konusunda beni ikna ettikten sonra onunla buluşmayı kabul ettim. Bundan sonra Sacide'yi bulmak için nasıl yardımcı olabileceklerine yoğunlaşacaklarını söyledi. Sonrası netti, onunla buluşmak zorundaydım. Mark'ı tamamen bunun dışında tuttum ve yardım önerisini reddettim. Verdiği zarar yüzünden özür bile dilememiş olan ve gazeteci olmak isteyen bir alçakla değil, gerçek bir gazeteciyle birlikteydim artık.

Faruk Zabcı'yla yapacağım görüşme için tek bir şartım vardı, o da bu görüşmeyi yalnız başımıza yapmaktı. Donakalırsam, kötü bir sinir krizi geçirirsem ya da sorabileceği sert sorularla Kerkük Havaüssü'yle ilgili kötü anılarım depreşirse, kendime psikolojik açıdan çok daha fazla zarar verebilirdim. Danışmanımın onunla görüşmemi istemeyeceğinden emindim, ama onun Irak'ta kayıp bir kızı yoktu. Her şeyden çok Türk kardeşlerimle bağlantı kurmak istiyordum, kendimi onlara çok yakın hissediyordum, onlarla birlikte sadece birkaç gün geçirmiştim ama sanki bir ömür birlikte yaşamışız gibi hissediyordum.

Komutan Aydın'la kurulan dolaylı bağlantı

16 ekim büyük bir gündü; Süleymaniye'de beni bulacağını ve neler olup bittiğini anlatarak gerçekleri ortaya çıkartacağını söyleyen adamı selamladım. Bu adamın Aydın'la aramdaki duygusal bağı güçlendireceğimi bilmiyordum, ayrıca aradan üç yıldan fazla zaman geçmişti.

Konuşmaya başladığında onun sıradan bir gazeteci olmadığını anladım. Bağdat'a ilk bombalar düşmeye başladığı zaman Irak'taydı, çektiği uzun görüntüler tüm dünyada izlendi. Korkusuzca ülkenin dört bir tarafını dolaştı, gerçeği arıyordu ve ölümden korkmuyordu; ara sıra genç yaştaki oğlu kendisine eşlik etti. Benim oğlum da bu kadar cesur olur umarım.

York'taki Travelodge'da bir sürü kahve içtikten sonra, Süleymaniye'deki öykünün Türkiye'de hâlâ çok önemsendiğini açıkladı ve benim tarafsız tek tanık olduğumu söyledi. Zihnim Irak'a geri dönmüştü, anılarım acı veriyordu. Akıl sağlığımın bozuk olduğunu anlayabiliyor, danışmanlığın benim için ne kadar gerekli olduğunu biliyordu.

Soruları bana ağır geldi, plastik torbama bakarken sessiz kaldım. Tutsakken bana ve Türk askerlerine zorla giydirilmiş olan bu şeyi ona göstermekte zorlanıyordum. Turuncu renkli tulumu çıkarttığımda Faruk neredeyse o an içmekte olduğu kahve yüzünden boğuluyordu. Böyle bir kanıtı Irak'tan dışarı çıkartabilmiş olmama çok şaşırmıştı; tulumu, kum çuvalını ve kelepçeleri sanki kutsallığı bozulmaması gereken eşyalarmış gibi eline aldı. Çok şaşırmıştı, yanındaki kameramanın bile elleri titremeye başlamıştı. Kendisine bir kameraman ve genç bir kız eşlik ediyordu, ikisi de çok hoş insanlardı. Neyse ki diğer Türk sigara içiyordu ve sürekli olarak, saatlerce bana sigara ikram etti.

Ona gerçeği anlattım, çünkü sadece gerçeği anlatacağıma dair Aydın'a söz vermiştim. Benim gibi Aydın'ın da yerde tekmelendiğinden söz ettim. Kelimelerim bu olağanüstü insanla aramda bir bağlantı kuruyordu, bunları anlattığım için umarım mutlu olmuştur. Baş dönmesi ve korkuyla mücadele ederek, Aydın ve Sacide için turuncu tulumu tekrar giydim ve kum çuvalını kafama geçirdim. Nasıl kelepçelendiğimizi gösterirken, onlar için kazayla bileklerimi bile kestim, bu bana kelepçelerin ne kadar keskin olduklarını bir kez daha hatırlattı.

Faruk, Komutan Aydın'la, Türk ulusunun kalbiyle ve belki de Sacide'yle aramdaki bağlantıydı. Uluslararası basının haberini duyacağını ve kısa süre içinde tüm dünyanın çektiğimiz acılardan haberdar olacağını söyledi.

Bu adama güvenebileceğimi hissettim ve güvendim de. Irak'tan döndüğümden beri başıma gelenleri ilk kez tüm samimiyetimle ve açıkça konuştum. Aydın'ı tanımıyor olsaydı bunu yapmam çok zor olacaktı; benim için güvenemeyeceğim başka bir gazeteci olarak kalacaktı. Irak'a birlikte gitmeyi ve Sacide'yi birlikte arayabileceğimizi söyledi; bir sürü olumlu şey üzerine konuştuk.

Faruk geldikten sonra bağışlamayla ilgili olarak yazma gücünü kendimde bulmam benim için çok şaşırtıcı oldu.

"Şu an siz bunları okurken, bana zarar verenlerin hepsini bağışladığımı bilin. Irak'a yaptığım seyahatin tek amacı karşılıksız sevmek içindi, karşılıksız sevmek evrendeki en büyük güçtür, bütün bunların arasında benim hayatta kalmamı karşılıksız sevmek sağlamıştır. Kerkük'te bana zarar verenleri bağışlıyorum ve Bağdat Havaalanı'ndaki hücrede 194 FA / Old Ironsides askerlerinden gördüğüm dostluk ve sevgiden de söz etmek zorundayım; bu harikaydı çocuklar, hepinizi çok seviyorum. Irak'ta hem kötü hem de iyi muamele görmüş olduğumu lütfen anlayın. Çoğunluk iyiydi ve burada iki kelime söylemek istiyorum –KOŞULSUZ SEVGİ– ama yarın sabah da aynı şeyleri hissedecek miyim, bilmiyorum."

Başıma gelenleri özümserken, benim için elzem olan esrarın etkisi altında bunları yazdım.

Benimle nasıl temas kurduğunun ayrıntılarından haberim olmasa da, Güney Afrikalı bir gazeteciden beni destekleyen e-postalar aldım:

> Neredeyse inanılmaz olan öykünüz, çok korkunç. Umarım kızınızı bulma yolculuğunuz başarıyla sonuçlanır ve deneyiminiz ruhunuzu yüceltir. Gerçeğin sesi boğulmayacaktır. Birleşik Devletler yönetimi ucu açık bir "terörle savaş" mücadelesine girişmiştir, sizin öykünüz bir savaş zayiatıdır ve bu zayiatın bedelini her iki devlet de karşılayamaz. Sayıları gittikçe artmakta olan gözaltında kaybedilenlerin ve hiçbir hakları olmadan X-Ray Kampı'nda hapsedilen sıkıntılı ruhların bir tanığısınız. Bir kitap yazmak zorundasınız ve yayınlamalısınız, yoksa öykünüz özgürlük adına işlenen savaş suçları listesinden ayrıntıları silinmiş başka bir öykü olarak kalacaktır.

24 ekimde, öyküm büyük harflerle *Hürriyet* gazetesinin manşetinden yayınlandı, *Hürriyet* gazetesi, Türkiye'nin en yüksek tirajlı ve önemli gazetelerinden biri. Faruk çok sevinmişti, ama benim kafam karışıktı, yapılacak en iyi şeyin Amerikalıları kızdırmak olup olmadığı konusunda hâlâ endişeliydim. Tuvalette ağladım, elimde Sacide'nin fotoğrafını tutuyordum, onun için elimden gelenin en iyisini yaptığımı anlamasını rica ediyordum. Dünya basını öykümü belki kısa süre içinde duyabilirdi. Birkaç gün sonra gazetenin bir kopyasını aldım ve kendimi enerjiyle dolmuş hissettim.

İzin verirseniz burada bir şey belirtmek istiyorum, *Hürriyet* gazetesinden asla para alacağımı düşünmedim ama bana yüklü miktarda bir ödeme yaptılar. Bütün ruhumla Sacide'yi bulmaya yoğunlaşmıştım. Yine de haber yayınlanınca bir sürü insan aptalca bir şekilde beni eleştirdi, benim modern Türk tarihinin ve yüksek bütçeli bir Türk filminin bir parçası olan bir olayın tarafsız tek tanığı olduğum için en az 10 000 dolar talep etmem gerektiğini söylediler. Bir ücret talep etmemi ve bu parayı da Irak'a geri dönmek için kullanmam gerektiğini söylediler. Belki de söyledikleri gibi yapabilirdim, ama ben bu şekilde düşünmedim.

İlaçların etkisi ertesi gün geçtikten sonra, doktorlarım sokak gösterilerine tekrar başlayabileceğime inandıklarını söyledi. Evet, Pantomimci Michael Irak'tan döneli sadece yedi hafta olmuştu, ayakta durabiliyor, büyük korkuların üstesinden gelebiliyor ve sevginin korkudan daha güçlü olduğunu gösterebiliyordu.

Eski hayata dönüş

"Başlamadan önce çok korkuyordum. Makyajımı tam olarak yapamadım ve kazayla kostümümü yırtım. Pete ve Sam Lyth, korkuyorsam bunu yapmamam gerektiğini söyledi ama ben yaptım, korkumun üstesinden gelmeyi başardım. Makyaj yapıp kostümümü giyince Amerikalılar beni tanıyamayacaklardı, bu yüzden güvendeydim! Ne kadar güzel bir gündü. İçim neşeyle doluydu. Ne olursa olsun içimdeki sevinç yok olmayacaktı. Bunu danışmanlarımdan birinin gözü önünde yaptım. Onu seviyorum, bana çok yardımı dokundu ama gözü üzerimdeydi, çünkü ben çalışıyordum. Benim ne yaptığımı tam olarak anlayabildiğini sanmıyorum; KOŞULSUZ SEVGİ! Ben ruhsal şeylerden söz eder ve silahlarını üzerime doğrultmuş olanların ruhlarına karşı bir sevgi beslediğimi anlatmaya çalışırken bana bazen tepeden baktı. Bunu ona da söyledim, beni komik buluyordu. Bu iyiydi, eskiden olduğu gibi, Bo isimli beyaz sokak sanatçısını izlediğimiz yerde duruyordum. Sessizce orada dikiliyordum, sanki tekrar caddeden aşağıya birlikte yürüyeceğimiz Abla'yı bekliyor gibiydim.

Sokak sahnesine adım attığım an tekrar unutulmaz bir ana dönüştü, büyük bir sevgi selini içimde hissettim, sanki kalbimi yıkıyor gibiydi; etrafımdaki havayı iyi enerjiyle doldurdu. Saf bir neşe içindeydim! Birkaç dakikalık gösteriden sonra sessiz gözyaşlarıyla ağladım, Sacide'nin yaşlarında bir çocuk görmüştüm. Saf bir neşeyle etrafımı kuşatan sevginin en iyi terapi olduğundan eminim. Amerikalılar bunu görmüş olsalardı, bana bu şekilde muamele ettikleri için utanırlardı" diye yazdım.

Nedenini bilmiyorum ama *Hürriyet*'teki haberi ona gösterdikten ve Irak'a geri dönmek istediğimi söyledikten sonra Maisy suratıma bir yumruk attı. Faruk Zabcı'nın destekleyici sözleri ve sokak gösterimin iyileştirici etkisiyle güçlenmiştim. Maisy zihinsel bir elektrikli testereyle sevgi ifadelerimi kesip attı, sanki "Irak" kelimesi onun zihnindeki bir düğmeye basmış gibiydi. Tüm sevgi ve Sacide'yi aramak için verdiği yardım sözlerini bir anda unuttu ve şiddete başvurmaya başladı; beni tekmeleyerek evinden kovmadan önce birkaç kez yüzüme yumruk attı. Ben giderken arkamdan çığlık çığlığa bağırdı, tükürdü de; geri dönersem Sacide'yi bulmak için harcadığım tüm çabaları mahvedeceğini söyledi.

Maisy geçmişte de birkaç kez bana saldırmıştı, özellikle tartıştıktan sonra böyle yapıyordu ama son saldırısının nedenini anlayamadım. Geçmişte duygusal açıdan ona zarar vermiştim, bunu bana her zaman hatırlatırdı ama Irak'a gideceğimi söyleyince neden bu kadar tepki vermişti? O sırada bu sorunun yanıtı bilmiyordum ve çok üzülmüştüm, birkaç saniye içinde bütün iyimserliğimi öldürmüştü. Baharda topraktan kafasını çıkartan bir çiçek gibiydim, Faruk'un ve gösterilerimde hissettiğim neşenin yardımıyla karanlıktan dışarıya çıkmaya başlamıştım. Maisy sadece çiçeğin üstüne basmakla kalmamış, aynı zamanda çiçeğin kökünü koparmış, fırlatıp atmıştı. Onun saldırısı zihnimde Irak'la ilgili anılarımın yeniden depreşmesine neden oldu, orada da tekmelenmiş ve yumruklanmıştım.

Geri dönüp baktığımda, neden sinirlendiğini anlayabiliyorum, çünkü onu ve oğlumu tekrar terk ediyordum, belki de yeniden bir aile olacağımıza inanıyordu. Belki de oğlum sadece birkaç aylıkken onu terk edişimi hatırlamıştı.

Faruk'la yakınlaşmaya devam ediyordum, çok sık görüşüyor ve birbirimize e-posta gönderiyorduk. Irak'tan döner dönmez onun etrafımda bir yerlerde olmasını çok isterdim. Otelde Japon asıllı bir Amerikalı olan genç bir kızla tanıştık, o da beni harika bir şekilde destekliyordu; kasım ayında bana hem duygusal hem de ruhsal açıdan çok destek oldu. Amerika Birleşik Devletleri'ne gitme planlarımdan ve sonra Irak'a gideceğimden bahsettim ona ve bu konuda ne düşündüğünü sordum. Sokak gösterilerimi de izlemişti.

> Lütfen şimdi gitme! İçimde şimdi gitmemenle ilgili açıklayamadığım bir his var. İçinde olmadığım için bu durumu tam olarak anlayabilmenin mümkün olmadığını biliyorum, kızını ne kadar çok sevdiğini de tam olarak anlayamam ya da onsuz olmanın nasıl bir şey olduğunu bilemem. Yapmak zorunda olduğun şeyi yap, ama lütfen oradayken kendine bir tür korunma sağla, mümkünse oraya tek başına gitme. Yürürken arkandan takip eden, meleklere özgü iki tane çok parlak auranın seninle birlikte dolaştığını görebiliyorum. Çok yetenekli ve benzersiz bir insan olduğunu düşünüyorum. Bazı insanlar seni garip bulabilir, görünüşüne bakıp seni anlamayabilirler ya da onaylamayabilirler. Sen iyi bir adamsın ve önemli olan da bu. Bence insanlar bu ışığı görüyor, çünkü tamamen farklı bir frekanstasın, herkesin bunu

görmesini bekleyemezsin ve herkes senin gibi davranamaz. Bunu anlıyorum. Umarım isteklerine ulaşırsın, şansın açık olur, tüm kalbinle aramakta olduğun kızını bulmayı başarır ve kongrenin yüreğini yumuşatırsın.

Danışmanım bana delirmişim gibi baktı, sinirli bir şekilde etrafta dolaşıyordu, ben ruhsal konulardan söz ettiğimde ve gösterilerim sırasında karşılıksız sevmenin ne kadar iyileştirici bir etkisi olduğunu anlattığımda daha da rahatsız oluyordu. Bu konuda tamamen sağırdı, sanırım Maisy'nin bana saldırma nedenini konuşmayı tercih ediyordu. Ben de onun söylediklerine karşı sağırdım, birkaç dakika boyunca hiç konuşmadan pencereden dışarıya baktım, bu davranışım onu sinirlendirmiş görünüyordu.

Bush'un yakında yapacağı ziyaret yüzünden başlayan kuruntularımdan ve hastalığımdan konuştum, gördüğüm birkaç kâbusu anlattım. Şiddet patlamaları ve geçmişe dönüşler yaşamıştım ve bu ziyaretin "kötü şeyleri" tetikleyeceğinden endişeleniyordum. Benimle ilgilendi, Bush'un ziyaretinin yeniden kâbus görmemi sağladığı için ilerlememi engelleyebileceğini söyledi. Boğazımdaki çizikler dikkatini çekti, ara sıra kendime zarar verdiğimi ona söylemek zorundaydım.

Kasım ayının başında Çavuş Tom Fremault'la yazışmaya devam ettik. "Buraya geldiğinde güvende olmanı umut ediyor ve bunun için dua ediyorum. Bu insanların bazılarının yaşama hiç saygıları yok. Burada hiçbir şeye ihtiyacım yok, ama yapabilirsem dostum, seninle birlikte ben de gelirim. Daha sonra sana bazı fotoğraflar göndermeye çalışacağım" diye yazdı.

"Hiçbir şey küçük kızımı aramaktan vazgeçiremez beni. Yılbaşında tekrar bir araya geleceğimizi ümit ediyorum" diye yazdım. Olanlarla ilgili bir kitap yazarsam bana görüşleriyle yardım edip edemeyeceğini sordum. Fotoğraflar için ısrar etmem belki de yanlıştı, ama bunu tekrar gündeme getirdim, kendimi Amerikalıların gözetimi altındayken görmem çok korkunçtu. Bu konunun ne kadar hassas olduğunu daha sonra anladım, arkadaşım Tom'la konuştuğum zamanlarda, bunun siyasi sonuçlarını ve "Cenevre Antlaşması"nı hiç düşünmemiştim.

Fotoğrafların peşinde iz sürerken Richard Webb'le temas kurdum. Elçiliğin kapanmasıyla ilgili üzüntülerimi ifade ettim ve Bağdat'taki tüm personelin güvende olmasını diledim. Bağdat'ta birlikte çektiğimiz fotoğrafların birer kopyasını bana göndermesini rica ettim. Irak'tan gizlice dışarıya çıkarttığım "yadigârlarım"dan söz ettim, "lanet" kanıtların yanımda olduğunu, Sacide'yi bulmama yardım etmeleri için "Beyaz Saray'da lobi faaliyeti" yapmak için Amerika Birleşik Devletleri'ne gitmeyi planladığımı anlattım.

Sokak gösterisi beni iyileştiriyordu, artık daha açık davranıyordum, bazı eski arkadaşlarımla temas kurdum, başıma gelenleri onlara anlattım. Aldığım duygusal destek harikaydı. Belki de bilinçaltımda, sonunda her şeyi anlatabileceğim doğru insanı arıyordum. Eski arkadaşlarımla bir araya gelmek bana çok sıcak duygular hissettirdi, coğrafi olarak da bana yakın olmalarını ne kadar çok isterdim.

11 kasımda, Aydın Komutan'a başka bir e-posta daha gönderdim. Sözümü tuttuğumu ve kamuoyuna açıklama yaptığımı bilmesini istiyordum, onun desteğini almak benim için çok önemliydi.

> Merhaba,
>
> Umarım iyi ve güvendesindir. Ben Michael, 24 ekimde *Hürriyet* gazetesinin ön sayfasında yayınlanan haberimi belki de görmüşsündür, CNN Türk ve Kanal D'de de yayınlandı sanırım. Gördüysen, umarım hoşuna gitmiştir, tüm gerçeği anlattıklarını söylediler. Kısa süre içinde Türkiye'ye geleceğim ve seninle görüşmeyi çok istiyorum.
>
> Dostun, Michael Todd

G. W. Bush'la karşılaşma

Aydın Komutan, Başkan George Bush'un İngiltere ziyaretiyle ilgili planladıklarımı bilseydi, eminim benimle gurur duyardı. Daha fazla yorum yapamayacağım!

George Bush'un İngiltere'ye yapacağı ziyaret o zaman en önemli gündem maddesiydi, bu da beni çok endişelendiriyordu. Hâlâ yazdığım mektuba, e-postaya ve faksa yanıt vermemişti; aslında hiçbir iletişim kurma talebime yanıt alamamıştım ve onun İngiltere'ye gelmesi bana, Abla'yı öldüren ve beni tutsak eden savaşı hatırlatıyordu.

Faruk insan hakları örgütleriyle temas kurmamın iyi olacağını söyledi, bana neler yaptıklarını bilmeleri, özellikle de Bush'un İngiltere'yi ziyaret etmesinden dolayı bunu öğrenmeleri gerekiyordu. Bir avukattan yardım almamın iyi olacağını da söyledi, bu konuda çok rahattım. Hukuksal çabaların Birleşik Devletler'i kızdıracağına ve Sacide'yi bulmam için bana yardım etmek istemeyeceklerine inanıyordum; bana yardım etmeleri için onların ahlaki bir zorunluluk duymaları gerektiğini düşünüyordum. "Her şeyi devredebileceğim" bir avukata sahip olma fikri çok çekici de geliyordu. "Ne yapacağımı bana söyleyecek bir avukat bulabilirim, ama bir dava dosyası açmamak zorundayım çünkü bu Birleşik Devletler'in bana yardım etme şansını yok edecektir. Sacide'yi bulmak için birilerinin bana yardım etmesini istiyorum, tarafsız ve net düşünen birilerinin bana yardım etmesini istiyorum" diye yazdım.

11 kasımda, New York'taki Önce İnsan Hakları Örgütü, Birleşik Devletler'deki Uluslararası Barolar Birliği ve Irak ve insan hakları konularıyla ilgilendiklerini bildiren Amerikalı üç avukata e-posta gönderdim. Ne Önce İnsan Hakları Örgütü ne de Uluslararası Barolar Birliği ilgilendi; yalnızca bir avukat bana yanıt verdi, onu burada PX olarak anacağım. Birkaç gün boyunca yazıştık, önceleri çok iyimserdim ama sonra umutsuzluğa düştüm.

Size hukuk danışmanınız ve avukatınız olarak hizmet vermek isterim. Uzun süre Birleşik Devletler Ordusu Saha İstihbarat Bürosu'nda görev yaptım. Avukat olmadan önce *Washington Post* gazetesinin haber odasında yazman, Associated Press Ajansı'nda editör ve Livermore Nükleer Silah Laboratuvarı'nda halkla ilişkiler müdürü olarak çalıştım. Şu an Sivil Haklar İçin Avukatlar Heyeti'nde ve diğer kuruluşlarda çalışıyorum.

Öykünüz gerçekten çok dokunaklı. 4 temmuzda esir alınmanızla ortaya çıkan olaylar beni çok üzdü. Benim yedi kuşak öncesi atalarımdan biri George Washington'un ordusunda yüzbaşıymış. (Kötü şeyler hissetme, dostum!) Amaçlarına ulaşmak için sana yardım etmeyi çok isterim. Ücretim saat başına 300 dolar artı harcamalardır. Saat ücreti, gerçek çalışma saati üzerinden uygulanır (araştırma, yazışma, görüşmeler, vs), seyahat ederken harcanan zaman buna dahil değildir. İşe başlayamam için 5 000 dolara (ya da Londra'ya gelmem gerektiğini düşünüyorsanız 7 500 dolar ya da biraz daha fazlası) ihtiyacım olacaktır.

Şu an için düşüncem, Birleşik Devletler, Birleşik Devletler başkanı, Savunma bakanı, Dışişleri Bakanı Paul Bremer ve konuyla doğrudan ilgili birkaç kişi aleyhindeki dava dilekçesini, Washington DC'deki Birleşik Devletler Bölge Mahkemesi'ne vermektir. Şikâyetiniz (kızınız da sizinle birlikte gıyabında davacı olacaktır), Birleşik Devletler kanunları ve uluslararası kanunlarca yasaklanmış olan yasadışı şekilde alı konma, kötü muamele ve işkenceden doğrudan ya da dolaylı olarak, fiziksel ve duygusal olarak zarar gördüğünüzü ileri sürmemiz gerekecektir. Özlü bir tazminat (yaptığınız masrafların yanı sıra çek-

York'a döndükten sonra çocukları eğlendirmeyi sürdürdüm. Çocukların mutlu kahkahaları beni iyileştiriyordu. Irak'ta yaşadığım tramvayı atlatmama yardım ediyordu.

tiğiniz acılar ve suçlulara bir ders vermek için), özür dileme ve kızınızı bulmak için destek talep etmenizi salık veririm. Basınla ilgili olarak da, Birleşik Devletler personelinin aşırılıkları, masumlara zarar verme, terörizme karşı etkinlik stratejisinin yanlış uygulanmasına vurgulayarak açıklamalarımı yapacağım.

Yasadışı ölüm (Abla için) harekete geçme nedenlerinden biri olarak sunulmalıdır. Nişanlınızın ismini vermek zorundayız ama şikâyet dilekçesine anne ve babasının isimlerini yazmak zorunda değiliz. Size kötü muamele etmiş olan askerleri birey olarak tanımlayabilmeniz gerekir, ama davalı olarak tescil ettiremezsiniz. Kimlikleri bizim tarafımızdan bilinen sorumlu kişilerin isimlerini, listeye Joe Doe No. 1, Joe Doe No. 2 şeklinde yazacağız. Bu emir komuta zincirindeki Birleşik Devletler ordusunun subaylarını gizlemek amacıyla yapılmaktadır.

Düşünceme göre, Bakan Powell'ı ve Sayın Bremer'i dava etmek akıllıca olmayabilir, Birleşik Devletler ordusunun düzenlediği operasyonlardan sorumlu olmadıkları açıktır. Bir şekilde sorumlu olduklarıyla ilgili kanıtlara daha sonra ulaşabilirsek, onları da davalılar listesine ekleyebiliriz. General Abizaid ve General Sanchez'i de davalılar listesine dahil edeceğiz.

Birleşik Devletler basını, dava açmaya niyetimiz olduğunu duyurduğumuzda değil de, davayı gerçekten açtığımız zaman bu konunun üzerine gayretle gidecektir. Bush Londra'dayken dosyayı hazırlayabiliriz. Londra ve Washington'da eşzamanlı olarak ya da birer gün arayla bir basın toplantısı düzenleyebiliriz.

Avukatınız olarak beni işe alırsanız basın açıklamasında hukuki süreçle ilgili olarak nelerin söylemesi gerektiği konusunda daha fazla yol gösterebilirim.

İddia ettiğiniz tüm zararın karşılanması için Birleşik Devletler'den iki ila on milyon dolar arasında bir tazminat alabileceğinizi düşünüyorum.

PX'in sözleri beni çok şaşırttı. Benim hangi yönde ilerlemek istediğimi anlamadığını fark ettim. Bir hukuk davası açmak istediğimi söylememiştim, bu ancak Birleşik Devletler kızımı bulmak için bana yardım etmeyi reddederse başvuracağım son çare olabilirdi. Soğukkanlı ve barışçıl bir şekilde davranarak, Bush yönetimine kızımı bulmamda bana yardım etmesi için önce bir şans tanımak niyetinde olduğumdan söz etmiştim. "Belki de dava açmadan bir çözüme ulaşmak için bir avukattan tavsiye almak mümkün olmayacaktı. Ben düşünen ve kalbiyle bana öğüt verebilecek birilerini arıyordum" diye yazdım.

Hızla Buckhingham Sarayı'na doğru ilerledim, dışarıda Başkan Bush'un gelmesini bekleyen Faruk Zabcı'nın yanında dikildim. Daha erken saatlerde onu bulmayı bir türlü başaramamıştım, etrafta koşarak telefon kulübesi arıyordum; çünkü cep telefonumda yeterli kontür kalmamıştı. Çok sayıda polis vardı ama davranışlarımdan şüpheleneceklerі aklımın ucundan bile geçmemişti. Çantamın içinde neler olduğunu bilselerdi eminim hepsi üzerime atlardı! Turuncu renkli tulumum, SAS kar maskesi, kum torbası, kelepçeler ve daha fazlası.

Huzursuz hareketlerim ve gergin bakışlarım yüzünden Faruk telaşımı anlayabiliyordu; dikkatli bir şekilde etrafı inceledim, planımı uygulayabilecek miyim ya da konuştuktan sonra hayatta kalabilecek miyim diye gerçekten merak ediyordum. Çok sayıda televizyon kamerası vardı ve bazı kanallar bunu canlı olarak yayınlıyordu. Bunun çok büyük bir olay olacağından emindim. Cesaretim yerindeydi ama aynı zamanda görünmeyen bir ağırlığın altında eziliyordum da. Birleşik Devletler başkanının birkaç yüz metre uzağımda olduğunu bilmek beni çok bunaltıyor ve nedenini söyleyemeyeceğim bir şekilde üzüyordu! Soğuk bir gün olmasına rağmen terlemeye başladım; kendimi çok kötü hissediyordum, midemi ve zihnimi sakinleştirmek için düzenli aralıklarla çimenlerin üzerine oturuyordum. Sarayın içinde duran, üzerinde Birleşik Devletler bayrağı ve başkanın mührü bulunan büyük kürsüye doğru bakarken Faruk fotoğrafımı çekti. Kürsü o an boştu, konuşmalar sona ermişti ama gösteri henüz başlamamıştı! Gerçek gösteride politikacılara, gündeme, yalanlara ve saçmalıklara yer yoktu, çünkü benim "gösterim" sevgiyle ve tam bir delilikle ilgili olacaktı.

Gösteri zamanı geldiğinde, Faruk'a çantamdakileri gösterdim ve bunlarla ne yapacağımı söyledim. Gösteriyi yönetmek ya da perdeleri erken indirmek istiyorsa buna sonra karar verebilirdi. Duygularımı ifade etme zamanım gelmişti. Aynı gerginliği şu an bunları yazarken bile hissedebiliyorum! Etrafta biraz dolaştım, güvenliğin daha gevşek olduğu bir yer var mı diye baktım. Yüzlerce polis vardı, çok sayıda silah ve çok sayıda "Ajan Smith" karakteri etrafta dolaşıyordu. Hiçbirinin yüzü gülmüyordu ama küçük bir boşluk olduğunu görünce neşem yerine geldi. Faruk beni sakinleştirmeye çalışıyordu, tekrar düşünmemi rica ediyordu ama artık çok geçti. İçimdeki dürtü karşı konulamaz bir seviyeye ulaşmıştı. Zihnimde ve bedenimde kendimi çok hasta hissediyordum ama acımı dindirmek için bir şeyler yapmak zorundaydım. O noktada benim için asıl sorun "patlayıcımı" tüm dünyanın görebileceği bir yerde ortaya dökmekti.

Daha önce hiç böyle bir enerji akışı hissetmemiştim, özellikle SAS kar maskesini elime alıp çantamdan yavaşça dışarı çekerken çok heyecanlandım. Kar maskesini elimde sıkıca tuttum, avucum içinde iyice yuvarlayıp sıktım, böylelikle güvenlik görevlileri bunun ne olduğunu göremeyecekti. Turuncu tulumu kavradım, fermuarlarını daha önce açmıştım, bu yüzden çabucak giyebilecektim. Doğru zaman geldiğinde giyecektim ve bariyerlerin üzerinden atlayacaktım. Her şey polisin ne kadar hızlı davranacağına ve benim ne kadar hızlı sarayın kapısına koşacağıma bağlıydı, çünkü Bush'un konvoyu geçmeden hemen önce kapı açılacaktı. Konvoyun önünü kesecektim ya da tam benim önümden geçerken arabasının önüne atlayacaktım.

Güvenlik görevlileri ve motosikletli polisleri yola çıkmaya hazırlanırken gördüğümde, kendimi çok iyi ve hazır hissediyordum. Hazırdım ama sonra bir el omzuma dokundu. Başkanın yakın korumalarından biri değildi, Faruk'un eliydi, parmaklıklara gitmemem için bana yalvardı. Çok dikkatli bir şekilde, onlara doğru bakmadan benimle konuştu. Güvenlik görevlileri şüphelenmiş bir şekilde bana bakıyorlardı, planımdan vazgeçmeliydim. Kontrol ettim. Faruk haklıydı ama bu beni daha da kararlı kıldı, ta ki siyah uzun araç saraydan hızla çıkana kadar. Üç metre ötemdeki Başkan Bush'un yüzünü gördüğümde kar maskesini tutan elimi havaya kaldırmak yerine, kendimi çok hasta hissederek çimenlerin üzerine yığıldım. Bütün enerjim görünmez bir güç tarafından emilmişti sanki. Kar maskesi de zayıf bedenimle birlikte yere yığıldı. Başımı ellerimin arasına aldım ve yere tükürdüm; tam tükürmek gibi değildi, daha çok salyalarım akıyordu. O an çaresiz bir bebek gibi salyalarım ağzımdan yerlere akıyordu. Sanki birisi oyuncak arabamı elimden almıştı, arabamın içinde de oynamak istediğim bebeğim vardı. Kendimi yıkılmış ve yalnız hissediyordum, kendimi ifade edemiyordum çünkü çok korkuyordum. Hissettiğim karanlık tarafından ezilmiştim, neredeyse boğazımı sıkıyordu; o an hissettiğim, çok ağır bir negatif enerjinin her yeri kapladığıydı.

Ayağa kalkmam için yardım ettiler, yalnız kalmak zorundaydım, bu yüzden Faruk'a onu daha sonra arayacağımı söyledim. Zihinsel olarak ne kadar dengesiz durumda olduğumu anlayabiliyordu ve onlarla birlikte kalmam için ısrar etti. Üzgünüm ama bu mümkün değildi, çünkü henüz bitirmemiştim. Emirlere uyacak durumda değildim ve hızla oradan ayrıldım. Oraya nasıl gittiğimi anımsamıyorum ama polis geçişimi engelledikten sonra bağırıp çağırdığımı hatırladığım Londra'daki Birleşik Devletler Büyükelçiliği'nin yakınlarına gelmiştim. Duygularım gibi anılarım da belirsizdi.

Büyükelçiliğin dışındaki güvenlik görevlileri çantamdaki eşyaları bulsalardı neler olurdu?

Öğle yemeğinde Faruk'la buluştuğumuzu hatırlamıyorum ama o buluştuğumuzu söyledi. Oxford Caddesi yakınlarındaki bürosuna nasıl gittiğimi de hatırlamıyorum. Bütün anımsadığım, kendimi çok hasta ve şaşırmış hissettiğim, sanki dalgalı bir denizde küçük bir kayığın içindeymişim gibi bürosundaki bir koltuğa uzanıp yattığımdı. Onlar konuştu ama ben birkaç saat yanıt vermedim, önümdeki bulanıklığa ve dizlerime bakıyordum. Sacide ne zaman dizime oturacaktı?

Anladığım kadarıyla, Faruk'un bir bağlantısı aracılığıyla ulusal bir gazete benimle Faruk'un bürosunda bir mülakat yaptı. Hiçbir şey anımsamıyorum, onların bürosuna gittiğimi de. Görünüşe bakılırsa davamla ilgili bir haber yapmak istiyorlardı ama vazgeçtiler; çünkü Mark tarafından internette yayınlanmış makaleyi okumuşlardı.

İlaçlar ve Bush hastalığı

Londra'dan ayrılmamı ve yaptığım yolculuğu hatırlayamıyorum, sadece konvoyu hızla önümden geçerken gördüğüm George Bush'un yüzünü anımsayabiliyorum; bunun dışında kalan her şey belirsiz.

York'ta geçirdiğim sonraki birkaç gün çok bulanık. Moralim çok bozuktu ve intihar etmeyi düşünüyordum. Bu konu hakkında konuşmak istemiyorum, yeterince söyledim zaten, iyi arkadaşlarım hayatta kalmama yardım etti.

"Annem burada olsaydı ona her şeyi anlatır ve kendimi çok daha iyi hissederdim, ama annem yok. Anne, senin için iyi olacağım ama bu Kerkük pisliği sürekli kafamın içinde. Bir gün gerçeği anlatmak zorundayım, ama bunu anlatabileceğim kimsem yok.

Destek konusunda ümitsizdim. Tam o sırada Türk Özel Kuvvetler komutanından bir e-posta aldım:

Selam.

E-postanı aldım. Türkiye'ye gelirsen, seni görmek isterim. Türkiye'ye ne zaman geleceksin? Ben şimdi Ankara'dayım.

Görüşmek üzere.

Dostun Aydın

Hemen yanıt yazdım, ne yazdığımı size söyleyemem; ikimizin de bildiği şeyler, görüşmek zorundaydık. Bağdat'ta birlikte tutsakken, komutan ve ben birkaç kez neler yapacağımızı konuşmuştuk.

Mark'la ilgili şeyleri unutmayı dilerdim. "Bush Hastalığı" ismini verdiği bir makale yazarak, benim Londra'ya yaptığım ziyareti "rapor ederek" adı konmamış bir karmaşa yaratmaya devam ediyordu. Hukuki nedenler yüzünden bu adamla ilgili daha fazla yorum yapamıyorum; benim yerime geçerek girişimlerde bulunuyordu; bu kadarını söylemem sanırım yeterli! Evet, benim ağzımdan makaleler yazıyor ve forumlara haber aktarıyor! Neyse ki bunu çok sonra öğrendim, öğrendiğim zaman akıl sağlığım çok daha iyiydi, aksi takdirde bu bana zarar verecekti.

Mitchell Richter, Dean Richter, Chris Barlow, Shaun Fourie, Robert Wright, Marc Allein, Nicholas Kline, Marc, Bas ve Moncef'e otelde kalırken bana gösterdikleri yakın dostluk nedeniyle huzurunuzda teşekkür etmek istiyorum. Suyun üstünde kalın çocuklar!

Kendimi yeniden bulmalıydım

Cildimin durumundan beslenme bozukluğu çektiğim anlaşılabiliyordu. Yola bakmadan karşıdan karşıya geçme alışkanlığım da ölümün kıyısında gezmeme katkıda bulunuyordu; otobüs ve arabalardan birkaç kez kıl payı kurtuldum. İşin gerçeği, araba çarpsaydı umrumda bile olmazdı.

Bir şeyler yapmak zorundaydı. Ayın 19'unda sigarayı bıraktım, alkolden vazgeçtim. Meditasyon ve yoga yapmaya başladım. Bütün bunları yapmak büyük işti, ilerleyebilmem için bunları yapmak zorundaydım. Hâlâ sokak gösterilerime devam ediyorum ama pek para kazandığım söylenemez; kışa girdik ve ortada hiç turist yok, ama bunun terapi değerine paha biçilemez. Gösterilerim sırasında yoğunlaşıyor, düşünmek için iyi bir fırsat yakalamış oluyorum; ama her zaman çok net düşünemiyorum. Sürekli kendimi iyi etmeye çalışıyorum, evrak işlerimi düzenliyorum, sevginin gücüyle ilgili kendimle konuşuyor ve kurtulmayı başardığım için kendimle gurur duyuyorum.

İlk önce ayın 22'sinde Ann Clywd'a bir e-posta gönderdim, davamı kendisine hatırlattım ve Kürdistan Yurtseverler Birliği Başkanı Celal Talabani'yle olan bağlantılarından nasıl yararlanabileceğimi sordum. Çok çabuk yanıt verdi; yardım edemeyeceğini hatırlattı, çünkü benim bölge milletvekilim değildi. E-postamı Hugh Bayley'e yönlendirdi. "Irak'taki insan hakları" özel elçisiyim, dolayısıyla bu konuda etkin olamam" dedi. Söylediklerinden bana yardım edebilecek durumda olduğunu anlıyordum. Davamın onu çok rahatsız ettiğini biliyordum. Bana "canın cehenneme" demeyi düşünüyordu belki ama bunu söyleyemiyordu.

Bölge milletvekilim Hugh Bayley'e bir e-posta gönderdim, ona şunları sordum:

1. Kayıp çocuğumu bulmak için Irak'a geri döndüğümde İngiliz dışişleri bakanlığı bana nasıl bir yardımda bulunacak?
2. Tony Blair ne zaman bu davayı kabul edecek ve bana yardım etmek için bir şeyler yapacak?
3. Kayıp çocuğunu bulmak için seçmeninize siz nasıl yardım edeceksiniz?

Koalisyon yönetimiyle temas

Bill Butcher sonunda e-postalarıma yanıt verdi; peki gerçeği mi söylüyordu?

Bay Todd,

13 hazirandan beri Irak'ta değilim, yaklaşık olarak bu tarihte Erbil'den ayrıldım. Bana hiçbir bilgi ulaşmadı, yardım için lütfen Kuzey Bölgesi Koalisyon Geçici Yönetimi'yle iletişime geçin. Ankara'daki İngiltere Büyükelçiliği ya da Kuzey Bölgesi Koalisyon Geçici Yönetimi size daha fazla yardım edecektir.

R/ LTC Bill Butcher

Bu adamdan haber aldığım için çok sevinmiştim, çünkü e-postayı Koalisyon Geçici Yönetimi'yle bağlantısı olduğunu kanıtlıyordu; yanıtının bir kopyasını Paul Bremer'in Kuzey Bölgesi Koalisyon Geçici Yönetimi bürosundan birine göndermişti. Benim ülkeye giriş yaptığım gün onun da Irak'tan ayrılmış olması çok şüpheli değil miydi? Aldo Sirotic'in gönderdiği e-postayı almamış olması mümkün müydü, üstelik Butcher'in e-posta adresi, Aldo'nun elindeki ve Butcher'ın bana e-posta gönderdiği adres, hepsi aynı e-posta adresiydi! Yanılıyorsam özür dilerim, ama burada nemli, küflü ve şüpheli bir şeylerin kokusunu alıyorum. Bu e-posta çok büyük bir olasılıkla yalan, bundan kuşkum yok. Bu adam benimle ilgili her şeyi çok iyi biliyor, hatta ben Irak'a girmeden önce bile biliyordu.

Bill Butcher'ın e-postasından kısa süre sonra Kuzey Irak Koalisyon Geçici Yönetimi Bölgesel Koordinatörü Dr. Liane Saunders'ten bir e-posta aldım:

Sevgili Bay Todd,

Korkarım Koalisyon Geçici Yönetimi'nin elinde ilave bir bilgi yok. Soruşturmanızda sizin için en uygun başvuru yeri Bağdat'taki İngiltere Bürosu'dur. Hatırladığım kadarıyla, siz bu yaz boyunca oradaki meslektaşlarımla bir aradaydınız.

Dr. Liane Saunders
Kuzey Irak Koalisyon Geçici Yönetimi Bölgesel Koordinatörü

Görünüşe bakılırsa "büyük bir vuruş" yaptığını düşünüyordu. Koalisyon Geçici Yönetimi'yle doğrudan temas kurduğum için çok seviniyordum, Paul Bremer'le bağlantım bu kadın mıydı? Sacide'yi aramak için Birleşik Devletler'i bu kadın mı yönlendirecekti? Politikacılar devreye girene kadar bu kadının "tek" olduğunu düşünüyordum, okul bahçesinde birlikte bir oyun oynayacaktık, el ele tutuşacak ve yere düşene kadar dönmeye devam edecektik! Liane Saunders bana gönderdiği e-postanın bir kopyasını Ian Reakes'e göndermişti. Sizin de anımsayacağınız gibi, Ian'la Bağdat'ta tanışmıştım. Beni Bağdat Havaalanı'ndan alıp "eve" götürecek uçağa bindiren diplomattı. Aynı zamanda İngiltere Dışişleri Bakanlığı'ndan Andrew Allen de e-postanın bir kopyasını göndermişti, başladığım yere geri dönmüştüm. Herkes topu birbirine atıyordu. Topu al, başkasına at, bunu Bill'in tavsiyesiyle yaptıklarını hayal etmek hiç de güç değildi. Şunu açıklığa kavuşturalım: Koalisyon Geçici Yönetimi'nin ya da bu yönetim için çalışan birinin, benim Irak'a geleceğimi ve nedenini bilmesine rağmen, Birleşik Devletler'in beni esir aldığından sürekli söz ettim. Butcher orada olma nedenimi biliyordu, çünkü Birleşik Devletler Büyükelçiliği 11 haziranda kendisine bunu bildirmişti. Kuzey Bölgesi Koalisyon Geçici Yönetimi'nden Dr. Saunders'ın dağıtım adresinde onun da olduğundan eminim, Koalisyon Geçici Yönetimi'yle bağlantısının olmaması mümkün değil.

Ayın 30'unda, Dr. Sanders'in Birleşik Devletler ordu adresine bir e-posta gönderdim. Aldo Sirotic'in 11 haziran tarihli e-postanın bir kopyasını da e-postaya ekledim. Bu e-posta Aldo'nun, Bill Butcher ve diğerlerine göndermiş olduğu e-postaydı:

Sevgili Dr. Saunders,

Beni esir alan Birleşik Devletler olduğu halde neden konuyu İngiltere'nin çözümlemesi gerektiğini bir türlü anlayamıyorum. Benim sorunum Birleşik Devletler'le ve Koalisyon Geçici Yönetimi'yle, Irak'ta kızımı ararken, Iraklı çocuklara oyuncak hediye ederken nasıl oldu da kötü muameleye maruz kaldım ve üç hafta boyunca silahlı muhafızların gözetimi altında tutulabildim? Yukarıda ismini zikrettiğin insanlar, bunlara Koalisyon Geçici Yönetimi'ndekiler de dahil, beni tanıdıkları ve Irak'a gelme nedenimi de bildikleri halde böyle bir şey nasıl olabildi?

Ben çok sakin, mantıklı bir insanım. Sonunda Koalisyon Geçici Yönetimi'nden birileriyle temas kurabildiğime çok memnunum. Ankara'daki Birleşik Devletler Büyükelçiliği'ne bir mektup getirdiğim zaman Sayın Paul Bremer'in de bu konuyla ilgili olarak bilgilendirilmesini özellikle rica ettim. Ne kadar çok sayıda yetkili insanın benimle ilgili bilgisi olursa, işler kötüye gittiğinde daha güvende olacağımı düşündüm. Tüm nezaketimle rica ediyorum, Sayın Bremer'le nasıl temasa geçebilirim? Temas kurmam mümkün olmayacaksa, en azından onun bilgilendirildiği konusunda bana güvence verebilir misiniz? Çok teşekkür ederim.

Başkan Bush, Başbakan Blair ve diğer ilgililere bu konuyla ilgili e-posta gönderiyorum. Birleşik Devletler'in bakış açısını dikkate alarak, Türk Özel Kuvvetleri'yle birlikte esir alındığımı ve onlarla birlikte zorla alı konduğumu –bu olay uluslararası bir krize neden oldu– hatırlatmak isterim. Bu olayın ne zaman olduğunu ve bizim nerede tutulduğumuzu Beyaz Saray'ın bildiğinden kesinlikle eminim. Bu olayın ne kadar ciddi olduğunu biliyorum ve Birleşik Devletler, Birleşik Devletler ordusunun bu operasyon sırasında bir İngiliz vatandaşını da esir aldığını neden duyurmadığını henüz açıklamadı.

Tek isteğim kızımı kucağıma alabilmek ve hâlâ Süleymaniye'de duran oyuncakları Iraklı çocuklara dağıtabilmek. Tabii ki Amerika Birleşik Devletleri benden özür dilemeyecek. Aslında bu hoş bir hareket olurdu, ama hâlâ diplomatik davranmaya çalışıyorum, savaş koşullarının hüküm sürdüğünü biliyorum.

E-postanızda, geçen yaz İngiltere'nin de dahil olmasıyla bu konuyu tam olarak öğrendiğinizden söz etmişsiniz. Birleşik Devletler ve Koalisyon Geçici Yönetimi'nin kızımı bulmam için bana yardım etmelerini ümit ediyorum. Beni Birleşik Devletler esir aldı, İngiltere değil; bana yardım etmeniz eminim sizin için de çok hoş bir davranış olacaktır. Sayın Bush'a e-posta gönderdim ama okuduğundan emin değilim, belki de canını sıkacağı için bu öyküyü öğrenmesini engellediler. Bana yardım edilmesi için emir verirse bunun sonuçları kendisi için de iyi olacaktır. Sayın Bush'la temas kurabileceğimi sanmıyorum, ama Sayın Paul Bremer'in aracılığıyla belki siz bunu yapabilirsiniz.

Tek isteğim bütün bunların mutlu sonla, bitmesi. Esir alındığımda kötü muameleye maruz kalmış olsam da mantıklı olmak için elimden gelen her şeyi yapıyorum. Bu Amerika için de harika olabilir!

Saygılarımla
Michael Todd

Bağdat'tan gelen mesaj

Her şey çok hızlı ilerliyordu, ayın 30'uydu, Dr. Saunders tarafından gönderilen e-postanın kopyasını almış olan Bağdat'taki Ian Reakes'ten bir e-posta aldım.

Sevgili Michael,

Umarım çektiğin büyük sıkıntılardan sonra kendini biraz toparlamışsındır. Hiç kuşkusuz eski büyükelçilikte kaldığın zamandan beni hatırlarsın! Kızını bulma konusunda hiçbir gelişme olmadığı için çok üzgünüm. Irak'ta ortamın çok tehlikeli olduğunu bilmelisin. Yerel polisin de böyle bir konuyu araştırma kapasitesi çok sınırlı. Yine de eşinin ve kızının ayrıntılı bilgilerini verebilirsen –tam isimlerini, bilinen son adreslerini, fotoğraflarını, bölgedeki diğer akrabalarının isimlerini ve adreslerini; eşinin erkek kardeşleri, amcaları, dedeleri gibi– bu konuyla polisin ilgilenmesini sağlayabilirim. Bu ayrıntılı bilgileri, Büyükelçilik İdari İşler Bürosu'ndaki meslektaşım Scott Simpson'a göndermenizi öneririm. Buna bağlı olarak Kızılhaç gibi kuruluşlarla da temasa geçmek faydalı olabilir (Scott'a bu kuruluşların iletişim adresleriyle ilgili ayrıntıları size göndermesini rica ettim).

Ian Reakes'in böylesine cesaretlendirici bir yanıt vermesine sevinmiştim, ama aynı zamanda kafam da karışmıştı; İngilizlere Abla'nın eşim olduğunu söylememiştim, bunu nereden çıkartmışlardı? Irak polisine konuyu araştırtacağını söylemesi olağanüstüydü. Abla'yla ilgili bilgimin azlığını hatırlayana kadar çok umutluydum. Neden Abla'dan "eşim" olarak söz ediyordu?

Şansım dönmüş gibi görünüyordu, kendimi iyi hissediyordum.

4 temmuz olayını araştırmak için kurulan Türk-Amerikan Heyeti'ne söyleyeceklerimin notlarını aldığım zamanki gibi! Ben daha serbest bile bırakılmadan soruşturmanın sona ermiş olduğunu öğrendiğimde ne kadar da üzülmüştüm.

Savaş Sendromundan Sorumlu Sosyal Yardım Müdürü Grant Cooper bana bir e-posta gönderdi, asker olarak hizmet verip vermediğimi öğrenmek istiyordu. Askersem, Savunma Bakanlığı Sağlık Hizmetleri'yle iletişim kurmamı sağlayacak bölgemdeki ordu sıhhiye subayıyla bağlantıya geçmem gerektiğini söyledi. Davamı görüşmek üzere kendisini aramamı istiyordu ama bununla yüzleşecek durumda değildim, bana daha fazla bilgi göndermesini rica ettim. Gerçekten bu bir özür gibiydi, güvenle harekete geçmek için bana daha fazla zaman tanıyordu ve asker olmasam bile bana bir şekilde yardım edeceklerini düşünüyordum. Daha da ilginç bir şey olmuştu, Savaş Sendromu'nun bana e-posta gönderdiği gün, hayatımda ilk kez sokak gösterime eski İngiliz ordu postallarını giyerek çıkmıştım!

Erbil'deki Kızılhaç'ta görevli Beatrice Apostolico ile temas kuramayacağımı anlayınca Londra'daki Kızılhaç'a başvurdum. Kısaca davamı açıkladım ve ona gönderdiğim son e-postayı da ekleyerek kendisiyle nasıl temasa geçebileceğimi sordum. Sonra yerel Kızılhaç'tan Kathryn Ashworth'a bir e-posta gönderdim. Beatrice'ten ve yetimhaneden söz ettim, görüşmek istediğimi söyledim. Daha önce Sacide için çıkartılan resmi araştırmanın böylelikle devam ettirileceğini düşünüyordum. Artık bunu zorlamanın zamanı gelmişti. Yetimhaneyle ilgili olarak Beatrice'i aramaya devam etmem gerektiğini düşünüyordum. Kathryn Ashwort'a görüşmek istediğimi söyledim, hemen yanıt verdi. Irak Kızılayı'nın aracılığıyla Sacide'yi aramaya başlamanın mümkün olabileceğini söyledi. Erbil'e "Kızılhaç mesajı" gönderdiğini söylemesiyle birlikte iyi haberler de sona erdi. "Ne yazık ki şu an bölgede güvenlik sorunu olduğu için mesaj göndermemiz uzun sürüyor, belki de aylar sürebilir." Aylar mı? Aylarca bekleyemezdim, beklemek yerine daha doğrudan bir yöntemle Beatrice'i bulmaya yoğunlaşmaya karar verdim; Kızılhaç'ı bir kenara bıraktım. Daha hızlı yöntemlere başvurmak zorundaydım, bu yüzden sık sık telefon etmeye ve e-posta göndermeye başladım, uluslararası bir operatörden ve Londra'daki Kızılhaç'tan telefon numarasını kontrol ettirdim. Bana çok yardımcı oldular.

Aynı sıralarda, bir dergide yazan New York'taki bir gazeteciyle bağlantı kurdum. Haber yapmak istiyor ve benden daha fazla bilgi talep ediyordu. Onunla karşılıklı konuşmamış olmamıza rağmen benden evraklarımın fotokopilerini faksla göndermemi bile istedi. Önemli bir insandı ama ona güvenmiyordum.

Ay sonunda, Uluslararası Af Örgütü'nden bir e-posta aldım; onlarla bir an önce bağlantıya geçmemi ve Irak'ta başıma gelenleri onlara anlatmamı istiyorlardı. Onlara ayrıntılarla ilgili kısa bilgi verdim. Human Rights First (Önce İnsan Hakları) örgütü hâlâ bana bir yanıt vermemişti, onlara tam bir rapor teklif etmeyi düşünüyordum. Sonra Human Rights Watch (İnsan Hakları İzleme) örgütüne bir e-posta gönderdim. "Öneri ve yardımınıza ihtiyacım var. Tüm öyküyü size anlatmak istiyorum, birileriyle konuşmaya ihtiyacım var" diye yazdım.

Koalisyon Geçici Yönetimi'ndeki politikacıların zamanı gelmişti! Dr. Liane Saunders'ten bir e-posta aldım:

> Ne istediğinizi tam olarak anlamış değilim. Kızınızı bulmak için yardım talep ediyorsanız, bu büyükelçilikle ilgili bir sorun, Londra'daki Dışişleri Bakanlığı'yla en doğru yaklaşımın ne olacağını tartışmanız çok daha iyi olacaktır ya da Bağdat'taki İngiltere Bürosu'ndaki meslektaşlarımla görüşün. Daha önce onlarla görüşmüştünüz, sizin davanızla ilgili benim bilmediğim ayrıntıları sanırım onlar çok daha iyi biliyorlardır. Süleymaniye'de oyuncak dağıtmak için Irak'a gelmek istiyorsanız, Irak'a seyahat etmek için Dışişleri Bakanlığı Yurtdışı Seyahat Bürosu'nun vereceği tavsiyeleri dikkate almak durumundasınız.
>
> Koalisyon Geçici Yönetimi'nden ne yapmasını istediğinizi tam olarak anlamış değilim. Büyükelçiliğinizin ya da İngiltere Bürosu'nun size daha fazla yardımcı olabileceğine inanıyorum.
>
> Sizin için Birleşik Devletler'de yeni açılımlar oluşturamam, ben sadece Koalisyon Geçici Yönetimi için çalışan bir İngiliz diplomatım.
>
> Dr. Liane Saunders
> Kuzey Bölgesi Koalisyon Geçici Yönetimi Bölge Koordinatörü

Tamam, özür dilerim, çuvalladım. Sizin Amerikalı olduğunuzu düşünmüştüm, çünkü Birleşik Devletler ordusunun e-posta adresini kullanıyordunuz. Evet, çuvalladım, çünkü Koalisyon Geçici Yönetimi'nin de bir kalbi olduğunu sanmıştım. Sevgili Hanımefendi, benim ne istediğimi soruyorsunuz! İstediğim şeyi size söyledim! Mahvettiği hayatım için bana özür dilemesinin bir yolu olarak Birleşik Devletler'in kızımı bulmasını istiyorum. Yeterince basit değil mi? Yoksa bu noktada ciddi bir hata mı yapıyorum?

Belki de yazdığı mektupta bana ne kadar çok yardım ettiğini söylemek zorunda olduğunu hisseden bölge milletvekilimden yardım istemeliydim! Ne kadar çok yardım ettiğini söylersen, bunun o kadar gerçek olduğuna inanıyordun herhalde! Evet, ayın 30'unda bölge milletvekilimden hoş bir mektup aldım, yaptıklarını bana hatırlatıyordu. "Todd yorgunluğuna" kapılmıştı ve büyük olasılıkla bu işe karıştığına pişman olmuştu.

"Maalesef çocuğunuzu bulmak için size daha fazla yardımım dokunamayacağını hissediyorum ve size Kızılhaç'a bir an önce başvurmanızı önereceğim" diyordu, dışişleri bakanlığıyla görüştüğünü anımsattıktan sonra Kızılhaç'ın ve Irak Kızılayı'nın adreslerini veriyordu. Dışişleri Bakanlığı'ndan birinin telefon numarasını verdiğini hatırlatması da çok hoştu, çünkü verdiği numara faks numarasıydı! Belki de bu davayı ne kadar yavaşlatırsa, Saci-de'nin annesinin ölümüne neden olan savaşla ilgili sorumluluğunun hesabını soracağı günü erteleyeceğine inanıyordu. Yavaşlatmak onun oyunuysa bunda çok başarılıydı, bana Kızılhaç'ın ve Bağdat'taki Kızılay'ın mektup adreslerini vermişti. Mektuplar daha uzun zamanda yerine ulaşır bayım. Kızılhaç, Irak'a gönderilen mesajların aylar sonra yerine ulaştığını söylüyordu!

Deniz sakinleşip fırtına geçtikten sonra, ayın 2'sinde Bağdat'taki Ian Reakes'a bir e-posta gönderdim.

Yerel polisin kızımı arayacağını duyduğumda ne kadar sevindiğimi size anlatamam, bu şimdiye kadar aldığım en olumlu haber oldu. Bunun büyük bir hamle olacağını biliyorum, bu gerçekten çok iyi bir haber. Scott'un mektup adresine ihtiyacım olacak, onun Londra'da olduğunu sanıyorum. Siz ya da Irak polisi e-postayla göndereceğim fotoğraf ve evrakları almayı kabul ediyorsanız, lütfen bana haber verin.

Sizin de bildiğiniz gibi, Sayın Paul Bremer'in beni kötü durum hakkında özel olarak bilgilendirilmesi gerektiğinde ısrar ediyorum, bunu kolaylaştırmak için yapabileceğiniz bir şey var mı? Amerikalıların bana yaptıklarıyla ilgili kendimi ne kadar kötü hissettiğimi biliyorsunuz. Buna bağlı olarak, Amerikalıların kızımı bulmama yardım etmelerinin onlar için ahlaki bir zorunluluk olduğunu düşünüyorum, ama Başkan Bush'a gönderdiğim mektuplar ve fakslar yanıtsız kaldı. Amerika Birleşik Devletleri'nin bana yardım etmesini ve Paul Bremer'in benim kötü durumumdan haberdar olmasını sağlamak için herhangi bir öneriniz varsa bunları memnuniyetle dinlemeye hazırım.

Kız arkadaşımın mezarının yeri konusunda da tereddütlerim var; çok zayıf bir olasılık da olsa kalbim onun hâlâ hayatta olabileceğini söylüyor, en azından sivil kayıplarla ilgili kayıtları araştırmak zorundayız.

Kızımı bulmamda gösterdiğiniz çabalar için teşekkür ederim, sizinle tekrar görüştüğümüze çok sevindim. Christopher'a ve diğer büyükelçilik çalışanlarına sevgilerimi iletin lütfen.

İngiltere Büyükelçiliği'nde Richard Web'in çektiği fotoğrafları da sordum. Ian birkaç dakika sonra yanıt verdi. Büronun kamerasını kontrol ettiğini, ama benim fotoğraflarımdan "hiçbir iz" olmadığını söyledi. Canım çok sıkıldı, çünkü resimleri görmek istiyordum, gerçekten orada olduğumu bu fotoğraflarla kanıtlayabiliyordum! Benim resmimi çeken insandan hoşlanmıyor ve kasıtlı olarak resmimi yok ettiğinden şüpheleniyordum.

Ian kendisine göndereceğim gerekli evrakları Irak polisine "diplomatik çantayla" ileteceğini söyledi.

Türkiye'den uzanan yardım eli

Türkiye Cumhuriyeti Dışişleri Bakanlığı'ndan Alp Ay'dan, ayın 9'unda bir e-posta aldım. Bu insandan hoşlanıyordum çünkü 2003 yılında Irak'a gitmemde çok önemli bir rol oynamıştı. "Yaşadığınız kötü deneyim üzerine biraz konuşmak için ne zaman isterseniz ziyaretimize gelebilirsiniz" diyordu. Ne kadar hoş bir yöntem Alp! E-postayı beni yüreklendirdi ve hemen bir e-postayla Türkiye'ye en kısa sürede gelmek istediğimi söyledim. Neler olduğuyla ilgili olarak Türk devletini tam olarak bilgilendireceğim bir toplantı düzenleyebilir mi diye sordum. "Türkiye'nin menfaati açısından tartışmamız gereken birçok hassas konu var, hükümetin saygıdeğer üyeleriyle konuşmaktan çok memnun olurum. Çocuğumu bulmak ve Iraklı çocuklara oyuncak dağıtmak için Irak'a geri döndüğümde güvenliğim ve yardım konusunda bazı sorularım var" diye yazdım. Türk ordusunun Sacide'yi bulmak için bana yardım edebileceğini düşünüyordum. Aydın Komutan'ın da bunu düşündüğünü biliyordum.

Ertesi gün çok garip bir şey keşfettim, yatak odam Bağdat Havaalanı'nda uyuduğum yere çok benziyordu. Yatağımın yeri ve yönü, kullandığım küçük "halı", çekmecemin yeri Bağdat Havaalanı'ndakiyle aynıydı. Bilinçaltımda, güvenli bir ortamda Bağdat Havaalanı'nı tekrar mı yaratmıştım?

Ayın 9'unda boğazımdaki sorunun daha da kötüleştiğini fark ettim. Daha sonra kırılmış dişimden büyük bir parçanın kopmasını üst kattaki banyoda filme çektim. Kendimi çok sersemlemiş hissettim, neredeyse bayılıyordum. Kopan diş parçasının jilet kadar keskin kenarı yüzünden konuştuğumda ya da bir şeyler yediğimde dişetimi kesiyordu.

Uluslararası Af Örgütü'nün Irak koordinatörü, Londra'daki bürolarına tam bir rapor göndermemi tavsiye etti. Bu küçük istek büyük bir krizi tetikledi, çünkü tek rapor benim Mark'a hazırlattığım rapordu ve içinde bir sürü hata vardı. Tabii ki bunu gönderemezdim, öykünün tamamını anlatmakla da yüzleşemiyordum. Nazik bir şekilde beni bunu yapmaya zorladı, Uluslararası Af Örgütü'nün görevlileriyle bir mülakat yapmamı önerdi, bu da yüzleşemeyeceğim bir şeydi. İyi niyetli olduğundan eminim, ama Kerkük'le ilgili olarak konuşmak beni kusturuyordu. Bunun üstesinden gelemiyordum. Uluslararası Af Örgütü'yle kurduğum temas bana Kerkük Havaüssü'nde olanlar hakkında konuşamayacağımı hatırlatmıştı tekrar.

"Bununla yüzleşemem. Uluslararası Af Örgütü'nün nazik ve anlayışlı olduğunu biliyorum, ama bu pislikle ilgili mülakat veremem, gerçeği örtbas edeceklerinden eminim. Gerçeği söylersem beni öldürecekler" diye yazdım.

Daha sonra "Irak'ta İngiliz kuvvetleri tarafından kötü muamele ve Birleşik Devletler güçleri tarafından işkence görmüş insanlarla ilgilenen ve onlara tavsiyede bulunan" Londralı bir avukatın ayrıntılı bilgilerini gönderdiler.

Bunu neden yaptıklarını tam olarak anlamamıştım, ama ertesi gün, ayın 10'uydu, Uluslararası Af Örgütü'nün tavsiyesine uyarak Leigh Day&Co'dan Sapna Malik'e bir e-posta yazdım. Başıma gelenlerin altını çizdim ve bana ne gibi bir önerisi olabileceğini sordum. Aynı zamanda Uluslararası Adalet Mahkemesi'ne de bir e-posta göndererek tavsiyelerini sordum. Yanıt geldi, şunu öneriyorlardı: "Uluslararası Adalet Mahkemesi yetkili değildir, mahkemenin işlevleri tüzük (Madde 34) ve kurallarda tam olarak tanımlanmıştır, öneride bulunmak ya da görüş bildirmek yetkisi dahilinde değildir."

Mark ara sıra ortaya çıkıyordu, hâlâ benim adımla forumlara katılıyordu. Haberine verilen yanıtları düzenli olarak bana gösteriyordu. Ben de yaptığı şeyleri kontrol altına almayarak aptallık ediyor, bu forumların bana yardım edebileceğini bir türlü anlayamıyordum. Irak'a oyuncak götürdüğümü ve palyaço kostümü giymeyi planladığımı keşfeden biri tarafından gönderilmiş bir e-posta ilgimi çekti:

> Kabalık etmek istemem ama bu çok komik! Ben bütün nefretiyle ve öfkesiyle orada duran bir milis olsaydım, elimde bir AK-47'yle bunu

görünce ne yapacağımı hayal bile edemiyorum, el bombalarını bantlamış, tetiğe asılmaya hazır. Sonra karşısına bir palyaço çıkıyor. Bir saniye içinde duygularım ne hale gelirdi. Gülerdim, korkardım, merak ederdim, canım sıkılırdı. Düşüncenin hiçbir önemi yok, büyük olasılıkla bu palyaçoyu kucaklardım. Böyle bir şey o kadar gerçeküstü olur ki kimse kaldıramaz.

Sizin de bildiğiniz gibi, oyuncak dağıtırken ve pantomim gösterisi düzenlerken Irak'ta sevginin kostümünü giymek benim başarımdı; verdiğim sevgi yüzünden hiç kimsenin zarar görmeyeceğinden emindim.

Benim yumuşak başlı baştan çıkartıcı e-postam bölge milletvekilimin vicdanını rahatsız mı etmişti? Belki de; çünkü ayın 17'sinde ondan bir e-posta aldım, sevgiye bir şans tanıdığını ilan ediyordu!

Hafta sonu dosyanızı tekrar okudum. Sacide'nin izini bulmak ve Kızılhaç'ın neler yaptığını görmek için onlarla temasa geçeceğim. Dışişleri Bakanlığı'nın kendilerine yardım edebileceğini düşünüyorlarsa, nasıl bir yardım beklediklerini soracağım. Benim York büromdaki Lesley Dellagana'ya Kızılhaç'la neler konuştuğunuz konusunda bilgi verir misiniz; size neler söylediler ve bugüne kadar neler yaptılar? Onlarla temasa geçmeden önce bunları bilmek durumundayım. Sacide'yle ilgili her türlü ayrıntıya da ihtiyacım var; tam ismi, yaşı, tarifi, son olarak nerede yaşadığı, vs.

Irak'ta tutuklandığınızı ve alı konduğunuzu göz önüne aldığımızda, ben onlarla temas kurduktan sonra sizin serbest bırakılmanız için Dışişleri Bakanlığı'nın çok çabuk harekete geçtiğini biliyorum. Bunun hoşunuza gitmediğinden eminim, ama başka olaylarla kıyasladığımızda Dışişleri Bakanlığı yurtdışındaki bir tutukluya yardım etme konusunda size ve sizin davanıza karşı oldukça hoşgörülü davrandı ve çok hızlı hareket etti.

General Hahn

Michael Ralda konusunu keşfettikten sonra kısa süre içinde bunun nefes kesici bir şeye dönüşeceğini tahmin etmemiştim, ama dönüştü. Benim serbest bırakılmamla ilgili olarak Richard Webb'in telefonla aradığı varsayılan, ama aslında aramadığı Amerikalı General Hahn'la ilgili öğrenilecek çok şey var. Şimdi dikkatle dinleyin! Birleşik Devletler 1'inci Zırhlı Tümeni'nin takma adı "Old Ironsides"tır ve Birleşik Devletler ordusunun Almanya Wiesbaden'de konuşlu bulunan muharip bir tümenidir. 1-94 Sahra Topçusu bu tümene bağlıdır. Bu birime bağlı askerler Bağdat Havaalanı'nda bana muhafızlık etmişlerdi. Tümen, devasa V'inci Kolordu'ya bağlıydı, komutanı da General Hahn'dı! Richard Webb, kolordu komutanıyla temas kurmuş! Benim davamla ilgili adamlardan biri de V'inci Kolordu komutanı!

Bu arada, bir Amerikan generalinin (Tuğgeneral Daniel Hahn) Irak'taki halka açık heykelleri Amerikan bayrağıyla temizlediği haberi *The New York Times* gazetesinde yayınlandı! 9 nisanda, Bağdat'ta Saddam Hüseyin heykelinin yüzüne Amerikan bayrağı örten Amerikan askerine atıfta bulunuyorlardı. "Perşembe günü, V'inci Kolordu Komutanı Tuğgeneral Daniel Hahn, "Amerikan askerlerinin Amerikan bayrağı taşımasından ve Irak'ın değişik yerlerine Amerikan bayrağı asmasından daha doğal ne olabilir ki" dedi. Tuğgeneral Hahn Iraklıların gururuna ve milli duygularına karşı hassas davrandıklarını ve bunun öncelikleri arasında yer aldığını da sözlerine ekledi. "Birleşik Devletler, Irak devletinin yeniden yapılandırılmasına yardım ediyor" dedi. "Gücümüzle gösteriş yapmak istemiyoruz" dedi.[15]

2003 nisanında General Hahn V'inci Kolordu komutanıydı, şüphesiz serbest bırakılmamı onun onaylaması gerekiyordu! General 2003 ağustosunda neredeydi? Bunların hepsi açığa çıkartılacak!

12 mart cuma günü, *Daily Mirror*'un manşetini gördükten sonra çok rahatsız oldum, Sapna'ya e-posta göndererek planlamaya çalıştığı şeyle ilgili olarak kendisiyle konuşamayacağımı yazdım. Birinci sayfada, "dünya özel" bölümünde, Guantanamo Kampı'nda geçen hayatının ayrıntılarının anlatıldığı Cemal El-Harit'in öyküsüne yer ayrılmıştı. Kamuoyuna açıklama yapan tutuklu ilk İngiliz vatandaşı bu insandı. Öyküsü çok üzücü ve rahatsız ediciydi, anlattıklarının bir kısmının gerçek olmadığına ya da abarttığına inanıyordum, bu kısımları kendisi ya da gazeteciler abartmış olabilir. Bu haberi okumak kötü anılarımı canlandırdı, gazeteyi gözümün önünden kaldırmak istedim.

"Bu Guantanamo Kampı hikâyesi canımı sıkıyor, eminim bu adama yüklü miktarda para ödemişlerdir. Bu para ona abartması için ödenmiş olmalı. Bu öykünün manşetten verilmemesi gerektiğine inanıyorum, dün gerçekleşen Madrid'teki bombalamanın da manşetten verilmemesi gerektiğine inanıyorum; para günü kurtardı ve bu da midemi bulandırıyor" diye yazdım.

15. http://www.smh.com.au/articles/2003/04/11/10495678 75737.html?oneclick=true

Guantanamo Kampı hikâyesi beni sonradan çok etkiledi, çünkü bu adam da benim gibi turuncu tulum giymişti. O da esir alınmış, ortada bir neden yokken alı konmuştu, bu yüzden kendimi ona yakın hissediyordum. Öyküsünü aklımdan bir türlü çıkartamıyordum, haberi tekrar okudum. Tabii ki onun öyküsü benimkinden daha kötüydü, ama 22 temmuz 2003'te Uday öldürülmemiş olsaydı benim öykümün manşetten verileceğine hâlâ inanıyordum. Hiç kuşkusuz benzer şekilde dikkatleri davamın üzerine çekerek Sacide'nin bulunmasını sağlamaya çalışıyordum.

"Ona kim bakıyor, kim besliyor, üzerini kim giydiriyor? Ona babasını kim anlatıyor ve ne anlatıyor? Biri onu evlat edinmişse ve benden hiç haberi yoksa? Dinleyin, benim de sırtlandığım yüklerin bir sınırı var. İçimde bir yerlerde beni derinlere çekecek bir şeyden hâlâ korkuyorum. Kerkük'le ilgili konuşamam. Basın neden bunu haber yapmıyor ve bana yardım etmiyor? Blair'in özel elçisi neden bana yardım etmiyor? Irak'ta esir alındığıma inanmıyorlar mı? Sorun benim öykümün artık 'eskimiş' olması mı?" diye yazdım.

Guantanamo Kampı *Daily Mirror*'ın manşetinde yer aldıktan bir gün sonra, bu özel habere gazetenin 60 000 pound ödediğini öğrendim. *The Independent* ertesi gün başka bir özel haber yayınladı; Guantanamo Kampı'nda tutuklu kalmış başka biri için çok daha büyük miktarda bir para ödemişlerdi. Bu adamlar adına sevindim, ama benim davam ve Sacide'nin durumu hiç ilgi çekmediği için kalbim kırıldı.

Harekete geçme zamanı

Humberto, Dr. Frank, Tucker, vs

Humberto davama karşı gösterilen adaletsizlikten etkilenmişti, benim bile duymadığım bilgileri forum sayfalarına taşıdı. Bu adamla hiç tanışmamış olsam da onun Mark'tan çok daha samimi olduğunu biliyordum, bu yüzden söylediği şeylerden hiç kuşku duymadım. Dr. Frank isimli biri benimle temas kurunca buna hiç şaşırmadım, destek olmayı teklif ediyordu. İlk önce bana üst düzey bir web günlüğünü idare eden, Birleşik Devletler ordusunda asker ya da subay olan "Şef Wiggles"le temas kurmamı tavsiye etti ve Iraklı çocuklara oyuncak götürmek için bunun gerekli olduğunu söyledi. "Onun seni kabul etmemesi, amacına yaklaşmanda yardım etmemesi için bir neden göremiyorum; ama bu daha çok bir deneme olacak, onun gibi biriyle temas kurarak (e-posta gönderebilirsin) en azından isteğini bildirme şansın olacaktır. Doğruyu söylemek gerekirse, isteğini etkin birine ulaştırırsa doğru tarafa yönlendirilebilirsin. Ordu mensuplarının başka web günlükleri olduğunu da tahmin ediyorum, bu web sitelerini bulabilirsen, ki bulacağından eminim, imkânları varsa hepsinin kızını bulmakta seve seve yardım edeceklerinden eminim. Size iyi şanslar dilerim, efendim" diye yazdı, onun da bir asker ya da gazi olduğunu düşündüm. Yazdıkları samimi ve içtendi, bundan eminim.

Şef Wiggles'ı kontrol ettim ve yaptığı işleri görünce çok şaşırdım. "Irak için Oyuncaklar" projemi iyi örgütlememiş olduğumu düşünerek gördüklerim karşısında utandım. Oyuncaklarım ve daha fazlası için Tom ve Bay Berg yerine Şef Wiggles'la bağlantı kurmuş olsaydım, şimdiye kadar çoktan Iraklı çocukların yüzlerinde kocaman bir gülümseme olurdu. Oyuncaklar şimdi Süleymaniye'de bir yatak odasına gömülmüş durumda.

Dr. Frank e-postasında bana yardım etmek için bir şeyler yaptığını yazdı. Yaptığını olağanüstü bulmuştum, bana yardım etmesi için bayan bir kongre üyesine bir mektup yazmıştı.

Sevgili Kongre Üyesi Bayan Lee,

Kongre'deki temsilcim olmanız nedeniyle, hükümetimizin Irak'taki eylemleriyle ilgili olarak, müttefikimiz İngiltere açısından çok önemli bir konuya dikkatinizi çekmek ve sizin yardımınızı talep etmek amacıyla bu mektubu yazıyorum. Başından beri sizin hükümetimizin eylemlerine karşı olduğunuzu çok iyi biliyorum, ama burada sözünü edeceğim konunun siyasetle uzaktan yakından hiçbir ilgisi yok:

Michael Todd sadece kızının nerede olduğunu bilmeyi arzu ediyor. (Öyküsü için lütfen http://news.bbc.co.uk/2/hi/uk_news/england/north_yorkshire/3087135.stm'ye bakınız.)

Bu adam bugün iki yaşında olan kızı Sacide'yi aramak için geçen yıl Irak'a gitti, bir sonuç alamadı. Oradaki askeri birliklerimiz tarafından gözaltına alındı ve kötü muameleye maruz kaldı. Nişanlısı Abla, çocuğun annesi, bizim düzenlediğimiz bir bombardıman sırasında hayatını kaybetti.

Sizin karşı çıktığınız bütün bu olayları artık geri döndürmek için çok geç; ama bu adam için bir şeyleri düzeltebilmemiz hâlâ mümkün, kızından uzaklaştırılmış bu adamın durumu için siz nazik bir şekilde ayağa kalkarsanız, daha önce yaptığınız gibi Kongre'deki saygın meslektaşlarınız ya da İcra Kurulu'nun üyeleri ya da bu durumu duyacak yetki sahibi birileri yardım ederse, Irak'taki askeri yetkililerimiz, Bay Todd'a araştırmasında yardımcı olmak için kaynaklarının küçük bir parçasını ayırarak katkı sunmaya yönlendirilebilirler. Bu savaşa açık sözlü bir şekilde karşı çıktığınıza inanıyorum, bu yüzden geçen yılki eylemlerimiz yüzünden üzüntü duyanların ve verdikleri insani zararı anlatan bu öyküye dikkat etme eğilimi duyanların bu konuyla ilgilenmelerini sağlayabilirsiniz. Aynı zamanda, bu davada insani adalet siyaseti de aşmıştır. Yapıcı eleştirilerinizi ve siyasi rakiplerinizin bile saygı göstereceği bir konuyla ilkeli muhalifliğinizi yükseltme fırsatı bulabileceğinize inanıyorum. Bu konuyla ilgili sizin ahlaki ağırlığı olan yorumlarınız yadsınmaz bir şekilde siyasi yelpazenin her tarafında yankı bulacak ve partizan siyaset bu konuyu görmezden gelemeyecektir.

Sizin de bildiğiniz gibi, yakın zamanda gerçekleşen olaylar, diğer ülkelerle olan ilişkilerimize zarar vermektedir. Michael Todd'un davası ile kızı Sacide bireysel ve insani ölçülerde buna sadece bir örnektir. Bir Birleşik Devletler vatandaşı olarak benim arzum –sizin de benimle aynı duyguları paylaştığınıza inanıyorum– zedelenen ilişkileri bir parça da olsa onarabilmektir. Michael Todd'a kızının nerede olduğu bilgisini ulaştırmak için yardım etmenin çok büyük bir kazanım olmayacağını siz de takdir edersiniz sanırım, ama Irak'ı işgal eden kuvvetlerimizin eminim bunu yapabilme kapasiteleri vardır; tabii eğer yetkili birileri bu babaya yardım eli uzatırsa. Kongre'deki temsilcim olarak size bu mektubu yazıyor ve ilgileneceğinizi ümit ediyorum. Sizin kamu hizmeti sicilinizi çok iyi biliyor ve elinizden gelen her şeyi yapacağınıza inanıyorum. Adaleti yerine getirmek için ilkeli sesinizle ve ahlaki tavrınızla yardım edebilirsiniz. Hükümetimizin adalet talebine kulak tıkamayacağına ve benimle aynı görüşte olduğunuza inanıyorum.

Çok meşgul olduğunuzun ve mevkiinizin ağır sorumluluklarının farkındayım; sizi oyuyla desteklemiş biri olarak bu konuya dikkatleri çekerseniz inanın size minnettar olacağım.

Saygılarımla, (gerçek ismim)

Bu adamın iyi yürekliliği beni ağlattı ve Birleşik Devletler'in Sacide'yi bulmak için bana yardım etmesi gerektiğine duyduğum inancı pekiştirdi. Bu harika çaba için teşekkür ederim.

Uzun süre düşündükten sonra, 1-94 Hava İndirme Tümeni askerlerine internette "resmi olarak" teşekkür etme planımı, ayın 19'unda gerçekleştirdim.

Irak'ta esir alınan İngiliz savaş esiri Bağdat'taki Birleşik Devletler askerlerine (1-94 Hava İndirme Tümeni) teşekkür ediyor

Irak'ta beni esir alan Birleşik Devletler ordusundan insafsız bir muamele görmüştüm. Bağdat'ta bana nezaret eden farklı bir birime transfer edildiğimde gördüğüm muamele daha iyiydi.

Bu, Bağdat'ta bana M16 piyade tüfeklerini üzerime doğrultan 1-94 Hava İndirme Tümeni'nin askerlerine bir teşekkürdü!

Önceki insafsız muameleyi çok iyi belgelemiştim. Sıra bütün Birleşik Devletler askerlerinin aynı şekilde tanımlanmaması gerektiğini anlatmaya gelmişti. Evet, bana kötülük yapmışlardı ama Bağdat'a transfer edildikten sonra, başka bir birimin nezaretinde gözaltında tutulmuş, gördüğüm muamele düzelmişti. Evet, hâlâ turuncu tulum giyiyordum, nefes almak dışında geriye kalan her şey için hâlâ izin almak zorundaydım, hâlâ çok az hakkım vardı, hâlâ yirmi dört saat boyunca M16 piyade tüfekleri üzerime doğrultuluyordu ve hâlâ bir savaş esiriydim; ama bu askerlerin davranışları çok daha iyiydi. Emir alırlarsa eminim hiç düşünmeden beni vururlardı, başka seçenekleri yoktu. Uyurken bile silahlarını üzerime doğrultuyorlardı ama hâlâ konuşabiliyorduk. Bu genç askerlerle yaptığımız sohbetler sırasında onların üniformalarının, silahlarının ve korkularının ötesinde başka şeylere de sahip olduklarını gördüm. Memleket hasreti çeken bu genç adamların dostluğu benim için çok önemliydi; onlar da benim gibi sevdikleriyle birlikte olmak istiyorlardı, onlar da benim gibi mutlu olmak istiyorlardı. Muhafızlarımın iyi insanlar olduğunu biliyordum ve çok harika anlar yaşadım. Eşiyle sorunları olan bir asker için bir şiir yazdım. Bana öyküsünü anlattı, ben de onun için telefonda okuyacağı dört sayfalık bir şiir yazdım. Asker sonra gözlerinde yaşlarla yanıma geldi.

Beni gözaltında tutan 1-94 Hava İndirme Tümeni'nin askerleri, gözlerimin önünde büyüklüklerini kanıtladı; hepsi çocuğumu bulmam için dua etti, gözaltında olmam ve gördüğüm kötü muamele yüzünden çoğu üzüldü. Terör zanlısı olarak alı konmama hiçbiri anlam veremedi.

Irak'ta iyiler de var. Birçok askeri şu an arkadaşım olarak düşünüyorum, bu genç insanları kendime yakın görüyor ve tekrar düşündüğümde olanları daha az travmatik buluyorum.

Birçok insan, Irak'ta gördüğüm ve şikâyetçi olduğum muameleden Birleşik Devletler ordusunun sorumlu olduğunu düşünebilir. Ama hepsinden bu askerler sorumlu değil.

İsimlerini buraya yazabilirim ama sanırım buna izin vermezler. Beni unutmayın, Turunculu İngiliz Mike!

İyi olun ve kısa sürede evinize dönün!

2003 YILI TEMMUZ AYINDA BAĞDAT HAVAALANI'NDA BENİ GÖZALTINDA TUTAN 1-94 HAVA İNDİRME TÜMENİ'NİN TÜM ASKERLERİNE TEŞEKKÜR EDERİM.[1]

Humberto mesajımı bu siteye göndermemi tavsiye etti, çünkü Washington DC ile ilgili tüm haberler bu sitede yayınlanıyordu.

"Resmi olarak teşekkür ettikten" sonraki gün, Bağdat Havaalanı'ndayken e-posta adresini aldığım her Amerikan askerine e-posta gönderdim. E-postanın metni aynıydı, şu askerlere gönderdim: "Savin", Don Grainger, John Lee, Grant Mennecke, Lee Richardson, Steve Slavik, Jesse Borja, Antwar Harris, Norris, Robbie Lamb, Tony Jimenez, Mark Hansen, Michael Perea, Eric Jones ve Todd Webb:

1. http://dc.indymedia.org/newswire/display/93007/index.php

Selam,

Ben Mike, geçen yıl Bağdat Havaalanı'nda gözaltında tuttuğunuz İngiliz'im. Sadece nasıl olduğunuzu merak ettim ve sağ salim eve döndüğünüzü bilmek istedim.

Size daha önce de e-posta gönderdim ama bu e-postayı aldığınızdan emin değilim. Her neyse, internet aracılığıyla sizlere resmen teşekkür ederken, sizden kısa sürede haber almayı ümit ediyorum. Kendinize dikkat edin. Geçen yıl "benimle ilgilendiğiniz" için sizlere çok teşekkür ederim!

Michael (Bağdat Havaalanı'ndaki eski Turunculu İngiliz!)

"Gönder" düğmesine tıkladığımda kendimi çok iyi hissettim. Bir yandan da tıpkı Tom Fremault'ta olduğu gibi e-postama kimsenin yanıt vermeyeceğini tahmin ediyordum. Geçen sefer de onlara çöken e-posta adresimden mesaj göndermiştim. Ne tür dedikodular yapılmıştı gerçekten merak ediyordum, acaba bana söylerler miydi? Bana yanlış e-posta adresleri verdilerse ne olacaktı? Birleşik Devletler ordusunu korumak Sacide'den daha mı önemliydi? İlk yanıt Oklahoma'dan "En Büyük"ten geldi, bu Grant Mennecke'ydi; tanıştığımız zamanki koşullara rağmen dostluğumuzun bozulmamış olması beni çok mutlu etti.

En Büyük, Oklahoma'da çok iyi. Ben ve oğlum buradayız, ikimiz de okula gidiyoruz. Sağ salim eve döndüğün için çok sevindim, umarım sorunlarını çözüme ulaştırırsın. Ne zaman istersen bana yaz, sevgiler Mike.

Sonraki e-posta ayın 23'ünde Don Grainger'dan geldi:

Selam Mike. Nasılsın? Umarım son konuştuğumuzdan beri işler yolunda gitmiştir. Sağ salim eve döndüğünü bilmek güzel. Eşin ve kızınla ilgili herhangi bir gelişme var mı? Olup bitenden beni haberdar et. Ben hâlâ Bağdat'tayım, her zamanki gibi işlerin peşinde koşturuyorum.

Kendine dikkat et.

Don

Humberto'nun kampanyası dünyanın her tarafına ulaştı, Amerika Birleşik Devletleri'nden meşhur bir film yapımcısı benimle temas kurdu. Humberto ve diğerleri bu projenin bana hem para hem de Irak'a geri döndüğüm zaman koruma sağlayacağını söyledi. Sacide'yi aramaya yoğunlaşmamın ve Abla'ya ilgili gerçekleri öğrenmemin benim için hayati önemi vardı. İnsanların içinde bulunduğum kötü durumdan çıkmamı istedikleri açıktı. Kanadalı bir film yapımcısı, benim davamı konu alan bir filmin Pulitzer Ödülü'ne aday gösterilebileceğini söyledi. Amerikan film yapımcısının Kanadalı sekreteri Buralardan biri bu öyküyle 2004 Pulitzer Ödülü'nü eve götürebilir. Altı Irak öyküsü bu yıl Pulitzer'e gidiyor, çünkü hiç kimse gerçek öyküyü yakalayamadı. Kimse de yakalayamayacak çünkü birleşmiş basın mülkiyeti ve ilgi alanları birbirleriyle çatışıyor. Ama insani bir öykü görsellikle desteklenirse onay görebilir. Burada bu hafta gösterilen bir televizyon filmi de var" dedi.

Sadece birkaç gün sonra, temennilerinin altını çizdiği Humberto'dan gelen başka bir e-postayı okuduktan sonra, Amerikan film yapımcısı Mike Tucker'dan bir e-posta aldım.

> Üzerinde çalıştığım iki film projesi için Irak'a sadece dört kez gittim. Sizin öykünüz ilgi çekici bir öykü. Bağdat'taki insanlardan bu konuyu biraz soruşturdum, öykünüzü ve isminizi farklı haber kanallarından kontrol ettim. Alman Televizyonu, ARD ya da ZDF için bu öyküyle ilgilenebilirim.

Ayın 24'ünde, Mike Tucker'a davamla ilgili ayrıntıları gönderdim. "Kızımın bulunması için bana tam destek vererek yardım ederseniz minnettar kalırım" diye yazdım. İlgilendiğini teyit eden bir e-posta gönderdi. "Bu öykünün nasıl kotarılacağından emin değilim, ama başınıza gelenlerin anlamsızlığı çok güçlü" diyordu, bir Alman haber kanalından bir yapımcıyla görüştüğünü, yapımcının davamla ilgilendiğini, beni tekrar arayacağını söyledi.

Topçu Sarayı filmini yayınlamış olan Mike Tucker bir daha beni aramadı, hâlâ bekliyorum. Sessizliği beni şaşırtıyor; yanlış bilgilendirilmiş olabileceğinden şüpheleniyorum, Mark'ın raporu yüzünden de çark etmiş olabilir.

Mark'ın sonu

Mark'a benim davamla ilgili sessiz olmasını söyledim, güçlü bir şekilde söyledim bunu; şiddete başvurabileceğini söylediği zaman yanımda bir tanığım da vardı. Annemin doğum gününden sadece bir gün önce Mark'a internette haber yayınlamayı kesmesini ve şimdiye kadar göndermiş olduğu her şeyin bir kopyasını vermesini söyledim. Bu hiç hoşuna gitmedi ama razı oldu. İstediğim kopyaları hiçbir zaman alamadım ve her şeyi kendim bulmak zorunda kaldım; bu iş oldukça uzun sürecek gibi görünüyordu. Gülümseyen bir yüzle bir forumu kapattığını anladım.

Hayatımı basitleştirmek ve kontrolünü elime almak istiyordum ama bunu yapamadım.

Bağdat Havaalanı'nda beni gözaltında tutan Amerikan askerlerinden biri olan Jess Borja'dan ayın 26'sında bir e-posta aldım. Daha önce gönderdiğim e-postayı almadığını yazıyordu, e-posta adresimin kırılmış olduğunu ya da engellendiğini düşündüm ve alarm zilleri çalmaya başladı. Birleşik Devletler ordusuna ait bir e-postayı kullanarak bana yanıt vermişti, endişelerim gerçekti. Bu çok düşünceli bir davranıştı, teşekkürler dostum, yazmamı istediğin şiiri eşin umarım beğenmiştir. Üzgünüm tatlım, bu şiiri sana kendisinin yazdığını mı söylemişti yoksa?

Mart ayının sonlarına doğru, kendimi çok daha iyi hissediyordum. Öfkeli bir şekilde notlarımı temize çekiyordum. Amerikalı film yapımcısıyla görüşüyordum. Mark'tan her anlamda kurtulmuştum.

Sokak gösterilerim gittikçe iyileşiyordu, Maisy ve Lex'le aram iyiydi. Amerikan askerleriyle görüşmeyi sürdürüyordum çünkü kendimi iyi hissettiğimde gerçeği aramam daha kolay oluyordu. Gerçek beni kendiliğinden yönlendiriyordu; bu yüzden birkaç Birleşik Devletler askerine gözaltındayken çekilen resimlerimi tekrar sordum. Bunun doğru olup olmadığını hiç düşünmedim bile, Ebu Garip olayının çok uzak olmadığının farkında bile değildim. Amerikan askerleri, Irak'tayken çekilen resimlerimi bana gönderirse başları derde girer miydi? Ayın sonuna doğru Komutan Aydın'a bir e-posta gönderdim:

Merhaba Arkadaş,

Umarım iyisindir. Uzun zamandır senden e-posta almadım. Ben hâlâ İngiltere'deyim ama önümüzdeki ay Irak'a gideceğim. Irak'tan önce Türkiye'ye geleceğim. Seni tekrar görmek güzel olur. Nasıl buluşabiliriz?

Görüşmek üzere.

Michael Todd.

Not: Yeni e-posta adresim bu.

Irak'a gitmeyi söylemekle bunu yapmak arasında dağlar kadar fark vardı elbette, ama bunu yazmak sanırım iyileşme sürecinin bir parçasıydı.

Irak'taki şiddet endişelerimi artırıyor

Karşıma Irak'la ilgili haberler çıktığı her seferinde şiddetin gitikçe artmakta olduğunu hissettim. Sacide'nin güvenliğiyle ilgili kaygılanınca haberleri kapattım, çünkü bu dayanabileceğim bir şey değildi. Irak Dışişleri Bakanı Sayın Zebari'yi "Newsnight"ta gördüğüm zaman, KDP'nin Ankara'daki bürosunun benim davamla ilgili kendisine bilgi verip vermediğini düşündüm. Sapna Malik'e güvenim artıyordu ve yaptığımız duygusal konuşmalardan hoşlanıyordum. Onu kendime yakın hissediyordum, bana "yardım" etmek istemesinin gerçek nedenlerinin henüz farkına varmamıştım. Bu kadın, Sacide'yi bulmam için Birleşik Devletler'in bana yardım edeceğine olan kör inancım yüzünden hukuksal bir dava açmak istemediğimi çok iyi biliyordu. Amerikalı avukatlardan tavsiye almak için uğraşıyordu. Bu avukatların çoğu Guantanamo Kampı'yla ilgili davalara bakıyor ve Sapna Malik bu davaların "çok daha önemli" olduğunu söylüyordu. Evet, haklısınız, ben de bu laftan hiç hoşlanmamıştım.

Hâlâ sıkıntılı düşüncelerim vardı. Kerkük Havaüssü'ndeki tecavüzü kalbimin derinliklerine saklamıştım. Ara sıra ortaya çıkan şiddet patlamalarına neden olan kâbuslar görmeye devam ediyordum. Bir kâbusta 50 000 Amerikalının izlediği bir spor karşılaşmasında beni sahanın ortasına çırılçıplak atıyorlardı. Tanımadığım bir sürü adam turuncu renkli beysbol sopalarıyla beni kovalıyor ve yakaladıkları yerde kafama vuruyorlardı.

Tüm hayatım Irak'tı ve her yerde kendini bana hatırlatıyordu.

7 nisandaki sokak gösterim sona erdikten sonra, yaşlıca bir çift yanıma yaklaşarak sergilediğim pantomim hareketlerini izlerken neler hissettiklerini söylemek istediler. Onları çok mutlu ettiğimi ve gösteriyi izleyen çocukların yüzündeki o neşeli ifadeyi hiçbir zaman unutmayacaklarını söylediler. Davamı bilselerdi, içim kan ağlarken diğer insanları neşelendirmemi çok daha olağanüstü bulacaklarını düşünüyorum! Çocuklarının ellerinden tutup yanımızdan geçip giden babalara bakamıyordum.

Ayın 9'unda Birleşik Devletler askerleri Eric Ryan ve Steve Slavik'ten çok hoş e-postalar aldım; ikisi de iyi dileklerini gönderiyordu. Hayatlarından şikâyet ediyorlardı, çünkü Irak'taki görevleri 120 gün daha uzatılmıştı. Onlar kum havuzuna saplanıp kalmışlardı, belki de bu kadar çok şikâyet etmeye hakkım yoktu. Üç gün sonra yaptığım hesaplamalarda beni sadece Birleşik Devletler'e götürecek kadar param olduğunu anladım. Buna cesaretim var mıydı?

Iraklılar tarafından esir alınan Gary Teeley isimli İngiliz'in hikâyesi büyük olay yarattı; google'da tam beş sayfa yer buldu. Silahlar üzerine doğrultulmuş şekilde altı gün zorla alı konmuştu. "Doğru" insanlar tarafından esir alınmıştı, bu yüzden onunla ilgili haberler "gündeme" uygun düşmüştü. Ben "yanlış" insanlar tarafından esir alınmıştım, bu yüzden benim öyküm hiçbir gündeme uygun değildi.

"Dinleyin, çocuğumu bulmak ve oyuncak dağıtmak için Irak'a gittim, Birleşik Devletler beni esir aldı, altı lanet hafta boyunca üzerime silah doğrulttular. Bunu hâlâ çok az kişi biliyor, çünkü bu "uygun bir hikâye" değil, bu çok rahatsız edici bir hikâye. Beni Iraklılar esir almış olsaydı –bunu bir düşünün, öyküm uygun değildi. Bu midemi bulandırıyor. Iraklılar, direnişçiler, teröristler birine zarar veriyorlarsa veya birine sorun çıkartıyorlarsa bu uygun bir hikâye oluyordu, ama Amerikalılar bir palyaçoyu esir alınca– gerisini biliyorsunuz. Düşündükçe kötü oluyordum. Birleşik Devletler'e gitmek zorundayım. Peki onlar beni kabul edecek mi, çünkü orada da kötü olabilirim" diye yazdım.

Irak'taki Kızılhaç görevlisi Cecile Pouilly'den e-posta aracılığıyla kötü haberler aldığımda, kötünün de kötüsü başıma geldi.

> Bayan Apostolico'nun görevini tamamladığını ve Irak'tan ayrıldığını size haber vermek istedim. Ben de son günlerimi dolduruyor ve Irak'taki operasyon dosyalarını takip ediyorum. Kızınızın yerinin bulunması için yardım talep etmişsiniz, bunun için size en yakın Kızılhaç ya da Kızılay bürosuna başvurup izleme talebinde bulunmanız, son e-postanızda sözünü ettiğiniz yetimhaneyle temas kurabilmemiz için de söz konusu kurum hakkında detaylı bilgi vermeniz gerekmektedir.

Bu benim için büyük bir darbeydi, çünkü Beatrice bu davayı çok iyi biliyordu, ama temel konularda bana bilgi vermeden ülkeden ayrılmıştı. Erbil'deki Kızılhaç'a benim için bir mesaj bıraktıkları söylenen Abla'nın annesiyle ya da İranlı arkadaşıyla temas kurmamı ancak onlar sağlayabilirdi. Yetimhanenin araştırılması işi ne olmuştu? Verdiğim yanıtta Cecile'e, Beatrice'in telefon numarasını sordum. Artık Irak'ta olmasa bile onun tavsiyesini almak istiyordum. Erbil'den herhangi bir mesaj aldı mı bilmek zorundaydım. Cecile'in şu an nerede olduğunu da bilmek zorundaydım, Bağdat'taysa Sacide'yi aramam için bana yardım edebilirdi. "Evet, Kızılhaç'ın yardım etmesini istiyorum ve yerel büroyla temas kuracağım. Sizinle temas kurmamın ve Bayan Apolostico'yu bulmaya çalışmamın nedeni ikinizin de beni tanıyor ve konuyu biliyor olmanızdır" diye yazdım.

Peştevan

Ayın 15'inde oğlumla birlikte York'a gittik, her zaman yaptığımız gibi nehirde kuşlara yem atarak güzel zaman geçirdik. Hayatımı ve yaptıklarımı düzene sokmayı ümit ederek bir günlük almam gerektiğini anımsadım. Bir saat içinde "eve" dönüp, 4 temmuz 2003'te ailesinin evinden ayrıldığımdan beri bir daha görüşemediğim, Süleymaniye'deki doğrudan ilk bağlantım olan Peştevan'la konuştum. Kardeşinin el yazısını okuyamadığım için sürekli yanlış numarayı aradığım ortadaydı. Peştevan kardeşlerden birinin Süleymaniye'de yazdığı telefon numarası okunaklı değildi; 9 sayısı 4 gibi okunuyordu. Aylar sonra aniden 9 yerine 4 sayısını çevirmem gerektiğini anladım. İnanılmaz bir şekilde telefon çaldı, yanıt geldi ve müthiş bir neşeyle görüştük. İlk anda sesi çok şaşırmış gibi geliyordu, Yorkshire aksanlı birinin neden Kürtçe konuşmaya çalıştığını anlamamıştı! Esir alınmamla ya da birden ortadan kaybolmamla ilgili hiçbir şey bilmiyor olsa da, sağ olduğuma sevinmişti. Süleymaniye'deki ailesine durumu bildireceğine söz verdi. Ailesiyle birlikte kaldığımı ve Refik'in düşüncelerini bilmiyordu.

Kürtçe konuşma girişimlerime epeyce güldükten sonra benimle buluşmayı kabul etti, Türk Özel Kuvvetleri'yle birlikte esir alındığımı öğrenince korkularımdan kurtulmama yardım etti. 4 Temmuz Baskını'yla ilgili olarak hiçbir şey bilmiyordu, sorduğumda oldukça şaşırdı. Yardımları ve konukseverlikleri için ailesine minnettar olduğumu söylediğimde çok mutlu oldu. Sacide'yi bulmam için bana yardım etmeye söz verdi, o bölgede tanıdıkları vardı.

Birkaç gün sonra Hull'da buluştuk, başıma gelenlerin hepsini öğrenmesi için oğlumu da yanımda götürdüm. Kucaklaşıp öpüştük, çok duygusal bir andı. Bir Kürt lokantasına gittiğimizde anılarım su yüzüne çıktı, memleketinin güzelliğinden ve Kürt konukseverliğinden konuştuk. Ailesine minnettar olduğumu bir kez daha söyledim; ailesinin iyi yürekliliği ve cömertliğinin az bulunur bir şey olduğunu söyledim.

Lezzetli Kürt yemeklerini yerken, oğlum bu yiyecekleri çok

sevmişti, Sacide'yi bulmak için elinden gelen her şeyi yapacağına söz verdi; bölgede çok iyi bağlantıları olduğunu tekrar söyledi. Umduğumdan daha fazlasını söylemişti, ailesinin başlattığı işi devam ettirmek istiyordu.

Ailesi Laven İnternet Kafe'ye neden geri dönmediğimi bilmiyordu, birkaç saat beklemişlerdi, hatta polise gitmişler ve aranmam için girişimde bulunmuşlardı. Bu konuda çok fazla konuşmak istemiyordum, öldürülmüş ya da kaçırılmış olabileceğimden korkmuşlardı.

Oyuncaklar ve özel eşyalarımın hâlâ Süleymaniye'de olduğunu biliyordu, eşyalarımı kilitlediğim sandığın anahtarını ona gösterdiğimde kahkahalarla güldü. Ona söylemedim ama Kürdistan Yurtseverler Birliği, Birleşik Devletler ordusu ya da polisin eve geleceğinden ve eşyalarımı araştıracağından endişeleniyordum. Özel notlarımı, günlüğümü, Suriye ve Türkiye'de çektiğim önemli fotoğrafları, Türk televizyonlarında yayınlanmış görüntülerimin bulunduğu videokasetleri ve Türkiye'de gazetelere verdiğim mülakatları okuyabilirlerdi. Bütün bunlar şüpheci bir zihniyetin benimle Türk Özel Kuvvetleri arasında bir bağlantı olduğunu düşünmesine rahatlıkla neden olabilirdi. Bu iyi ailenin, yeni seçilmiş Kerkük valisine düzenlenecek bir suikast planına benim de karışmış olduğumu düşünmesini istemiyordum!

Benimle buluşmadan önce babasıyla konuştuğunu söyleyince rahatladım. Babası benim "iyi bir adam" olduğumu ve benimle buluşmasının sorun yaratmayacağını söylemişti. Şaşırtıcı bir şekilde ailesinin 4 Temmuz Baskını'yla ilgili hiçbir bilgileri yoktu. Peştevan, babasının oradaki basında bu baskınla ilgili hiçbir habere rastlamadığını teyit etti. Neden basında yer almamıştı? Bu beni çok şaşırttı. Bu konuda konuşmam belki de yanlıştı, çünkü Peştevan Türk askerleriyle birlikte esir alındığımı ve Amerikan askerleri tarafından kötü muameleye tabi tutulduğumu duyunca çok tedirgin olmuş görünüyordu. Hızlı bir şekilde konuyu değiştirmek zorundaydım, Peştevan Türklerle bir bağlantım olduğu fikrine kapılmadan önce Sacide hakkında konuşmaya başladık. Sacide'yi bulmamda yardım edeceğini söylüyordu, bu yüzden dikkatli olmak zorundaydım.

Oradaki bazı insanlarla temasa geçeceğine söz verdi. Araştırma yaptıracaktı, burada ismini veremeyeceğim önemli insanları tanıdığını iddia etti.

"Büyük Ted" ve resim çerçevesini ona anlattığımda çok eğlendi. "Sizin evlilik resminiz yüzünden Bağdat'ta tutsak kaldım" dedim. Vedalaşırken kucaklaşmamız iyileşme sürecim için çok önemli bir andı. Gözlerimden yaşlar akıyordu ama gözyaşlarımı sakladım, daha uzun bir görüşme için tekrar buluşacağımıza söz verdik. Belki de bilinçsiz olarak 4 temmuz 2003'te esir alındığımda üzerimde olan yıpranmış tişörtümü giymiştim, oğlumdan resmimizi çekmesini istedim. Oğlum Irak'a yaptığım seyahatin tamamen gerçek olduğunu ilk kez o zaman anlayabildi.

4 Temmuz Baskını'nın fotoğrafları

Peştevan'la buluştuktan bir gün sonra, kendimi çok enerjik ve iyi hissediyordum; 4 temmuzu gösteren birtakım resimler buldum. Esir alındığım baskında yer almış olan bir Amerikan askerinin kardeşi tarafından internette yayınlanmışlardı. Resimlerin Süleymaniye'de çekilmiş olduğuna inanamıyordum, bu açıdan bunlar benim için önemliydi.

İngiliz Büyükelçiliği ve beni gözaltında tutan askerler tarafından Irak'ta çekilmiş fotoğraflarıma ulaşmam mümkün değildi; internetteki fotoğrafların baskında çekilmiş fotoğraflar olmadığına inanmayı tercih ettim, özellikle de bir fotoğrafın altında "Kerkük" yazdığı için bunu tercih etmiştim. Yine de bu fotoğraflar beni haftalarca etkiledi, bunların büyük olasılıkla gerçek olduğunu içimde bir yerlerde hissettim, resimlerin birinde Türklere ait binanın kapısı görünüyordu. El yapımı halterleri de görmüştüm, esir alındığım zaman gördüğüm ağırlık aletleri olduklarını fark ettim. Düzenli olarak bu resimlere baktım ve meraklandım. 2004 nisan ayında bulduğum bu fotoğrafların daha sonra nasıl büyük bir gürültü koparttıklarını siz de biliyorsunuz.

Ayın 18'inde hâlâ Irak'ta görev yapan bir Amerikan askerinden, Todd Webb'den bir e-posta aldım.

Selam Mike,

Nasılsın? Her şeyin yolunda gittiğini söylemek isterdim, ama burada işler gittikçe kızışmakta. Bu yüzden ağustosun sonuna kadar burada kalacağız, yoksa şimdiye kadar çoktan eve ulaşmış olacaktım. İşte bir askerin hayatı böyle. Orada işler nasıl? Şimdi gitmek zorundayım, sadece e-postan için teşekkür etmek ve bir merhaba demek istedim. Bu arada bana teşekkür etmen gerekmez, sana "bakmak" benim için bir "zevkti". Kendine dikkat et.

Todd

Ucuz bir ses kayıt cihazı satın aldım, Alfredo'nun kamerasını kullandığım zamanlarda ses kayıt cihazının nimetlerinden de yararlanacağım. Duygularımın kaydedilmesi harika, ama etrafımda hâlâ "karanlık" var. Sapna Malik'le buluşacağıma söz vermiştim ama gerçeğe ulaşmanın korkusu canımı sıkıyor. Kâbuslar görüyorum ve bu korku gittikçe şiddetini artırıyor. En kısa zamanda kendime zarar vermeyi ve kafamı tren raylarına koymayı düşündüğümü söylemem gerek.

"Gerçekle yüzleşmektense ölmeyi tercih ederim. Bazı karanlık güçlerin hayatımı kasıtlı olarak mahvettiklerini düşünüyorum, kalbimin içindeki gerçeğe ulaşmaktan beni alı koyuyorlar, kalbimin derinliklerine sadece sokakta sanatımı icra ederken ulaşabiliyorum. Bazen ortada hiçbir şey yokken evin içinde gürültüler duyuyorum" diye yazdım.

Sapna Malik'i aradığımda kendimi hâlâ rahatsız hissediyordum. Randevuyu iptal ettim, moralimin bozuk olduğunu ve bununla yüzleşemeyeceğimi söyledim. İşleri benim için devralacak ve beni koruyacak birilerini arıyordum. Bir gün bununla yüzleşmek zorunda olduğumu biliyor ama yapamıyordum. Hatta başka bir avukata bir e-posta gönderdim, çünkü bir gün yüzleşmek zorunda olduğum gerçeğini erteleyip duruyordum. Londra'da, insan hakları davalarına bakan "saygın" Bindman ve Ortakları Hukuk Bürosu'na davamın ayrıntılarını göndererek tavsiyelerini sordum.

Türkiye'yle tekrar kurulan bağlantı

Bana karşı çok nazik davranan Ankara'daki Cafe de Net'in sahibi Nihat'ı aradım. 2003 haziranından beri onunla ilk kez görüşüyordum, bu harika bir duyguydu. "Bebeğini bulabildin mi?" diye sordu, yanıt verirken utanç içindeydim. "Hayır" dedim. İyi haberler veremediğim için üzülmüştü. Ankara'ya ne zaman geleceğimi sordu. Bana kendimi yetersiz ve sadakatsiz bir babaymışım gibi hissettirdi. Süleymaniye'de esir alındığımı duymuştu, *Hürriyet* gazetesinde gördüğünü söyledi.

Ankara'yı aramak beni harekete geçirmişti. Sacide'yi bulmak için daha fazlasını yapmadığım için Maisy'nin önünde kendimi acımasız bir şekilde kınadım. "Irak'a geri dön, Allah'ın cezası" diye bağırdım. Önündeki masayı yumrukladım, bana bazı önerilerde bulunacağını söylediği zaman sakinleştim. Irak'ın "karanlık yüzü"yle ilgili konuşmaktan uzak dursa da, ara sıra Sacide'yle ilgili konuşmaktan çekinmiyordu. Onun önerileri, Sacide'yi bulmam için yapmam gerekenler hakkında beni tekrar düşünmeye zorladı, karışmış kafam için konuyu basitleştirmişti. Sacide'yi Irak'tan gerçekten çıkarmak istiyorsam, saçmalamayı bırakmamı, para biriktirmemi ve kendi başıma Irak'a gitmemi söyledi. Sacide'yi gerçekten seviyorsam, artık hareke geçmek ve elimden geleni yapmak zorunda olduğumu söyledi. "Başkalarının yardım etmesini beklemekten vazgeç, onu istiyorsan, para kazan ve git kızını kendin buraya getir" dedi. Resmi kurumların Sacide'yi asla benim kadar önemsemeyeceklerini söyledi. "Onu bulabilecek tek kişi sensin" dedi. Ağladım, ağladım, ağladım; çünkü Maisy haklıydı. İlk kez onun önünde bu kadar açık bir şekilde ağlamıştım. Çaresiz bir şekilde ona sarılmak istiyordum ama bana engel oldu. Bu Irak'tan geldiğimden beri beklediğim patlamaydı. Mutfakta bir sel baskını yaşanıyordu!

Daha fazlasını anlatmak istemiyorum ama bu beni çok rahatlatmıştı. Ruhumu açtığımı görmüştü ve bunun büyük olasılıkla bir dönüm noktası olduğunu biliyordu.

"Hayatındaki saçmalıklara bir son ver. Sadece sıkı çalış, para kazan, Irak'a geri dön ve onu buraya getir. Sakin ol ve sadece resmi görevlilerle temas kur. Sıkıntılarıma bir son vermek kulağa hoş geliyordu. Davamı sadece 'resmi görevliler'le çözecektim, sadece avukatımla, bölge milletvekilimle, Bağdat'la, Kızılhaç'la ve doktorla konuşacaktım. Bunların dışında kalan herkesin canı cehennemeydi. Evet, saf ve aptaldım, ama üç hafta boyunca M16 piyade tüfekleri Irak'ta üzerime doğrultulduktan sonra yenilenmiştim. Bütün resmi görevlilerle görüş, yardım edeceklerdir." Ayın 23'ünde bunları yazdım.

Sanırım gerçeğe giden yola çıkmak için kendimi zihinsel olarak hazırlamaya çalışıyordum. Irak'a geri dönmek, yüklenmek zorunda olduğum bir ağırlıktı ve sonunda gerçekle yüzleşecektim. Bu sürecin bir parçası olarak yeni bir avukatla temasa geçtim, Bindman ve Ortakları'ndan Stephen Grosz'la ayın 23'ünde temas kurdum.

Mark'ın neden olduğu zararın çok fazla olduğunu öğrenene kadar her şey yolunda gidiyordu; bunu yazdığı bazı haberleri okuyunca fark etmiştim. Hatalarla doluydu, benim tarafımdan yazılmamıştı ve çok utanç vericiydi. Onun yazdığı metni kontrol etmeden gönderdiğim için işleri kötüleştirmiştim! Mark'a telefon ederek bu konudan uzak durması için onu uyardım, internette benimle ilgili yayınladığı her şeyi kaldırmasını talep ettim. "Gazeteci olmak için beni kullanma" dedim. "Hiç şüphe yok bazı insanlar bu öyküyü ciddiye almıyor – bu aptal, Türkiye'den ayrılmadan önce Irak'ta esir alındığımı yazdı. Daha bir sürü yanlışlık var. Neden ona güvendim? Çünkü ondan başka kimsem yoktu ve bana karşı dostça davranıyordu."

Yaşadıklarımı anlatmak zorundayım

Kum fırtınasının yaklaşmakta olduğunu biliyordum, bu yüzden evin içine saklandım, itirafımı yazarak cebime koydum ve bekledim.

"Benim sorunum ne? Bugün dışarıya çıkamam, hiçbir şey yapmadan hareketsiz bekliyorum. Ne pencerelere yaklaşıyorum, ne de insanlara ne yazdığımı söylüyorum. Bu ölmekten daha mı iyi? Ölüm kızıl ve belki de beni ilerletebilir, yapmam gereken sadece zihinsel olarak ölmek. Ölmek istiyorum. Daha fazla yaşar mıyım, gerçekten bilmiyorum. Bu tıpkı vücudumun dışındaki bir gücün fiziksel olarak bana saldırmasına benziyor. Kulağa acayip geldiğini kabul ediyorum ama bunu başka bir şekilde tarif edemem. Neler olduğu hakkında daha fazlasını söylemek zorundayım ama bunu yapabilir miyim bilmiyorum. Gerçeği söylersem Birleşik Devletler'in beni öldürebileceğinden korkuyorum. Neler olduğunu söylersem Sacide'yi bulmam için bana yardım etmezler. Ama bu bunalım yüzünden ölürsem Sacide'yi hiçbir zaman bulamam. Bu korku, tecavüz fotoğrafları ve kafa kesme – intihar tek çözüm. İçeride daha ne kadar saklanabilirim?" diye yazdım, ertesi gün aceleyle doktora gittim.

Irak'ta başıma gelenlerin tüm ayrıntılarını insanlara anlatmakla yüzleşebileceğimden emin olmadığımı söylerken Doktor Evans'a (doktor bir kadındı) ağlayacak kadar kendimi rahat hissediyordum. Tecavüze uğradığımı ona söyledim, bazı önemsiz ayrıntıları anlattım ve intihar edecekmişim gibi hissettiğimi, çünkü bu gerçekle yüzleşmek zorunda olduğumu söyledim. Bana Propranolol Hydrochloride yazdı ve 9 sayfalık "Post Travmatik Stress – Kendine Yardım Etme Kılavuzu" isimli bir broşür verdi. Tecavüzden önce nasıl olduğuma yoğunlaşmamı ve sorunlarım sona erdiğinde nasıl olacağımı hayal etmemi istedi. Başka şeyler de konuştuk ama bunları anlatmamayı tercih ederim.

İnanılmaz bir şekilde, Irak'tan Neil Attisha'yla bağlantı kurdum. Birbirimize hemen bağlandık ve başıma gelenleri ona kısaca anlattım. Yeğeni Bağdat'taki Ebu Garip Cezaevi'nde çalışıyordu, ertesi gün başıma gelen tecavüzü Londra'daki bir avukata anlattım. Hemen harekete geçti ve yardım teklif etti, işlerin umduğum gibi gitmeyebileceği konusunda da beni uyardı. Abla'nın Irak'a hamile bir şekilde dönmesinin yapılabilecek en kötü şey olduğunu söyledi. "Kurbanın af için öldürülmesinden" söz etti. Abla tarafından yollanmış mektubun aslında annesi tarafından yazılmış ve beni yanlış yöne sevk etmek için kurulmuş bir planın parçası olabileceğini söyledi. Bu şaşırtmacayı kullanarak Abla'nın ailesinin onu öldürmüş ve sonra da bu cinayeti Amerikalıların üzerine yıkmaya çalışmış olabileceklerini söyledi, ama bütün bunları bu kadar açık anlatmadı. Söylediklerini dinledim, iyi dileklerini kabul ettim. Abla'nın "namus cinayetine" kurban gittiğine inanmıyordum.

19 mayıs için planım saat 10:30'da Stephen Grozs'u görmek, dışişleri bakanlığına raporumu vermek ve sonra da saat 16:00'da Sapna Malik'le buluşmaktı. Bunlar gerçekleşmedi, çünkü olanları tüm ayrıntılarıyla yazamadım, Kerkük Havaüssü'ndeki olayla yüzleşemedim.

"Londra'ya dört saat erken gittim. Otobüs terminalinde oturdum. Dışarıya çıkmaya korkuyordum. Gerçeği anlatmak için Londra'daydım ve Birleşik Devletler'in beni izlediğinden şüpheleniyordum. İnsanların bana baktıklarından çok emindim, bunlar bana zarar vermek isteyen insanlardı. İnsanlar üzerime geliyordu ve Amerikan askerlerine benziyorlardı. Kendimi çok kötü hissediyordum. Üşüyordum ve başım ağrıyordu. Titremeye başladım, terliyordum. Tatlı yaşlı bir adam iyi olup olmadığımı sordu, başımı tırmalamaya başladım, tuvalete gittim ve aynada yüzümdeki çizikleri gördüm. Avukatın bürosuna nasıl gideceğimi bilmiyordum, saat 7'de oradan ayrıldım, üç saat erkenden. Rahatladığımı görmek istiyordum; yürüyebileceğimi ve gerçeği anlatabileceğimi hayal ettim. Büro açılana kadar Kings Cross İstasyonu'nda tam bir sessizlik içinde oturdum, istasyon insanlarla dolarken ben boş gözlere etrafa baktım.

Asansörle yukarı çıkarken avukat sonsuz bir uzaklıktaymış gibi geliyordu. Üçüncü katta asansör durdu ama ben 200 kat daha yukarı çıkmak ve oradan aşağı atlamak istiyordum. Hayır, bunu yapmak zorundaydım; kapıyı açmak ve dışarı çıkmak zorundaydım, sırrımı açmak zorundaydım, bunu yapmak zorundaydım.

Stephen Grosz'un beni karşılaması hoşuma gitti, bürosuna girerken hissettiğim gerilim gevşedi. Ona neredeyse vazgeçmek üzere olduğumu ve bununla yüzleşmenin benim için ne kadar zor olduğunu söyledim. Sabırlı, anlayışlı, hoşgörülü ve merhametliydi. Günün ilerleyen saatlerinde Sapna Malik'i bile görebileceğimi düşünüyordum. Kısa süre içinde bunun mümkün olmayacağını anladım çünkü bu pislikle tekrar yüzleşmem mümkün değildi. Bir kez konuşmaya başladım mı kendimi kontrol edemedim; otoyolda kontrolünü kaybetmiş bir kamyon gibi sağa sola savruluyordum. Ne anlattığımı hatırlayamıyorum, karmakarışık ve büyük olasılıkla ipe sapa gelmez bir şekilde konuşuyordum. Sırası gelince değişik evraklar çıkarttım. Bu beni mutlu etti, birileriyle tanıştığımda her zaman yaptığım gibi sokak sanatımı icra ederken çekilmiş fotoğraflarımı gösterdim. Bu şekilde avukatın benim karşılıksız seven bir insan olduğumu anlayabileceğini ve kalbimin içindekileri görebileceğini düşündüm. Sevgi hakkında konuşabileceğimi ve yaptığım şeyin nedenini anlatabileceğimi hissettim; ama zihnim "büyük sorun"la meşguldü. Avukat bilgisayarına notlar alırken Irak'ta olanların ayrıntılarından konuştuk. Konunun ana hatlarını anladı ve daha sonra ayrıntılı konuşacağımızı söyledi.

Öykümü anlatan internet sayfalarının adreslerini kendisine daha önce e-postayla gönderdiğim için davam hakkında bilgisi vardı.

Askerlerden iyi ve kötü muamele gördüğümü söyledim, ama "zihinsel boşluk" dönemine girdiğimde tecavüz sahnesi gözlerimin önünde belirdi, gözlerimden yaşlar akmaya başladı, yere yıkılmak üzereydim. Yapamıyordum, kalemimi kırdım. Ruhum bir kıyma makinesinden geçiriliyormuş gibi hissediyordum. Hiç konuşmadan kendimi parçalıyordum, ağlamaya başladım. Neden bu adama bunları anlattığımı bilmiyorum, belki de bu konuda uzman olduğu içindi. Tamamen tarafsızdı ve harekete geçmeye hazırdı. Belki de yaşamımın tamamen "dışında" bir insan olduğu içindi. Sebep her ne ise, karanlık kelimeleri söylemeye hazırdım ama sıra bunu yapmaya geldiğinde yapamadım. Donakaldım ve tekrar ağlamaya başladım. Yüzümü avuçlarımın içine sakladım, odaya yatıştırıcı bir sessizlik hâkimdi. Avukat çok sabırlıydı, istemiyorsam hiçbir şey söylemek zorunda olmadığımı hatırlattı. Belki de ona konuşmadan anlatabilirdim. Arka cebimde Kerkük'teki olayları yazdığım kâğıt vardı, oteldeyken kapısını kilitlediğim tuvalette aceleyle yazmıştım. Bunu ona söyledim. Elini şefkatle uzattı, tamam dedi ve notlarımı okudu. "Güvenli bir şekilde muhafaza etmek için" bir kopyasını almayı teklif etti. Elim arka cebime gitti, notu çıkartım ama notu avukata uzatamıyordum. Daha ileriye gidemiyordum. Esir alınmamla ilgili olarak biraz daha konuştuk. Konuşurken bir kez daha denemek zorunda olduğumu biliyordum ama konuşmaya devam ettik. Bunun kaçınılmaz olduğunu biliyordum, ansızın onun ağzından ve benim ruhumdan sözler dışarı taştı:

Stephen Grosz: "Size ..."
Michael Todd: "Evet."

Bu sözler benim için çok kötüydü, bunlarla yüzleşemiyordum. Kendimi çok kirlenmiş hissediyor ve utanıyordum. Kendimi çok kötü hissediyordum, annemin yatak odama girip beni mastürbasyon yaparken gördüğü zamanki gibi utanıyordum, bu kadar korkunç bir duyguydu. Oğlum ne diyecekti? Ona bunu asla söyleyemezdim, bunu asla öğrenmemeliydi. Sessizlik. Sessiz ol, sakin ol, yaptın işte... ama tecavüzle ilgili avukata tam olarak ne anlattığımı hatırlayamıyorum. Ne söylediğimi hatırlayamıyorum çünkü ağlamaya başlamıştım. O anın yarattığı travma yüzünden hafızam tıkanmıştı. Sanırım bir şeyler söyledim, ama şu an sadece büyük bir boşluk var. Ne söylediğimi hatırlayamıyorum. Neden böyle?

Yanından ayrılmak istemiyordum, sakinleştirici sözleri ve temiz zihni benim ihtiyaç duyduğum tek şeydi. Birtakım evrak işlerini tamamladık, ücretsiz yasal tavsiye için ona yetki verebileceğimi ve Birleşik Devletler avukatlarıyla temas kuracağını söyledi. İsmimi gizli tutarak saygın basınla temas kurabileceğimizi ve benim de "bu konuda bir şeyler yapmamı" önerdi. Para istemediğimi, sadece gerçeği aradığımı söyledim. İşkence kurbanlarına yardım eden bir kuruluşla temasa geçeceğine söz verdi. "Gözetim notları" aldığımı söyledim. Mümkünse bunları CD'ye kopyalayıp kendisine vermemi istedi. Bana oyuncak kedisini gösterdi, oyuncak kedinin gerginliğini azalttığını ve bunalım seviyesini azaltmak için 7/11 nefes tekniğini nasıl kullandığını anlattı. Bir avukatın mırlayan mekanik bir kedisinin olması hoşuma gitti, belki de bu kedi, avukatın doğru insan olduğunun işaretiydi.

Sonradan kendimi çok özgürleşmiş hissettim, bürosundan hoplayıp sıçrayarak çıktım. Sırrımı açığa vurmuştum ve kendimi harika hissediyordum, Kings Cross İstasyonu'nda oturdum. Kalemimi elime alıp Paul Bremer, Ricardo Sanchez ve General Abizaid'e, Amerika'nın Irak'taki bu "en güçlü" üç adamına mektup yazdım. Bu mektuplarla birlikte Bağdat'taki Ian Reakes'e de bir not kaleme aldım. Yazdıklarımı kimin okuyacağı umurumda bile değildi, birisine gerçeği anlattığım için kendimi çok iyi hissediyordum.

Süleymaniye baskınında kapıdan ilk giren asker (sağdan beşinci çizgili gömlekli) yaşadığı kasabada kahraman gibi karşılandı. Bu fotoğrafta kendisine ödül veriliyor.

Avukatı görmeden kendimi öldürseydim, o zaman dünya benim sevgi adına yaptıklarımdan asla haberdar olamayacaktı. Şarkı söyleyerek Kings Cross'a giden yolu geçtim, parmaklarımı şaklatıyor, beni gören herkese sevgi dolu bir şekilde bakıyordum; yolcuların gözlerinin içine doğrudan bakabiliyordum.

Kings Cross İstasyonu'nun içindeki metal banka otururken dört mektup yazdım. Hepsine 19 mayıs 2004 tarihini attım; İngiliz Dışişleri Bakanlığı aracılığıyla diplomatik koruma altında Irak'taki İngiliz Büyükelçiliği'ne gönderilecekti. Kendimi gizli bir operasyondaymış gibi hissediyordum, tıpkı Bağdat Havaalanı'ndayken beni suçladıkları gibi.

İlk önce Ian Reakes'a bir mektup yazdım, mektubun Paul Bremer'e güvenli bir şekilde teslim edilmesi gerektiğinin altını çizdim. Sonra ona Abla ve Sacide'yle ilgili tüm ayrıntıları verdim, böylelikle bu bilgileri Irak polisine ulaştırabilecekti. Aynı zamanda ona El Refai Seyahat Acentesi ve Erbil'deki yetimhaneden de söz ettim, polis buraları kontrol edebilirdi. "Ian, daha fazlasını yazmak isterdim, ama yapamam; Kerkük Havaüssü'ndeki tacizle ilgili daha fazla bilgi veremem ama kısa süre sonra bunu yapabilirim. Bunu yapabildiğim zaman sana bilgi vereceğim" diye yazdım. Ona ve dışişleri bakanlığına cinsel tacizi anlatmayı planlıyor, ama bununla yüzleşemiyordum.

Sayın Bay Bremer,

11 haziran 2003'te Ankara'daki Birleşik Devletler Büyükelçiliği'nde görevli biri aracılığıyla Büyükelçi Robert Pearson'un dikkatine başlığıyla bir mektup göndermiştim. Mektupta Türkiye üzerinden Kuzey Irak'a girmem için izin verilmesini talep etmiştim, Irak'a gelmemim amacı Iraklı çocuklara oyuncak dağıtmak ve kayıp kızımı aramaktı. 11 haziranda Birleşik Devletler Büyükelçiliği, Koalisyon Geçici Yönetimi'ni (William Butcher aracılığıyla) Irak'ta bulunma sebebim hakkında bilgilendirdi. William Butcher size bilgi verdi mi? Ankara'daki Birleşik Devletler Büyükelçiliği mektubumu size iletti mi?

Benimle ilgili olarak size herhangi bir bilgi verilmediyse bile, 4 temmuzda Süleymaniye'de esir alındığımı ve Birleşik Devletler kuvvetleri tarafından Bağdat Havaalanı'nda 3 hafta gözaltında tutulduğumu bildiğinizden eminim. Bazı askerler iyi davrandı, ama Kerkük Havaüssü'ndeki askerler bana şu an anlatamayacağım şeyler yaptılar.

Efendim, devir teslim yaklaşmakta ve durumu gördükçe üzülmekteyim; çocuğum hakkında çok kaygılıyım. Efendim, kızımı bulmam için bana yardım edecek misiniz ve başka bir "devir teslim" düzenleyecek misiniz? Birleşik Devletler'in bir kalbi olduğunu dünyaya göstermesi için bu bulunmaz bir fırsat. Çok meşgul olduğunuzu biliyorum efendim, ama Irak'tan gelecek iyi bir haber harika olur. Efendim, bunun sizin ellerinizde olduğunu biliyorum ve en kısa sürede sizden haber almayı ümit ediyorum, doğrudan sizden ya da İngiltere Bürosu'ndan.

Kısa süre içinde kızım bulunamazsa, Irak'a geri dönmeyi düşünüyorum. Ben gelmeden önce sizin ve Birleşik Devletler ordusunun benim hakkımda tam olarak bilgilendirildiğinizden emin olmak zorundayım. Bu daha önce yaşanan sıkıntıların tekrar yaşanmasını önleyebilir: "Irak'ta kızını arayan adam Birleşik Devletler tarafından esir alındı." Esir alındığımda yanımda kimliğim vardı. Yine de Birleşik Devletler Basın Bürosu iyi bir iş çıkartarak benim esir alındığımı basından gizledi. Neden Birleşik Devletler, Associated Press Ajansı'na çocuklara gösteri yapan birinin, sevgisini karşılıksız veren birinin Irak'ta esir alındığını bildirmedi ve terörist muamelesi gördü? Neden?

Uğradığım tacizlerle ilgili sessizliğimi koruyorum, ama kızım hâlâ kayıp ve zamanı gelince konuşmak zorunda kalacağım. Halk gerçeğe değer verir, özellikle de Irak'la ilgili gerçeklere.

Umarım geldiğim zaman görüşebiliriz, size de bir oyuncak hediye edeceğim; böylece bu oyuncağı Iraklı bir çocuğa verebileceksiniz.

Çok teşekkür ederim, vereceğiniz her türlü destek için size şimdiden minnettarım.

Saygılarımla, Michael Todd.

İngiltere Bürosu aracılığıyla yanıt verebilirsiniz.

Sayın Bush'a en son bu hafta konuyla ilgili bir e-posta gönderdim.

İkinci mektup General Abizaid içindi.

Sayın Beyefendi,

İsmim Michael Todd, 4 temmuz 2003'de esir alınan ve 3 hafta 1 gün Bağdat Uluslararası Havaalanı'nda Birleşik Devletler kuvvetleri tarafından gözaltında tutulan İngiliz vatandaşıyım. Bu konuyu hatırlayacağınızdan eminim, Süleymaniye'deki Türk Özel Kuvvetleri'yle birlikte esir alınmıştım. Birleşik Devletler askerlerinin bazıları bana çok iyi davranmış olsalar da, Kerkük Havaüssü'nde gözaltında tutulurken onur kırıcı muameleye maruz kaldım, burada gördüğüm muameleyi kişisel olarak araştırmanız daha yerinde olacaktır.

Sizin de bildiğiniz gibi, Irak'ta bulunmamın sebebi Iraklı çocuklara oyuncak dağıtmak ve hâlâ kayıp olan kızımı aramaktı. Iraklı kız arkadaşımın öldüğüne inanıyorum, askeri harekât başladığı zaman kuzeydeki savaş sırasında öldürüldü.

Efendim, sizin de bir baba olduğunuzu biliyorum ve kızımı bulmam için bana yardım etmeniz için tüm kalbimle size yalvarıyorum. Bana yardım etmek için yetkinizi kullanın lütfen; gerekirse Beyaz Saray'a da başvurur musunuz? Irak'a geri dönmek istiyorum ve bunun mümkün olup olmadığını merak ediyorum. Bu sefer beni esir almayın ve bana teröristmişim gibi davranmayın!

Efendim, bu konuda bana yardım edebilir misiniz? 13 mayısta Başkan Bush'a bir mektup yazdım. Kızımı bulmam için yönetiminin desteğini almak için verdiğim çabalardan haberdar olacaktır. (Kendisine daha önce de faks ve e-posta göndererek yardım talep etmiştim.)

Olanlarla ilgili söylemek zorunda olduğum başka şeyler de var ama sessizliğimi sürdürüyorum. Birleşik Devletler bana yardım ederek tüm dünyaya bir kalbi olduğunu gösterebilir.

Lütfen iyi haberleriniz için benimle temas kurun. Teşekkür ederim, efendim.

Saygılarımla,
Michael Todd,

İngiltere Bürosu aracılığıyla da bana yanıt verebilirsiniz.

Aynı zamanda General Ricardo Sanchez'e de yukarıdaki mektubun bir benzerini gönderdim.

Saat 15:32'de yukarıdaki mektuplar alındı ve İngiltere Dışişleri Bürosu tarafından onaylanarak, Bağdat'a diplomatik evrak olarak gönderilmek üzere dağıtıma verildi. Mektupların kopyaları alındı ve teslim alındığına dair imzalandılar. Mektupları teslim etmiş olmak kendimi çok iyi hissetmemi sağladı, ama "hassas konular"la ilgili bir şeyler yazmak zorunda kaldığım için üzülüyordum.

Dışişleri Bürosu'ndan sonra Sapna Malik'i arayarak randevumuza gelemeyeceğimi söyledim; bu zorlu sınavla tekrar yüzleşemeyeceğim için gelmediğimi açıklamadım. Stephen Grosz'dan önce onunla görüşmüş olsaydım, avukatla olan randevumu iptal ederdim.

Metroya bindim, sonra yanlış durakta indim ve Faruk Zabcı'nın bürosunun yakınlarında olduğumu fark ettim, görüşmek için bürosuna gittim. Aydın Komutan'ı tanıdığı için Faruk'la aramda özel bir bağ kurulmuştu. Sacide'yi bulmama yardım edebileceğini söylediği Iraklı bir kadınla tanıştırdı beni ve Abla'yla ilgili gerçeği anlattı. Kadın bize doğru yaklaşırken ruhumda bir rahatlık hissettim. Irak'la ilgili anılar beni rahatsız etmiyordu. Bir an için Abla'nın tekrar yaşamıma girdiğini gördüm, çatalı yere düşürdüm ve açık kalan ağzımı kapatamadım. Etrafımdaki her şey yerle bir oluyordu, geriye sadece saf bir sevgi kalmıştı. Annem 1988 yılında öldürülmüştü, o günden beri bir gün gelip kapıyı çalacağına inanıyordum. Bütün bunların yanlış anlaşılma olduğunu söyleyecekti ve her şey iyi olacaktı. Şu anda da aynı duyguları hissediyordum, bu sefer Abla ölümün içinden çıkıp gelmişti. Bu yanılsama genç kız yanıma oturduğu zaman dağıldı. Abla değildi ama bu Iraklı kız ona çok benziyordu. Faruk beni onunla tanıştırmıştı, Sacide ve Abla'yı bulmama yardım edebileceğini düşünüyordu. Yasak aşkla ilgili her şeyi biliyordu, kendisi de bir İngiliz'e âşık olmuştu, birbirimizi çok iyi anlıyorduk. Genç kadına sarılmak ve ağlamak istiyordum ama kendimi tuttum. Ne yapmak istediğimi tam olarak anlaması gerekiyordu, bu yüzden ona Abla ve Sacide'yle ilgili tüm ayrıntıları anlattım, birbirimizin e-posta adreslerini aldık.

Ayın 19'unda Scott Simpson'dan bir e-posta aldım. Mektuplarımı aldığını belirtiyor ve onları Irak'taki ilgili kişilere göndereceğine söz veriyordu. Scott'a, "Sizin de farkında olduğunuz gibi yazamıyor ve size bir rapor gönderemiyorum. Bunu yapmak zorunda olduğumu biliyorum, ama olanlar çok kötüydü, bu yüzden bu travmatik anıları yeniden canlandırmak istemiyorum. Her şeyi yazdım, kâğıt hâlâ arka cebimde duruyor. Kâğıda bakamıyorum bile. Sanırım bununla yüzleşmek ve sizin aracılığınızla hükümete bunu söylemek zorundayım" diye yazdım.

Hâlâ yüzleşemesem de kendimi sakin ve aydınlanmış hissediyordum, fazla bir korku yaşamadan şehirde dolaşıyordum, Londra'da yaptığım şeyler beni mutlu ediyordu. Dostlar yeterince karamsar ve bunalımlı bir Michael görmüştü; artık iyimser ve güler yüzlü olmanın zamanı gelmişti. Onlara bir avukatla görüştüğümü ve kendimi rahatlamış hissettiğimi söyledim. Bunu söylememe gerek yoktu, her şey gülen yüzümden okunabiliyordu.

Ayın 21'inde Leeds Üniversitesi ile Leeds Metropolitan Üniversitesi'ne yeni e-postalar gönderdim. Abla'yla ilgili daha ayrıntılı bilgiler verdim ve bu bilgileri bir kez daha kontrol etmelerini istedim. Bu e-postalarda çok özel bilgiler olduğu için bunları burada yazamayacağım. Abla'yla ilgili ellerinde herhangi bir bilgi olmadığını tekrarladılar. Onları zorlamak zorundaydım, Leeds Metropolitan Üniversitesi'nden Margaret Coleman'dan bir yanıt aldım.

Leeds Metropolitan Üniversitesi'ni e-postalardan sonra telefonla da birkaç kez aradım. Ama aldığım yanıtların hiçbiri Abla'nın Irak'taki adresine ulaşmam için umut verici cevaplar değildi. Bir yıl önce yaptığım gibi yine kuru toprağı eşeliyordum, artık faal olmak istiyordum.

Ayın 22'sinde yaptığım neşe dolu bir gösteriden sonra, ertesi günün tamamını daha önce hiç yapmadığım bir şeyi yaparak, oğlumla birlikte bisiklete binerek geçirdim. Sonunda birine gerçeği söylediğim için kendimi iyi hissetmiyor olsaydım o gün asla yaşanmayacaktı. İkimizin de çok eğlendiği olağanüstü bir gün olmuştu, oğlumu ormana götürmeyi seviyordum. Bu tekrar yapabileceğimiz bir şeydi, oğlumla yeterince zaman geçirmediğimi düşünüyordum. Daha sonra annesi de bize katıldı ve akşam yemeğini birlikte yedik. Bir kez daha "aile ve Sacide" düşüncesi uyandı.

Ayın 26'sındaki gösterim sırasında Rosemary isimli çok hoş bir hanımla tanıştım, Irakla ilgili bazı kâbuslarımı onunla paylaştım, onun yüce bir ruhu olduğunu fark etmiştim ama onu daha önce hiç görmemiştim. Anlattığım şeylerin hepsini ve esir alınmamın beni nasıl etkilediğini çok iyi anladı. Onun sevgisi ve desteği ağlamama neden oldu, gözlerimden yaşların akmasına izin verdim. Bu arada kostüm ve makyajlı olduğumu söylemeliyim.

Avukatın sessizliği beni kaygılandırmaya başlamıştı ki, ayın 28'inde aradı, bana aşırı derecede güven telkin etti. Olumlu konuşuyordu ve "İşkence Kurbanları Bakım Merkezi"nin "Tıbbi" bölümüyle, Channel Four News'tan Jon Snow ve *Guardian* gazetesinden kıdemli bir gazeteciyle konuştuğunu söyledi. Görünüşe bakılırsa, tüm dünyanın benim öykümü öğrenmesi için uğraşıyordu. Yasal bir süreç için bu bir ön hazırlıktı, gerçekten buna meraklı olmadığımı da biliyordu. Halka giderek rahatlamak ve tüm dikkatleri kayıp kızımın üzerine çekmek, öte yandan Sacide'yi bulmama yardım etmeleri için Birleşik Devletler'e bir şans vermek de istiyordum. Bütün kötü anılarımı hayatımdan çıkartmak istiyordum. Yardım almak ve ilerlemek istiyordum, avukatım bütün bunların gerçekleşmesini sağlayabilecek bir adamdı ve beni zihinsel olarak yaralamadan bunları yapacak bir yol bulmalıydı.

Rahatladığımın kanıtı sonraki sokak gösterimde ortaya çıkmıştı, oğlum ve annesiyle birlikte geçirdiğim zamanlarda da bu belli oluyordu. Hayatımızda ilk kez birlikte sinemaya gittik. Her şey çok iyiydi, Sacide'nin de bu aileye dahil olabileceği düşüncesi tekrar uyanmıştı ve hepimizin birlikte olacağına duyduğum inancı hâlâ koruyordum. İkisi de benim farklı olduğumu biliyordu, ama bunun ayrıntılarına girmeyeceğim. İyi geceler demeden hemen önce Maisy çok garip bir şey söyledi, karanlık bir şeyin beni takip ettiğini hissettiğini ve bunun uzun süreden beri var olduğunu söyledi. Bunun "karanlık ve kötü" bir şey olduğundan bahsetti.

Kızılhaç Sacide'yi aramaya başlıyor

1 haziranda, Kızılhaç'tan Paul Kenney'le buluştum, Kızılhaç'ın evrak işlerinin tamamladığını, Sacide'yi aramaya başlayacaklarını ve Abla'yla ilgili haberler alabileceklerini söyledi. Bütün bu süreci çok sıkıntılı buluyordum. Duygularımla mücadele ediyor ve ikram edilen kahveleri birkaç kez dökmeden içemiyordum. Kızılhaç'ın Sacide ve Abla için resmi soruşturma başlatmış olmasına çok seviniyor, ama bunu daha önce yapmadığım için de kendimi kötü hissediyordum. Paul gecikmeyi anlıyordu; ilk önce Beatrice'le temas kurmaya çalışmamı anlıyor ve konunun hassasiyetini kabul ediyordu. Evet, duygusal ve gözü yaşlıydım, sürekli özür diliyordum. Paul'a sonuna kadar güvenebileceğimi hissediyordum, özellikle de gönüllü olarak Afrika'ya gideceğini söyledikten sonra bu güveni hissetmeye başlamıştım. Kerkük'te çok ciddi bir tacizle karşılaştığımı ima ettim ama ayrıntılar hakkında konuşmadım.

Abla ve Sacide'ye Kızılhaç aracılığıyla bir mesaj gönderdim. Bu mesajı yazmak benim için çok garipti, ama belki de iyi bir terapiydi. Mesajı yazarken Abla'nın hayatta olduğunu hayal ettim, Sacide'yle birlikte bana doğru koşuyorlardı. Şunları yazdım:

Sevgili Abla ve Sacide,

İkinizin de hayatta olduğunuzu bilmeden daha fazla yaşayamayacağım. Kafam karmakarışık ama emin olduğum bir şey var; ikinizi de çok seviyorum ve sizi bulana kadar da aramaya devam edeceğim.

Sizi bulmak için 2003 yılında Irak'a geldim ama Amerika Birleşik Devletleri beni esir aldı, kötü muameleye maruz kaldım. Benim terörist olduğumu düşündüler. Sizi bulmayı çok istiyorum, ama başaramadım. En kısa sürede Irak'a gelmek istiyorum.

Abla, annen senin öldürüldüğünü söyledi. Gerçeği bilmiyorum. Sacide nerede? Annen Irak'a gelip Sacide'yi bulmam gerektiğini söyledi. Sacide nerede? Güvende mi? Erbil'deki yetimhanede mi?

Kızılhaç aracılığıyla benimle temas kurmak zorundasın. İyi bir geleceğimiz olacak ve bir aile kuracağız.

İkinizi de çok seviyorum.

Michael

Avukata itirafta bulunduktan sonra aynı itirafı kamuoyuna da yapmak istiyorum. Karanlığı aydınlatmak ve hayatıma devam etmek istiyorum ama avukat beni engelliyor, öncelikle işkence danışmanından yardım almam gerektiğini söylüyor. Aramızda çıkan sürtüşme yüzünden benim zihinsel olarak buna hazır olmadığımdan endişeleniyor. Ben gittikçe sabırsızlanıyorum. Avukatıma, "Bu bekleyişe daha fazla dayanamayacağım, kamuoyuna açıklamaya karar verdim. 'Zorlu gerçek'le en kısa sürede yüzleşmek istiyorum. Acı çekiyor ve uçurumun kenarına çok yaklaştığımı hissediyorum. Bazen kendime zarar veriyorum. Yanımda doğru insanların bulunacağına inanıyorum" diye yazdım, sonraki görüşmemizde konuyu tartıştık ve gerçeği açıkladığım zaman Amerikalıların bana zarar vermesinden korktuğumu söyledim. Londra'dayken korunmam için bana yardım edip etmeyeceğini sordum!

Abla'nın doğum gününden iki gün sonra, 7 mayısta avukatımla tekrar buluştum. İşkence danışmanıyla görüşmeyi bekliyordum, danışmanın önce beni görmek zorunda olduğunu öğrendim. Ben yanındayken avukatım, "İşkence Kurbanlarına Tıbbi Yardım Merkezi"nin yöneticisi Malcolm Smart'la konuştu, bu adamla hemen görüşmek istiyordum. O gün ne kendisi ne de başka bir danışman için uygun bir gündü, daha sonraki bir gün için randevu verdiler. Harap olmuştum, çünkü o gün tüm gerçeği ortaya dökerek tamamen rahatlayacağıma inanıyordum. İçimdeki şey çok kötüydü, tıpkı ağrıyan, çürümüş bir diş gibi onu söküp atmak istiyordum. İçimde kalmaya devam ettikçe (tecavüzle ilgili kelimeleri söylemek zorundaydım) daha da kötüleşecekti. Çok kızgındım, avukatın duygularımı anlamadığını düşünüyordum. Bir kez daha zihinsel olarak işkence görüyordum, danışmanla görüşmeyi beklemek benim için testislerime elektrik verilmesini beklemek gibiydi.

Avukat söz verdiği gibi Birleşik Devletler'den bir avukatla temas kurmadı, ben de onun yerine Sapna Malik'e gitmeyi tercih etseydim ne olurdu diye düşünmeye başladım. İlk buluşmamızda sorduğu soruları tekrar tekrar sormaya devam ediyor, bilgisayarındaki bazı bilgilerin kaybolduğunu iddia ediyordu!

Kızılhaç soruşturmasının, yazdığım mesajın, Bremer, Reakes, Sanchez ve Abizaid'e yazdığım mektupların kopyalarını ona verdim. Avukat, tıpkı ilk buluştuğumuzda Hugh Bayley'in yaptığı gibi, acelesi varmış ve meşgulmüş gibi davranmaya başlamıştı. Kısa süre sonra bunun nedenini anladım. Haziranın 21'inde tatile çıkacaktı. Beni başından atmaya çalışıyormuş gibi hissettim. "Tüm parçaları birleştireceğine" inandığım bu adama artık saygım kalmamıştı. Tatile nereye gideceğini söylesem inanmazsınız! Türkiye! Bu inanılmazdı! Evet, tekneyle Türkiye'ye gidecekti!

İşkence danışmanıyla buluşma

En sonunda Helen Bamber'la tanıştım, işkence kurbanlarına danışmanlık konusunda uzmandı ve işkence kurbanlarına tıbbi destek merkezinin kurucusuydu. Irak'ta tecavüze uğramamın üzerinden neredeyse bir yıl geçmişti.

Londra'ya gitmek için otobüse bindiğim anda, otobüsten hemen inmeyi ve içimdeki sesi dinlemeyi düşündüm. Terminaldeki tuvalete koştum, kendimi sersemlemiş hissediyordum, yolumu kaybetmiş gibiydim. Helen'in nazik yüzünü ve bürosunun yanındaki harika bahçelerin yarattığı rahatlatıcı ortamı görene kadar da böyle hissettim. Masasının üzerinde duran bir tabağın içindeki çakıl taşlarından bir tane almamı rica etti, üzerimdeki baskı artarken ve başım adeta ezilirken bu çakıl taşı beni çok rahatlattı. Zamanı geldiğinde Helen beni nazik bir şekilde rahatlattı, sonunda Kerkük Havaüssü'nde yaşananların yüzde kırkını ona anlattım. Artık herkesten daha fazlasını biliyordu, ama "bu kelimeleri" söylemek benim için çok zordu. Gözlerimden yaşlar akıyordu ama, belki de bunları avukata da anlattığım için düşündüğümden daha az ağlamıştım. "Kamuoyuna açıklama yapmak" için henüz çok erken olduğunu ve kelimelere yoğunlaşmanın acımı daha da artıracağını söyledi. Gerçekle yüzleşmenin zorlu bir sınav olduğunu düşünüyordu, bu beni paramparça edecekti ve kamuoyuna açıklama yapmaya ancak yıllar sonra hazır olabilecektim. O zaman tamamen yanıldığını düşünüyordum, ama şimdi tamamen haklı olduğunu biliyorum; işini çok iyi yapıyordu.

Helen'le olanları konuştukça, onun beni daha fazla anladığını hissettim. Ondan çok hoşlanıyordum, onun küçük ve nazik varlığı kendimi güçlü hissetmemi sağlıyordu. Çok nazikti, sakindi, sevgi dolu ve anlayışlıydı, acısız bir şekilde işleri benim için kolaylaştırıyordu. On yıllardır işkence kurbanlarına yardım ediyordu ve insanlığa hizmet ettiği için onur duyuyordu. Bana ondan daha fazla yardımcı olabilecek başka bir insan yoktu, beni Helen'le tanıştırdığı için avukatıma minnettardım.

Kendime zarar vermemi, kendimi yaralamamı, sinir krizlerimi, tükürmemi, hafıza kaybımı, kâbuslarımı, panik ataklarımı, izlenme ve esir alınma korkumu, intiharla ilgili düşüncelerimi ve diğer tüm psikolojik ve fiziksel yaralarımı anlattım. Helen çok telaşlanmıştı ama söyledikleri beni sakinleştirdi; özellikle de kızımı bu şekilde mi arayacağımı sorduğunda bunu hissettim.

Kerkük Havaüssü'ndeki hücrede yaşananların ayrıntılarını anlatmadım, ama ona avukata anlattığımdan fazlasını söyledim, çünkü ona çok daha fazla güveniyordum.

Helen "kamuoyuna açıklama yapma" ihtiyacımı anlıyor ve bunun benim iyileşmem için faydalı olacağını söylüyordu ama bu adımı atabilmek için uzun bir yol kat etmem gerekiyordu. Bunu yaparken bana yardım edecekti, gerekirse benim yanımda yer alacaktı. İçimdeki "kapanma" arzusunu psikolojik terimlerle açıkladı. Hazır olmadan önce kamuoyunun önüne çıkarsam, onarılmaz bir şekilde zarar görecektim.

"Evet, yardıma ihtiyacım olduğu kesin ve o bunu yapabilecek biri. Çok şaşırtıcı biri ve onu seviyorum! Sadece bu kadının beni sakinleştirdiğini düşünüyorum! Onunla önceki danışmanım arasındaki fark kıyas kabul etmez. Helen'le diğer danışmanı kıyasladığımda, diğer danışmanı psikolojiyle ilgilenen bir ilkokul öğrencisi gibi görüyordum, Helen işkence kurbanlarını iyileştiren bir büyücü gibiydi. O benim kahramanımdı, onunla ve avukatımla ilgili büyük umutlarım vardı. Onlarla birlikte başarabileceğime inanıyordum."

4 Temmuz'un yıldönümü

4 Temmuz 2004'te gösteri yapmak benim için çok zor oldu, ama sanırım bir yıl önce olanlara verilecek en güzel yanıt bu gös-

teriyi yapmaktı. Bir yıl önceki hayatımın en karanlık gününü, karşılıksız sevgi vererek kutladım. Özellikle bir grup Amerikalı turistin "4 Temmuz'un kutlu olsun" diyerek resmimi çekmekte ısrar etmeleri yüzünden özellikle zor oldu. Benim yanıtım ne oldu: Sevgi. Ben de onlara aynı dileklerimi ilettim, bir yıl önce olanlardan söz etmemiş olmam beni bile şaşırttı.

Günün sonuna doğru dört öğrenci yanıma yaklaştı, resim çektirmek istediler. Onlarla sohbet ederken Irak'tan geldiklerini öğrendim! Dikkatle dinleyin, çünkü Kuzey Irak'tan gelmişlerdi. Daha da dikkatli dinleyin, çünkü içlerinden biri Süleymaniyeliydi. Evet haklısınız, bunun gerçek olduğuna hiç kimse inanmaz, ama doğru! Bunun olabileceğine ben bile inanamıyordum ama oldu! Onların memleketlerine neden gittiğimi anlattım, onlar da bana yardım edeceklerine söz verdiler; telefon numaralarımızı aldık ve birbirimizi arayacağımızı söyledik. Biraz Kürtçe konuşmam çok hoşlarına gitti. Ne yazık ki Refik'i tanımıyorlardı!

"Bu, garip bir tesadüftü. Bu beni gerçekten çok heyecanlandırdı. Benim için hiçbir şey inanılmaz değildi ama bu çok fazlaydı. Laven İnternet Kafe'yi biliyorlardı ama 4 temmuz olayıyla ilgili hiçbir bilgileri yoktu. Neden? Oradaki basın bu baskını haber yapmamış mıydı?" diye yazdım.

İnsan Hakları Örgütü

Uzaklara gitmenin özlemi içindeyken, 10 temmuzda, Önce İnsan Hakları Örgütü'nden bir e-posta geldi. Bu kuruluşa birkaç kez e-posta göndermiş, şimdiye kadar yanıt alamamıştım. Priti Patel'den gelen e-postayı okurken bunun bana yazılmış bir yanıt olmadığını fark ettim, Birleşik Devletler yetkililerine karşı yasal bir davaya katılmam için gönderilmiş bir davetti. E-postanın içeriği beni şaşkınlığa uğrattı.

> Sayın Bay Todd,
>
> Kendimi tanıtmak ve sizin yardımınızı talep etmek için bu e-postayı yazıyorum. Ben Amerika'da eğitim görmüş bir avukatım. Önce İnsan Hakları Örgütü için çalışıyorum (kuruluşun resmi ismi İnsan Hakları İçin Avukatlar Komitesi'dir). 30 yıldır uluslararası insan hakları için kâr amacı gütmeden çalışmaktayız. New York ve Washington DC'de bürolarımız var. Birleşik Devletler Yüksek Mahkemesi'nden önce Padilla, Hamdi ve Guantanamo davalarıyla ilgilendik.
>
> Irak'taki deneyiminizle ilgili haberleri okudum ve sizinle temas kur-

mak istedim. Bu konuyu benimle tartışmak istemeyeceğinizin farkındayım, bu e-posta için sizden çok özür diliyorum, lütfen özürlerimi kabul edin.

Biz Önce İnsan Hakları Örgütü olarak Amerikan Sivil Haklar Birliği ve özel bir hukuk bürosuyla birlikte Birleşik Devletler'in Irak ve Afganistan'da zarar verdiği bireyler lehine Birleşik Devletler yetkililerine karşı bir dava açmayı planlıyoruz. Bu sürecin çok başındayız ve bu hukuk davası için potansiyel davacıları tespit etmeye çalışıyoruz. Daha önce de söylediğim gibi, sizin deneyiminizle ilgili haberleri okudum ve bu konuyla ilgilenirsiniz diye sizinle bağlantı kurmak istedim. Dava açacak olan tek kişi siz değilsiniz. Çok sayıda potansiyel davacı olduğunu biliyoruz ve en az sekiz davacının olacağını ümit ediyoruz. Sanırım önümüzdeki ay dava açabileceğiz.

Bu konuyu sizinle tartışmayı çok isterim. Mümkünse yanıtınızı ya da varsa sorularınızı bekliyorum. Zaman ayırdığınız için teşekkür ederim.

Priti

Biraz düşündükten sonra Önce İnsan Hakları Örgütü'ne ihtiyatlı bir e-posta yazdım. Daha fazla bilgi istedim ve bu davaya katılmamın kızımı bulmama yardımcı olmayacağından korktuğumu söyledim. Olanlardan sonra Amerika'nın bana yardım etmesini umduğumu ve yönetime yardım etmesi için defalarca başvurduğumu söyledim. "Bu dava kızımı tehlikeye atabilir diye korkuyorum. Birleşik Devletler'in bana kızımı bulmam için yardım etme şansını yok edebilir" diye yazdım.

Hemen yanıt verdiler.

Dava dönemi için yasal stratejimizi planlama aşamasındayız. Şu an için iki temel iddia öne süreceğiz. Birincisi "Bivens" eylemi – buna göre Birleşik Devletler Anayasası, Birleşik Devletler yetkililerinin uyguladıkları şiddet yüzünden zarar gören bireylerin bu zararlarını maddi olarak karşılanmasına izin vermektedir. Irak'ta gördüğünüz muamele yüzünden Birleşik Devletler yetkilileri anayasayı ihlal etmiştir, biz bunun üzerinde duracağız. Bu iddiamızda karşılaşacağımız bir engel var, o da sizin Birleşik Devletler vatandaşı olmamanız. Birleşik Devletler Anayasası bu konuda net değil. Ama bu konuda iyi bir tartışma başlatacağımızı düşünüyoruz, Birleşik Devletler Anayasası, Birleşik Devletler topraklarında uygulanır ve Irak'taki askeri üsler de Birleşik Devletler toprağıdır.

İkinci iddiamız, Yabancı Uyrukluların Haksız Muamele Gördükleri İddiası Yasası'yla ilgilidir. Uluslararası yasalara göre haksız muamele gören bireyler zararları için maddi tazminat alabilir. İşkence, Yabancı

Uyrukluların Haksız Muamele Gördükleri İddiası Yasası'na göre haksız muamele olarak kabul edilmektedir.

Kızınızın güvenliği için kaygılanmanızı anlıyorum. Bu davanın size yardımcı olacağına kuvvetle inanıyorum. Kızınızı bulma şansınıza zarar vermeyecektir. Bu davanın, sorgu ve gözaltında tutulan tutuklulara karşı uyguladıkları siyaseti değiştirmek için Birleşik Devletler yetkilileri üzerinde bir baskı kuracağını umut ediyoruz. Bu davanın kızınızı bulmak için hükümetin üzerinde baskı kuracağını düşünüyorum. Görünüşe bakılırsa, Birleşik Devletler hükümeti sizin davanızla ilgili oldukça isteksiz davranıyor. Bu dava açıldığında artık sizi görmezden gelemeyeceklerini ümit ediyoruz. Ayrıca bu dava Birleşik Devletler basınında yer alacağı için dikkatleri üzerinize çekecektir ve büyük olasılıkla bir gazeteci sizin hikâyenizi haber yapıp, kızınızın nerede olduğunu araştıracaktır.

Kafam çok karışmıştı. Dava açmaya hazır değildim, bu davanın hukuk bürosundan başka kimseye bir yararı olmayacağını düşünüyordum. Gerçeği açıklarsam hayatımın tehlikeye gireceğinden korkuyordum. Bağdat Havaalanı'nda aldığım tehdit hâlâ aklımdaydı.

Kredi kartı için yaptığım son başvuru kabul edildi, dualarım kabul olmuştu, artık 950 poundluk bir kredi kartım vardı ve bu parayla Irak'a geri dönüp Sacide'yi arayabilirdim.

"Bu tam bir mucizeydi. Artık Birleşik Devletler, Türkiye ve Irak'a gidebilirim. Çok mutluydum, Ankara'da 100 dolarlık çikolata aldığım zamanki gibi hissediyordum kendimi. 1986 yılından beri kredi kartım yoktu, bu harikaydı. Bir daha kredi kartım olacağını sanmıyordum. Sacide bebeğim, baban geri dönüyor" diye yazdım. Ayın 10'uydu.

Ayın 17'sinde bir kutlama yaptım. Kredi kartımı aldım ve seyahatimi planlamaya başladım. Önce Washington'a, sonra Türkiye'ye ve en sonunda da Irak'a gidecektim. Bir sürü plan yaptım, peki yeterince güçlenmiş miydim? Sacide'nin üçüncü yaş gününde Washington'da olmayı planlıyordum. Bunu avukata söyledim, Önce İnsan Hakları Örgütü'nün açacağı davanın bana yardımcı olacağından söz ettim.

"Amerika Birleşik Devletleri, ya sonra? Onlara sıkı bir yumruk mu atacağım, yoksa bana yardım etmeleri için bir şans daha mı vereceğim? Annemi ve babamı özlüyorum, sorunlarımı çözeceklerine inandığım insanlara sıkıca tutunuyorum ama hepsinin ayrı ayrı sorunları var. Kafam çok karışık. Büyük bir Amerika hayalim var ama saat başı fikirlerim değişiyor. Çok fazla konuştuğum takdirde Birleşik Devletler'in Sacide'yi bulmama yardım etmeyeceğinden korkuyorum, bu hâlâ en büyük korkum. Az konuşursam ve Amerika'ya bir şans daha verirsem, sevginin yüce gücü sayesinde bana yardım edeceklerini biliyorum. Yazmak benim için çok iyi bir terapi. Sevgiye odaklanıyorum; evet, işte bu benim ve doğru şeyi hissediyorum" diye yazdım.

Ayın 20'sinde Priti Patel bana çok hoş bir e-posta gönderdi, kalbimi kendisine açtığım için bana teşekkür ediyordu. Birleşik Devletler'e gelirsem buluşacağımıza söz veriyor ve bana yardım edebilecek insanlarla beni tanıştıracağını söylüyordu. "Kızınızla ilgili olarak Washington'daki insanların size bir yanıt vereceklerinden emin değilim, ama ihtiyacınızı ve gelme isteğinizi tamamen anlıyorum" diye yazdı.

Seyahate çıkmak için sabırsızlanıyordum. Gecikmeler beni sinirlendiriyordu, önce tıbbi muayeneden geçmek zorundaydım. Avukat ve Helen, Irak'a geri dönmemin çok tehlikeli olduğunu söyledi, ikisine de çok kızıyordum. Helen'e, "Güvenlik hiç umurumda değil, bunu yapmak zorundayım. Aslına bakarsanız öldürülürsem bile umurumda değil" diye yazdım.

Ayın 27'sinde, avukat ve Helen'le görüştüm, ikisine de tamamlanmamış bir zaman çizelgesi verdim. İkisi de bana Irak'ta uğradığım cinsel tacizi anımsatıyordu.

Avukatımın acelesi var gibi görünüyordu, sanki sadece intihara eğimli olduğum için görüşüyordu benimle, son konuştuğumuzda bunu ona söylemiştim. Ona zaman çizelgesini verdiğimde kendimi rahatsız hissettim. Çizelgenin tamamlanmamış olduğunu, bunu yazmanın bana çok acı verdiğini, bu yüzden birtakım hatalar olduğunu ve son dakikada "hassas konu"yu eklemeye karar verdiğimi söyledim. Daha fazla takdir görmeyi bekliyordum ama avukat özetin elektronik bir kopyasını istediğini söyledi. Gösterdiğim çabaya teşekkür bile etmedi.

"İkisi de okudu ama bu üstünkörü bir okumaydı. Dikkatli bir şekilde okumadılar. Neden? Birleşik Devletler'in beni haklı nedenlerle esir aldığını ve bütün bunları uydurduğumu mu düşünüyorlardı? Çizelgede çok fazla eksik vardı; tamamlanmamıştı, bunu yapamıyordum. Her şey çok karmaşıktı ve eksikti, bunu Birleşik Devletler'deki avukata gönderemezdi. Bunu 'sürecin, ilerlememin' bir parçası olarak ona verin, peki bu beni sakinleştirecek ve kendime güvenimi artıracak mı? Helen avukatın söylediklerine göre, avukat da danışmanımın söylediklerine göre hareket etmemi istedi, bu sürecin yavaş işlediği ortadaydı. İkisi de ilk adımı atmamdan korkuyordu, davamın sessizlik içinde yürütülmesini istiyorlardı çünkü bu hassas bir konuydu. Bu fotoğrafları olmayan başka bir Ebu Garip vakasıydı. Zaman çizelgesinin başlığına şunları yazmıştım: 'Henüz tamamlanmadı.' Kerkük'te yaşananların hepsini biliyorlardı ama tüm açıklığıyla değil, bunun ancak yüzde atmışını anlatabilmiştim. Bu iki insanın bana yapılanlarla ilgili şüpheleri vardı" diye yazdım. Ayın 27'siydi.

Geri dönüş ve Türkiye'deki dostlar

Ertesi gün yataktan kalkar kalkmaz York'a gittim ve Ankara'ya bir uçak bileti aldım. Oyalanmaya ve gürültü çıkarmaya gerek yoktu, sadece kalbimin sesini dinledim. Irak'a gitme zamanı gelmişti! İlk kez kredi kartımı kullandım ve küçük bir fotoğraf makinesi satın aldım; fotoğraf makinem olmadan Irak'a girmemeye karar vermiştim.

Kendimi çok sakin hissediyor, avukata anlattığım şekilde planımı uyguluyordum. Açıkça söylemese de avukat Irak'a gitmemem için önüme engeller koymuş ve bana baskı yapmıştı.

"Geçen sefer bıraktığım eşyalarımı almak ve birkaç gün geçirmek için Türkiye'ye gidiyorum. Irak sınırındaki duruma bir bakacağım, Irak'a gitmek zorundayım" diye yazdım. Ayın 17'siydi.

Ertesi gün Hugh Bayley'le görüştüm, beni gördüğünde geçen seferden çok daha kararlı olduğumu hissetti. Kendisine son taleplerimin altını çizdiğim bir mektup verdim, mektubu aldı. Mektupta İngiltere Göçmen Bürosu'yla temasa geçip Abla'nın İngiltere seyahatiyle ilgili bilgileri araştırmasını istiyordum, Abla 2000 yılının mayıs ya da haziran aylarında İngiltere'ye gelmişti. Bir kez daha beni Başkan Bush ve diğer Birleşik Devletler politikacılarına karşı temsil etmeleri için Ann Clwyd, Dışişleri Bakanı Jack Straw ve Başkan Tony Blair'in yardım etmelerini sağlamasını istedim.

"Sınırdan Irak'a girmeme izin vermeleri" için Türk hükümetiyle tekrar görüşeceğimi söyledim.

"Toplantı notları, şikâyetlerim, öfkem ve sabırsızlığım için özür diledim; ne kadar incindiğimi hissetmesini istiyordum. Egosu zedelendi, yaşadıklarımı bilmiyor, orada sırıtarak oturuyor ve kendisini iyi hissediyordu. Beni incitiyor, bunu atlatacağımı düşünüyordu, ama o da acı çekecek. Bir planım var, her neyse artık bu adamın benim için bir önemi yok, politikacılar işe yaramaz. Kızılhaç'ın araştırmasından söz ettim ve İngiltere Göçmen Bürosu'ndan Abla'nın ülkeye nasıl giriş yaptığını araştırmasını istedim. Kabul etti, bunun önemli bir bilgi olacağını, ama Abla'yla ilgili benim çok az bilgim olduğunu söyledi. Irak'taki İngiliz Büyükelçiliği'yle temas kurmayı da kabul etti ve Ann Clwyd'la davamı kesinlikle görüşeceğini söyledi. Kısa süre içinde toplanacak bir heyette kendisi de olacaktı Ann Clwyd'ı orada görecekti. Yalan söylediğini biliyordum, çünkü bu hikâye İngilizler için utanç verici bir dava" diye yazdım.

Ayın 18'inde Faruk Zabcı'yı aradım ve Ankara'ya bilet aldığımı söyledim. Komutan Aydın hakkında konuştuk, komutanla görüşmek istiyordum. Faruk, Irak'a birlikte gitmeye ikna etmeye çalıştı beni ama ben yalnız gitmek istiyordum. Yanımda birilerinin olması daha güvenceliydi ama Irak'la tek başıma yüzleşmek zorundaydım. Faruk hastaydı ama Suriye üzerinden Irak'a gidecekti. Birleşik Devletler'in bir Türkmen köyünü bombaladığını ve Türklerin çok kızgın olduğunu söyledi.

Faruk Zabcı'ya çok güveniyordum. Beni önemseyen ve bana yardım etmek için bir şeyler yapmaya çalışan tek gazeteci oydu. Benimle psikiyatr olan ilk danışmanımdan, avukattan ve Helen'den çok daha fazla ilgilenmiş ve desteklemişti!

Dalganın tam tepesinde harika bir şekilde sörf yapıyordum; bu sefer soğuk, karanlık okyanusa düşüp soluksuz kalacağımı düşünmüyordum bile. Artık kendimi iyi hissediyordum, Irak'tan döndüğümden beri ilk kez daha iyi görünüyordum, kumsala sağ salim ulaşacağımı biliyordum. Hızla kumsala gelirken Sacide'nin sörf tahtasının üzerindeki babasına el salladığını hayal ettim. Artık durmayacağımı hissediyordum. Irak'ta yüzleşeceğim karanlığın üstesinden tek başıma gelecektim, Sacide'yi bulacaktım ve oyuncak dağıtacaktım.

Ayın 19'unda, Peştevan'ı aradım ve onunla konuşmak istediğimi söyleyen bir mesaj bıraktım. Geri geldiğimi bildiren bir mesajın Süleymaniye'ye gitmesini istiyor, oradakilerin beni tekrar misafir etmelerini ümit ediyordum. Sevgiye yoğunlaşmıştım, bölgedeki siyaset beni ilgilendirmiyordu. Onu mutlu etmek için Kürtçe konuşmaya çalıştım. Daha sonra planlarımdan söz ettim. Morali bozuktu çünkü eşi yasal sorunlar yüzünden Ürdün'den dışarı çıkamıyordu. Eşini İngiltere'ye getirebilmek için çok para harcamıştı ama Amman'daki sorunları çözemiyordu. Çok üzüldüm, Irak'tayken eşinin bana ne kadar iyi davrandığını anımsadım. Peştevan'a nasıl yardım edebileceğimi sordum. Kısa bir sessizlikten sonra, Ürdün'deki eşinin avukatıyla konuşmamı rica etti. Beni arayıp avukatın numarasını vereceğini söyledi ama bir daha aramadı. Bir daha Peshtewan'dan haber alamadım, defalarca aradım ama ulaşamadım. Gelgitin gücünü çok hafife almıştım, suyun dibine çekiliyor ve nefes almaya uğraşıyordum. Kızım şeytani alayların, keskin mercanların ve köpekbalıklarının saldırısı altında ağlarken, bir kez daha okyanusun dibi bana kumsaldan daha yakın göründü. Ayın 19'unda hiçbir uyarı ya da açıklama olmadan üzerime gelen kötülüğün hakkından geldim. Kendimi merdivenlerden aşağı atmak üzereyken zorlukla buna engel oldum. Zihnimde dalgalanan korkunç görüntülerden kurtulup rahatlamanın tek yolu kendimi öldürmek gibi görünüyordu. Parçalanmış cesetler, kafası kesilmiş çocuklar, tecavüze uğramış kadınlar ve hava bombardımanıyla yerle bir olmuş köylerin görüntülerini "görüyor"dum. Bu yarı uykulu olduğum bir sırada gerçekleşmiyordu, tamamen uyanıkken görüyordum bunları. Görünmez bir gücün beni ölüme sürüklediğinden adım gibi emindim. Çığlıklar atmaya başladım. İki bıçakla bıçaklanıyordum. Evdeki hiçbir yer güvenli değildi, karanlık her yerdeydi, ışıklar açık olduğunda bile yanı başımdaydı. Üzgünüm ama nasıl hissettiğimi daha fazla anlatamayacağım, bu mutlak bir kötülüktü.

Ertesi sabah 5:30'da otobüs durağına gittim, York'taki ilk otobüsün hareket etmesine daha saatler vardı. Evden dışarı çıkmak zorundaydım, ama güvende miyim hâlâ bilmiyordum. Şükürler olsun ki otobüs herhangi bir füze tarafından vurulmadı ve Stonegate'de ulaştım. Bir saatten daha uzun bir süre gösteri yaptığım platformun yanında bekledim. Burası sevgiye yaklaştığım yerdi, burada kendimi güvende hissediyordum. Neşenin beni sakinleştirmesini bekledim ama bu oldukça uzun sürdü. Evime dönmek istemiyor, bir an önce Türkiye'ye ve Irak'a gitmek istiyordum. Oğlumu ve Maisy'yi ziyaret ettim, Maisy'yi iyi bir ruh hali içinde görmek beni mutlu etti. Kısa süre içinde nereye gideceğimi öğrendi ve benimle ilgilendi, çok lezzetli bir yemek pişirdi, interneti ve telefonunu kullanmama izin verdi.

Ankara'daki Cafe de Net'in sahibi Nihat'a, yine Ankara'dan Erol'a ve Kanal D'den Serkan'a e-posta gönderdim. Yolda olduğumu ve ayın 22'sinde onlarla görüşebileceğimi söyledim. Kendimi çok canlanmış hissediyordum.

2003 yılının mart ayında Türkiye'de benimle ilk ilgilenen insan olan Serkan'a, "Bölge Milletvekilim Sacide'yi bulmama yardım ediyordu, ama hiçbir sonuç çıkmadı. Sınırdan tekrar geçmeme izin vererek bana sadece Türkiye yardım edebilirdi. Dışişleri Bakanlığı'nı ziyaret etmek ve sınırı tekrar geçebilmek için Başbakanlığı aramak istiyordum. Denemek, kızımı bulmak ve iyi bir baba olmak zorundaydım" diye yazdım.

Ayın 20'sinde gece yatmadım, sabaha kadar evin tüm ışıklarını açık bıraktım. Beş saat boyunca tütsüler yaktım, ilahiler mırıldandım, meditasyon yaptım ve sevginin beni iyileştirdiğini hayal ettim. Zihnimde, sevgiyle dolu bir enerjiden bedenimin ve evin etrafına koruyucu bir kalkan yaptım; karanlığın buraya tekrar dönmesine izin vermemeye kararlıydım. Bu anlattıklarımın sizin için hiçbir anlamı olmayabilir, bu umurumda değil; bir gece önce yaşadıklarımı düşünemezsiniz bile, bana karşı "tutucu" olmayın!

Bay Bush, Bay Cheney, Bay Kerry ve Bay Edwards'a tanıdığım zaman eylülün 21'inde sona erdi, yardım için yaptığım başvurulara yanıt vermediler. Tanıdığım zamanın sona erdiği gün İngiltere'den ayrıldım ve Ankara'ya gitmek için uçağa bindim; bir kez daha Irak'a gitmek için hazırdım. Jean ve Ken'e Irak'a gittiğimi söylemedim çünkü başlarının belaya girmesini istemiyordum. Onlara sadece Türkiye'ye gittiğimi söyledim, oradaki arkadaşlarımı görecektim, hükümetten birileriyle görüşecektim ve orada bıraktığım eşyalarımı toparlayıp geri dönecektim. Evden ayrılırken geri dönüp dönemeyeceğimi bilmiyordum, ama bu sefer İngiltere'den gürültüsüz bir şekilde ayrılıyordum. Irak'ın daha kötü olması mümkün değildi, en kötüsünü zaten yaşamıştım. 22 eylül gece yarısından hemen önce Ankara'ya ulaştım, 2003 yılından beri ilk kez Türkiye'nin havasını soluyordum. Zihinsel olarak kendimi güçlü hissediyordum. Irak için hazırdım, kapılar yana doğru açıldığında taze akşam havası yüzüme çarptı ve kalabalık bir insan grubunun beklediğini gördüm. Kendimi çok canlı hissediyordum, Türkiye'de evimde gibiydim, Irak'taki görevim burada bir anlam kazanıyordu. Aydın Komutan burada olsaydı çok iyi olacaktı. Böyle bir şey benim için sürpriz olmazdı, ama yapayalnızdım; tüm dükkânlar kapalı olduğu için sigara da içemiyordum. En yakın dükkânın kilometrelerce uzakta olduğunu söyledikten sonra nazik bir Türk bana üç sigara verdi. Taksilerin bulunduğu yere doğru yürürken havayı içime çektim, ağaçlara ve Ankara'nın uzaktaki ışıklarına baktım. Karanlığın üstesinden geldiğim için kendimle gurur duyuyordum. Irak bir kez daha otobüsle gidilebilecek uzaklıktaydı. Cebimde para vardı ama otele harcamak istemiyordum; havaalanında uyuyacak bir yer aradım ve son seferinde ne kadar az parayla Irak'a gittiğimi anımsadım. Hiç şansım yoktu. Benim uçağım son uçaktı, sabaha kadar başka uçak inmeyecekti, bu yüzden havaalanının geliş kısmı kapatılmış gibi görünüyordu. Dondurucu soğukluktaki otobüs terminaline gitmeye karar verdim, burası evimdeki buzdolabından farksızdı. Bir otobüse atladım ve otobüsün şehre gitmesi için dua ettim. İlerideki parlak ışıklara doğru yol alıyorduk ama yolculuk Havaş Otobüs Terminali'nde son buldu. Şehrin kilometrelerce dışındaydık ve saat sabaha karşı ikiydi. Diğer yolcular taksilere bindi ama ben tüm gece açık olan kafede kaldım. İlk yemeğim Cafe de Net'te Mehmet'in yaptığı "kaşarlı tost"tu. Merhaba, merhaba, geri dönmek çok güzel!

Kalbim çarpıyordu, altı fincan harika çay içtim. Lezzetli Tekel sigaraları soluğumu kesti ve kafenin işletmecisiyle sohbet etmeye başladık, Ersin isminde harika bir adamdı. *Hürriyet*'in başsayfasında yayınlanmış haberi ona gösterdim, verdiği yanıtı duyunca ağzımdaki tost kırıntıları yüzünden boğulma tehlikesi geçirdim. Türk Özel Kuvvetleri'nin esir alınmasının halkın üzerinde yarattığı etkiyle ilgili hiçbir fikrim yoktu ve benimle tanışmış olduğu için çok mutlu olduğunu söyledi. Ersin'in gözleri önünde Türkiye'yi yıllardır meşgul eden büyük bir davanın canlı tanığı oturuyordu.

Konukseverliğini göstermek için bana çay ve tost ısmarlayıp, bekleme odasında uymama izin verdi ve kim olduğumu soran güvenlik görevlisine beni rahatsız etmemesini söyledi. Uyandığımda silahlı güvenlik görevlisi gelip elimi sıktı, çünkü Ersin ona kim olduğumu söylemişti. Ersin'in kardeşi Salih'le tanıştım, beni görmek için arabasıyla kalkıp kilometrelerce yol gelmişti. Bu üç adam fotoğraf makinem olduğunu biliyordu ve birlikte resim çektirmek istediler! Resim çektirdik, elimizde *Hürriyet* gazetesi vardı!

Bu üç adam gayretle işe girişmem için bana güven vermişlerdi. İlk kez halktan insanlarla yüz yüze konuşuyordum. Türkiye'de, Irak'ta başıma gelenlere inanıyorlardı, verdikleri tepkiden bunları anlamak kolaydı.

Serkan Oral, Kanal D televizyonunda benimle canlı bir mülakat yapmak için randevu vermişti! 4 temmuzla ilgili gerçeklerin büyük yankı uyandıracağından emindim, manevi destek görüyordum ve 24 saat içinde Irak'a geri dönmüş olacaktım. Aldığım her nefeste tutku ve sevginin ateşiyle yanıp tutuşuyordum. Sırtımda ılık bir rüzgâr vardı, beni ileriye doğru itiyor ve zihnimdeki tüm engelleri yumuşak bir şekilde yıkıyordu. Evet, sevgi rüzgârı beni tekrar kızıma doğru sürüklüyordu.

Saat 7'de Ersin'le birlikte şehirde yürüyorduk, büyük bir gururla bana Atatürk Bulvarı'nı gösterdi, burası kalbimin tam ortasındaydı. Sohbet ettik, sigara içtik ve Ankara'nın güne uyanmasını izledik. Vedalaştıktan, öpüştükten ve kucaklaştıktan sonra Ankara'da tek başıma kaldım. Bir kez daha Atatürk Bulvarı'nda yürümeye hazırdım. Türkiye'nin beni sevgiyle kucaklama zamanıydı. Karanfil Sokak'a girdiğimde kimse beni konfetilerle karşılamamıştı, en azından ben göremiyordum! Karşılama görünmezdi ama "hissedilebilirdi", "eve geri döndüğüm için" çok heyecanlı ve gururluydum. Sokağa girmek anılarımı canlandırmıştı. Attığım her adım beni canlandırıyordu. Erol'un bürosunu ve makyaj malzemelerimi satın aldığım dükkânı gördüm. İranlı ve Türk dostlarımın beni yemeğe götürdükleri lokantanın önünden geçtim, param tamamen tükendiği sırada ekmek ve biber aldığım köşedeki dükkânı gördüm.

Mehmet'i tekrar görmek olağanüstüydü. Cafe de Net'e tekrar girdiğimde çok duygulandım, burası benim için Türkiye'deki her yerden daha özeldi. Fazla bir değişiklik yoktu. Sıcak bir karşılama, çay ikramı ve lezzetli bir kahvaltı. Türkiye'deki haberlerde beni gördükten sonra hepsi benim için çok endişelenmişlerdi. Mehmet ve diğer çalışanlar Süleymaniye'de başıma gelenleri çok iyi biliyordu.

Kalmak ve Irak'la ilgili konuşmak istiyordum, ama hemen ayrılmak zorundaydım çünkü Serkan Oral beni bekliyordu. Ayrılmadan önce hayati önemi olan soruyu sordum, eşyalarım hâlâ bodrumda mıydı? Bir yıl önce, Irak'a gitmeden hemen önce, 13 haziranda Mehmet çantalarımdan bazılarını depoya kaldırmıştı. Bodrumdaki karmaşayı görünce umudum kırıldı; bir sürü eski bilgisayar parçası, bir yatak, tozlar, çimento torbaları, inşaat malzemeleri ve çok fazla karmaşa vardı. Bir süre düşündükten sonra Mehmet çantalarımı nereye kaldırdığını anımsadı ve ilk karşılaşma tamamlandı. Basılmamış filmleri bulunca çok sevindim, çünkü bunların içinde Suriye'de çekilmiş fotoğraflar ve daha önemli diğer fotoğraflar vardı. Sanırım bazı fotoğraf albümleri kayıptı. Bu hoşuma gitmedi, sonra bunları Irak'a götürdüğümü anımsadım. Abla'nın bir fotoğrafına bakmak istiyordum ama çaresizdim, Süleymaniye'ye gittiğimde onun resmini görebilecektim. Şam'da Iraklı bir aileyle birlikte çektirdiğimiz fotoğraflar buradaydı, üç Iraklı kız çocuğuna oyuncak verirken çekilen fotoğraf benim için çok özeldi. Evraklarım kaybolmamıştı.

Büyük bir sevinçle Kanal D'de Serkan Oral'la buluştum; sıkıca kucaklaştık, yanaklarını öptüm. Serkan her zaman çok özel bir dostum olarak kalacak, çünkü Irak'a neden gittiğimi Türkiye onun sayesinde öğrendi. Savaş başladıktan hemen sonra Irak büyükelçisiyle yaptığımız görüşme de asla unutamayacağım başka bir olay, ben büyükelçiye oyuncak bir ayı verdikten sonra o da bize bir buluşma tarihi vermişti.

Irak'ta olanları, Sacide'yi aramamı ve yaptıklarımı kısaca anlattıktan sonra Kanal D'nin bu hikâyeyle yakından ilgilendiğini söyledi; özellikle gözaltı kâğıdını ve kum çuvalını gösterdikten sonra ilgisi daha da artmıştı. İlk kez Süleymaniye'yle ilgili tüm ayrıntılar gözler önüne serilecekti. Serkan için bu çok özel bir haberdi. O bu ödüle layıktı!

Türk askerlerinin gördükleri muameleyi anlatırken kulaklarına inanamadı; ellerimdeki yara izlerini görünce dehşete kapıldı, bunu Amerikalılar mı yaptı diye sordu.

Sokak gösterilerimde çekilmiş fotoğraflarımı gördükten sonra Birleşik Devletler'in beni neden esir aldığını ve üç hafta boyunca neden gözaltında tuttuklarını anlamakta zorluk çektiğini söyledi. Binanın giriş kısmında olmamıza ve sürekli yanımızdan insanların geçmesine rağmen, kırık dişimi ve kırık ayak parmağımı gösterdim, ama en önemli kanıtları elde edememiştim. Evet, turuncu tulum, "W24" kum çuvalım, plastik kelepçelerim ve kanlı tişörtümü kaybetmiştim. Serkan'a bu eşyaları anlattım. "Bunları görmek zorundayız" dedi. Aniden neden gergin olduğumu sordu. Sınırdan geçme izni almak için Dışişleri Bakanlığı'na gitmek zorunda olduğumu söyledim. "Hükümet sınırdan geçmene izin vermeyecektir" dedi. Son seferde olanlar yüzünden sınırdan geçmemi kesinlikle reddedeceklerini söyledi. Bu beni çok üzdü. Ona gitmek ve denemek zorunda olduğumu söyledim, saat 17:00 civarında Meclis'ten döndükten sonra kendisini arayacağımı söyledim. Öyküyle ilgili neler yapacaklarını görüşecek ve mülakatın nerede yapılacağını soracaktı. Aynı akşam ana haber bülteninde benimle canlı bir mülakat yapacaklarını düşünüyordu.

Tüm gerçeği anlatma düşüncesi beni özgürleştiriyordu. Çektiğim acılar son bulacaktı bundan emindim.

Bir taksiye bindim ve Dışişleri Bakanlığı'na yoğunlaştım. Kendimi güçlü ve harekete geçmeye hazır hissediyordum, pencereyi açarak rüzgârı hissettim ve büyük askeri binaların yanından geçerken kendi kendime gülümsedim. Aydın Komutan'a bir selam gönderdim. Gerçeği açıkladığım için mutlu olacağını biliyordum, Türkiye'ye onun ne kadar olağanüstü bir asker olduğunu söyleyecektim. Bağıra çağıra Aydın'ı selamlamak istiyordum.

"Birleşik Devletler ve İngiltere'deki herkesin canı cehenneme, burada beni seviyorlar, gerçeği ve sevgiyi gerçekten önemsiyorlar. Artık duramam, imkânsızı başarmak zorundayım çünkü sevgi her şeyin üstesinden gelebilir. Dinleyin, şehre geleli üç saat olmuştu ve tekrar Irak'a girmek için izin almak üzereydim. Geçen sefer bu izni almam üç ay sürmüştü; bu nasıl bir sonuçtu, Türkiye sallanıyordu." Kafeye geldikten sonra bunları yazdım, en kısa sürede İngiltere'den ayrılmayı ve yaşamak için Türkiye'ye yerleşmeyi düşünüyordum.

Dışişleri Bakanlığı'nda randevu

Dışişleri Bakanlığı'nda Alp Ay ve yardımcısı Alp Atakan'la görüştüm, mükemmel bir görüşme olmuştu. Bakanlık binasının içine tekrar girmek harika bir duyguydu. Alp Ay'ın yaptığı şeyler yüzünden burası benim için kutsal bir mekândı. Öpüştük, sarıldık ve birbirimize kocaman gülümsedik. Tıpkı iki kardeş gibiydik, sıkı bir bağla birbirimize bağlıydık. Bir İngiliz yetkilinin insanları bu şekilde karşılayabileceğini hayal edebiliyor musunuz?

"Tarihteki yerini aldın" dedi. Türkiye'de bu olayın ne kadar özel olduğunu hatırlattı. Küçük bir çocuk babası olarak bunu yapmayı denemek zorunda olduğumun bilincindeydim. Aniden gururla kendi biriminin benim tekrar Irak'a girmek için elinden geleni yapmaktan mutluluk duyacağını söyledi. "Size yardım etmek bizim için onurdur, sınır açık, dosyanız bizde var ve sizi çok iyi tanıyoruz. Tüm Türkiye sizin güvenli bir yolculuk yapmanızı diliyor ve bu sefer çocuğunuza kavuşmanızı ümit ediyor" dedi. Çok duygulanmıştım, söylediklerini duyunca ağlamaya başladım. İngiltere hükümetinin yaptıkları ile Türk hükümetinin yaptıkları kesinlikle kıyaslanamazdı. Türk desteği çok tutkuluydu, oysa ben Türk değildim!

Sacide ve oyuncaklarla ilgili konuştuktan sonra Süleymaniye'de olanların ayrıntılarını anlattım. Birkaç noktayı açıklamam gerekiyordu, çünkü ona gönderdiğim rapor Mark tarafından hazırlanmıştı, hatalarla doluydu ve eksikti. Kerkük Havaüssü'nde bana ve bazıları Türk olan diğer tutuklulara karşı yapılan tacizden üstü kapalı olarak söz ettim. Daha fazlasını yazamıyorum, bunun için özür dilerim.

Denizaşırı görevdeyken Alp Ay tarafından çağırılan Alp Atakan'la tanıştım. Sessiz biriydi, Süleymaniye'yle ilgili söylediklerim onu çok şaşırttı, ikisi de çok şaşırmıştı. Türklerin orada çektiği acıların tarafsız tek "canlı" tanığı bendim, bunun farkındalardı. Getirdiğim dosyadaki ayrıntıları teyit ettikten sonra, her şey tamamlanmıştı.

Alp, "Sınırı geçmek için hazır olduğunuzda bize bir telefon

edin, biz de Habur Sınır Kapısı'na faks çekelim" dedi.

İki "Alp" vardı ama bunlar tırmanılacak dağlar değildi, bu sefer Irak'a bir meltem rahatlığında girecektim!

Bayram yürüyüşüne çıkma zamanıydı. Ordu üssüne uzun ve saygı dolu bir şekilde baktıktan sonra, tabii ki dışarıdan, İngiliz ve Amerikan büyükelçiliklerinin yakınından geçtim, ama içeri girmek için içimde hiçbir istek yoktu. Ortaparmağımı kaldırarak ikisini de uzaktan selamladım! Evet, uzun ve gecikmiş tatlı bir andı ve çok iyi bir terapiydi! Kürdistan Yurtseverler Birliği'ne gitmeye gerek görmesem de, gönderdiğim e-postaları görmezden gelmelerine hayret ediyordum. Esir alınmadan önce bana harika davranıyorlardı, ama Kürtler, Türk Özel Kuvvetleri'yle birlikte esir alındığımı öğrendikten sonra her şey değişmişti. Safeen Dizayee yazıklar olsun sana!

Cafe de Net'e dönmeden önce bir telefon konuşması yaptım, Kızılhaç'ı aradım. Bürolarında kendimi rahat hissettim, eski anılarım aklıma gelmişti. Durumu onlara anlattım ve Irak'a geri döneceğimi haber verdim. Cecile'i göremediğim için üzgündüm.

Yürürken kendimi çok iyi hissediyordum, yaptığım seyahatten gurur duyuyordum. Türkiye'de olmak çok iyi bir terapiydi, çünkü buradaki yerim çok özeldi. 4 temmuzdan sonra, Ankara'nın evim olmasına duyduğum özlem çok güçlenmişti, burada çok özel arkadaşlarım vardı. Görüşmek için Erol'u aradım, daha önce de bana yardım etmişti. Uzun uzadıya kucaklaştık ve öpüştük, anılarım canlanmıştı. Erol, Türklerle birlikte esir alındığımı biliyordu. Ankara'da konuştuğum herkes biliyordu bunu. Sevgili Dilek ayrılmıştı ama genç çaycı çocuk hâlâ oradaydı, her zamanki gibi güler yüzlüydü. Erol, Sacide'yi aramaya devam ettiğim için beni yüreklendirdi, olanlarla ilgili daha fazla ayrıntı anlattığımda çok üzüldü. Belki de Erol Türkiye'ye yaptığım seyahatin zor bir başlangıç olduğunu hissetmişti, son seferde Bağdat'ta gözaltında ne kadar yaralandığımı anlıyordu. Belki de İngiltere'deki havaalanından ayrılırken hissettiğim korkuyu hissedebiliyordu. Bir kâğıda "Tüm hayatın boyunca barış içinde yaşa!" diye yazdı ve kâğıdı bana uzattı. Bunların Mustafa Kemal Atatürk'ün sözleri olduğunu anladım. Merak etme Erol!

Sonra Cafe de Net'e geri döndüm, Mehmet'le bu sefer acele etmeden selamlaştık ve diğer dostlarla kucaklaştık. En önemli arkadaşım Nihat yoktu, iş için şehir dışındaydı ama yine de o varmış gibi ortam sıcaktı. Cafe de Net'te sevildiğimi, istendiğimi ve güvende olduğumu hissediyordum. İngiltere'de bir yıldır göremediğim şefkati, sıcaklığı ve desteği Ankara'da birkaç saat içinde yaşamıştım. İngiltere'de gördüğüm korkunç kâbusları ve şeytani deneyimleri burada hatırlamıyordum bile. Sevgiyle, beni önemseyen dostlarla kuşatılmıştım; karanlık yanıma bile yaklaşamazdı.

Mehmet'in hazırladığı lezzetli bir kahvaltıdan sonra Kanal D'den Serkan'ı aradım. İlk önce Irak'a gitmek için sınırdan geçiş izni aldığımı söyledim. Mülakatın ne zaman yapılacağını bana daha sonra söyleyeceğini açıkladı. Kanal D'nin İstanbul'daki editörleri öykümle ilgilenmemişti, çünkü *Hürriyet* gazetesi tüm ayrıntıları zaten daha önce yayınlamıştı. Serkan çok üzgündü, nedenini kendisi de anlayamıyordu. TGRT'de televizyon habercisi olarak çalışan arkadaşı Ercan Gürses'ten söz etti. Benimle görüşmek isteyebileceğini söyledi. Aradım, ertesi gün mülakat yapmamız için beni davet etti.

Nihat'ın yeni akvaryumundaki balıkları Mehmet'le birlikte izlerken etrafımızda dört dönen küçük bir kız çocuğu dikkatimi çekti. Sacide isminde çok güzel bir kız çocuğuydu! Gözlerinizi kapatın ve onu nasıl kucakladığımı ve nasıl ağladığımı lütfen hayal edin. Hayır, bu Nihat'ın kızıydı, annesi ve erkek kardeşiyle birlikte gelmişlerdi. Onları görmek çok harikaydı, Nihat'ın kızı bana kendimi çok iyi hissettirdi ve sınırdan Irak'a geçmemle ilgili tüm şüphelerimi sildi attı. Sacide'yle bu küçük kız çocuğunun arkadaş olmalarını istiyordum, bu yüzden Irak'a gitmek zorundaydım. Kendimi iyi hissediyor olsam da bunalımdan tamamen çıktığım söylenemezdi, çok fazla sigara içiyordum. Korkularıma değil, dostlarımın sevgisine yoğunlaştım.

Irak için paramı korumak zorundaydım, sert yerlerde uyumaya hazırdım, Ankara'daki "ücretsiz" otelleri sorduğumda arkadaşlarım çok şaşırdı. Yalnız dolaşmak ve sıkıntılara katlanmak harekete geçirici ve sembolik bir eylemdi. Belki de bilinçaltımda, Ankara'da son uyuduğum zaman hissettiğim rahatsızlığı tekrar yaşamak istiyordum, çünkü son seferinde Irak benim için acı dolu olmuştu. Belki de bu aptalca bir fikirdi, ama yüzeye çıkmış olan korkularımı bastırmak ve sessizliği hissetmek istiyordum.

Arkadaşlarım bu şekilde uyumama izin vermedi. Barış ucuz bir otel bulmam için bana yardım etti, otelde çalışan bir arkadaşı aracılığıyla ücret konusunda pazarlık etti. Karanfil Sokak'taki Eyüboğlu Otel'e bakarken hiç beklenmedik bir sinir krizi yaşadım, bunu gören herkes çok endişelendi. Pasaportumu kontrol etmek istediler. Bunu reddettim ve dışarıya çıktım, aniden paranoyaklaşmıştım. Pasaportumu kontrol etselerdi, Irak Kürdistan'ına gitmiş olduğumu görecekler ve Türk istihbaratına haber vereceklerdi. Korkularım yersizdi, ama hiç kimsenin pasaportumu almasını istemiyordum. Bu Irak'a gitmemi engellerdi. Uzlaşma için Barış arabulucu oldu, pasaportumun sadece ön sayfasının fotokopisini çekmelerine izin verdim.

Odam çok iyiydi ama pasaport olayı yüzünden bana küçük ve karanlık geliyordu. Otelin bulunduğu semt yüzünden yürüyüş imkânım kısıtlandı, sadece "Ekmek Adam" olarak bildiğim çok özel bir arkadaşımla görüşmeyi başarabildim. Bu adam ve babasının bir bakkal dükkânları vardı, bir yıl önce oradan yiyecek ve sigara almıştım. Durumum çok sıkışık olduğu zaman bana veresiye sigara verecek kadar nazik davranmışlardı! Oğluyla sıcak bir şekilde karşılaştıktan sonra *Hürriyet*'i gösterdiğimde dehşete kapıldılar. Öyküyü biliyorlardı. O an dükkânda alışveriş yapan polis bir arkadaşlarıyla da konuştum, polis de çok şaşırmıştı. "Ekmek Adam"a Irak'la ilgili daha fazla şey anlattığımda ve Amerikalıların bana terörist muamelesi yaptıklarını söylediğimde, "terörist" kelimesini kullandığımda polis yanımıza yaklaştı, elindeki sigarayı kapıdan dışarıya fırlattı. İngilizcesi kötüydü ama kelimeleri anlıyor, kendi kendine tekrarlıyordu, kaşlarını çattı ve emin olmak için arkadaşına baktı. Polisin bana birkaç soru soracağından emindim, belki de karakola götürecekti! Ekmek Adam arkadaşını sakinleştirdi, gülümsedi ve rahat davrandı, her şey yoluna girdi. Tıpkı 2003'te olduğu gibi ekmek, peynir, zeytin, biber, cips, çikolata ve sigara aldım. O an çok önemliydi, basitti ama çok anlamlıydı. Kucaklaştık ve öpüştük. Polis elimi sıktı ve iyi dileklerde bulundu. Ekmek Adam'ın babası orada olmadığı için üzülmüştüm, babasına çok selam söylemesini istedim. İki muhteşem Türk ve iyi bir polis!

Türk ekmeği çok lezzetli, özellikle ekmeğin içine peynir, biber ve cips koyunca daha da lezzetli oluyor. Ekmeğimi yedim ve odamın penceresinden sokaktaki gürültüleri dinledim. Türk televizyonlarını izledim, 2003 yılından hatırladığım melodilere bile eşlik ettim. İnanın, erotik Türkçe pop klipleri kadar hoşuma giden başka bir şey daha yok. Kendimi olağanüstü ve hazır hissediyordum, ertesi gün yapmak zorunda olduğum şeyleri not ettim. Planım çok basitti. Birleşik Devletler ve İngiltere büyükelçiliklerinde kendimi rahatsız hissediyordum, ama hoşuma gitse de gitmese de Irak'a tekrar gireceğimi onlara haber vermek zorundaydım. 2003'te yaptığım gibi, Associated Press Ajansı'na da bilgi vermeyi planlıyordum, ayrıca Kürdistan Yurtseverler Birliği ve Kızıl-

Türk yetkililer baştan itibaren arayışlarıma ve başvurularıma sağduyuyla yaklaştılar. Dışişleri Bakanlığı'na Irak'a geçebilme izni için başvurmuştum. Bu fotoğraf eylül 2004'te Ankara'da çekildi.

haç'ı da bilgilendirecektim. Yetkilileri bilgilendirdikten sonra doğruca Süleymaniye'ye gidecektim. Esir alındığım yeri bir daha ziyaret edecektim, arkadaşlarımı görecek ve kızımı bulacaktım.

Eski korkular canlanıyor

İnsanların işe gitmek için sokakları doldurduğunu ve trafiğin gürültüsünü duyana kadar ne kadar zaman geçti hiç bilmiyorum, yoksa bu gürültü tamamen silahlı Hummer ciplerinden mi geliyordu? Kapının altından dışarıya baktım, biraz ışık geliyordu ama bu gün ışığı mıydı yoksa odanın lambaları mıydı bilmiyordum. Anneme seslendim. Bu düşünce çok etkileyiciydi. Karanlığı dağıtmak için başlangıçta yetersiz kaldı ve daha yüksek sesle konuşmaya başladım. Hayal kurmaya çalıştım ve kapıyı açacak gücü kendimde buldum. Aceleyle pencereye giderek dışarıda neler olduğuna baktım. Dışarıda anormal bir şey yoksa kuruntu yaptığımı anlayacaktım. Ankara güne uyanıyordu. Hâlâ Irak'a yoğunlaşabiliyordum, başıma bir çuval geçirdim ve korkumla alay ettim. Bu büyük bir hataydı, "karanlık güç" benim düşündüğümden çok daha becerikliydi, vurmadan önce sakinleştirmişti beni. Aniden çuvalın ağzını yakaladım ve boğazıma sardım; tıpkı Chinook helikopterden indirildikten sonra Bağdat Havaalanı'na götürülürkenki gibiydi. Kendimi kontrol edemiyordum, nefessiz kalana kadar çuvalı sıktım. Daha fazlasını anlatamayacağım. Kendimi boğmaya çalışıyordum, karanlık düşünceler iyi düşüncelerin yerini almıştı. Bir kez daha mutlak kötülük galip gelmişti ve neredeyse beni öldürüyordu.

Yataktan düştüm ve birkaç dakika yerde yattım. Sevginin beni iyileştirdiğini hayal ettim, aydınlığın karanlığı dağıttığını düşündüm. Hiçbir şey beni durduramazdı, İngiltere ve Birleşik Devletler büyükelçiliklerine telefon ettim. Saatin 06:13 olduğunun farkında değildim, daha kimse gelmemişti, telefonu açan olmadı. Ekmek, peynir, zeytin ve kayısı reçelinden oluşan bir kahvaltı yaptım ve tekrar telefon ettim, telefon meşguldü. TGRT'ye gitme, bu sefer zihinsel işkence görme zamanıydı.

TGRT'nin Kanal D gibi özel bir kanal olmadığını anladım. İhlas Haber Ajansı ve *Türkiye* gazetesine bağlıydı. Güvenlik görevlisi Ercan'ı aradı. Ben ona durumumu anlatırken, o bana 4 temmuzu tekrar sordu. Dikkatle dinleyin! Bana inanmadı ve bütün bunları uydurduğumu düşündü! "Burası sizin de bildiğiniz gibi televizyon, bunları burada bu şekilde anlatamazsınız. Geçen yıl kızınız ve oyuncaklarla ilgili Ankara'da yaptığınız basın toplantısından hatırlıyoruz sizi. Sizinle konuşamayız, çünkü neden bahsettiğinizi bilmiyoruz" dedi ve bir toplantının ortasında olduğunu söyleyerek izin istedi. Serseme dönmüştüm, duyduklarıma inanamıyordum. Hâlâ uykuda mıydım? Beyaz binadan dışarı çıkamadım çünkü reddettiği olay hayatımdaki en önemli şeydi. Hızla geri döndüm ve onunla tekrar konuşmak istediğimi söyledim. Elimde kanıtlar olduğundan söz ettim, gözaltı kâğıdım ve diğer hassas kanıtları anlattım. "Burası televizyon, bu tarz şeyleri burada anlatamazsınız" dedi, elimdeki kanıtları görmek istemiyordu. TGRT temmuz ayında Ankara'da yaptığım basın açıklamasını filme almıştı. Yayınladıkları haberin bir kopyasını istedim ama ellerinde böyle bir şey olmadığını söyledi, İstanbul'a giderken bandın yolda kaybolduğunu iddia etti! Politikacılar bir kez daha gerçeğin üstünü mü örtüyorlardı?

Associated Press Ajansı'nı aradım ve Ankara'da yaptığım basın toplantısını haber yapan muhabirle konuştum. Selcan'ın sesini duymak beni mutlu etmişti, çünkü 2003 haziranında dünya basını onun sözleri aracılığıyla benden haberdar olmuştu. Onun haberi benim Irak'a neden gittiğimi teyit ediyordu ama ona teşekkür etme fırsatı bulamamıştım, Türkiye'nin Avrupa Birliği'ne girmesiyle ilgili sıcak bir haberi kovalıyordu. Beni daha sonra arayacağını söyledi.

Serkan da maruz kaldığım reddedilme yüzünden mutsuz olmuştu, zamanlamamın kötü olduğunu söyledi! Irak'a geri dönmem ve 4 temmuzla ilgili daha fazla bilgi verme isteğim büyük bir hikâyeydi ama doğru zaman değildi. Türkiye'nin Avrupa Birliği'ne girme konusu tartışılıyordu. Ankara'dayken basın bu öyküyü ele almıştı, bir kez daha benim kontrolüm dışımdaki olaylar gerçeğe giden yolda önüme dikiliyordu. Temmuz 2003'te Uday Hüseyin ve şimdi de Türkiye ekonomisi ve Avrupa politikaları! Ya gerçek ve sevgiye ne olmuştu?

Kalbimin kontrolü ele alma zamanı gelmişti. Irak sınırı yakınlarındaki Silopi'ye bir otobüs bileti aldım, sonra arkadaşlarımla buluşmak üzere Cafe de Net'e gittim. Otobüs biletini sanki büyük piyango vurmuş ikramiye bileti gibi gururla gösteriyordum. Süleymaniye'ye geri dönmenin delilik olduğunu söylediler, bölgedeki bazı insanların benim Türk ordusuyla bağlantım olduğunu düşünebilecekleri konusunda uyardılar! Gülüp geçtim. Refik'i tanıyordum ve beni destekleyecek başka insanlar da vardı. Refik benim görevimin ne olduğunu biliyordu, bu yüzden kendime güveniyordum. Kürdistan Yurtseverler Birliği askerleri beni görmeden ve son seferinde olduğu gibi beni tanımadan önce ona ulaşabilirdim. 4 temmuzda esir alındığım Kürt basınında yayınlanmamış olabilirdi. Refik'e ulaşırsam güvende olacağımı biliyordum, bu yüzden bütün tartışmalar ve beni korkutarak vazgeçirme çabaları başarısız olacaktı.

Barış, Mehmet ve Sultan tarafından hazırlanan yemeği yerken tartışmaya son verdiler. Bu insanların şefkatleri inanılmazdı. Nihat'ın kızı da yemekte bizimle birlikteydi, gözlerimi ondan alamıyordum, Sacide'nin de büyük olasılıkla böyle göründüğünü biliyordum. Sacide belki yaşça biraz daha küçüktü. Kızın ismini bilmiyordum ama ona Kuzey Irak'ta gördüğüm küçük kız çocuklarına baktığım gibi bakıyordum. Kızımı kucaklamayı çok istiyordum ama yapamıyordum.

Yemekten sonra Barış'la yürüyüşe çıktık, 2003 haziranında otel beni kapı dışarı ettikten sonra Ankara'da evsiz bir insan olarak sokakta uyuduğum yerleri ona gururla gösterdim. Irak'a gitme fikrini kolaylaştırmaya çalışıyordum, bu yüzden karşılıklı olarak şakalaştık, karanlık çökerken Cafe de Net'e geri döndük. Barış hiçbir şey anlamamıştı, çünkü olay olduğunda banyoda değildi. Üzgünüm ama olanları yazamıyorum, oteldeki banyoda olanlardan çok daha kötü olduğunu söylemem sanırım yeterli olacaktır. Saldırıya uğradığımdan emindim, ama vücudumda hiçbir yara izi göremediğim için çok şaşkındım. "Gördüm" ve "hissettim", otobüs biletimi yırttım, eşyalarımı topladım ve dostlarıma İngiltere'ye döneceğimi söyledim. Onlara sadece güçlü bir panik atak yaşadığımı söyleyebildim.

Arkadaşlarımla vedalaştıktan sonra Mehmet bir taksi çağırdı ve Havaş Otobüs Terminali'ne kadar benimle birlikte geldi, bana sigara aldı ve uçak biletimi ödedi. Çok üzgün olduğumu biliyordu, yorgun bir şekilde Türkiye'den ayrılıyordum. Ona neler olduğunu söyleyemedim çünkü korkularımın yarattığı karanlık zaferi kuşattığı için utanıyordum. Kucaklaşıp öpüştükten sonra Mehmet ayrıldı, beni tekrar gördüğüne çok sevinen Havaş'taki arkadaşıma teslim etti. Arkadaşım bana çay ikram etti ve otobüse bindirdi. Şoför yola çıkmaya hazır olana kadar on dakika boyunca bekledi. Havaalanından ayrılırken duygusal bir şekilde bana el salladı. Bunu bir düşünün, yabancı bir ülkede yeni tanıştığım biri bana el sallıyordu. Irak'ta bir tutuklu olarak bulunduktan sonra döndüğüm ülkemde tek bir arkadaşım ya da aile üyelerimden biri beni karşılamaya bile gelmemişti! Eve dönmüyordum, evimden ayrılıyordum!

Türkiye'ye gitmek bir hata mıydı yoksa iyileşme sürecinin gerekli bir parçası mıydı bilmiyorum? Irak'taki canavarla yüzleşebilecek miydim, yoksa yine mağaranın ağzına kadar gelip geri mi kaçacaktım? Mağaranın ağzında, Irak sınırında başarısızlığa uğramıştım ama en azından canavara görünmüştüm.

Birleşik Devletler ruhu

Richard'a e-posta gönderdikten iki gün, Türkiye'den döndükten altı gün ve Birleşik Devletler seçimiyle ilgili olarak bir arkadaşımla telefonla konuştuktan bir gün sonra garip bir telefon geldi. Amerikan aksanıyla konuşan biriydi. Soru sormak için zaman yoktu, hat çok kötüydü ve adam sadece birkaç saniye konuştu. Bağdat Havaalanı'nda beni gözaltında tuttuğunu ve acil olarak e-posta adresime ihtiyacı olduğunu, kızımın bulunduğunu, bununla ilgili bilgi vereceğini söyledi. Hat kesilmeden önce "Herkese kızının güvende olduğunu söyle, herkese söyle, özellikle de yetkililere" dedi.

Birkaç saat sonra Bağdat Havaalanı'ndaki dostlarımdan bir e-posta geldi. e-posta benimle özellikle çok iyi ilgilenmiş, çok sevdiğim birinden geliyordu. Söylediklerinden şüphe duymam için ortada hiçbir neden yoktu, yine de söyledikleri inanılmazdı. Ne yazık ki, kızım hâlâ kayıp, onun yazdıklarını tekrarlayamayacağım çünkü bu bilgiler kızımın bulunmasına zarar verebilir. Mailinde Sacide'nin bulunduğu yerden söz ediyordu. "İstihbaratçılara" göndermede bulunuyor, Türkiye ve Birleşik Devletle'rden gelen askeri personelden söz ediyor ama ayrıntı vermiyordu.

Selam Mike,

Şu an konuşmak çok harika, çocuğunla ilgili ayrıntılar işte bunlar. Burada bulunduğun zaman yaşadığın şeylerden kimse mutlu değildi, çoğunluk senin için üzülüyordu ve yardım etmek istiyordu ama emirlere uymak zorundaydık. DC'deki George'un senin için bir şey yapacağı yok Mike. Politikanın bir oyun olduğunu biliyorsun. Basın bu işin peşine düşmeseydi başına büyük iş açacaklardı. Çocuk ve annesiyle ilgili ayrıntılı bilgi ver, fotoğraflarını da mutlaka gönder, sana yardım edelim. Bilgiyi değerlendirelim ve etrafa yayalım. Yine de söylediklerine dikkat et. Bana ya da bir başkasına sakın X'ten söz etme. Ben ve diğerleri sıkıntıya gireceğimiz işler yapacağız, bu yüzden bana söz vermek zorundasın. Çocuğun annesinden emin değilim, namus cinayetine kurban gittiğinden şüpheleniyoruz ama bombardıman da olası; bilgi yetersiz ya da insanlar bize güvenmiyor. Çocuğun annesini bir daha göremeyebilirsin. Üzgünüm Mike. Sacide'nin yerini biliyoruz, anneannesiyle birlikte. Söylediğin şeyleri yokluyoruz, bundan hiç kuşkumuz yok, o senin kızın. Lanet olsun Mike, bunu başardın. Senin için ağlıyorum dostum. Şunu söylememe izin ver, üç hafta boyunca suratına M16 piyade tüfeği doğrultanlara karşı o kadar sakin ve dostça davranmamış olsaydın, bunu asla yapmazdık. Seni çok seviyorlar Mike, çığlık atıp ortalığı ayağa kaldırmayarak doğru şeyi yaptın. Sanırım biz de çok şanslıyız. Kızılhaç yardımcı olmuyor. Çocuğu görmeye tek başına gel. Resmi yetkililerin canı cehenneme. Bu iş çok hassas, çünkü İngiltere'de Müslüman bir kızla birlikte oldun. Son seferinde seni yakaladıkları için çok şanslısın. Gürültü çıkartırsan çocuğun büyükannesi işleri zora sokar, gizliliğin hayati önemi var.

Çocuğun nerede olduğunu biliyoruz ama şu an senin gelmen güvenli değil. Çocuk Kuzey Irak'ta, geldiğin zaman paraya ihtiyacın olacak, büyükanne açgözlü bir sürtük ve sana çok kızgın. Bir anlaşma yaptık ama kadın garip biri, çocuğun resmini görmek istediğini biliyoruz ama kadın dijital makineyi görünce paniğe kapıldı. Üzgünüm kardeşim, resim çekemedik, sabret dostum.

Kısa süre içinde seni arayacağım, benimle temas kurmaya çalışma, riske girme. Sadece bana güven Mike. Bunun için senden hiçbir şey istemiyoruz, bize borçlu değilsin. Birleşik Devletler ordusunun bunu senin için yaptığını hatırla yeter. Başına gelenler yüzünden senden bu şekilde özür diliyoruz. Generaller işe yaramaz ama biz seni önemsiyoruz. Yaptıkların için burada baba olan herkes sana saygı duyuyor. Sen benim kardeşimsin, seni asla unutmayacağım. İsmimi ya da e-postamı sakın kimseye verme. Senin için kuralları çiğniyoruz kardeşim, bunu unutma.

Dostun, X

E-posta Birleşik Devletler ordusuna ait bir adresten geliyordu ve askerin ismi de benim "küçük yeşil kitabım"da kayıtlıydı. İmla yanlışları da onun yapacağı türdendi. Benim açımdan ortada şüphelenecek bir şey yoktu.

Kendimi nasıl hissettiğimi anlatamam ama telefon konuşmasından sonra York'taki internet kafeye nasıl koştuğumu hatırlamıyorum. Zihnimde tek bir şey vardı, ağlayan bir adamın omzumda mutlulukla gülümseyen küçük bir kız çocuğunun görüntüsü.

Asker –ondan "NB" olarak söz edeceğim– çocuğumun güvende olduğunu "herkese söylememi", ama kendi isminden söz etmemi istemişti. Haberleri Jean ve Ken'e verdim, Jean durumu anlamak için sorular sorarken onları bunaltmıştım. Maisy'nin bu habere nasıl bir tepki vereceğini merak ediyorlardı. Maisy'nin de mutlu olacağından emindim, Sacide'ye bakarken bana yardım edeceğini söylemişti. Aileyle ilgili düşünceler yüzeye çıktı.

Artık karanlık olmayacaktı, sevgi gerçekten kazanmıştı. Eve dönerken şimdiye kadar hiç ağlamadığım kadar ağladım, sakin ve huzurluydum. Her şey yoluna girmişti, İngiltere'ye dönme kararımın doğru bir karar olduğunu anladım. Irak'a gitmiş olsaydım Amerikan askerinden bu telefonu alamayacaktım! Orada öldürülebilir ve Sacide'nin bulunduğunu asla öğrenemezdim.

"Dün gece şefkatli meleklerin kanatları altında uyudum ve kendimi çok güvende hissettim, artık güvendeyim. Evin içinde dans ediyorum, hiç kimse umurumda değil. Mutfakta dans ediyorum. Her şey sevgiyle dolu. Karanlığın artık kaybolacağından eminim, sevgi her zaman karanlıktan daha güçlüdür. Tecavüzle ilgili olarak kamuoyuna açıklama yapmadığım için mutluyum, çünkü askerler o zaman bana yardım etmeyebilirlerdi. Kötü şeyler hakkında konuşmadığım için ödüllendiriliyorum" diye yazdım. Ayın 30'uydu.

Avukata ve Helen'e iyi haberleri vermek zorundaydım, ertesi sabah erkenden onları arayacağım. İkisi de çok sevindi, avukatım duygusal bir şekilde davrandı. Helen "Sağlam dur, sakın dağıtma" dedi, hemen Irak'a gitmek istediğimi biliyordu. İkisi de yavaş ilerlememi ve dikkatli olmamı tavsiye etti; daha fazla bilgi edinmeli ve acele etmemeliydim, kendimi tekrar tehlikeye atmamalıydım. Bunlar mantıklı önerilerdi ama ikinci teması beklemek işkence gibiydi, kalbim sıkışıyordu.

Avukat askere ne gibi sorular sorduğumu öğrenmek isteyince sinirlendim. Soru sormalıydım, nerede olduğunu, onu nasıl arayacağımı, bundan nasıl emin olduğunu ve benzer şeyleri sormalıydım ama Amerikan aksanlı ses konuşurken ağzım açık kalmış ve gözümden yaşlar boşanmıştı. Amerikan aksanını duyduğum tek yer kâbuslarımdı, bunu unutmayın. Siz olsanız eminim farklı davranırdınız, ama sizin Irak'ta çocuğunuz kaybolmadı, öyle değil mi? Irak'ta esir kalmadınız ve üç hafta boyunca silahlar üzerinize doğrultulmadı.

Ertesi gün hâlâ kulaklarım uğulduyordu. 1 ekimdi, neşemi paylaşmak istiyordum. Helen'i aradım. Daha fazlasını öğrendiği için mutlu oldu, ama çok dikkatli davranmak zorunda olduğumu söyledi, çok fazla umutlanmamalıydım. Arayan kişiden şüphe duyduğunu söylemese de büyük olasılıkla bunu düşünüyordu, ses tonundan anlayabiliyordum. Üzerime silah doğrultmuş askerlerin kızımı bulmuş olmaları inanılmaz bir durumdu, ama aynı zamanda normaldi de. Bazı askerlerin bana yardım etmek istediğini kulaklarımla duymuştum, gözaltında tutulmam onların fikri değildi. 1-94 Hava İndirme'deki çocukları seviyordum ve Sacide'nin bulunduğundan hiç şüphem yoktu. Onların gücünü biliyordum, ama Helen ve avukat zihnime kuşku tohumları ekti. Örneğin e-postayı gönderen kişi benden Sacide'nin bir fotoğrafını aldığını söylüyordu. Ama ben kimseye fotoğraf vermemiştim, yine de onun fotoğrafını çekebilirdi, çünkü uyurken kızımın fotoğrafını duvara asmıştım.

Asker bana kızımın güvende olduğunu herkese söylememi istiyordu, özellikle de yetkililere, ben de öyle yaptım, ama onlara ayrıntılardan söz etmedim. Ayın 1'inde, Önce İnsan Hakları Örgütü'nden Priti, Kızılay, Hugh Bayley, Scott Simpson, Kızılhaç, Ann Clwyd ve Türkiye Cumhuriyeti Dışişleri Bakanlığı'na kısa bir mesaj gönderdim. E-postam kısa ve basitti, Birleşik Devletler askerlerinin kızımı bulduğunu, kızımın güvende ve iyi olduğunu, çok mutlu olduğumu yazdım.

Bu e-postaları yazarken parmaklarım tuşlara neşe ve mutlulukla basıyordu. Hiçbir kuşkum yoktu, Sacide'yi kucakladığımı ve gözyaşları içinde onun güzel yüzüne ilk kez baktığımı düşünmeden edemiyordum. Olanların ışığı altında dönüp o ana bakıyorum ve düşünüyorum. Önce İnsan Hakları Örgütü, Birleşik Devletler'e karşı benim adıma bir dava açmak istiyordu, kızım bulunduktan sonra bu davaya katılmamı bekliyorlar mıydı? Kızım bulunduğuna göre bu davaya katılmamın nasıl bir amacı olacaktı? Telefon eden ve e-posta gönderen kişi "iyi bilinen başka bir Birleşik Devletler birimi" için çalışıyorsa, yasal bir süreçten beni uzaklaştırmak için kolay bir yol bulmuştu. Bu yasal süreç basının ilgisini üzerime çekecekti. Bu, kasım ayında yapılacak başkanlık seçimleri için hiç de iyi bir gelişme olmazdı. Bu düşünceler benim için çok uzak düşüncelerdi; ama bunun üzerine düşünmenizi istiyorum!

İlk tebrik mesajının bölge milletvekilimin sekreteri Lesley'den gelmesi çok şaşırtıcıydı. "Michael, senin adına çok sevindim. Uzun süredir bu anı bekliyordun. Çocuğun nerede bulunmuş? Yetimhane de miymiş, yoksa akrabalarının yanında mı? Annesiyle ilgili herhangi bir haber aldın mı? Bu konuda inatçı davrandığın için seni tebrik ederim. Umarım en kısa sürede kavuşursunuz" diye yazdı; belki de artık canını sıkmayacağım için rahatlamıştı.

Birkaç saat sonra Irak'taki Kızılhaç'tan bir mesaj geldi, Mulan Giovannini memnuniyetini ifade ediyor, Sacide'nin nerede ve nasıl bulunduğuyla ilgili ayrıntıları soruyordu. "Bu davayı olumlu bir şekilde kapatabileceklerdi."

Komutan Aydın konuştu

Esir alınan Türk komutan, "Bize savaş esiri muamelesi yapıldı" diyor

Chicago Tribune, 9 temmuz 2003

Geçen cuma günü Amerikan askerleri tarafından esir alınan Türk komutan, savaş esiri gibi muamele gördüklerini ve kafalarına çuval geçirilerek askeri kamyonlara bindirildiklerini, konuşmak istedikleri zaman da tokatlandıklarını söyledi.

Türk Özel Kuvvetleri'nden, kendini Binbaşı Aydın olarak tanıtan Türk komutan, Chicago Tribune'e konuştu, "Amerikalıların kapıya vurduklarını görünce çok şaşırdım." Binbaşı önce Amerikalıların yardım talep etmek için bürolarına geldiklerini sandığını ama kapıyı kırdıklarını ve "Biz Türk askeriyiz!" demeden önce kafasının üzerinden bir merminin geçtiğini söyledi. Aydın, "Kendi kendime bunun bir yanlış anlaşılma olduğunu ve bizi Baas militanı zannettiklerini söylüyordum. Pazar gününe kadar savaş esiri olarak muamele gördük. Sonra bizi serbest bırakmaya karar verdiler, bize su, yiyecek ve sigara vererek özür dilediler. Ama bileklerimdeki yaralar yaptıklarından hiç de üzgün olmadıklarını bana hatırlatmaya devam ediyor.[2]

Aydın'ın *Chicago Tribune*'e konuşmuş olması önemliydi, peki bu konuşma nerede yapılmıştı? Şu an Amerika Birleşik Devletleri'nde miydi yoksa? Bize yaptıkları yüzünden Bill Mayville'e bir kutu lokumla teşekkür etmeye mi gitmişti?

Daha fazlası da vardı. Sonra aynı gazetede konuyla ilgili başka bir haber daha buldum, bu sefer 11 temmuz 2003'te *Kürdistan Observer*'ın web sitesinde yayınlanmıştı.

2. http://www.hurriyetim.com.tr/haber/0,.sid-381@tarih-2003-07-12-m@nvid~288835,00.asp

Türk Asker: Kelepçeler Bileklerimi Kesti, "Askerler bizi tokatladı"

Güney Kürdistan'da Chicago Tribune gazetesinin sorularını yanıtlayan ve kendisini Binbaşı Aydın olarak tanıtan Türk Özel Kuvvetleri'ne mensup bir asker, Birleşik Devletler askerlerinin kapıyı kırdıklarını duyduğu zaman çok şaşırdığını söyledi.

Binbaşı Aydın, "Kapının önünde bir gürültü duydum, sonra bağırmalar ve silah sesleri yükseldi. Adamlar İngilizce bağırıyorlardı. Bu yüzden Amerikalıların başının derde girdiğini ve yardım istemek için yanımıza geldiklerini düşündüm" dedi.

Amerikalılar kapının kilidini kırıp içeriye girerken kapıya doğru koştuğunu söyleyen Binbaşı Aydın, İngilizce olarak "Biz Türk askeriyiz. Silahlı değiliz" diye bağırırken kafasının üzerinden bir merminin geçtiğini söyledi. O ve diğer askerler zorla yere yatırılmış ve elleri arkadan plastik kelepçeyle bağlanmış. Sonra Amerikalılar kafalarına çuval geçirmiş ve kamyonla şehirde teşhir için dolaştırılırlarken çuvallar çıkartılmış. Binbaşı Aydın kelepçelerin çok sıkı bağlandığını, bu yüzden bileklerinin kesildiğini, ayrıca ne zaman o ve diğerleri konuşmaya çalışa Amerikan askerleri tarafından tokatlandıklarını iddia ediyor.[3]

Aynı akşam belki de Aydın'ın söylediklerini okuduğum için çok hoş bir rüya gördüm. Bir yatakhanedeydim, burası içi haki renkli giysilerle dolu büyük bir odaydı, tıpkı Birleşik Devletler'in Irak'ta kullandığı giysilere benziyordu. Richard Webb de oradaydı ama onunla ve Amerikalıya benzeyen diğer insanlarla aramızda bir gerginlik vardı. Çok gizli bir şekilde bana bir tünelin girişini gösterdi. İçeri girdiğimde pantomim kostümlerimi giymemi söyledi. Tünelin içinden geçerek Bağdat'ın merkezine çıktık, meydanda çocuklar bizi alkışlayarak karşıladı. Onlara bir gösteri yapmam için beni bekliyorlardı. Yaptığım gösterinin her saniyesinden çok büyük keyif aldım. Sonra hepimiz kucaklaştık ve Amerikan askerleriyle birlikte dans ettik. Richard ve ben rüyamda Amerikalıların tutsağı olmamıza rağmen kaçarken bizi durdurmaya çalışmadılar. Gösterim sırasında da Amerikan askerleri bana müdahale etmedi, sanki sevgi onları hareketsiz bırakmıştı. Ayın 15'inde avukatımdan endişeli bir e-posta aldığımda keyfim yerindeydi, onunla bağlantıya geçmeyi ertelediğim için endişeleniyordu. "Zamanın geçtiğini" söylüyor ve "neden bir ilerleme kay-

3. http://home.cogeco.ca/~konuche/11–7–03-turkish-soldier-talks-about-his-ordeal.html

dedemedik diye şaşırıyorum" diyordu. Onu hem seviyor, hem de ondan nefret ediyordum, belirsizlik yüzünden acı çekmesi hoşuma gidiyordu. Sanırım onu cezalandırmak ve sonra da hayatımdan bir an önce çıkartmak istiyordum. Kontrolü bir kez daha ele almış olduğum için kendimi iyi hissediyor ve hemen temasa geçmemiz konusundaki talebine yanıt vermeyecek kadar kendime güveniyordum. Şubat ayının ortalarındaydık, avukata martın 23'ünde kendisiyle görüşeceğimi söyledim. Bu zamana kadar Sacide'ye kavuşacağımı ve verdiğim randevuya gitmeyeceğimi umut ediyordum. Zaman çizelgesi yüzünden hâlâ kendimi baskı altında hissediyordum ama bu iyileşme sürecime yardım ediyordu; mantıklı bir nezaket içindeydim. Ona birkaç cümle daha ettim. Mutlu olmadığımı anladığından hiç şüphem yoktu.

"Bazı şeylerle zamanla yüzleşeceksin, Toddy, Birleşik Devletler askerlerinden bir şey çıkmayacak. Kaç hafta oldu? Söylediklerini yaptım ve insanlara söyledim, bunu yapmak aptalcaydı çünkü her şeyi kesintiye uğrattı, buna araştırma da dahil. Kafam karışmıştı, çünkü hâlâ bu askere güveniyor ve inanıyordum. Deli olduğumu düşünebilirsiniz ama ona hâlâ inanıyorum. Siz olsanız ne yapardınız? Her neyse, artık zihinsel olarak daha güçlüyüm, Irak'tan döndüğümden beri hiç bu kadar güçlü olmamıştım. Sacide'yi almak için birkaç hafta içinde Irak'a gitmek zorunda olduğumu biliyorum. Bilgisayar inanılmaz, çok fazla bilgi var, iyileşmeme yardımcı oluyor ve yazabiliyorum. Bunların hepsi çok iyi ama Sacide yok. Bir şeyler düşünmeliyim, Irak Kızılhaç'ının web sitesindeki aile bağlantılarına davamı yeniden kaydettirdim. Dostum, onların Sacide'yi bulacaklarına inanıyorum, bilgilerimden emin olmak istiyorum" diye yazdım. Ayın 22'siydi.

Belki de bu ilk işaretti, dipten geliyordu, Birleşik Devletler askerinden şüphelenmeye başlamıştım.

Araştırmam çok faydalı ama aynı zamanda karmaşık birtakım bilgileri açığa çıkarttı, bu sefer kurdishmedia.com'da, 7 temmuz 2003'de yayınlanan bir haberde Türkçe yayın yapan *Özgür Politika* gazetesi haber kaynağı olarak gösteriliyordu.

Haber, Kuzey Irak'ta bulunan bir gazeteci tarafından yazılmıştı, baskında yakalananlar hakkında ayrıntılı bilgi veriyordu.

İddiası şöyleydi:

> 6 temmuzda, bir Birleşik Devletler askeri yetkilisi bir baskın düzenlediklerini teyit etti ve Birleşik Devletler'in hâlâ gözaltına alınanların kimliklerini tespit etmeye çalıştığını söyledi!

Baskın, Süleymaniye'deki Dar el-Amin Caddesi'ndeki bir binaya düzenlendi.

Irak Türkmen Cephesi'nin üyeleri baskında gözaltına alındı. Ayrıca bu binanın yakınlardaki bir başka bina da Türk Özel Kuvvetleri tarafından kullanılıyor, bir radyo istasyonu, anaokulu ve kültür merkezi Türkmenler tarafından işletiliyor. 13 Irak Türkmen Cephesi militanı, Türk Özel Kuvvetleri'ne mensup askerlerle birlikte gözaltına alındı.

Çok sayıda mühimmat, 100 kg TNT kalıbı ve AK-47'ler Irak Türkmen Cephesi'nin binasında ve Türklere ait binada ele geçirildi, neredeyse bir kamyon dolusu cephane vardı. Tüm silahlara ve iletişim cihazlarına el konarak Kerkük'e götürüldü ve bina mühürlendi. 6 temmuz öğleden sonra Türkmenler kendi binalarına tekrar girdi. Türk askerlerinin gözaltına alınması ve bürolarının kapatılması halk tarafından sevinçle karşılandı.

Kerkük Gözaltı Merkezi'nde hapsedilmiştik, burası aslında askeri bir hapishaneydi, önceden Amerikalılar burayı Saddam yanlısı Baasçıları hapsetmek için kullanıyordu.

Bu bina, güvenliği sağlamakla sorumlu Kürdistan Yurtseverler Birliği tarafından Türk Özel Kuvvetleri'ne tahsis edilmişti. Buna rağmen bir gazeteci Türklerin Celal Talabani ve Kerkük valisine suikast düzenlemeyi planladıklarını iddia ediyordu. Bir kadın, o da aşçıydı ve oğlu da gözaltına alınmıştı, bunlara ek olarak 3 peşmerge ve bir de Kürt çalışan vardı.[4]

Kerkük Havaüssü'nün askeri bir hapishane olduğunu öğrenmek beni rahatsız etmişti; ama bu acıyı çekmek gerekiyordu. Sadece gerçek beni iyileştirebilirdi, okuduğum şeylerin gerçek olduğunu varsayıyordum! Aslında okuduğum haberlerdeki farklılıklar dikkatimi çekmişti, belki de gerçeği söyleyen yalnızca Komutan Aydın ve Billy Boy'du. İkisinin de askeri siyaset yüzünden gerçeği açıklayamayacaklarını düşünemiyordum.

"Ama sevgi gerçeğe giden yolda önüme çıkan engelleri aşmamı sağlayacaktır. Belki bir gün Aydın ve Mayville'le görüşebilirim, sevgi ve gerçeğin de yardımıyla ne olduğunu o zaman hep birlikte öğreniriz" diye yazdım.

Esir alınmamız "halk tarafından sevinçle karşılanmış". Bunu söyleyerek hâlâ Süleymaniye'deyken kafamızdaki çuvalları çıkarttıklarında karşılaştığım sahneyi mi kastediyorlardı? Bazı Kürtlerin

4. http://www.ozgurpolitika.org/2003/07/07/hab28.html

yaptıkları kutlamaları daha önce yazdığımı anımsayacaksınız.

"Gözaltındayken bizimle birlikte Türkmenler ve Kürtlerin olduğunu Aydın'ın söylediğini anımsıyorum. Kerkük Havaüssü'nde bir kadınla çocuğunun olduğunu da anımsadım, tam yanımdaki hücrede tutuluyorlardı. Bölge siyasetinin ortasında kaldığıma kim inanırdı? Belki de bu olayla ilgili tek gerçek sevginin kaybedilmesiydi" diye yazdım. Tarih 23 şubattı.

Oyuncak bağışlayan adam

Irak'a götürdüğüm oyuncakları bağışlayan adamla buluştuktan sonra duygusal olarak kendimi çok iyi hissediyordum. Bu cömert, sevimli ve garip bir kişiliğe sahip adam bana yerel bir sanatçının yaptığı çok hoş kartpostallardan verdi. O ve iki arkadaşı Irak'a yapacağım seyahatte bana yardım edeceklerine söz verdiler, orada başıma gelenleri öğrendiklerinde çok şaşırmışlardı. Onlarla sokak gösterim sırasında görüştük.

Abla'nın ölümüyle ilgili gerçeği ne zaman öğrenecektim? İnterneti kullanarak savaşta hayatını kaybedenlerle ilgili bilgileri araştırdım, haberleri kontrol ettim ve bölgenin haritasını önüme serdim. Abla'nın annesi Birleşik Devletler'in düzenlediği bir bombardıman sırasında Abla'nın hayatını kaybettiğini söylüyorsa, bir yerlerde bu bombardımanın kaydı olmalıydı. Araştırma uzun sürdü, çok acı vericiydi; annemin ölümünden sonraki süreci anımsatıyordu, onun nasıl öldüğüyle ilgili gerçeği bilmediğim zamanki gibiydi. Savaşın başlangıcında Birleşik Devletler'in Kerkük bölgesine bir hava saldırısı düzenlediğini birkaç değişik kaynaktan teyit ettim. Mahad isimli köyü buldum, burada kurbanlar vardı ama isimleri ve olayla ilgili ayrıntılar yoktu. Daha fazla araştırma yapacaktım ama bunu yapmak çok zordu, çünkü Kürdistan Demokrat Parti'nin Ankara temsilcisi Safeen Dizayee'nin Birleşik Devletler'in Kerkük'ü hiç bombalamadığını söylediğini hatırlıyordum.

Sonra dehşet verici bir haber buldum, bu haber yine de beni kahkahalarla güldürdü.

> 4 temmuz 2003'te Süleymaniye'de, on bir Türk askeri, üç Türk işadamı ve yaşlı bir İngiliz, Michael Todd'un kafasına çuval geçirilmesinde büyükelçinin suçu olmayabilir, ama büyükelçinin bu olayın etkisini Washington'a doğru olarak yansıttığı da şüphe götürür. Amerikan yanlış bilgilendirme mekanizması, Türk-Amerikan ilişkilerinin zarar

gördüğü bu olayda, Michael Todd'un bu trajediden en fazla etkilenen kişi olduğunu dünya kamuoyundan saklamış olabilir, Türkçe metinlerden ben bunu biliyorum. Türk ve dünya kamuoyu bu olayda bir İngiliz vatandaşının da bulunduğunu henüz öğrenemedi.[5]

Çok şaşırtıcıydı, çünkü hayatımda ilk kez birisi benim için "yaşlı" diyordu! Güldükten sonra yazarın "Amerikan yanlış bilgilendirme mekanizması" hakkında yazdıklarını not ettim, dünyanın benim öykümü bilmemesinin nedeni işte buydu. Uzun süredir ilk kez benim de inandığım bir şeyi yazan birini okuyordum, benim öykümü dünya basınından gizliyor ve gözaltında kötü muameleye maruz kaldığımı kasıtlı olarak örtbas ediyorlardı.

Bu yazar "Türkçe metinleri" nereden almıştı?

Davamın Washington'la bağlantısı olduğunu keşfettim

2 martta tavşan deliğinin daha da derinlere gittiğini anladım, benim davamın Washington DC'le bağlantısı olduğundan hep şüphelenmiştim, o ana kadar elimde kanıt yoktu. Washington'daki bir Birleşik Devletler generalinin davamla bağlantısı vardı. Richard Webb, bana serbest bırakılmam için General Hahn'dan telefon beklediğini söylemişti. İlk önce böyle birinin aslında var olmadığını düşünmüştüm, ama sonra Tuğgeneral Daniel A. Hahn'ın var olduğunu keşfettim. "İstihbarat erişimi"ne göre bu general gözaltına alındığımda Washington'daymış. Konuştuğum hiçbir askerin onun ismini duymamış olmasının sebebi belki de buydu, generalin ismi sadece Başçavuş David Kantor'a tanıdık gelmişti.

"Tuğgeneral Daniel A. Hahn, Silahlı Kuvvetler Gelişim Yönetici-si Yardımcısı, Genelkurmay Yardımcısı Bürosu, G-8, Birleşik Devletler ordusu, Washington DC, Komutan Yardımcısı, V'inci Kolordu, Birleşik Devletler Avrupa Ordusu ve Yedinci Ordu, Almanya."

Bu bilgiyi bulduğum web sitesi askeri personelin tayinlerini ayrıntılı olarak veriyordu, 1 mart 2005'te, aynı gün Donald Rusfeld'e karşı bir dosya verildi![6]

2003 haziranda V'inci Kolordu'nun komutanlığına Korgeneral Ricardo Sanchez atandı. Tuğgeneral Daniel Hahn ağustos 2003 tarihine kadar V'inci Kolordu komutanı olarak kaldı. Irak'ta gözaltında kaldığım süre boyunca bu iki adam görev başındaydı.

5. www.turkpulse.com/ankara3.htm

6. http://defensedaily.com/personnel/previous/pm03012 005.html

Bağdat Havaalanı'nda bana nezaret eden çocuklar V'inci Kolordu 1-94 Sahra Topçusu'na bağlıydı, işte bu nedenle General Hahn benim davamla ilgiliydi.

İkinci keşfim çok daha hoştu. Teğmen Chad Swains'in bir fotoğrafını buldum, bu adam Bağdat'tayken beni ve Türkleri muayene eden tabip teğmendi. Bize özellikle dostça davranmıştı ve iyi bir adamdı. Ayın 2'sinde Bağdat Havaalanı'ndaki sorumlu subaylardan biri olan Teğmen Marvin S. Malone'un ve Yüzbaşı Jeffrey M. Silvasy'nin e-posta adresini buldum, Silvasy gözaltındayken bizimle yakından ilgilenmişti. Doktoru seviyordum. Elimde e-posta adresleri vardı, Bağdat Havaalanı'nda gözaltındayken benimle "ilgilendikleri" için ikisine de e-posta göndermek istiyordum. Sadece bir "merhaba" demek istiyordum ama belki de zamanlamam yanlıştı.

Bulduklarımın kontrolü benim elimdeydi ve yavaşça parçaları birleştirmeye başlamıştım.

http://www.globemaster.de/regabbre.html web sitesinden Birleşik Devletler ordusunda kullanılan tüm rütbelerin, askeri kurumların ve kısaltmaların anlamlarını öğrendim. Şaşırtıcı şekilde ayrıntılı olan bu siteyi incelemek için saatlerce uğraştım. 11 haziran 2003'te Aldo Sirotic'in Irak seyahatimle ilgili gönderdiği e-postada sözünü ettiği Birleşik Devletler birimlerinin anlamlarını sonunda çözebilmiştim, o ana kadar bunlardan yüzde yüz emin değildim. Gerçek insanı iyileştiren bir şey! 27 temmuz 2003'te Eric Jones benim için rütbelerin bir taslağını çizmişti, bu çizim şu an arkamdaki duvarda asılı duruyor.

Karanlık aydınlığı izler.

Araştırmamda bulduğum bilgilerden sonra, gerçeği araştırma sürecim mağaranın ağzını bir kez daha açtı, canavar kükremeye ve beni tekrar ağzının içine doğru çekmeye başladı. Karanlık ayın 9'unda başladı ve e-posta adresimin tekrar çökertileceğine dair duyduğum korkuyu tetikledi. Bunu basitçe anlatacağım; Birleşik Devletler askerinden gelen Sacide'nin bulunmasıyla ilgili e-posta kayboldu. Başka e-postalar da kaybolmuştu ama bunları söylemek istemiyorum.

İşler kötüye gidiyordu. Ertesi gün *Washington Post* gazetesinde CIA'nin "hayalet tutsaklarla" ilgili haberini okudum, Irak'taki bazı tutukluları kimseye haber vermeden alıp götürüyorlardı. Haberde, "Üst düzey askeri yetkililer Ebu Garip Hapishanesi'ne CIA'nin geldiğini teyit ediyor, resmi izin olmaksızın bazı tutukluları gizliyorlar, *Washington Post*'un elde ettiği bazı evraklar var.

Bu "hayalet" tutuklamalar uluslararası yasaların çiğnenmesi anlamına gelmektedir" diye yazıyordu.[7]

Turuncu tulum

Ayın 15'i salı günü, saat 12:34'te, York Gençlik Oteli'nin sahibi Charles Stuart'tan bir mesaj aldım:

Michael, turuncu tulumunu bulduk. Charles.

Çok heyecanlandım, çünkü bu en önemli kanıtımdı, çalındığını ve bir daha bulamayacağımı düşünüyordum. Aynı zamanda paranoyamın küçük bir kısmı böylece sona ermiş oluyordu; tulumu birilerinin çaldığına artık inanamazdım, kendimi çok zorlarsam önce aldıklarını, sonra da geri bıraktıklarını düşünebilirdim.

"Bu tam zamanında gelmiş harika bir haber ve kulaklarım uğulduyor. Hemen Charles'ı aradım ve heyecanımı onunla paylaştım, çok duygulanmıştım, telefonu kapatmadan önce ona teşekkür ettim. Onu öpebilirdim. Görünüşe bakılırsa Müdüre Maureen, eşyalarımın içinde olduğu ayakkabı kutusunu bulmuştu. Kutunun içinde turuncu tulum, plastik kelepçeler, beyaz tişört ve kum çuvalı vardı. Depoyu düzenlerken kutuyu bulmuştu. Hâlâ şüpheleniyordum ama artık kimin umurunda?" diye yazdım.

Haberler beni duygulandırsa da, Irak'taki tutukluğumu bana güçlü bir şekilde hatırlatan eşyaları tekrar bulmak beni çok endişelendiriyordu, zihnimin karanlık tarafını tetiklememelerini ümit ediyordum.

"Turuncu renkli tulum şu an merdiven tırabzanında asılı duruyor, boynuma bir ip dolayıp intihar etmek istediğim yer de işte tam burası. Belki de aslında hissettiğim şey bu, merdivenlere asmak istediğim aslında tulum, kendim değil. Şu an asılı duruyor ve bir ceset gibi sallanıyor. Kutuyu açarken çok gergindim, içindekileri tekrar görmek midemi bulandırdı. Eşyalara dokunduğumda başım döndü ama onları sevmek zorundayım" diye yazdım. Ayın 16'sıydı.

Irak yeniden / Karanlıktan kurtuluyorum ama başka bir savaş başlıyor

"Irak'a döneceğim, bu sefer eminim. Kızımı bulmak için Irak'a gidiyorum" diye yazdım.

Karanlık beni sarmaladığı kadar hızlı bir şekilde uzaklaştı, ken-

7. http://www.washingtonpost.com/wp-dyn/articles/A25 239-2005Mar10.html

dimi çok neşeli ve sakin hissediyorum. Aniden sevginin ve bir olmanın muhteşem hissini yaşamaya başladım. Elbette ruhumdaki savaş devam ediyordu ama Sacide'ye duyduğum sevgiyi ilan etmem karanlığı uzaklaştırmıştı.

"Bazen kendime lanet ediyorum, uzun süredir bunu yapıyorum, ruhumu çalmak isteyen bir şeye karşı savaşıyorum, ne olduğumu biliyorum, içimizde saf bir sevgi var ama uzun süredir içimdeki bir şey beni mahvediyor. Büyük ruhsal bir savaş verdim. İçime yoğunlaştığımda sırtımdaki spiraller artıyor, bazen saf bir zevk alıyor ve zevkten inliyorum. Bu çok garip, sanki katı olmayan bir şey ortaya çıkıyormuş gibi oluyor. Çok büyük sevgi dalgaları hissediyorum. Bunun delirdiğimin kesin kanıtı olduğunu düşünüyorsunuz! Umurumda değil. Size bunun bir deneyim olduğunu söylüyorum. Gerçek" diye yazdım. Ayın 25'iydi.

Karanlık yok oldu, peki bu geçici bir durum muydu? Gece kulübündeki gösterimden sonra, Martin beni kız arkadaşı Sarah'la tanıştırdı. Çok mutlu olmuştum. Irak'ta başıma gelenleri anlattım. Martin bunları biraz biliyordu ve bir kısmını Sarah'a anlatmıştı, çünkü Sarah BBC'de çalışıyordu. Nazik bir şekilde bana yardım etmek için elinden geleni yapacağını söyledi. Harika insanlar!

Sarah'la konuşmak bende bir alışkanlık başlattı, Irak'a dönmekten söz etmeye başladım, bu kendimi iyi hissettiriyordu. York'ta gösteri yaparken bile kendimi Irak'la ilgili konuşurken yakalıyordum, bu daha önce nadiren yaptığım bir şeydi. Kısa süre önce tanıştığım Katolik bir papaza bile söyledim.

"Irak'la ilgili konuştuğumu fark etmek güzel. İyi bir terapi. Çocuğumu almak için Irak'a gidiyorum, kızımı bulan askerlerle tanışacağım. Uzun süredir bir şey konuşmuyordum ya da çok az konuşuyordum, bunu biliyorum ama artık böyle olmayacak. Artık daha açık konuşmak istiyorum; bunu Türk dostlarıma, seyyar satıcı John Redpath'a, Snappy Snaps'tan Sam'e ve Peter Lyth'a, Charlie'e ve gösterim sırasında tanıştığım diğer insanlara da söyledim. Irak'a geri dönüyorum. Harika!

"Teröristlerin hücre evi olmasından şüpheleniliyor"

Gerçeğe ulaşmaya çalışırken aptal avukatlarla uğraşmak o kadar zor gelmiyordu, ayın 2'sinde başladığım araştırmama devam ettim. *Chicago Tribune*'de ilginç bir haber daha buldum, 7 temmuz 2003'te yayınlanmıştı. Görünüşe bakılırsa bu gazete ya da Birleşik Devletler merkezli haber ajanslarının bu sefer Süleymaniye bölgesinde dolaşan bir muhabirleri vardı, verdiği ayrıntılı bilgileri diğer haber kaynaklarından da teyit etmeye çalıştım. Diğer şeylerle birlikte haberde şunlar yazıyordu:

Yüzbaşı Andy Morgado, "Bir terör hücresinin varlığıyla ilgili istihbarat aldık. Türk Özel Kuvvetleri'nin bulunduğu iki katlı binaya bu yüzden operasyon düzenledik. Birleşik Devletler ordusu ve Birleşik Devletlerin müttefiki siyasi bir örgütlenme olan Kürdistan Siyasi Birliği'yle aramızdaki irtibatı sağlayan bir subay da bizimle birlikteydi" dedi.

Baskınla ilgili bilgiler cuma günü geç saatlerde ortaya çıktı. Birleşik Devletler askeri yetkilileri bir basın toplantısı düzenleyerek operasyonu duyurdu ve sonra siyasi bir kriz çıkınca da cumartesi günü hemen operasyonu iptal ettiler.

Süleymaniye'deki Türk karakolunda bulunan ve kendini Aydın olarak tanıtan 38 yaşındaki binbaşı, cuma günü saat 14:00 sularında Amerikan askerlerinin demir kapıyı kırdıklarını görünce çok şaşırdığını söyledi.

Binbaşı pazartesi günü karakol binasında, "Binanın önünde bir gürültü duydum, silah sesleri ve bağırış çağırış vardı" dedi. "Adamların İngilizce bağırdıklarını duydum, bu yüzden Amerikalıların başlarının dertte olduğunu ve yardım istemek için yanımıza geldiklerini düşündüm." Kapıya doğru koştuğunu söyleyen Aydın, Amerikalıların kapıyı kırdığını ve binaya girdiklerini gördü. "İngilizce olarak, Biz Türk askeriyiz. Silahlı değiliz, dedim. Tam bu sırada kafamın üzerinden bir mermi geçti."

Binbaşı kendisinin ve diğerlerinin zorla yere yatırıldığını ve plastik kelepçelerle ellerinin arkadan bağlandığını söyledi. "Askerler sonra kafamıza çuval geçirdi ve bir kamyona bindirerek caddelerde bizi teşhir ettiler; bu sırada çuvalları çıkartılar" dedi. Binbaşı kelepçelerin çok sıkı olduğunu söyledi. Bileklerinin birinde boydan boya ince bir kabuk vardı. Ne zaman konuşmaya çalışalar askerler tarafından tokatlandıklarını söyledi.

Aydın, "Bunun bir yanlış anlaşılmadan kaynaklandığını düşünüyorum. Yanlış hedefe saldırdılar. Baas Partisi ya da İslami bir örgüte baskın düzenlediklerini düşünüyorlardı" dedi.

"Düne kadar, savaş esiri muamelesi gördük. Bizi serbest bırakmaya karar verdiklerinde, sigara, su ve yiyecek verdiler. Bizden özür dilediler ama" diyen Aydın bileğindeki yara izini göstererek, "bu bana hiç de üzgün olduklarını düşündürmüyor" dedi.[8]

Andy Morgado Birleşik Devletler ordusuyla Kürdistan Yurtse-

8. http://www.highbeam.com/library/doc.asp?docid=1G1:&refid=ink_tptd _np&skeyword_&teaser_

verler Birliği arasındaki irtibatı sağlayan subaydı, Kürdistan Yurtseverler Birliği Birleşik Devletler'e yanlış bilgi vererek bu baskının düzenlenmesini sağlamış olabilir miydi? Bildiğim kadarıyla Amerikalılar, Türklerin bir suikast planladıkları iddiasına karşı herhangi bir kanıt ortaya çıkartamamışlardı. Bu baskının tamamen bir yalan üzerine kurulduğuna inanıyorum, aksi takdirde Mayville ve diğerleri bir kanıt sunardı.

Aydın ve askerleri terörist değildi, bundan kesinlikle eminim. Kürdistan Yurtseverler Birliği'nin bürosuna gitme nedenimin orayı bombalamak olduğunu mu düşünmüşlerdi? Benim orayı havaya uçuracak bir intihar bombacısı olduğumu mu düşünmüşlerdi? Benim Türklerin komutanı olduğumu mu düşünmüşlerdi? Gerçekten bunları mı düşünmüşlerdi? Özür dilerim ama Kürdistan Yurtseverler Birliği'nin alçakça davrandığını düşünüyorum. Talabani, Irak'ın devlet başkanı, senin yanıtlaman gereken bir sürü soru var.

Evet, ilginç bir haber öyle değil mi? Öncelikle, söz konusu Amerikan subayının beni terörist sandığını bu haber kanıtlıyor. Birleşik Devletler ordusundaki binbaşı, benim "terör hücresinin bulunduğundan şüphelenilen" bir binanın dışında esir alınıp, sonra da başka bir evin arka bahçesine götürüldüğümü söyleyip kayıtlara geçirmiş olsaydı, o zaman terör şüphelisi olacağım açıktı. Bunu İngiltere'ye döndüğümden beri söyleyip duruyorum, ama çok az insan söylediklerime inanıyor. Faruk Zabcı inandı çünkü Aydın'la tanışmış ve Süleymaniye'de bulunmuştu. İnandığım şeyleri teyit ettiği için bu habere sevinsem de, haberi ilk okuduğumda dehşete kapılmıştım!

Resim çerçevesi arıyordum, kızımı bulmam konusunda yardım talep etmek için Kürdistan Yurtseverler Birliği Partisi'nin Dışilişkiler Bürosu'nu ziyaret etmeye çalışıyordum, terör hücresi şüphesiyle bir binaya düzenlenen operasyonun ortasına dalmıştım. Ne kadar şansız olduğumu şimdi anlıyorum, bunun olmaması için ne yapmam gerektiğini düşünüyorum. Bağdat Havaalanı'nda üzerime silah doğrultan askerlerden bazıları benim yürüdüğümü ve bazılarının benim öylece çekip gitmeme çok şaşırdıklarını söylemişti. Hepinizin canı cehenneme, ünlü İngiliz insan hakları savunucusu avukat senin de canın cehenneme, Amerikalı kodaman avukatlar sizin de canınız cehenneme. Bunları söylemek bana gurur veriyor, baskın sırasında silahlar patlarken kalbimdeki saf sevgiyle yürüyüp gitmiştim işte ve hayatta kalmıştım! Bunu tekrar okuyun!

İptal edilen Birleşik Devletler basın açıklamasından söz edilmesi de çok ilginçti. Birleşik Devletler askeri yetkilileri 5 temmuz cumartesi günü düzenleyecekleri basın açıklamasını iptal etmişlerdi, çünkü bu esir alma olayı çok hassastı. Bir basın açıklaması düzenlenmesi gerektiğini hep düşündüm, benim esir alınmamın ayrıntılarını kasıtlı olarak açıklamadıklarını söyleyerek özür dileyecekleri bir basın açıklaması yapmak zorundalar. Birleşik Devletler'in yaptığı baskını bir basın toplantısı düzenleyerek açıkladığını başka kaynaklardan okumuştum. Bu haberler kasıtlı yanlış bilgilendirme için mi yapılmıştı?

Sonuç olarak, muhabirin Aydın'a ulaştığı haberde açıktı. Aydın, Türk basınına benden bahsederken, bir Birleşik Devletler gazetesine ya da Birleşik Devletler haber ajansına benden neden söz etmemişti? Aydın'ın buna fırsat bulamadığını ve benim hâlâ Bağdat'ta gözaltında tutulduğumu açıklamamış olmasını söylemek imkânsızdı. Bir İngiliz vatandaşının esir alındığını bir Birleşik Devletler gazetesine söylemek benim öykümü tüm dünyaya duyurmak anlamına geliyordu. Aydın'ın benden söz ettiğine inanıyorum. Bir İngiliz'in de bu baskında esir alındığına inanmaları çok zordu, muhabir Aydın'ın iddiasını Birleşik Devletler ordusuna sordu. İşte o an Birleşik Devletler benim esir alınmamla ilgili yalan söyledi ya da beni "unuttular". Bu çok önemli. Birleşik Devletler ordusu bir İngiliz'i esir aldıklarını söylemedi, çünkü benim İngiliz vatandaşı olduğuma inanmıyorlardı.

Aydın'ın sözlerini okumak çok hoşuma gitti ve ona karşı kardeşçe duygular hissettim. Aydın'ın da savaş esiri olduğumuzu düşünmesi kendi durumumla ilgili bana güven veriyordu. Ben onun gibi seçkin bir asker değildim, ama kokusunu aldığım zaman saçmalığı hâlâ fark edebiliyordum.

Bir yalan yüzünden mi esir alındım?

4 Temmuz Baskını bir yalan üzerine kurulmuşsa, ben bu yalan yüzünden acı çekiyordum. Bu hiç iyi değildi çünkü Irak'taki görevim sevgiyle ilgiliydi.

Beni yenileyen bir güç hissettim, internette davayla ilgili daha fazla araştırma yaptım. Kerkük Havaüssü'nün çok daha iyi fotoğraflarını buldum, beni gözaltında tutan askerlerle ilgili bilgilere ulaştım. Bağdat Havaalanı'ndan gelen fotoğraflara baktım ve 173'üncü Hava İndirme'nin Irak'ta düzenlediği operasyonlarla ilgili daha fazla bilgi edindim. Askerlerin hazırladığı web sayfalarını okudum ve Saddam'ın oğullarının öldürüldüğü zaman dilimi içinde araştırmalarımı sürdürdüm. Sizin de bildiğiniz gibi, Uday ve Kusay 22 temmuzda öldürülmüştü, bu yüzden benim öyküm çok fazla dikkat çekmemişti. Bu haber tabii ki manşetten verilecekti. Onların ölümleriyle ilgili tüm ayrıntıları araştırdım, benim öykümü unutturmuştu. "Aman Tanrım", "Şiirsel". Manşetler işte böyleydi.

Ayın 2'sinde 4 Temmuz Baskını'na katılan bir askerin kardeşinin ev adresini ve iletişim bilgilerini buldum. Telefonu elime aldım, numarayı çevirdim ve benim esir alınmamla ilgili ayrıntılı bilgilere sahip birini tanıyan biriyle konuştum.

"Bu son derece muazzam bir şeydi. Bu olağandışı bir şeydi. Sadece telefonu kaldırmıştım ve belki de Irak'ta benim esir alınmamda rol almış bir askerin annesiyle konuşmuştum. Kerkük Havaüssü'nde bu asker de bulunduysa, hatta tecavüze o da katıldıysa ne olacaktı? Bu yüzden duramazdım. Kendimi iyi hissediyordum. Bütün bunlarla yüzleşmek iyiydi, ama başlangıçta beni biraz incitmişti ve belki de sonunda bu pisliğin üstesinden geliyordum. Vızıldayan bir arı gibiydim, yeni bir yaşamın etrafımı kuşattığını hissediyordum. Kendimi harika hissediyorum ve Irak'a gidiyorum" diye yazdım.

Hatta evin içinde egzersiz yapmaya başladım, kollarımın kırılmamış olmasına şaşırıyordum ve onları yeterince kullanmadığım için yere yıkıldım. Tarihi hatırlatayım, 2 nisan 2004, 4 Temmuz Baskını'na katılan 173'üncü Hava İndirme Tümeni'ndeki askerin kardeşinin iletişim bilgilerine ulaştım.

Hoş ve nazik bir hanımdan gelen hoş bir elmalı pasta bunalımımı dağıttı. Komşum Jean bana çok güzel bir elmalı pasta getirdi, kapıya geldiğinde ben utanç içindeydim ve çok üzgündüm. Dört gün önce otobüs şoförünün beni şehrin dışına bıraktığından beri ilk kez biriyle yüz yüze konuşuyordum.

ABD'den haber var

4 Temmuz Baskını'na katılan askerin evinin adresini ve telefon numarasını bulalı sadece iki gün olmuştu, Amerikan aksanıyla konuşan biri telefon etti. Ümitsizce bu konuşmayı kaydetmeye çalıştım ama başaramadım, kayıt cihazı yakınımdaydı, ama ben yeterince hızlı değildim. Ümitsiz ve acele sorular sordum. Adam bana dikkatle dinlememi söyledi, çünkü çok az zamanı vardı, hat çok kötüydü, bu yüzden sesin daha önce arayan kişiye ait olduğundan yüzde yüz emin olamadım. Kesinlikle Amerikalıydı ve arayan X olduğunu iddia ediyordu.

"Selam Mike, ben X. Her şey yolunda, rahat ol adamım. Hey, daha önce arayamadığım için özür dilerim. Endişelenmiş olmalısın, ha? Kısa süre içinde her şey bitecek, endişelenme. Bu konudan kimseye bahsetme ve kimseyle temas kurma, kızına kavuşana kadar artık kimseyle konuşma. Çocuk güvende. Benimle, orduyla, basınla ve yetkililerle temas kurma. Talimatları bekle. Kızına kavuşana kadar sessiz ol, tamam mı? Seninle tekrar bağlantı kurana kadar hiçbir şey söyleme. Başka şeylere değil sadece kızına odaklan" dedi. 4 nisan 2004, saat yaklaşık olarak 15:00.

Tabii tam olarak bunları söylemedi, hatırladıklarım bunlar. O aceleyle konuşurken ben sorularımı sormaya çalıştım. Konuşmak için ağzımı açtım ama birtakım seslerden başka bir şey çıkmadı. Telefon konuşmasıyla ilgili daha fazla şey söylemek istemiyorum, çok sevindim ve ruhum karmakarışık oldu. Bu içimdeki ışığı yakan bir şey miydi, yoksa beni canlı canlı ateşe verecek bir bilgi miydi?

Bir şeyler yolunda gitmiyor gibiydi, ama Sacide'ye, sevgiye odaklandım, telefonla ilgili olumsuz şeyler düşünmemeye çalıştım. Ona güvenmek zorundaydım.

En zor kısmı sessiz kalmaktı, kimseye bir şey söylememek ve benimle temas kurana kadar hiçbir şey yapmamaktı. Bütün yapacağım söylediklerine uymaya çalışmaktı, aradığı yerin telefon numarası kaydı yoktu. Telefondan sonra yere uzandım ve düşünmeye çalıştım. Yanıtlanmamış sorular zihnimden bir tren gibi geçiyordu. Birkaç saat sonra birinin beni izlediğini düşündüm. Camın önünden çekilip odanın arka tarafına geçtim.

Üzerimdeki baskı çok ağırdı. Ne yapacağımı bilmiyordum, kalbim Amerikalı askere inanmamı, düşüncelerim bunun beni sessizleştirmek için oynanan bir "oyun" olduğunu söylüyordu. "Gerçek dünya"daki olaylar paranoyamı ve korkularımı besliyordu, telefondan günler önce Tony Blair, İngiltere'deki genel seçimlerin tarihini açıklamıştı; 5 mayıs. Seçimler yapılana kadar sessiz olmamı mı istiyorlardı? Daha da kötüsü vardı, korkularım daha da arttı. Blair'in açıklamasından bir gün sonra Irak Başkanı Celal Talabani'den haberler geldi. Celal Talabani'nin partisi Kürdistan Yurtseverler Birliği Dışilişkiler Bürosu'nun hemen dışında esir alındığımı hatırlayacaksınız. Baskını filme alan bir adam görmüştüm, bu büyük olasılıkla Celal Talabani'nin oğluydu. Irak'ta esir allınmam başkanın oğlu tarafından filme mi alınmıştı? Ocak 2007'de, Talabani'nin malikânesinin yüz metre kadar yakınlarında esir alındığımı keşfettim.

173'üncü Hava İndirme Araştırması

Araştırmalarım devam ediyor. 173'üncü Hava İndirme Tümeni'ne ait ya da onunla ilgili bir web sitesi buldum. Saatlerce bu siteyi inceledim, Irak'ta yaptıkları operasyonların fotoğraflarına baktım ve askerlerin verdikleri bilgileri okudum. 4 Temmuz Baskını'na katılan bazı askerlerin isimlerini öğrendiğimi daha önce söylemiştim, bunlar asla unutamayacağım isimlerdi. Onları bulmayı ümit ediyordum, bir gün onlarla tanışacaktım, onlara bir hediyem vardı! Aydın bu hediyenin ne olduğunu tahmin edebilir!

Araştırmam çok da hoş bir araştırma değildi, özellikle de bombalarla paramparça olmuş çocukların fotoğraflarını görmek. Çok zordu ama devam ettim, Abla'nın parçalanmış cesedini düşünmemeye çalışıyordum. Devam edemedim çünkü bazı resimler bakamayacağım kadar korkunçtu. İnternette böyle fotoğraflar yayınlamalarının nedenini bir türlü anlayamıyorum, bir gün benim ve Türk askerlerinin fotoğraflarını bulacağımı ümit ediyorum.

22 nisanda, 2003 yılından beri Irak'ta 173'üncü Tümen'in yaptığı tüm operasyonların listesini buldum. 4 Temmuz Baskını da listede "çatışma operasyonu" olarak yerini almıştı! Bunu görünce dehşete kapıldım! Yüzümde bir gülümseme ve kalbim sevgiyle dolu olarak lanet olası bir çatışma operasyonunun içine yürüyerek dalmıştım! Kafama bir kurşun yiyebilirdim. Bu sanırım çok daha iyi olurdu. Artık insanlarla konuşurken kendime daha fazla güvenebilirim. Bunun rutin bir egzersiz olduğunu söyleyen herkesin canı cehenneme, içeride kim olduğunu görmek için birinin kapısını çalmak gibi bir şey! Bu bir çatışma operasyonuydu ve yüzlerce kişi ölebilirdi.

Abla'nın mezarı

Araştırma, yazma ve yüzleşmeyle geçen zor bir haftadan sonra sakinleştim. Yedi gün sonra dışarıya çıktım, ayın 29'unda ağır bir bunalım atlattım. Bunu Kuzey Irak'ta isimsiz bir mezarın fotoğrafını görmek tetiklemişti, resmin altında bilgi notu olarak mezarın Kerkük'teki bombardıman sırasında hayatını kaybeden bir kurbana ait olduğu yazıyordu. Abla'nın mezarına baktığıma ikna oldum, çünkü daha önce rüyamda onun mezarını aynı bu şekilde görmüştüm.

Mezarı gördükten sonra daha da ileriye gittim, İngilizlerin Kuzey Irak'taki varlıklarını öğrendim, Kerkük'te mini bir büyükelçilik vardı. Noel Guckion, Kuzey Irak'taki İngiliz büyükelçisi ve

Philippa Bruckshaw da onun yardımcısıydı. Irak'a gittiğimde bu bilginin bana faydası dokunacaktı, ama onların bana yardım edeceklerini hiç sanmıyordum.

Çok ilginç bir şekilde, 173'üncü Tümen'in, ben Irak'a gitmek için İngiltere'den ayrıldıktan bir gün sonra paraşütle Irak'a indiğini ve Türklerin, Habur Sınır Kapısı'nı 26 şubatta kapattıklarını BBC'den öğrendim.

Bunu öğrendikten sonra yatamadım, bütün geceyi araştırarak ve tutukluların resimlerine bakarak geçirdim, benim ve Türklerin fotoğraflarını aradım. Gerçeğe ulaşmak için yanıp tutuşuyordum ama psikiyatrın beni akıl hastanesine kapatacağından da emindim. Bununla yüzleşmeyi erteleyemezdim.

İnanılmaz bir şekilde, ayın 24'ünde Binbaşı Jeffrey Silvasys'in telefon numarasına ulaştım. Bağdat Havaalanı'nda ikinci komutandı, Türkler ve İngilizlerle temas halinde olan ve neredeyse her gün benimle konuşan üst düzey bir subaydı. Ona telefon etmek istiyordum ama yapamadım. Telefonu elime aldım ama numarayı çeviremedim.

1-94 Sahra Topçusu'yla ilgili araştırmamı derinleştirmek kafamı karıştırdı, Birleşik Devletler ordusuyla ilgili bilgilerin kasıtlı olarak karmaşıklaştırılmasının güvenlik nedeniyle ve tutukluların gerçeğe ulaşmalarını engellemek için yapılmış olabileceğini düşünüyorum. Anladığım kadarıyla 5'inci Kolordu, tıpkı SETAF (Southern European Task Force) gibi karargâhında 42 000 asker ve sivil çalıştırıyor. 1'inci Zırhlı Birlikler, 5'inci Kolordu'nun bir birimi ve 1-94 Sahra Topçusu da 1'inci Zırhlı Birlikler'e bağlı bir tabur.

1-94. Sahra Topçusu'nun beş bataryası var:

1. 1. Karargâh ve Karargâh Hizmet Bataryası (Ronin).
2. 2. Alfa Bataryası, "Çelik Yağmur".
3. 3. Bravo Bataryası, "Buldoklar". Kıdemli Başçavuş Vanderford bu bataryanın komutanı.
4. 4. Charlie Bataryası, "Haçlılar".
5. 5. Delta Bataryası, "Ateşçi".

Gözaltındayken hangi bataryanın beni gözaltında tutuğunu sormuştum, ne söyledikleri hakkında hiçbir fikrim yok. Bütün bunların iyileşme sürecimin bir parçası olduğunu biliyorum ama Bay V'nin üst rütbeli bir subay olduğunu bilmiyordum, sanırım kıdemli başçavuştu, arada çok büyük fark var! Pinokyo bir komutandı!

Abla'nın izini bulabilir miyim diye internette çok sık araştırma yapıyordum. Davam Irak Kızılhaçı'nın "aile bağlantıları" kısmına kaydedilmişti, burayı her hafta kontrol ediyordum. Abla'yı araştırırken zihnimde hayaller beliriyordu, hâlâ hayatta olabileceğini düşünüyordum. Bu tam bir hayaldi ama harikaydı.

16 mayısta Abla Hüseyin'i buldum. Ama bu, Kahire'de serbest olarak çalışan gazeteci Abla Hüseyin el İskandarani'ydi. Bu o muydu? Tabii ki değildi, ama araştırmaya devam etmek istiyor, onun öldüğünü kabullenemiyordum. Şu an yazdığım gibi, onun öldüğünü kabul etmiyorum ama gerçeğe ulaşacak mıyım diye merak da ediyorum. Böyle bir duyguyla yaşamaya devam edebilir misiniz? Şu anki gibi, bunu yazıp duvarıma astım.

4 Temmuz'un fotoğrafları ortaya çıkıyor

Ayın 24'ünde Faruk telefon etti, nasıl olduğumu sordu, çok nazik bir davranıştı. Benimle gerçekten ilgilenen tek insan Faruk'tu. Her şeyi yoluna koymaya çalıştığımı söyledim ve internette ilginç birtakım keşiflerde bulunduğumu anlattım. Bulduğum resimlerden söz ettim, Amerikan askerleriyle internette haberleştiğimden ve diğer şeylerden bahsettim. 173'üncü Hava İndirme Tümeni'nden bir askerin kardeşinin adresine ve telefon numarasına, ayrıca baskının fotoğraflarına ulaştığımı ona söylerken çok heyecanlandım. 4 Temmuz Baskını fotoğraflarının elimde olduğunu duyduğu zaman koltuğundan düştüğüne eminim! Resimleri istedi ama reddettim. 24 mayıs 2005'te Süleymaniye baskınının fotoğraflarını bulduğumu açıkladığımı hatırlayacaksınız. Bunu unutmayın!

Noktaları birleştirmek

Aynı gün internette başka bir resim bulmam inanılmazdı. Yüzlerce saat boyunca uydu görüntülerinden Irak'ı araştırdıktan sonra, sonunda Süleymaniye'deyken kaldığım evi bulmayı başardım. Evet, Refik'in evi artık bilgisayarımın ekranında. Odanın içinde dans ettim, bu inanılmaz adamla yeniden bağlantı kurduğum için çok seviniyorum. Çayı heyecandan pantolonuma döktüm. Sonraki on beş saat boyunca görüntüyü izledim. Hiç ara vermeden Bağdat, Süleymaniye ve Kerkük'ü taradım, oradayken dikkatimi çeken işaretlere yoğunlaştım. Bu işlemi sona erdirdiğimde kendimle gurur duyuyordum, içimde bir sıcaklık vardı ve her şeyi göğüslemeye hazırdım. "Google Earth"ün olanaklarını kullanarak 4 temmuzda izlediğim yolu tam olarak yeniden çizdim. Refiklerin evinden Laven İnternet Kafe'ye, caminin yanından sola dönerek Kürdistan Yurtseverler Birliği Partisi'nin Dışilişkiler Bürosu'na, oradan da esir alındığım noktaya ve sonra da Kerkük Havaüssü'ne götürüldüğüm yolu takip ettim. Yolculuk inanılmazdı, sanki bir kez daha orada gibiydim. Bunu size de göstermeyi çok isterdim! Acı vericiydi ve çok korkunçtu.

Tatmin olmamıştım, araştırmamı derinleştirdim, hapishanemi bulana kadar Bağdat Havaalanı'nı taradım. Evet, orayı buldum ve neşeyle görüntüyü yakınlaştırdım. İngiltere Büyükelçiliği'ni buldum, Süleymaniye'de esir alındığım yeri saptadım. Türk Özel Kuvvetleri'nin binasını, Kerkük Havaüssü'ndeki hapishaneyi ve hatta Türkiye ile Irak'ı birleştiren Habur Sınır Kapısı'nı bile buldum. Önemli yerlerin koordinatlarını not aldım, böylece onları tekrar aradığımda rahatlıkla bulacaktım. Yirmi adet görüntüyü bastırdım, bu resimler bugün odamın duvarında asılı duruyor.

"Kendimi olağanüstü hissediyorum. Büyük iyileştirici bir gündü. Başlangıçta acı doluydu ama buraları görmek iyi oldu. Geri dönmenin önemli olduğunu hissediyorum ve esir alındığım noktada duraklıyorum. Bunu yaptığımda karanlığın üstesinden geleceğim. Gerçekten, esir alındığım yeri görmek ve orada duraklamak büyüleyici, sadece oraya bakarak saatler geçirdim. Görüntüler çok net değil, ama Refiklerin evinin önündeki ağacı, hapishanenin pencerelerini ve Kerkük Gözaltı Merkezi'nin ortasındaki kare alanı görebiliyorum. Hücremin tepesini bile görebiliyorum! Bu olağanüstü bir şey. Kazanıyorum" diye yazdım.

Piramit ve ayçiçekleri

Daha sonra olanları hiç beklemiyordum. Ayın 16'sında Irak'ın uydu görüntülerine bakmaya devam ettim. Gördüğüm resimleri açılandırmaya başladım ve ekranı döndürdüm. Bulduğum şey beni çok şaşırttı ve düşündüklerimi kanıtladı. Irak'ta esir alınmamla, 1987 yılındaki "aydınlanmam" arasında net bir bağlantı olduğuna inanıyordum. Gördüklerim inanılmaz bir rastlantıydı.

"Bunu yorumlamadan ve üzerinde düşünmeden, 1987 yılındaki ilk 'aydınlanmam'dan beri önemli bir sembol bulmayı dilemiştim, bu meditasyon sırasında sürekli olarak gördüğüm bir görüntü ve bedensel deneyimlerin dışında bir şeydi. Bu sembol, daha sonra işlerimden birinin logosu oldu, bu temel olarak tam tepesinde ayçiçeklerinin (kelebekleri de görmüştüm), büyüdüğü bir piramitti. Diğer insanların kontrolünden, 'sistem'den ya da matriksten kurtulmamı sembolize ediyordu. Süleymaniye'de esir alındığım yer, piramit şeklinin tam tepe noktasıydı, bu piramidin tam yanında bir parça çimenlik vardı. İlginç! Ayçiçeklerini daha önce yazdığımı hatırlıyorum, ayçiçekleri bu çimenliğin üzerinde büyüyordu! Piramidin tepesine doğru çıkan dört "hat", yol vardı, sanki 1987 yılında gördüğüm çiçekleri tekrar görüyorum" diye yazdım.

Belki de "topyekûn iyileşme"yle ilgili düşüncelerimi abartmıştım. Gece kulübündeki gösterim sırasında turuncu tulumumu giymeye karar verdim, tulumla birlikte gümüş maske ve bir metre uzunluğunda gümüş renkli saç da takacaktım! Başlangıçta tulumun içinde kendimi rahat hissediyordum, ama saatler geçtikçe tulum boynumu çizmeye ve nem yüzünden etrafımda uçuşan sinekler beni rahatsız etmeye başladı. Kendimi güçsüz hissettim, kostümü hazırlayamadım, genelde kostümümü hazırlarken çok eğlenirim. Gösterilerim için hazırladığım ve tasarladığım yeni kostümüm eve dönünce bana daha fazla huzur verdi. Bir kez daha karanlık bir şeylere sahip olduğumu hissettim. Kostümün bir parçasına gümüş renkli bir folyoyu tutkalla yapıştırmayı tasarlamıştım. Yapışkanın daha çabuk kuruması ve tulumun katlarının birbirine yapışmaması için ayraçlar koydum. Sonuçta kostüm çok çirkin görünüyordu. Gümüş bir çarşafın altında biri varmış gibiydi, folyoya sarılmış bir cesede benziyordu, tuhaf bir görüntüydü.

Leeds'teki gece kulübüne yürüyerek giderken kendimi çok rahatsız hissediyordum, Mark'ı görecektim sanki, birkaç saat sonra da gördüm. Saat 3:17'de, geleneksel olarak cips, ekmek ve mayonezimi yerken Mark her zamanki karanlık bakışlarıyla önümden geçti. Bir kez daha ona sevgi dolu düşüncelerimi gönderdim ve uzaklaştım. Rahatsız edici olayların ortaya çıkması kısa süre sonra olumlu ve iyileştirici düşüncelere dönüştü, tam olarak anlayamadığım bir şeyler oluyordu.

Ayın 28'inde, Bağdat'ta bana nezaret eden Amerikalı askerlerin birinden bir e-posta aldım, yeni adresini ve telefon numarasını göndermişti. Onunla konuşmak iyi olacaktı, bunu iyileşme sürecimin bir parçası olarak düşünüyordum. Bu Büyük Oaklahomalı Grant'tı, ama onu aramamaya karar verdim. Gerçekten inanılmazdı, bu adam konuşursam beni vuracağını söylemişti, şimdi de bana ev adresini ve telefon numarasını gönderiyordu.

Vergilerimi ödemediğim için hapse atılacaktım! Davacı kanıtları ortaya sürecek, Irak'taki gibi sorgulanacaktım, örtülü ve yıkıcı birtakım faaliyetler mi olacaktı? İktidardaki seçkinler benim gizli görevlerim olduğunu mu düşünecekti? Herhangi bir ceza verilmeden önce vergimi ödemek zorundaydım. Ayın 2'sinde konsey bürosuna gittim, gönderdikleri mahkeme celbinin üzerimde yarattığı kötü etkiyi belli etmemek için kendimi zor tuttum.

Toplayıcılık

Irak hatıraları toplamaya başladım, bunların bazıları Saddam'a aitti. Saddam 2006 aralığında idam edildikten sonra bundan vazgeçtim.

Bazı insanlar bunalımlarından kurtulmak için deniz kabuğu toplar; ama ben, beni neredeyse öldürecek olan şarapnelleri topladım.

M16 piyade tüfeğiyle uyumak

Irak'la ilgili eşyaları satın aldığım insanların bazıları askerdi, çoğu da Amerikan askeriydi. Bunların çoğunu *ebay.com*'dan satın aldım. Bu eşyaları toplamanın bende bir takıntı haline geldiğini itiraf ediyorum. On iki ayda 6 000 dolar para harcadım. Irak'la ilgili eşyaları elimde tutmak –bazıları yasadışıydı– başlangıçta bana çok acı verdi ama sırası geldiğinde iyileşmeme yardım ettiler, bundan hiç kuşkum yok. Başka kazançlar da sağladılar, birçok Amerikan askeriyle tanıştım; hatta bazıları 173'üncü Hava İndirme Tümeni'nin askeriydi. Evet, zaman geçmişti ve her şey *ebay.com*'da satılıyordu. 4 Temmuz Baskını'na katılmış olan askerlerle arkadaş oldum.

Irak'la ilgili eşyalar satan biri, 2003 temmuzunda Irak'ta olduğu zamanlardan benim ismimi hatırladığını söyledi. Önce bu adamın 1-94. Sahra Topçusu'ndan bir asker olabileceğini düşündüm. "Siz Birleşik Devletler ordusunun Bağdat'ta gözaltında tuttuğu Michael Todd musunuz? İsminiz bana tanıdık geldi, o yüzden kontrol ettim" diye yazdı. "İsminizi hatırlıyorum, çünkü 2003 temmuzunun sonunda Irak'taydım. Ben ordudan değilim. Bağdat'taki Koalisyon Geçici Yöneti'mde iki ay çalıştım ve sizin öykünüzü duydum, zihnimin bir köşesine takılıp kalmış. Sanırım korkunç bir durumdaydınız. Bu olay için çok üzgünüm, umarım bu yüzden tüm Amerikalılardan nefret etmiyorsunuzdur. Böyle hissediyorsanız da sizi suçlayamam. Bu konuyla ilgili kimseye bir şey söyleyemem, çünkü işin ucunun nereye varacağını siz bile bilemezsiniz. Size bir soru soracağım, Irak'la ilgili eşyalarla gerçekten ilgileniyor musunuz? Yoksa bütün bunları toplamanıza uğursuz bir şeyler mi neden oluyor?" diye yazdı.

Yanıt verdim, Amerikan askerleri içinde dostlarım olduğunu ve Irak'la ilgili eşyaları terapim için topladığımı söyledim. Yanıt olarak bana bu eşyaları satmayı kabul ettiğini ve bazılarını bana destek olmak için ücret talep etmeden vereceğini söyledi. Mermi çekirdekleri, şarapnel ve "bombalanmış araba parçaları"na ulaşabildiğini, bunları Iraklıların sattığını söyledi. "Umarım eski yaralarınızı deşmiyorumdur. Aksi takdirde kendimi çok kötü hissedeceğim ve bunu yaptığım için karım beni öldürecek" diye yazdı.

Koalisyon Geçici Yönetimi'nde çalışan bir taşeronun öykümü biliyor olmasına çok şaşırmıştım, çünkü dünya hâlâ bunu bilmiyor.

Bu adamla temas kurduktan iki hafta sonra benimle kurulan tüm bağlantılar kesildi; e-postalarıma artık yanıt alamıyordum. Onun öldürülmüş olduğundan şüpheleniyordum. Bana hassas bilgiler vermiş, benim için iki şey yapmıştı. Bana oldukça önemli bir bilgi vermişti, bunu size açıklayamam.

Tüm kalbiyle iletişim kurmak istiyordu. Sonradan benimle ilgili öğrendikleri bunu yapmasını engellemiş olabilirdi.

Bu adamın, daha önce Başkan Yardımcısı Dick Cheney tarafından işletilen bir şirket olan Halliburton'da güvenlik görevlisi olarak çalıştığını daha sonra keşfettim. Bunu biliyorum, çünkü "Günlük Güvenlik Özetlerinin Güncelleştirilmesi" isimli iki tane çok ayrıntılı dosyayı belki de yanlışlıkla göndermişti; dosyalarda çok hassas güvenlik bilgileri vardı. Bu raporlar ona Halliburton'ın güvenlik koordinatörü tarafından gönderilmişti. Bilgiler "KBR / Hükümet Operasyonları / LOGCAP III, Site C-11, Caldwell Kampı, KMTB, Kerkük, Irak'la ilgiliydi. Bunları okumak beni dehşete düşürdü, ama daha sonra bunların iyileşme sürecime olumlu katkı yaptığını fark ettim.

Bir M16 piyade tüfeğini kucaklamak

Irak'tan getirdiğim en önemli zihinsel görüntülerden biri de M16 piyade tüfeğiydi. Üç hafta boyunca üzerime doğrultulmuştu. Bu silahı çok yakından tanıyordum, çünkü suratımın çok yakınında tutuluyordu. Başlangıçta öldürme kapasitesinden soyutlayarak silaha bakmak ve silahı tutan askerin kalbinin içindekileri görmek çok zordu ama bunu başardım. Her askerin kalbine odaklandım, neşelerini paylaştım ve onlarla birlikte güldüm. Geri döndüğümden beri bir M16 piyade tüfeği tutmak istiyor, ama Birleşik Devletler askerlerinin bana bir tane göndereceklerini hiç sanmıyordum! Bunun için doymak bilmez düşüncelerim vardı, bu yüzden internette M16 piyade tüfeği aramaya başladım. Kısa süre sonra farklı tipleri olduğunu öğrendim ve resimlerine bakmaktan büyük keyif aldım. Fotoğraflarda garip bir şekilde çok güzel görünüyorlardı. Baktığım başka silahlar beni çok korkutuyordu. Bana karşı kullanılmış olan diğer silahları da araştırdım; özellikle Süleymaniye'de ve Bağdat Havaalanı'na ilk gittiğim zaman kullanılmış olanlara baktım.

Orduyla ilgili araştırma yapmaya ve neden sorusunu sormaya devam ettim, bunun terapim için gerekli olduğunu düşünüyordum. Bazı silahları satın almak çok kolaydı, ama bunları İngiltere'ye sokmak mümkün değildi. Bana M16 şarjörü ve mermisi satmak isteyen insanları bulmak için çok uğraştım. Bunların hepsi Amerika Birleşik Devletleri'ndeydi, çoğunlukla da Teksas'ta. Tüm istediğim M16'yı bir bebek gibi kollarımda tutmaktı! Bu tüfeği intikam almak için istemediğimi söylesem bana inanır mısınız? Bir öfke krizi geçirdiğim zaman yanımda tüfek olsaydı neler olurdu acaba? Tüfeği tutmak, doğru ellerde olduğunu bilmek istiyorum; zararsız bir parça metal! M16'yı kucaklamak istiyorum, bunu çıplak bir kadını kucaklamaktan daha çok istiyorum!

Şimdi bunları yazarken bir M16 piyade tüfeği benden sadece iki metre uzakta duruyor, tıpkı Bağdat'taki gibi. Tekrar ediyorum, artık bir M16 piyade tüfeğim var; şarjörü takılmış, emniyeti kapalı. Onu ilk aldığımda çok endişelendim, aniden ateş almasın diye çok dikkatli tuttum. Nasıl çalıştığından emin değildim, şarjörünün nasıl takıldığını da bilmiyordum ama ilk mermiyi ateşlediğim zaman çok hoşuma gitti. Özellikle de uzaktaki hedeflere nişan almak için eklenmiş lazerli nişan alma aparatını çok beğendim. Geceleri sık sık köyde hedef alabilecek bir şeyler arıyorum, ama pencereden dışarıya hiç ateş etmedim, tüfeği sadece evin içinde kullanıyorum.

Ah, söylemeyi unuttum, bu M16 taklit, bir havalı tüfek. Ama yine de aynı lanet olası zevki veriyor.

Irak sessiz bir filoyla geliyor

Terapim için M16 piyade tüfeğiyle birlikte Irak ve Saddam Hüseyin'le ilgili diğer askeri teçhizatları satın almaya devam ettim. Irak ordusuna ait bir kasatura ele geçirdim, savaş fotoğraflarının olduğu bir CD, Saddam Hüseyin tarafından imzalanmış birtakım evraklar, 9 nisanda yıkılan Saddam Hüseyin'in heykelinden bir parça, Saddam pulları, Irak dinarı, askeri haritalar, Cumhuriyet Muhafızları'na ait eşyalar ve buna benzer başka şeyler satın aldım. Takıntılıydım, benzer eşyaları bulmak için her gün ebay.com'da saatlerce zaman harcıyordum.

Bulduğum eşyaların önemli bir kısmı Saddam Hüseyin'le ilgiliydi, çünkü Abla Tikrit doğumluydu. Uday Hüseyin'le ilgili bulduğum eşyalar da önemliydi, çünkü onun ölümü benim öykümün duyulmasını engellemişti. Jessica Lych de önemliydi, Birleşik Devletler istihbaratının benimle ilgilendiğinden şüphelendiğim zamanları anımsatıyordu. Şu an bunları yazarken, Irak'ta esir alınıp serbest bırakılmamın "düzmece" bir hikâye olduğuyla ilgili dedikodular var. Chinook helikopterlerine ait parçalar, C130 uçaklarına ait parçalar, Paul Bremer'in eşyaları, Talabani'nin eşyaları, Irak'ta olduğum zamanlarla ilgili ne varsa topladım. Bunları satın almak, bunlara bakmak ve bunları elimde tutmak korkularımla yüzleşmemi sağladı ve iyileşmem mümkün oldu.

Zaman geçtikçe koleksiyonuma Uday Hüseyin'in kişisel eşyalarını da ekledim, savaş başladığında Irak'a atılan ikinci top mermisinin kovanını, Saddam Hüseyin'e ait eşyaları bulup satın aldım; son sahip olduğum eşyalardan biri Türk Özel Kuvvetleri'ne ait ama ne olduğunu söyleyemem.

Bu koleksiyonu toplarken, askeri eşya meraklıları ve birçok askerle tanıştım. *ebay.com*'da "malzeme" satanların büyük çoğunluğu Irak'ta savaşmış Amerikan askerleriydi. Onları tanıdım, onlarla arkadaş oldum ve orada neden bulunduğumu söyleyecek kadar güvendim onlara. Bu inanılmazdı ama bazen onlardan alışveriş yaptım. Onlara eşya satmaya da çalıştım, ama sadece beni çok sinirlendirenleri!

Celal Talabani'nin el yazısıyla yazdığı bir evrakı aldığımda çok mutlu oldum. Londra'ya geldiği zaman ondan nefret ediyordum; ama onun imzaladığı ve yazdığı bir evrakı elimde tutmak beni iyileştiriyordu. Viyana'da ocak ayının 12'si ila 16'sı arasında gerçekleştirilen üç günlük bir konferansa katıldı, konferansın ismi "Çoğulcu Dünyada İslam"dı. Bu metni, konferansta Talabani'nin imzasını alan kişiden satın aldım.

Koleksiyonculuğum sırasında inanılmaz insanlarla tanıştım, bir Chinook mühendisi, İtalyan bir askeri müze sahibi, ünlü bir Arjantinli pilotun torunu ve Suriye'de büyükelçilik yapmış biri; çavuşlar, Afgan gaziler ve benzerleri. Evet, Kerkük'teki 173'üncü Hava İndirme Tümeni askerleriyle bile tanıştım. Aralık ayının ortalarında Amerikan askerleri tarafından örgütlenen bir yardım kurumuyla temasa geçtim. Iraklı bir çocuğa doğrudan yardım etmek istiyordum. Sacide yoktu ve Birleşik Devletler askerinden

173. Hava İndirme Tümeni rütbe nişanları. Irak'tan döndükten sonra tesadüfen ebay.com sitesinde karşıma çıkan Amerikalı askerden satın aldım.

hâlâ haber alamamıştım. Diğer yardım kuruluşlarıyla da temas kurdum, gönüllü olarak çalışmak için Irak'a gitmek istediğimi söyledim. Bir çocuğa yardım etmek üzücü bir düşünceydi, onu Sacide'nin yerine koymaya benziyordu.

Hürriyet manşeti

21 aralık 2005'te *Hürriyet*'in başlığını gördüm. Faruk beni arayarak Kerkük'teki Türkçe tercümanları sordu. Bildiğim her şeyi anlattım, kızı hatırladığımı söyledim, çünkü pembe saçları vardı, diğer iki erkeği de hatırlıyordum. Adamlar işverenleri olan Birleşik Devletler'e dava açıyorlardı. Bunu anlayabiliyordum, Birleşik Devletler'e yardım ederek bazı Türkleri öfkelendirmişlerdi. Önemli bir şey değildi, bu haberin manşet olabileceğini hiç düşünmemiştim.

Kızım ölmüş olabilir mi?

İyi tanıdığım Birleşik Devletler askerlerinden biri, Abla'nın ölümüyle ilgili bilgiye ulaşmamda bana yardım etmeye çalışıyordu, internetteki birçok kaynaktan ve başka yerlerden bilgi sağlıyordu. Kerkük'ün 2003 yılının ilk aylarında Amerikalılar tarafından kesinlikle bombalanmış olduğunu öğrendim. United Press International'daki bir kaynaktan bunu dinledim, bir web sitesinde 14 ila 21 nisan 2003 tarihleri arasında Kerkük'te 52 kişinin bombardıman sırasında hayatını kaybettiği doğrulanıyordu. Ölüm sebepleri, "Salkım bombaları, mayınlar ve patlamamış mühimmat"tı.[9]

Ama bugün bile, Abla'nın yaşayıp yaşamadığını bilmiyorum, aklımı nasıl kaybetmedim merak ediyorum. Bir Kürt'ün bana "Amerikalılar Kerkük'ü hiç bombalamadı" dediğini anımsıyorum. İçimdeki umudu kaybetmeyeceğim.

"Kurtlar Vadisi Irak"

Şubat ayında Faruk aradı, *Kurtlar Vadisi Irak* isimli 10 milyon dolar bütçeli Türk filmini duydun mu diye sordu. Bu şimdiye kadar Türkiye'de çekilmiş en pahalı filmdi. 3 şubatta gösterime girmişti ve esir alındığım 4 Temmuz Baskını'nı da konu ediyordu. Bunu duyunca çok şaşırdım, ama filmi duymamıştım. "İçinde ben de var mıyım?" diye safça Faruk'a sordum, film yapımcılarının bu konuyu da işlemiş olabileceklerini düşünüyordum.

"Irak'ta Türklerle birlikte esir alındığımı yaşadığım kasabadaki insanların çoğu bilmiyor, ama Türkiye'deki insanların çoğu biliyor" diye yazdım. Türkiye'de yaşıyor olsaydım neler olurdu diye merak ettim. Kendimi iyileştirme sürecinde ilerleme kaydediyordum, ama Türkiye'de olsaydım çoktan iyileşmiş olacağımdan da emindim. Filmin büyük etki yarattığını ve çok başarılı olduğunu okudum (Türkiye'de izlenme rekorları kırmıştı).

Bir kez daha Faruk'la iletişime geçmiştim, bir kez daha Süleymaniye baskını Türkiye'nin dikkatini çekmişti. "Bu nasıl tekrar gündeme geldi" diye yazdım, Amerikan ordusunun Türk askerlerinin başlarına çuval geçirip aşağılamasının Türk halkının duygularını ne kadar incittiğini tahmin edebiliyordum.

Nazik bir şekilde ikna edildikten sonra, aylardır elimde olan, 4 Temmuz Baskını sırasında çekilmiş Türk askerlerinin fotoğraflarını Faruk'a gönderdim. Faruk'a güveniyordum, Aydın Komutan Bağdat'ta bana göz kulak olduğu ve İngiliz Büyükelçiliği'ne haber verdiği için yapmıştım bunu. Faruk serseme dönmüştü, fotoğrafları gören İstanbul'daki editörleri de aynı şekilde çok şaşırmışlardı. Bu fotoğraflar Türkiye'de manşetten yayınlanmalıydı, ama editörleri fotoğrafları yayınlamayı reddetti. Kitabımın yayınlanmasını beklemek istiyorlardı. Aynı resmin Türkiye'deki küçük bir

9. http://www.iraqbodycount.org/database/bodycount_date_down123. php?ts=1169654366

haber sitesinde yayınlandığını iddia ettiler.

Biraz araştırma yaptıktan sonra söz konusu siteyi buldum, bu site "genç erkeklere bol fotoğraflı haberler veren" bir siteydi; sitede magazin haberleri vardı. Fotoğrafların da benzer bir tarzla verildiğini gördüm ama sadece Faruk, ben ve Komutan Aydın bunların "gerçek" olduğunu doğrulayabilirdik. Faruk bu fotoğrafları doğrulamak için hatırı sayılır bir zaman harcadı. Fotoğrafları çeken askerden bunları teyit etti. Baskın sırasında bu asker binanın içindeydi ve Türk askerlerinin esas fotoğraflarının oturma odasında çekilmiş olduğunu çok iyi biliyordu.

Belki de daha fazla açıklama yapmanın zamanı gelmişti; bir şeyler elde etmek için değil, insanların gerçeği bilmeye hakları olduğuna inandığım için bunu yapacaktım. X'in e-posta adresini hesapsız kitapsız bir şekilde Faruk'a verdim. Şubat ayıydı, bazı Birleşik Devletler askerlerinin benim bir tür "James Bond" olduğuma inandıklarını hissediyordum. Bu, Türk Özel Kuvvetleri'ni esir alan askerlerden birinin kardeşinin e-posta adresiydi. Bu e-posta adresine, aynı zamanda ev adresine ve telefon numarasına da uzun süredir sahiptim, ama onunla temasa geçmemiştim. Bu adamın kardeşinin adresini Faruk'a vereceğini hiç düşünmüyordum, ama verdi. Sadece bu da değildi, kardeşi de Faruk'a yanıt verdi. Bu merak uyandırıcıydı, 4 Temmuz Baskını'na katılan Amerikan askerlerinden biri yanıt vermişti. Peki baskın hakkında konuşacak mıydı? Beni görmüş müydü? Bana zarar veren asker o muydu? Bu asker konuşursa, bu hepimiz için çok büyük bir şey olacaktı, ama Faruk'un sorduğu sorular yanıtsız kaldı.

Bu arada işler kızışıyordu, *Kurtlar Vadisi Irak* ateşi tekrar yakmıştı. Faruk'la görüşen bir Amerikan askeri önemli bir şey söyledi, Faruk karşılığını verdi ve beni başka bir Amerikan askeriyle tanıştırdı. Bağdat Havaalanı'nda gözaltındayken Türk askerler tercümanlık yapan bir Türk'le karşılaştı, bu Türk Amerikan ordusunda askerdi ve Türk askerler serbest bırakılırken onlardan özür dilendiğini Faruk'a söylemişti. Faruk'un bunu haber yaptığını biliyordum. Bu askerin benim bir casus olduğumu düşündüğünü söylediğini de anımsıyorum. Her neyse, Faruk bu Türk asıllı Amerikan askerinin izini sürdü ve onunla konuştu. Beni de hatırlıyordu, Faruk onunla temas kurmamın benim için iyi olabileceğini söyledi ve bana askerin e-posta adresini verdi. Uzun süre düşündükten sonra, 27 şubatta ona bir e-posta gönderdim, bu temasın iyileşme sürecime yardımcı olacağını umut ediyordum.

Bundan birkaç saat sonra Faruk'tan inanılmaz bir haber geldi,

X isimli 4 Temmuz Baskını'na katılan Amerikan askeri konuşmaya hazır olduğu yanıtını vermişti. Birkaç gün sonra baskının Amerikan versiyonu ortaya çıktı ve bu bir bomba gibi patladı. Gerilim hissedilebilirdi, çünkü Faruk aralarındaki yazışmaların bir kopyasını bana da göndermişti, ona soracağı sorular hakkında fikirlerimi almak istiyordu. Üç yıl sonra bana bunu danışmaları kendimi iyi hissetmemi sağladı.

İnanılması zor birtakım şaşkınlık verici bilgiler ortaya çıkıyordu. Benim için en korkutucu olanı baskın sırasında yanlarında getirdikleri silahları ve ateş gücünü öğrenmek olmuştu. Bir İngiliz'in esir alındığından haberi yoktu. Mayville'in orada olmadığını öğrendik, baskına Ritzman isimli biri komuta etmişti ve dahası da vardı. X'in büyük bir öyküyü tekrar canlandırdığından haberi olmadığı ortadaydı; "oradaydı ama neler olduğunun farkında değildi."

Türklerin bunu yayınlayacak cesaretleri var mı diye merak ediyordum. *Hürriyet* bunu yaptı. Amerikan askerinin söyledikleri anlatılanlarla çelişiyordu; Amerikan askeri baskın sırasında Türk askerlerinin televizyon seyrettiğini iddia ediyordu.

"Peki kime inanacaktım. Askeri bir personel ya da bir politikacı tüm gerçeği anlatabilir miydi; karşılıksız sevgiyle hareket eden benim gibi biri yapabilirdi bunu sadece. Tüm bu askeri ve siyasi karanlık ortadan çekildiğinde, gerçek ortaya çıkacak" diye yazdım.

Türk asıllı Amerikan askerinden yanıt beklerken, 28 şubatta dişçiye gittim ve bazı kötü şeyler ortadan kalktı. Dişimdeki iltihabı yok etmeye çalışan Doktor Turner uzun bir tedaviye girişti. Davamla ilgili herhangi bir bilgisi yoktu. Son birkaç yılda olanları ona anlatsam ne olur diye merak ediyordum. Ona Irak'ı ve Amerikan askerlerinin bana yaptıklarını anlattım. Bana bakterilerin vücuda yavaşça girdiğini ve yayılarak kötü bir iltihaba neden olduklarını söyledi. Gerginliğin iyice arttı. Bu kötülüğün def edilmesi demekti, bunun benim için sembolik bir anlamı vardı.

Türk asıllı Amerikan askeriyle konuştum

3 mart 2006'da, Irak'ta esir alınmamın üzerinden neredeyse üç yıl geçmişti, ilk kez bir Amerikan askeriyle konuştum. Duygusal etkisi ve verdiği rahatlık harikaydı. Dışarıda kar yağıyordu, bu telefon görüşmesi bana sanki saatlerce sürmüş gibi geldi.

Türk asıllı Birleşik Devletler askeri "M. C." ile konuştum. Çok gergindim. Korkum mantıksızdı, Faruk bana bu adamın "gerçek bir Türk" olduğunu söyledi ve gerçeği açıklamaktan korkma dedi. Bu harikaydı, ama o hâlâ Amerikan üniforması giyiyordu. Telefonu kapatır kapatmaz beni Irak'a gönderebilirlerdi. İşler kötüye giderse diye "kötü durum" için plan yaparken başım ağrıyordu. Bu telefon konuşması kalıcı bir rahatsızlığa sebep olursa ne olacaktı? Terlemeye, titremeye ve aramamak için bahaneler bulmaya başladım. Sonunda numarayı çevirdim. Bunlara hiç gerek yoktu, çünkü kim olduğumu anlayınca dostça davrandı.

İlk söyledikleri "Nasıl gidiyor adamım?" oldu, buna çok şaşırmıştım. Çünkü Faruk arayacağımı ona haber vermiş, o da çok memnun olacağını söylemişti, aksi takdirde bu konuşma çok zor geçebilirdi. Olağanüstü bir adamdı, gerçeği söylemekten hiçbir şekilde korkmuyordu. "Hiçbir şeyden korkmuyorum, ordu ya da başka bir şeyden" dedi, sorularıma samimiyetle yanıt verdi. Korkmam için bir neden yoktu; Amerikan üniforması giyiyor olabilirdi ama kalbi yüzde yüz Türk'tü.

Kuzey Irak'a gitmek için yola çıkmıştı ama sonra Süleymaniye'de gözaltına alınan bazı Türklere tercümanlık yapması için Bağdat Havaalanı'na dönmesi emredilmişti. Bağdat Havaalanı'ndaki ana bağlantısı bir albaydı. "Sanırım soruşturmayı bu albay yönetiyordu" dedi. M. C. bu subayla herkesten daha fazla konuşmuştu. Bu Amerikalı albay, M. C.'ye Aydın Komutan'ı tanıdığını ve 1991 yılında "birlikte çalıştıklarını" söylemiş.

Türk askerleriyle konuşurken dikenli tellerin arkasından benimle de konuştuğunu anımsıyordu. Irak'ta bulunma nedenimi söylediğimde bana verdiği yanıtı da hatırlıyordu. "Ya yalan söylüyorsan, ya bir casussan" demişti! Bunu tekrar söyledi ve güldü. "Bilmiyorum adamım, belki de casustun" dedi. Telefon konuşması boyunca, "Senin bir casus olduğunu düşünmüştüm" dedi.

Bağdat Havaalanı'ndaki generallerin hiçbiriyle konuşmadığını ve onların benimle ilgili düşüncelerinin ne olduğunu bilmediğini söyledi. Bu albay, binanın ortasındaki kare alana Mehmet'le birlikte geldi. Sorgumuz boyunca depo ya da hangar görünümlü yerdeydi. "Aşağıya indi, bunun nedeni Aydın'dan özür dilemekti." Bağdat Havaalanı'ndan ayrılmadan önce de iki yıldızlı bir generalin Aydın'dan özür dilediğini söyledi.

Beni neden alı koyduklarıyla ilgili hiçbir fikri yoktu, bu konuda bana hiçbir şey söylemedi. Kendisine Süleymaniye'de gözaltına alınan bazı Türklere tercümanlık yapacağı söylenmişti.

"Araştırmayı yürüten albay istihbarattandı" dedi. Havaalanındaki bürosunda konuşmuşlardı. Silvasy ya da başka biriyle tanışmamıştı, sadece albayı tanıyordu, onun da ismini hatırlamadığını iddia etti. Bağdat Havaalanı'ndaki askerler gözaltında tutulanların Türk olduğunu ona söylemişlerdi. Onları gördüğünde "çok şaşırdığını" söyledi.

M. C. ile tanıştım. Ona kızımı ve oyuncakları anlattım. "Yalan söylediğini düşündüm, bilmiyorum" dedi.

Michael Todd: Benim casus ya da öyle bir şey olduğumu mu düşünüyorlar?

M. C.: Evet, sana söylediğim buydu, sen de bana güldün. "Sen casussun" dedim ve sen de bana güldün, bilmiyorum.

Michael Todd: Haklısın.

M. C.: Belki de sen bir casussun.

Michael Todd: Ne?!

M. C.: Senin bir casus olduğunu düşündüm.

General ya da komutanların benimle ilgili ne düşündüklerini bilmiyordu, sadece bu albayla konuşmuştu. Albay 1991 yılında Aydın'la birlikte çalıştığını M. C.'ye söylemişti. "Tüm istihbaratı o alıyordu, bütün istihbarat raporları ondan geliyordu. Birlikte çalışmışlar, bu yüzden onu tanıyordu, bu yüzden aşağıya indi ve ondan özür diledi. Ben de bunu tercüme ettim. Generallerden biri, iki yıldızlı bir generaldi, Türk askerlerinden özür diledi." Türkler Bağdat Havaalanı'ndan ayrılmadan önce general onlardan özür dilemişti.

"Süleymaniye'dekiler Vicenza'dan geliyordu" dedim. Hat kesildi. M. C. Türk askerler için, "Onlar benim kahramanım" dedi.

Evet, harika bir Türk daha! Benimle yüz yüze görüşmekten büyük mutluluk duyacağını ve daha ayrıntılı bilgiler verebileceğini söyledi. Birkaç saniye daha 173'üncü Hava İndirme, Süleymaniye ve Vicenza'dan söz ettik, telefon hattı kesildi. Ne düşündüğümü biliyorsunuz. Verdiğim tepki çok kötüydü, kim dinliyorsa ona küfürler ederek telefonu çarptım. Bu olay telefonumun dinlendiğini kanıtlıyor muydu?

M. C.'yi tekrar aradığımda ruh hali yavaşça değişti, güvensiz bir hatta konuşurken ona korkularımdan bahsetmeyi düşünmüyordum; büyük olasılıkla o da aynı fikirdeydi.

"İkimiz de tanığız" dedi, gerçeği anlattığımı çok iyi bildiği için kitabımın yayınlanmasını destekliyordu.

"Türk askeri ve Türk halkıyla ilgili iyi şeyler söylediğin için kendimi iyi hissediyorum ve mutluyum" dedi. Türk askerler için, "Onlar benim kahramanım" dedi ve onları gözaltında gördüğü zaman çok üzüldüğünü, onlar için iyi duygular beslediğini anlattı.

Daniel Monk konuşuyor. Mart 2006

İnanılmaz bir şekilde 3 martta, Daniel Monk, Faruk'un e-postasına yanıt verdi. Daha önce Daniel'in erkek kardeşinin e-posta adresini Faruk'a göndermiştim. İkimiz de buna çok şaşırmıştık, onun böylesine önemli bilgiler vereceğini hiç düşünmemiştik. Bu öyküyü ilk kez Amerikan tarafından dinliyorduk.

Faruk hemen bana da bir kopya gönderdi:

> Faruk,
>
> Türk askerlerini gözaltına aldık, çünkü Kerkük'ün yeni seçilmiş Kürt valisine suikast düzenlemek için hazırlandıkları yönünde bir istihbarat geldi. Türkiye'nin, Kuzey Irak'ta muharip askeri birliği yoktu, özellikle de Özel Kuvvetler birimi muharip değildi. Baskın çok iyi planlandı, hızlıydı ve neyse ki tek el ateş edilmeden tamamlandı. Türk olduklarını biliyorduk, müttefikimiz oldukları için onlara saygıyla davrandık. Ellerindeki tüm silahlara ve iletişim cihazlarına el koyduk, bu malzemelerin hepsi Birleşik Devletler malıydı. Ben bu noktada yapmaya çalıştığımız şeyin Kerkük'ü mümkün olduğu kadar huzurlu bir yer haline getirmek olduğunu düşünüyordum. Sizin de çok iyi bildiğiniz gibi, bu şehirde birçok etnik grup var ve hepsi de şehir üzerinde hak iddia ediyor. Kürt valiye düzenlenecek bir suikast farklı etnik gruplar arasında büyük çatışmalara neden olurdu. Bölgenin istikrarı bizim en büyük önceliğimizdi. Valiye suikast düzenlenme tehlikesini göze alamazdık. Herhangi bir sorunuz varsa memnuniyetle yanıtlamaya hazırım.

Hemen verdiğim tepki bunun "resmi söylem" olduğu yönündeydi. Bu sözlerin askerin kalbinden geldiğine inanmıyordum. Faruk da bunu onayladı, ona sorular soracaktı. Asker korktu. Faruk ayın 5'inde tekrar bir e-posta gönderdi.

> Faruk,
>
> Ben sadece E-4 takım lideriyim, subay değilim. Haberinizde gerçek ismimi kullanmayın. Sorduğunuz sorulara yanıt verirsem askeri mahkemede yargılanırım.
>
> Saygılar,
>
> Daniel

İşte bu e-posta onun kalbinden geliyordu! Emin olduktan sonra bombayı patlattı:

Faruk,

Askerlerinizi tamamen sürpriz bir saldırıyla yakaladık, çatışma fırsatları olmadı, ne yazık ki askerleriniz tehlikeli bir durum olduğunda kendilerini uyarmaları için Arap gözcüler tutmuşlardı. Arap gözcülere para verdik, bu yüzden askerlerinizin geldiğimizden haberleri olmadı. Sizin de sözünü ettiğiniz gibi binaya girmeden önce yayılarak mevzilendik, diğer birimler tarafından da ateş desteği verildiğini söylemeliyim, kapıyı kırdık ve içeriye daldık. Kapıdan ilk benim takımım girdi ve Türk askerler tamamen korumasız bir şekilde yakalandı; o sırada kanepede oturmuş televizyon izliyorlardı. Takımım odanın güvenliğini sağladı ve sonra odadaki beş kişiyi gözaltına aldık. Bu baskını her birinde 60 asker olan iki müfreze gerçekleştirdi. Eğer hafızam beni yanıltmıyorsa 12 ya da 15 Türk askeri vardı. Baskın çok iyi planlanmıştı ve tesisteki iki binaya başarıyla girdik. Her takım bir katı hızlı ve dikkatli bir şekilde temizledi, Birleşik Devletler ordusu paraşütçüleri seçkin ve çok iyi eğitilmiş askerlerdir. Ben 1. Müfreze'ye dahildim, biz birinci binanın güvenliğini sağladık. 2. Müfreze diğer binayı aldı. Askerlerinizin silahlarına davranmaya zamanları olmadı, çünkü evin tamamını ele geçirmiş ve onlar herhangi bir tepki veremeden hepsini gözaltına almıştık, bu sürpriz bir baskındı. Geleceğimizi biliyor olsalardı ve takımıma ateş açsalardı biz de saldırırdık ve kötü şeyler olabilirdi. Yine de onlar açısından böyle bir karar almak kötü bir fikirdi, çünkü altı 240 B makineli tüfekleri ve altı adet Javellin füzesiyle sağlanan ateş desteğimiz vardı; 50 kalibrelik makineli tüfeklerden, her bir araçta altı ila dört tane olan MK-19 otomatik el bombası fırlatıcılarıyla silahlandırılmış olan Humvee'lerden söz etmiyorum bile. Türk karargâhını ve içindeki herkesi yok edebilirdik. Şükürler olsun ki böyle bir şey olmadı. Çünkü müttefikler böyle davranmaz, birbirleriyle savaşmaz. Türk halkının, en iyi eğitilmiş askerlerinin hayatlarını müttefiklerine karış kurban etmelerini istemelerini bir türlü anlayamıyorum. Bu çok gizli bir operasyondu, bu yüzden basının bundan haberi olduğunu sanmıyorum. Talabani'nin oğlu operasyonu kameraya aldı, çünkü neler olduğunu konusunda hiçbir fikri yoktu. Türkiye'nin müttefik bir ülke olduğunu biliyorduk, bu yüzden Türk komutan dövülmedi, askerlerinize saygılı bir şekilde davrandık. Esnek plastik kelepçe ve başa gevşek dokuma plastik kum çuvalı geçirmek gözaltına alınan herkese karşı uygulanan standart bir işlemdir. Yine de askerlerinizi dışarı çıkarttık ve onları mümkün olduğunca rahat ettirmek için gölgeye oturttuk, bu arada evdeki çok sayıda silaha da el koyduk. Türk askerlerinin burada bulunma sebeplerinin bölgedeki durumu izleyerek hükümetinize bilgi vermek olduğunu sanıyorduk, ama yüklü miktarda silah ele geçirdiğimizde, gece görüş dürbünleri de vardı, burada bulunma sebeplerinin bölgeyi izlemek olmadığını düşündük. Suikast yapma olasılıkları vardı, danışman ve gözlemciler bu kadar fazla miktarda silah ve cephaneye sahip olmaz. Kimlik tanımlanması açısından gözaltına alınan herkese turuncu renkli tulum giydirilmesi de standart bir işlemdir, ayrıca iki gün sonra serbest bırakıldıklarını da anımsatmakta yarar var. Başka sorunuz olursa lütfen sormaktan çekinmeyin.

Bu bilgi şaşırtıcıydı, gerçekten şaşırtıcıydı. Faruk ve ben, tüm gerçeği istiyorduk ama bu isteğimizin nedenleri farklıydı. Faruk sorularını gönderdi, Aydın'ın siyahi askerler tarafından yerde tekmelendiğinden söz etti, kasadaki 60 000 doların çalındığından da bahsetti. İlk kez benden de söz etti, ismimi ve milliyetimi verdi ve benim de gözaltına alınanlar arasında olduğumu söyledi.

Daniel aynı gün, ayın 6'sında yanıt verdi.

2004 temmuzda ordudan ayrıldım. Muhafızların Arap mı, Türkmen mi olduğunu hatırlayamıyorum. Arap muhafızlara güvenmiş olabilirler, çünkü Türkmenlerin ve Arapların çoğunluğu Kürtlerden hoşlanmıyor ve tamamen Kürt bir şehirde bulunuyorlardı. Muhafızlara ne zaman ödeme yapıldığını bilmiyorum, onlara bizi gördükleri zaman ayrılmaları talimatı verilmişti. Yanımızda sadece bir avuç Irak polisi vardı, bunlar da Türkmen, Arap ve Kürt'tü. Türk askerlerin tamamı gözaltına alınana kadar polis baskında yer almadı; sadece el koyduğumuz silah ve teçhizatın kamyonlara taşınmasına yardım ettiler. Gözaltına aldığımız beş Türk askerinin üzerinde üniforma yoktu ve silahsızlardı. Daha önce de söylediğim gibi, tüm silahlarını yukarıdaki bir odaya depolamışlardı. Benim müfrezem para bulmadı. Komutanla hiç tanışmadım ve benim müfrezemde hiç siyahi asker yoktu. Bay Todd'un kafasında kum çuvalıyla bütün bunları nasıl görebildiğini bilmiyorum, söylediklerine fazla güvenmeyin. Albay Mayville yanımızda değildi, Kerkük Havaüssü'nde kalmıştı, Yüzbaşı Ritzmann'ın komutası altındaydık.

Ayın 6'sında Daniel'den başka bir yanıt daha geldi, Faruk'un sorduğu başka sorulara ve dedikodulara yer veriyordu:

Hava İndirme biriminin şehirlerinde bir operasyon düzenlediğini gören halktan birkaç kişinin olanları filme aldığından eminim. Bu Mike Amerikalı mı, kızına ne oldu? Sözünü ettiğim silah AT-4, resimlerde sırtıma astığım gibi bir şey. Antitank ve antipersonel silahı. Hayır benim birliğim Kerkük'te uzun süre kalmadı, bu yüzden Zab'tan Hawija ve Dahuk'a kadar olan bölgedeki köyleri temizlerken albayla birlikte değildim. Sürekli hareket halindeydik ve Kerkük'ün çok uzağındaydık.

Faruk Zabcı, doğrudan baskına katılan takım lideri Daniel Monk'un anlattıklarını kontrol etmek zorundaydı, bu asker Türk Özel Kuvvetleri'nin yaşadığı olayın doğrudan tanığıydı. *Hürriyet* gazetesine şunları yazdı:

Yolun sonu mu? Bir kahraman geliyor!

Faruk'da, ben de 4 temmuzun öyküsünün artık sona erdiğini düşünüyor, ama her nasılsa ikimiz de gerçeğe ulaşmak için inat ediyorduk; bunu bir son olarak kabul etmeyi tamamen reddettik.

Faruk mesleki açıdan yanıp tutuşuyordu, asla yapmaması gereken telefon konuşmaları yaptı. Gerçeğe ulaşmak için elimizdeki gizli silahın örtüsünü açma zamanı gelmişti. Aydın Komutan'ı ortaya çıkartmak. Evet, Faruk Aydın Komutan'ı aradı ve konuyu tartıştılar. Faruk gerçeğin ortaya çıkarılmak zorunda olduğunu biliyordu, bu arzu ikimizi de yönlendiriyordu.

Faruk 8 mart 2006'da Aydın Komutan'ı aradı, bu tarihten neredeyse bir yıl sonra bu olağanüstü insanla tekrar biraya gelme sürecim de başlamış oldu. Mesajlar gitti geldi. Bu olağanüstüydü, iyileşme sürecimle ilgili her türlü düşünce ilham buldu, bunların arasında Süleymaniye'ye dönmek de vardı. Aydın Komutan, Türk Özel Kuvvetleri'yle birlikte esir alındığımı öğrenirlerse Kürtlerin beni öldürebileceklerini düşünüyordu.

Ama bu beni Kuzey Irak'a giden uçakları kontrol etmekten alı koyamadı, Amsterdam'dan Süleymaniye'ye doğrudan uçuşlar yapıldığını öğrendiğimde çok şaşırdım. Karadan yapılacak seyahatlerin tüm tehlikeleri böylece ortadan kalkıyordu.

Elimizde Daniel Monk'un baskın sırasında çekilmiş bir fotoğrafı vardı. Artık bize tanıklık da ediyordu.

Verdiği yanıt çok dramatikti. 8 mart 2006'da, 2003 yılından beri Faruk ilk kez Aydın Komutan'la konuştu. Faruk'un onu bulması biraz uzun sürmüştü ama konuştular. Olayın Amerikan versiyonuna Türk komutanın yanıt vermesinin artık hayati bir önemi vardı. Faruk, Celal Talabani'nin seçmiş olduğu Kürt muhafızların, Birleşik Devletler tarafından parayla satın alındıklarını Aydın'ın teyit ettiğini söyledi.

İnternetteki wikipedia'ya girdiğimi keşfettim, "çuval olayı"nı anlatan bir kısımda benim de ismim geçiyordu, ama hatalı bilgiler vardı. "Gerçeğe tam olarak ne zaman ulaşacağız?" diye yazdım.

Ayın 10'u: Aydın İstanbul'da benimle bir saat görüşmeyi kabul etti, gerçek ilerliyor.

Aynı gün benim serbest bırakılmamı sağlayan İngiliz diplomat, Richard Webb'e de bir e-posta gönderdim. Dostum, hâlâ senin cevap vermeni bekliyorum!

Kahramana doğru gidiyorum

14 martta, Aydın'la görüşmek için yeni bir pasaport talebinde bulundum; bu da çok iyileştirici bir gelişmeydi. Faruk tüm silahlarını cilalıyordu, her şeyi bir araya toparlıyordu çünkü bunun öneminin bilincindeydi. Faruk, "Seni ona götüreceğim" dedi. Durumu daha da hızlandırmak için Daniel Monk'un kardeşine e-posta göndermeyi kabul ettim, bu yapmaktan korktuğum bir şeydi. Ama yaptım, bir yanıt geleceğini tahmin etmiyordum. Tarih 14 mart 2006'ydı. Araştırmam sonucu elde ettiğim bilgileri kullanarak 4 Temmuz Baskını'na katılan askerlerden birinin kardeşine e-posta gönderdim. Doğru şeyi yaptığımdan emin değildim. Nazik, serinkanlı ve mantıklı davrandım, bazı Amerikan askerleriyle tanıştığımı ve Daniel'e bir mesaj göndermek istediğimi söyledim.

"Gönder" tuşuna basarken pişmanlık duyuyordum. X'e e-posta gönderdikten bir saat sonra e-posta hesabım tekrar çöktü. Evet, 173'üncü Hava İndirme Tümeni, Süleymaniye ve diğer hassas konulardan söz ettim. Bu bir tesadüf müydü?

"Bitki"nin olduğu üst kata çıktım, rahat bir nefes aldım. Birkaç gün sonra kış uykusuna yatmış bir eşekarısı buldum, ondan hoşlanıyordum. Birkaç gün boyunca onu balla besledim, sonra da dışarıya çıkması için serbest bıraktım. Eşekarısından yayılan sevgiyi hissetmiştim.

Irak'ta gözaltındayken çekilmiş fotoğraflarımı görüyorum

19 mart 2006'da, bir Amerikan askeri Bağdat Havaalanı'nda turuncu tulum üzerimdeyken çekilmiş fotoğraflarımı gönderdi:

M16 piyade tüfeği taşıyan askerlerin yanında dururken çekilmiş üç resim. Gözyaşlarıma hâkim olamıyordum. İnanamıyordum. Bilgisayarımda dosyayı açarken ayağa kalktım ve fotoğraflara saatlerce baktım, hareket bile edemiyordum. Ağzımdan tükürükler akıyordu. Fotoğraflara üç saatten fazla baktım. Evet, bu gerçekten bendim.

Bu gerçekti. Turuncu tulum giydirilerek Irak'ta tutsak edildiğimi kanıtlayan kesin bir delil. O ana kadar yoktu. Artık bu kâbusun gerçek olduğunu anlayabiliyordum.

"Bu çocuklara karşı iyi şeyler hissetmiyordum, bana fotoğrafları göndermeyeceklerdi" diye yazdım.

173'üncü Hava İndirme Tümeni'yle kurulan bağlantı

26 mart 2006'da 173'üncü Hava İndirme Tümeni'nden bir askerle doğrudan bağlantı kurabildim. Çok gergindim, e-postayı yazmak için dört saat uğraştım. Çektiğim acılarla kurduğum doğrudan bir bağlantıydı bu ve bunun iyileşme sürecimin bir parçası olarak düşündüm. Bu gerçekten iyileştirici bir andı.

Merhaba Daniel,

Sana e-posta gönderebildiğime seviniyorum. Kardeşin Andy nezaket göstererek e-posta adresini verdi ve mesajlarımı sana gönderdiğini söyledi. Umarım seninle temas kurmamın senin için bir mahsuru yoktur, Daniel. Teşekkür ederim.

Öncelikle bir asker olarak sana ve 173'üncü Hava İndirme Tümeni'ndeki diğer askerlere çok saygı duyuyorum, çok önemli bir zamanda Kuzey Irak'ı istikrarlı bir hale getirerek hepiniz harika bir iş başardınız. Sizin cesaretinizi selamlıyorum, efendim.

Süleymaniye'deyken Kürt bir ailenin yanında kalıyordum. Her gün sizi anlatıyorlardı bana! İngilizlerden de hoşlanıyorlardı, çünkü Tony Blair Başkan Bush'u destekliyordu. Kürtlerin sizi ne kadar sevdiğini biliyor musunuz? Çok şaşırtıcı, özellikle de size el sallarlarken bunları başaracağınızı kuşkusuz biliyorlardı!

Beni tanımıyor olabilirsiniz. Andy'ye gönderdiğim e-postalardan da anladığınız gibi, ben İngiliz'im. Kızımı ve kız arkadaşımı bulmak için Irak'taydım. Kız arkadaşım öldürülmüş olabilir, ama bundan hâlâ emin değilim. Çocuklara oyuncak da dağıtıyordum. Bir palyaço olarak çocuklara gösteriler yapmıştım, amacım okullarda gösteri yapmak ve oyuncak dağıtmaktı; tıpkı "Şef Wiggles"ın yaptığı türden bir şey yapacaktım. Şef Wiggles Birleşik Devletler ordusunda "asker" ve Iraklı çocuklara "oyuncak" götürmek için ayarlamalar yapıyor.

Her neyse, 4 temmuz 2003 cuma günü yolda yürüyordum, yolumun üzerinde Kürdistan Yurtseverler Birliği bürosu vardı. Kızımı bulmam için bana yardım etmelerini isteyecektim ki sizinkilerle karşılaştım! Büyük bir şok yaşadım, hayatım boyunca hiç bu kadar çok silah görmemiştim ve olan biten hakkında hiçbir fikrim yoktu! Kesinlikle "yanlış zamanda yanlış yerde bulunuyordum" ve yanımda kimse olmadan tek başıma ortalıkta dolaştığım için aptallık etmiştim! Her neyse, siz sadece görevinizi yapıyor ve benim İngiliz olduğumu bilmiyordunuz! Size karşı kötü duygular beslemiyordum, sadece çok korkmuştum! Büyük bir şoktu, bir dakika önce yolda yürüyordum, sonra hatırladığım şey kafamda bir çuvalla bir kamyonun içinde olduğumdu. Çok korktum, hiçbir şey anlamamıştım, bana ne olacağını bilmiyordum.

Sonradan Türklere karşı bir baskın düzenlendiğini öğrendim. Benimle konuştular ama onlardan şüpheleniyordum, onların Baas Partisi'ne mensup teröristler olduğunu düşünmüştüm, ama benim bunlarla hiçbir ilgim yoktu. Bölgedeki siyasetle hiçbir ilgim yok, ben sadece kızımı bulmaya odaklanmıştım, hâlâ da kızıma odaklanmış durumdayım. Bu olayın Türkiye'de büyük yankı uyandırdığını öğrendiğimde çok şaşırdım. Ama bugün bile, yaşananlarla ilgili gerçekler muğlak. Bazı Türkler konuştu. Söylediklerine inanabilir miyiz; çünkü elleri kurabiye kavanozunun içindeyken yakalanmışlardı! Korkunç bir film olan *Kurtlar Vadisi Irak*'ı belki de duymuşsunuzdur. Bunu izlemem mümkün değil, çünkü tamamen hayal gücüne dayalı bir kurgusu var. Dürüst olmak gerekirse hiç hoşlanmadım, tamamen saçmalık! İnternette filmin fragmanını izledim, izlemek isterseniz bağlantı adresini size gönderebilirim!

Her neyse, söylemeye çalıştığım şey, bütün bunların dışında olduğum. Irak'a gitme nedenim siyaset ya da savaşla değil, sevgiyle ilgiliydi!

Tek derdim kızımı bulmak. Araştırmamı ilerletebilmem için neler olduğunu bilmem gerekiyor.

Üç hafta boyunca Bağdat Havaalanı'nda alı konuldum, nedenini bilmiyorum, bu zorlu sınav üzerimde derin izler bıraktı. 2004 yılında Irak'a tekrar gitmeye çalıştım, ama aşırı derecede heyecanlandım ve korktum. Belki sizinle temas kurmak bana yardım edecektir. Yardım edeceğine inanıyorum ve bunu ümit ediyorum, bunu yapmaya hazırım, arkadaş olabiliriz!

Irak'ı düşününce aklıma harika anılar geliyor. Bağdat Havaalanı'nda bana nezaret eden çocuklar 1-94 Sahra Topçu Birliği'ndendi. Irak'ta bulunma nedenimi öğrendikten sonra başıma gelenlere çok şaşırdılar ve benimle ellerinden geldiğince iyi ilgilendiler. Erzak çantalarının içindekiler yüzünden şişmanladım. Yediklerimi hiç unutmayacağım, yarattığı etkiyi de. Çantanın içinde Skittles, peynir ve jalapeno bulunca yaşadığım sevinci hiç unutamam. Şu Porta John'lar! Aşçılardan biri bana "biraya yakın" bir şeyler verdi. Emir almışlardı ve beni M16 piyade tüfekleriyle gözaltında tutmak zorundaydılar, ama silahların "ötesine" geçebildik ve dostça konuştuk. Birçoğuyla hâlâ temas halindeyim ve Almanya'dakilerle görüşmeyi ümit ediyorum. Bu çocukları seviyorum, bu koşullar altında gösterdikleri dostluğu ömrüm boyunca unutmayacağım, bunu anlayacağınızı biliyorum. E-posta için sana çok teşekkür ederim, Daniel. Bu görüşme tamamen aramızda kalacak, bu konuda endişen olmasın.

Adresimi, olanlarla ilgili tüm bilgileri, davamla ilgili bağlantı adreslerini (ama ben olduğumu iddia edenler tarafından yayınlanmış olanları değil, tamamen bana ait olan bağlantı adreslerini), telefon numaramı sana verdiğim için mutluyum. Ne istersen, lütfen bana söyle, sana karşı tamamen açık ve dürüst olacağım.

Bana nezaret eden askerlerin birçoğu kızımı bulmamda severek yardım edeceklerini söyledi, mucizelere inanıyorum; kızımı bulma umudumu asla kaybetmeyeceğim! Onu bir gün kucağıma alacağımı bilmeni isterim, bu an için yaşıyorum.

En kısa sürede senden haber almak dileğiyle, Daniel.

Tanrı seni korusun!

Michael

D. M.'ye e-posta gönderdikten sonra araştırmam yeni bilgileri açığa çıkarttı. D. M.'nin 173'üncü Hava İndirme Tümeni'nin 1. Bataryası, 1. Müfreze'nin 1. Takımı'nın Alfa Mangası'na bağlı olduğunu biliyordum. Birkaç saat sonra D. M.'nin Birleşik Devletler televizyonlarından birine çıkmış olduğunu öğrendim. Irak'taki 173'üncü Hava İndirme Tümeni'ni ve belki de 4 Temmuz Baskını'nı anlatmıştı. Mülakat sırasında yanında 173'üncü Hava İndirme Tümeni'nden iki asker arkadaşı daha vardı, büyük olasılıkla bu iki asker de baskına katılmıştı. Bu askerlerin isimleri Stephen Storie ve Johnny Tinsley'di.

Bunun peşini bırakmayacaktım, tamamen takıntılı davranmaya başlamıştım. Tüm gerçeği öğrenene kadar asla peşini bırakmayacaktım. Sacide bulunana kadar yumuşamayacaktım.

Araştırmamı daha da derinleştirdim, onlarla mülakat yapan kişinin ismini ve e-posta adresini buldum. 173'üncü Hava İndirme Tümeni'nden üç askere ulaşmayı başarmıştı.

Faruk, Komutan Aydın'la görüşmemde ısrar ediyor

Faruk, Aydın'la görüşmem için beni zorluyordu, bunu ben de istiyordum ama ne pasaportum ne de param vardı. Kitabı bitirmem için de beni zorluyordu, en önemli kısmı kayıpken bunu nasıl yapabilirdim ki? Sacide ve Abla'yla ilgili gerçekler hâlâ belli değilken kitabı nasıl bitirebilirdim? Bundan önce kitabı bitirirsem, kızımı bulma umudundan vazgeçmiş gibi olacaktım. Her şeyi öğrenene kadar nokta koymayacağım" diye yazdım. Ne demek istediğimi anlayan var mı?

Ayın 3'ünde, bölge milletvekilime e-postalar gönderdim, Sacide'yi hâlâ bulamadığım konusunda onu bilgilendirdim. Ekim 2005'te "Amerikan askeri"nden aldığım iyi haberlerden söz etmedim. Şu an yaşadığım bölgenin milletvekili olan John Grogan'a davamın ayrıntılarını göndermesini rica ettim. Sonra Kızılhaç'a e-posta gönderdim, gönderdiğim son bilgilerin bugün artık "epeyce şüpheli" olduğunu ve aramaya devam etmek istediğimi söyledim. Ann Clwyd'a da e-posta gönderdim.

Hepsinden önemseyen ve hoşgörülü yanıtlar aldım, ama Ann Clywd beni yine reddetti. Ann Clywd, Blair'in Irak'taki İnsan Hakları özel temsilcisiydi ve yardım taleplerimi hâlâ görmezden geliyordu.

Faruk'un Aydın'la görüştüğünü öğrendiğimde üzüldüm. Orada olmam gerektiğini biliyordum, iyileşme sürecimin çok önemli bir parçası olacaktı. Aydın Komutan'la buluşmak kesinlikle her şeyi ateşleyecekti, Monk'un öyküsünü yayınlamazlarsa istifa edecekti. Kitabı bitirmem için bana yalvardı. Yapamadım.

Mayıs ayının sonlarına doğru Faruk Zabcı aradı. "Kitabını bitirdin mi?" diye sordu, daha önce hiç yapmadığı kadar zorladı, çok kararlıydı. Bu öyküyü Türk kamuoyunun gözüne sokmak istediğini anladım, ama yanlış giden bir şeyler vardı. Sacide'yi hâlâ bulamamış ve Abla'yla ilgili gerçeği ortaya çıkartamamışken, kitaba son noktayı nasıl koyabilirdim? Kerkük Havaüssü'nde alı konmamış olabileceğimizle ilgili bazı şüphelerim olduğunu açıkladım. Orada olduğumuzu teyit etti.

Biz oradayken üssü ziyaret etmişti, üssün fotoğraflarını bana göndereceğine söz verdi. "Benim gözaltında tutulduğumu haber vermek için" Bağdat'taki İngiltere Büyükelçiliği'ni ziyaret ettiğini de teyit etti. İçeri girmesine izin vermediklerini, bunu tartışmaya hazır olmadıklarını söyledi. Konuyla ilgili ayrıntılı bilgiye mi ihtiyaçları vardı? Elçiliğe ne zaman gittiğini ve tam olarak neler olduğunu anlattı. Onun elçiliğe geldiğini bana neden söylememişlerdi?

Ay sonunda Bağdat Havaalanı'ndayken okuduğumu hatırladığım bir haberi keşfettim, haber Yarbay Shawn Malone ve Kıdemli Başçavuş David Kantor'la ilgiliydi. Bu iki adamı Bağdat Havaalanı'ndayken düzenli olarak görüyordum, onları 1. ve 2. binbaşı olarak isimlendirmiştim.

"Üsteki tüm birimler binbaşının bürosunda günlük toplantı yapıyor, sorunlar burada çözülüyor ve görev dağıtımı yapılıyor. Özel yardıma ihtiyaç duyan birimler kendilerini destekleyecek diğer birimlerle görev paylaşımına gidiyor." Bu toplantı benim yatak odamda yapılıyor, diyebilirim ki Bağdat Havaalanı benim kaldığım odadan yönetiliyor.[10]

İndirme tümeni görüntüleri

Ayın 13'ünde 173'üncü Hava İndirme Tümeni'nin Kuzey Irak'a 26 mart 2003'te paraşütle nasıl indiklerini gösteren bir film buldum. Şaşkına döndüm, ama bu hoşuma da gitti çünkü bununla tam olarak yüzleşecektim. Sadece 46 saniyelik bir film olmasına rağmen –film gece görüş cihazıyla çekilmişti– beni tamamıyla ele geçirdi.[11]

Tam o anda daha derin bir araştırmanın içine atladım. William Mayville'i ilk kez duyup gördüğümde ödülümü aldım. Bu on dakikalık film Kerkük Havaüssü'nde haziran 2003'ten nisan 2004'e kadar görev yapmış bir kıdemli başçavuş tarafından çekilmişti. Ben oradayken başçavuş da oradaydı. Araştırmama göre bu kadın başçavuş, halkla ilişkiler uzmanı, yayın sorumlusuydu. Birleşik Devletler ordusu, 173'üncü Hava İndirme Tümeni'ndendi. Mayville'i tanıyor muydu? 4 Temmuz Baskını'nı da filme almış mıydı? Baskın sırasında orada mıydı? Bölgedeki askeri birimlerin uluslararası ve yerel gazetecilerle olan irtibatını sağlıyordu. Günlük basın açıklamalarından, askeri birliklerin içine "gömülü" olan gazetecilerin koordinasyonu ve kontrolünden sorumluydu. Özgeçmişinde bunlar yazıyordu. Benim en önemli sorularıma yanıt verecek kişi bu kadın mıydı? Neden Birleşik Devletler benim esir alındığımı kimseye haber vermemişti? Her neyse, artık Mayville bilgisayarımın masaüstünde, sesini duyabiliyorum. Gözlerimin önünde hareket ediyor ve büyük olasılıkla biraz sonra Irak'a uça-

10. http://www.estripes.com/article.asp?section=104&article=15870&archive =true

11. http://video.google.co.uk/videoplay?docid=-3721038 4005313535l2 &q=173rd

cak olan askerlerine bir konuşma yapıyor.[12]

173'üncü Hava İndirme Tümeni askerlerin yaptıklarını, duygularını ve gelecekte neler yapmak istediklerini anlattıkları "Savaş Günleri" isimli 22 dakikalık başka bir film daha vardı. Yüzlerini gördüm, korkularını gördüm ve tıpkı bana benzediklerini fark ettim.

Aramızdaki tek fark inandığımız şeylerdi.[13]

Bu filmler askerler tarafından hazırlanmıştı ve diğer askerleri gururlandırmayı amaçlıyordu.[14]

12: http://video.google.co.uk/videoplay?docid=784688 6830722035819 &q=173rd

13. http://video.google.co.uk/videoplay?docid=5031028 01931879684 &q=173rd

14. http://www.b-roll.net/resume/GrayJennifer.html

Büyük buluşma

Kahramanla buluşma zamanı geldi

Irak'ın üzerinden üç yıl geçti ve ben hâlâ iyileşemedim, çok fazla çaba göstermeme rağmen herhangi bir ilerleme kaydetmeyi başaramadım. Belki de bir kahramana başvurmanın zamanı gelmişti. Evet, Aydın Komutan'la görüşmenin zamanıydı. Belki de benimle birlikte ilerleyecek olan insan oydu; ikimiz için de önemli olan bir şeye, gerçeğe doğru birlikte yol alacaktık. Onu kucakladıktan ve gerçeği bulma görevimde onun desteğini aldıktan sonra bütün sıkıntıların geride kalacağından emindim. Belki de yanıtlanmamış birçok sorunun cevabını birlikte bulacaktık.

7 temmuz 2003 pazartesi saat 05:30'da Bağdat Havaalanı'nın ortasında bir dikenli telin yanında durdum. Etrafım silahlı Amerikan askerleriyle çevriliydi, komutana ve diğer Türk Özel Kuvvetler askerlerine veda etmeye hazırlanıyordum. Hepsini dikenli telin ardından görmek üzücüydü, ama hâlâ bir ümidim vardı. Komutan Aydın'ı çok kısa bir süredir tanıyordum; ama sanki bütün bir ömrü birlikte geçirmiş gibiydik. Cehenneme birlikte gitmiştik ve ikimizin de başına aynı çuvaldan geçirilmişti, bu bizi bir ömür birbirimize bağlayacak bir deneyimdi. Bağdat'taki tutukluluk günlerimizdeki uzun konuşmalardan birinde bütün dünyayı burada yaşadıklarımdan haberdar edeceğine söz vermişti. Bana bir şey olursa başıma gelenleri herkese anlatacaktı. Onlar ayrılmadan kısa bir sure önce, ona gizlice yazışma adresimi iletmiş ve kenarına bir not iliştirmiştim.

Komutan Aydın ve adamları Süleymaniye'deki Türkiye ofisine ulaştıktan sonra artık yapacak fazla bir şey kalmamıştı, ama o bana verdiği sözü hiç unutmadı. 9 temmuzda, Süleymaniye'de tanıştığı biriyle konuştu ve orada yaşananları anlatabilecek tek bağımsız tanık olduğum için beni bulmasını istedi. Bu kişi Faruk Zabcı'ydı. Komutan bana söz vermişti, Faruk ona söz verdi ve ben de komutana söz verdim. Bir gün, orada yaşananları bütün gerçekliğiyle anlatacaktım.

Faruk beni buldu ve bu ayrılıktan üç yıl sonra komutan ile beni bir araya getirdi. Bu buluşmadan sonra Türkiye'nin ve dünyanın gerçekleri öğrenmesinin yolu açılmış oldu.

Psikolojik sorunlarla yoğrulu üç yıldan sonra komutanla bir araya gelecektim. Bu müthiş insanla bir olup gerçekleri dünyaya açıklayacaktım, artık acılarım sona eriyordu. 2007 ocak ayında

Türkiye'de kucaklaştık. Sanki o an, üç yıldır yaşadığım bütün acılar silindi. Üç yıl boyunca bir başıma karanlığa karşı savaşmıştım, ama artık acılarımı paylaşabileceğim biri vardı. Artık yalnız değildim.

Buluşma noktasına yaklaşırken bunun büyük bir karşılaşma olacağını hissediyordum. Onu görür görmez arabadan fırladım, daha araba durmamıştı bile. Karşımdaydı, ilk sözü o söyledi, "Merhaba kardeşim, nasılsın?" diye sordu. "Aydın Ağabey, seni gördüğüme çok sevindim. Buluştuğumuza inanamıyorum" derken gözlerim dolmuştu.

Faruk da bizimle birlikteydi. Bütün bunların olmasını sağlayan oydu ve bu an onun için de çok önemliydi, çünkü gerçekleştirmek için çok çaba sarf etmişti. Üçümüz bir aradaydık. O an anladım; gerçeklerin açıklanmasına hiçbir şey engel olamayacaktı.

Komutan Aydın, hatırladığımdan daha genç görünüyordu. O da beni bıraktığından güçlü bulmuştu. Ben de öyle hissediyordum, bu his onu görünce daha da güçlenmişti. Her ne yazarsam yazayım, ilk ona göstereceğime dair teminat verdim. Ona zarar vermek istemiyordum.

"Beraberiz, beraber düşünürüz" dedi. Yalnız olmadığımı söylüyordu. Ayrılırken, Bağdat Havaalanı'nda kendisine verdiğim, üzerinde iletişim bilgilerim olan kartı hatırladı. Bu kartta sevgi vardı, çünkü "Irak için oyuncaklar" projem için hazırlanmış bir karttı. Bu kartı komutana vermem ona ne kadar güvendiğimin de resmiydi. O da kartı Faruk'a vermiş ve beni bulmasını sağlamıştı. Üç yıl sonra gerçekler açıklanacaktı, bunu da koşulsuz sevginin ve gerçeğin gücüne borçluyduk.

Komutana, bana verdiği sözü tutarak gerçeklerin öğrenilmesini sağladığını söyledim. Gerçeği açığa çıkaracaktı. Ona verdiğim kart beni özgürleştirdi; bu kitap, üç yıl boyunca yaşadığım acılardan kurtulmamı sağlıyor.

Türk ordusuna ve kendisine saygıyla, Türk komutan iğnesi taktım. Oradaki mizahi unsur Amerikalıların beni Türk komutan sanmış olmasıydı. Bu hareketime bayıldı; birlikte gülüştük. "Komutan, Türk komutan. Türk Özel Kuvvetleri Komutanı Mike!" dedi ve gülmeye devam etti. Amerikalıların beni James Bond sanması onu çok güldürdü. Komutanın gerçekten müthiş bir zekâsı vardı. Ben serbest bırakıldıktan sonra, bazı Amerikalı askerler de not defterime aynısını yazmıştı.

Konuşma sırasında Irak'ta yaşadığımız her şeyi karşılıklı teyit ettik. Her ikimiz de olanları çok net hatırlıyorduk. Hafızası olağanüstüydü; dakika dakika yaşadığımız her şeyi en ince ayrıntısına kadar hatırlıyordu. O konuşurken, daha önce hatırlayamadığım bazı ayrıntılar hafızamda yeniden canlandı.

Süleymaniye baskını

Baskın saat 14:00 civarında yapıldı. Komutan, askerlerin Süleymaniye'ye geleceğinden haberdardı, ama kendi bürolarına geleceklerini bilmiyordu. Avludaki Türk askerlerini uyardı. 173. Hava İndirme Tümeni daha önce de Süleymaniye'de şüphelileri gözaltına almak da dahil olmak üzere bazı operasyonlar düzenlemişti. Komutan 173. Hava İndirme Tümeni'ndeki askerlerle baskından iki ay kadar önce, Türk timinin Ankara'daki üstleri Mayville'in ofisine bulundukları yer ve kaç kişi oldukları hakkında bilgi verildiği sıralarda tanışmıştı. Bunları söylediğinde, "Sence o zaman mesajı almamış olabilirler mi?" diye espri yaptım. Komutanın Irak'ta olduğu herkes tarafından biliniyordu.

Baskından once üniformalı ABD askerleri Türk ofisini farklı nedenlerle iki defa ziyaret etmişti. Asker ve subaylara çay ve Coca Cola ikram edildi, ziyarete geldiklerinde misafir edildiler ve ağırlandılar. Komutan, Türk misafirperverliğinin gerektirdiği gibi davrandıklarını söyledi.

Komutan, geldiklerini ilk olarak arka sokağın köşesinde belirdikleri zaman anlamıştı. Ön ve arka olmak üzere iki yönden yaklaşıyorlardı. Gözcü asker, ofisin çatısından ABD'li askerlerin geldiklerini tespit etmişti. Gözcü Amerikalı askerleri gördü ve bağırdı "Amerikalılar bizim sokaktalar." Komutan, ABD'li askerlerin gelişinin kendileriyle ilgisi olmadığını düşünmüş. Sadece oradan geçiyorlar zannetmiş, belki de terörist avındadırlar diye aklından geçirmiş. "Bu sefer beni arıyorlardı" diyerek güldüm. ABD'li askerler bulundukları sokağa gelince komutan Ankara'daki üstlerini arayıp bu durumu haber verdiğini anlattı. Ankara'daki yetkililerle aralarında geçen konuşmayı ve kimlerle konuştuğunu yazamayacağım, çünkü komutana söz verdim.

Komutan, baskın sırasında bir ara ellerinden kurtulmayı başarmış ve ofis dışına kaçmıştı. Komutana ateş açan askerler 37-38 kurşun sıkarak binanın duvarlarını delik deşik etmişler. Çatıdaki askerle haberleşmiş ve avluya çıkmış. "Amerikalı askerler irtibat büromuzu kuşattığında Türk Özel Kuvvetleri mensubu asker ve subaylar olduğumuzu söyledim. 'Bizi tanıyorsunuz' dedim. Amerikalı askerler hiç cevap vermedi. Doğrudan ateş açtılar" diye anlattı.

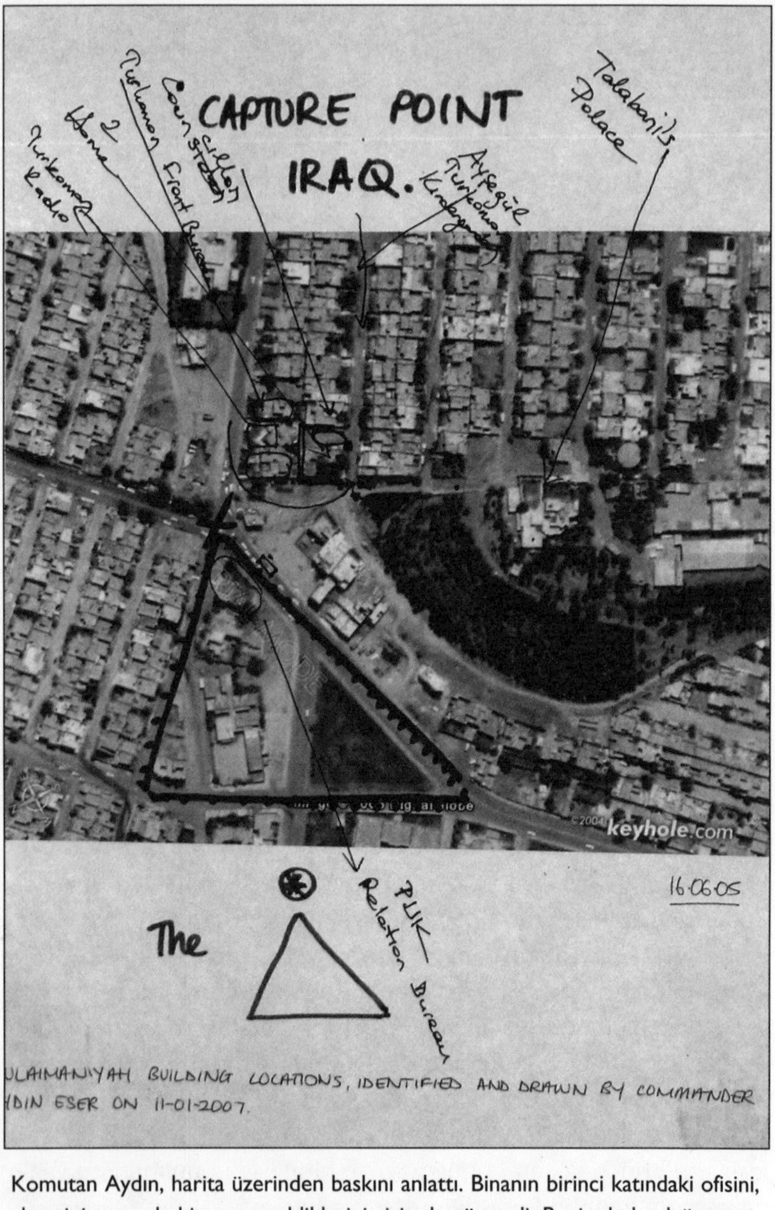

Komutan Aydın, harita üzerinden baskını anlattı. Binanın birinci katındaki ofisini, hepsinin nerede bir araya geldiklerini çizimde gösterdi. Benim bulunduğum ve alındığım yerin hemen yanındaydı. Amerikalı askerlerin ve kendisinin sokaktaki konumlarını, sekiz askerin kendisine nereden ateş açtığını ve kendisinin nereden karşılık verdiğini kâğıda geçirdi.

Kendi çizdiği harita üstünde göstererek, o dakikaları yeniden yaşadı. "Şuradan ateş ettiler, burası benim ofisim, kapısı bu taraftaydı, o tarafta bir hol vardı, tuvalet şuradaydı. Amerikalı askerler bize M16'larıyla ateş açtılar" dedi. Yaylım ateş başlayınca hemen içeri girdiğini anlattı. İçeri girip ikinci kata çıkmıştı oradan diğer binaya geçmiş ve bütün askerlerini bir araya toplamıştı. Komutanın ofisinin bulunduğu binayı boşalttılar. Güvenlik nedeniyle, askerlerini birinci binanın balkonunda toplamıştı (burası, Amerikalı askerlerin beni aldıkları binaydı). Komutan balkonda durum değerlendirmesi yaptı. Amerikalı askerlerin yerlerini belirledi. İlk ateş açan grup yerini muhafaza ediyordu, bu kez bir grup Amerikalı askerin daha orada olduğunu fark etti. Toplam yirmi kişilik bir grup, diğer yönden bulunduğumuz binaya doğru yaklaşıyordu. Onlara iki Hummer ve ağır atıcı ve tanksavarın bulunduğu büyük bir araç eşlik ediyordu. Birbirimize baskından hatırladıklarımızı anlattık. Orada AT4*, MK19, 50 kalibrelik makineli tüfek ve 240B makineli gördüğümü söyledim. "On bir askerde de bunlardan vardı" dedi. Altı askerin sırtında AT4[15] olduğunu söyledi. Her iki Amerikalı timin konumlarını çizdi, "Toplam altmış Amerikalı asker vardı" dedi. Amerikalı askerlerin arkasında otuz beş kadar Kürdistan Yurtseverler Birliği peşmergesi iki ayrı yerde Amerikalıların hemen arkasında yerlerini almışlardı.

Komutan kendi durumlarını gözden geçirirken, "Amerikalılarınkine benzer silahlarımız vardı. Çatışmaya girebilecek kadar silah ve cephane mevcuttu. Ama askerlere, Amerikalılara ateş açmamalarını emrettim" dedi.

Amerikalı asker Daniel Monk, bana işaret fişeğinden bahsetti ve baskın sırasında çok sert davrandıklarını itiraf etti, ama sözlü tacizde bulunmadıklarını söyledi.

Kürdistan Yurtseverler Birliği binası ve beyaz jip bazı Amerikalı askeri araçlar tarafından korunuyordu. Jipin atletik yapılı ve siyah giysili bir şoförü olduğunu hatırladı, o adamı ben de görmüştüm. Komutan, o adamın benim yakalanma emrimi veren kişi olduğunu düşünüyor. Beni takip ediyorlardı. Orada takip edildiğimi ben de biliyordum. İçinde silahlı adamların olduğu bir araba peşim sıra dolaşıyordu. Oradaki diğer yabancılar gibi beni de takibe almışlardı.

Beyaz jipin şoförü araçtan hiç inmedi. Jip sürekli hareket halindeydi; bir ileri bir geri orada dolaşıyor, jipin içindeki bir kişi olup biteni fotoğraflıyordu. Komutan fotoğrafçıyı fark etmemiş, ama ben gördüm.

15. Omuzdan atılabilen tanksavar füzesi.

Komutana, Amerikalıların ortaya attıkları "Türkler Kerkük valisine suikast düzenleyeceklerdi" iddiasını hatırlattım. Tek cevabı, "Saçmalık!" oldu.

Komutan teslim olmayı reddediyor

Bağdat'ta bana sırtındaki izleri gösterdiğini hatırladı. Komutan yerde yatarken şiddetli bir tekme yemiş ve kaburgası kırılmıştı. Süleymaniye'deki Türk ofisinde ABD'li askerlerin yüzlerine tükürmüş bunun üzerine sekiz Amerikalı asker komutanın üzerine saldırıp yere indirmişti. O an yaşadıklarını anlatırken "Orada adamlarıma kötü davranıyorlardı, diz çöküp silahımı teslim etmeyi reddettim ve yüzlerine tükürdüm" dedi.

Onlarla birlikte iki kadın da tutuklanmıştı. Biri aşçıydi, diğeri de temizlik işlerine bakıyordu. "Bir de aşçının 8 yaşındaki oğlu vardı, onu da aldılar" dedi.

Komutan, Daniel Monk tarafından yapılan açıklamadaki gibi baskın sırasında televizyon izlemediklerini söyledi. Amerikalılar korumaların da Türk olduğunu sanmış ve onları da tutuklamıştı, ama hepsini Kerkük'te serbest bıraktılar.

Konuşma sırasında "Mayville korkağın teki" dedi. Korkak, çünkü bir kez olsun gelmedi. Kerkük'te üstleriyle konuştu, ama onunla temasa geçmedi. Komutan, Mayville'le tanışmadığını ve daha önce bir araya gelmediklerini önemle vurguladı.

Süleymaniye'de toplanma alanı

Bizi Kürdistan Yurtseverler Birliği güvenlik karargâhında bir araya getirdiler. Bir genel güvenlik, toplama ve alıkoyma alanı, Kürdistan Yurtseverler Birliği ofisi gibi bir yer. Kürdistan Yurtseverler Birliği'nin de işin içinde olduğuna şüphe yoktu. Her taraftan bağırtılar yükseliyordu. Çok sayıda Kürt bir araya toplanmış, bize kapının dışından bağırıyor, konserve, taş ellerine ne geçerse bize fırlatıyorlardı. Bulunduğumuz yer Azadi Parkı'ydı.

Süleymaniye'den Kerkük'e kamyon yolculuğu

Kamyonu, içindeki ve oturdukları yerleri çizdi. On bir Türk Özel Timi mensubu, iki sivil Türk, dört peşmerge (tutuklanan muhafızlar), iki Türkmen erkek, iki Türkmen kadın, bir Kürt, bir Türkmen çocuk ve ben toplam yirmi dört kişi.

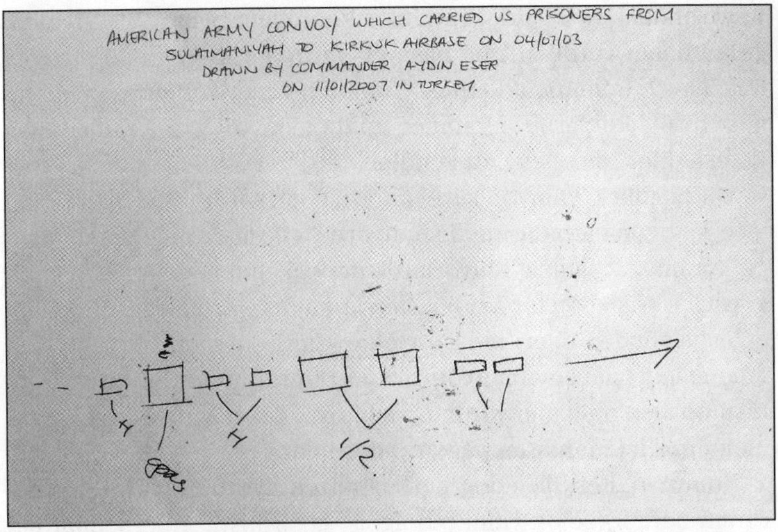

Konvoyda sekiz araç vardı. Ben başta daha az olduğunu düşünmüştüm. Önde iki Hummer gidiyordu, iki tutuklu kamyonu onları takip ediyordu, iki Hummer da arkadan geliyordu, onların arkasında el koydukları malları taşıyan bir kamyon en arkada yine bir Hummer vardı. O zaman anlayamamıştım, ama konvoy tahmin ettiğimden uzunmuş, insanların durup bize el sallamalarına şaşmamalı. Yolda gördüğüm Sacide'nin yaşlarındaki küçük kız çocuklarını hatırladım. Onlar bana el salladı, ama ellerim kelepçeliydi, karşılık veremedim.

Kamyonların birinde altı, diğerinde beş Türk askeri vardı. Bizim kamyonun komutanı siyah, şoför beyazdı. İki Türkmen ve üç asker arkada onun yanındaydı, önünde yakın mesafede iki asker daha vardı. Bir de Bay Su (Mr. Water) vardı. Komutan onu taklit etti. Onun savaşçı değil, teknik bir adam olduğunu söyledi. Sonra "Parmağım, parmağıma!" diye haykırarak taklidini yaptı. Bay Su, kelepçeler yüzünden acı çekiyordu.

Kadınları ve çocuğu ön tarafa alırlar diye düşünmüştüm, ama başlarına çuval geçirip bizimle birlikte kamyonun arkasına attılar. Kadınlar, komutanın yakınındaydı. Kadınlara böyle davranmalarına içerledim.

Kamyona bindirildiğimizde Amerikalı askerler bazı tutukluları yumrukladı, tekmeledi, bazılarının yüzlerini dipçiklediler. Kürdistan Yurtseverler Birliği ofisinden ayrıldıktan yedi sekiz dakika sonra başımızdaki çuvalları çıkardılar, Süleymaniye içinde bir kavşaktaydık. Komutan, çuvalların doğru dürüst nefes alamadığımız ve sürekli şikâyet ettiğimiz için çıkarıldığını düşünüyor. Bana göre yerel halka bizi göstermek için özellikle çıkardılar. Halk bizi gördüğünde daha da öfkeleniyor ve bize dikkatle bakıyordu.

Kamyondaki sivil Türk tutuklular komutana benim İngiliz olduğumu haber verdiler. Yanı başımda oturan Turgay Deniz'e söylemiş, Deniz komutana iletmiş. Komutan Amerikalıların bir de İngiliz tutukladıklarını öğrenince güldüğünü söyledi. "Yanlış kuşu kafeslediler" demiş kendi kendine.

Yol bozuktu, kamyon sürekli kasise giriyordu. Bizi bilerek öylece kamyona attıklarını düşünüyoruz, ellerimiz bağlı halde denge kuramayacağımızı biliyorlardı, acı çekelim istediler. Güvenlik görevlisi peşmergelerden biri acıyla haykırıyordu. Plastik kelepçeler yüzünden elleri mosmor olmuştu. Komutan, bir şey yapamadığı için hâlâ hayıflanıyor, yüzüne doğrultulmuş bir tüfek namlusu olmasa o adama yardım edebilirdi. Yol boyunca hareket etmememiz için tehditler yağdırıp durdular.

Komutan, Kerkük'e doğru gittiğimizi biliyordu. Ne de olsa ömrünün neredeyse on yılını o bölgede geçirmişti, Amerikalılardan daha uzun süredir oradaydı. Öte yandan Kerkük Hava Üssü'ne mi götürülüyoruz kestirememişti. Komutan, bizi takip eden Hummer'lardaki silahları olduğu gibi hatırlıyor. Tepemizde ilerleyen helikopterin sesi hâlâ kulaklarımda.

Kerkük dışında bir de renkli bir tank vardı, onu gördükten sonra çuvallar yeniden başımıza geçirildi. Çuval başımızdayken biraz olsun görebiliyorduk. Komutana, görebilmek için çuvalın iğne deliğini denk getirip oradan nasıl gördüğümü gösterdim. Aydın'ın daha iyi bir yöntemi vardı. Israrak çuvalda delik açmıştı. Benden daha iyi görebilmişlerdi, çünkü o ve diğerleri çuvalda delik açmayı başarmışlardı. Süleymaniye-Kerkük arasında deliği açmış ve her şeyi gayet iyi biçimde görebilmişti.

"Bize karşı gelerek psikolojik savaş başlatmış oldular" dedi. On dört tutukluya karşı iki asker vardı. Ben orada öleceğimi düşündüğüm için bunlara dikkat etmiyordum, bulunduğum yerde sessizdim. "Bize bir şey yapmayın" dediklerinde Türkler buna aldırış etmiyor, inadına yapmayın dedikleri ne varsa yapıyorlardı. Komutan Aydın, yol boyunca kamyonda Amerikalılara karşı psikolojik savaş yürüttü.

Komutanın aklına başımıza çuval geçirmeye çalışırken sendeleyip düşen aptal asker geldi. Kerkük Hava Üssü'ne girmeden önce yeniden çuval geçirdikleri zamandı. Orada sadece bir askerin düştüğünü söyledi, yol boyunca askerler de sarsıntıdan şikâyet etmişler ve şoföre bağırıp durmuşlardı.

Komutan Aydın benim ağabeyimdir, onu bir asker olarak hiç düşünmedim, ama biliyorum ki isteseydi bizi tutsak edenleri öldürebilirdi.

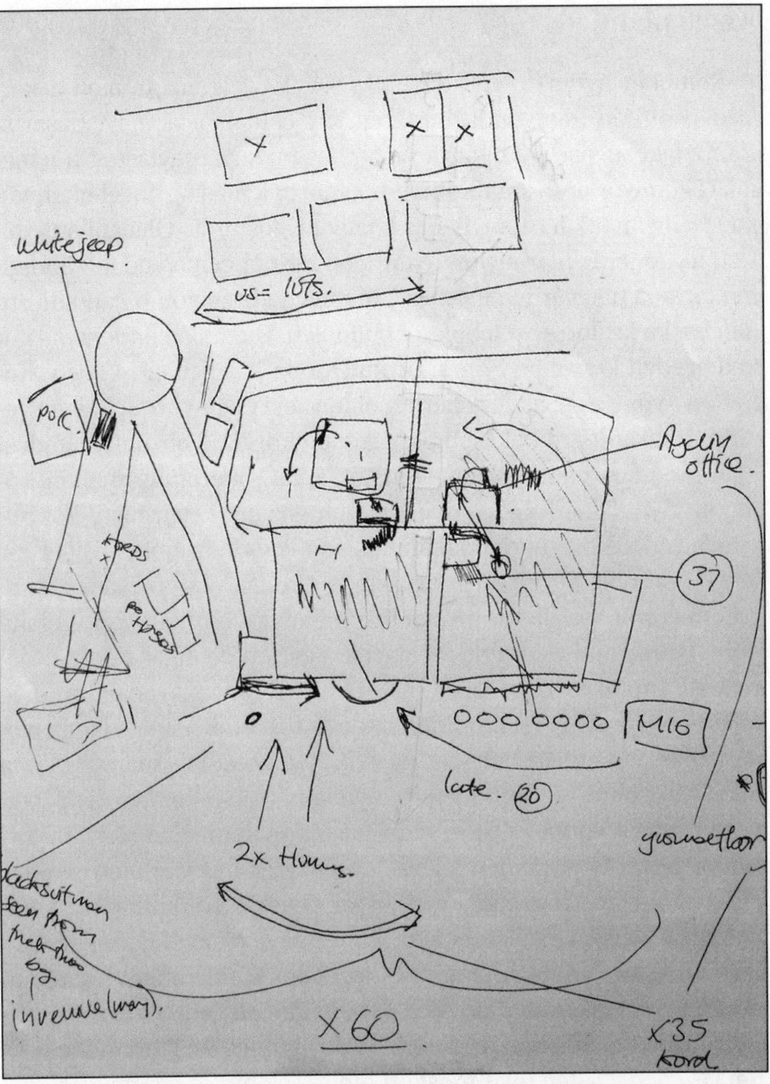

Komutan, Kerkük Hava Üssü binasını çizdi. Benim ve diğerlerinin kaldığımız hücreleri işaretledi. Hafızasına hayran kalmıştım. Her şeyi ilk günkü gibi hatırlıyordu. İlk gece, Amerikalı askerlerden bazıları sarhoştu. "Kaldığım hücreye gelip beni tekmelediler, yumruk attılar ve taciz ettiler" dedim. Amerikalı askerlerin 4 Temmuz partisi hakkında bir yorum yapmadı. Hapishaneyi ve Türk askerlerinin kaldığı bölümü çizdi. On biri de bir arada, yanımdaki odada tutuluyorlardı. Turgay ve Deniz iki Türkmen, dört peşmergeyle birlikte başka bir hücredeydiler. Kadınlar ve çocuk da vardı. En son yerleştirilen tutukluya yer bulunana kadar biraz ortada dolaştırdılar, en sonunda yanımdaki hücreye yerleştirdiler. Bizi koydukları yeri ve sonra da teker teker sorgulandığımız odayı işaretledi. Başımıza çuval geçirdikleri odayı çizdi. 5 temmuz cumartesi, saat 14:00 sularında oraya alındığını söyledi. İlk defa bir Türk askerinin başına çuval geçiriliyor ve turuncu tulum giydiriliyordu. Tatsız bir hadiseydi.

Kaçış planı

Komutan Aydın'ın elleri sıkı sıkıya kelepçelenmişti, ama askerlerden birinin kamyonda bıraktığı sırt çantasını açmayı başardı. Çantadaki su şişesini çıkardı ve herkes bu suyu paylaştı. Su içmemizi istemiyorlardı, ama Komutan Aydın'ın içmesine engel olamadılar. Kamyondakilere suyu nasıl içtiğini gösterdi. Olağanüstüydü. Üstelik Amerikalılar suyun içlerinden birinin çantasından alındığının farkına bile varmamışlardı. Bununla da bitmiyor, o çantada sudan başka keskin köşeli bir alet bulmuştu. Bununla elindeki plastik kelepçeden kurtuldu. Sonra Türkmenlerin kelepçelerini kesti. Komutan Aydın, Amerikalı askerleri öldürmeyi planlıyordu. Başımı çevirip arkaya doğru baktığımda yüzünde korkunç bir nefret ifadesi olan bir adam hatırlıyorum. O adam, aptal Amerikalıya bakan Komutan Aydın'dan başkası değildi. Onu gözüne kestirmişti. Yol boyunca sadece o askere odaklanmış ve dikkatle izlemişti. Diğer asker şişman bir Türkmen'in arkasında olduğu için onu tam olarak göremiyordu. Orada otururken Türkmenlerle bir plan yaptı. Plana göre Aydın aptal askeri hedef alacak diğerleri de diğer askeri öldürecekti. "Aptal askerin dalgın bir anında üzerine atlayacaktım" diye anlattı. Askerin M16'sı biraz ilerisinde duruyordu. Asker silahını alana kadar onu etkisiz hale getirecekti. Kamyon Süleymaniye dışına çıktıktan sonra bir Hummer, kamyonları çok yakından takip ediyordu, ama komutan, Çemçemal çıkışında saldırı için çok iyi bir fırsat yakaladı. O noktadan sonra Hummer'lar beş yüz metre kadar geride kaldılar. "Tam zamanıydı" dedi. O askerleri öldürecek, kamyonların yönünü değiştirecekti. Öldürmeyi planladığı asker Bay Su'e biraz su vermiş ve acısını biraz olsun hafifletmişti. Komutan, askerin o adama kendi suyundan verdiğini söyledi. Orada merhamet duydu ve girişimin devamını da düşününce o askeri öldürmekten vazgeçti. "Zaten tek bir askeri öldürmek bir işe yaramayacaktı" dedi. "Aptal askeri öldürmenin bir anlamı yoktu, on dokuz yirmi yaşlarında genç bir çocuk, daha sakalı bile bitmemiş. Onu öldürsem ne olacaktı?" Kaldı ki o askerleri öldürmekle iş bitmiyordu. İlk kamyonda beş Türk askeri vardı. Aydın bu kamyonda askerleri öldürürse ilk kamyondaki Türk askerlerinin ve sivillerin hayatı tehlikeye girebilirdi. "Kaçtığımız için bizi öldürebilirlerdi" dedi.

Kerkük Hava Üssü

Yolculuk bittikten sonra bizi yirmi dakika kadar kamyonda beklettiler. Kamyon kasasında fotoğraflarımızı çektiler. Komutan da yedi sekiz askerin kamyonun yakınlarında durup fotoğraflarımızı çektiğini görmüştü. Onlar hapishanedeki askerlerden değillerdi. Haber hemen yayılmalıydı, "Türk teröristler" yakalanmıştı ve Bağdat havaalanına gönderileceklerdi.

Kerkük Hava Üssü'nde bizi izleyen ve fotoğraf çeken Türk askerler vardı. Kerkük ekibinden, üniformalı subaylardı ve Kerkük Hava Üssü merkezliydiler. Aydın onlarla iletişim kurdu, komutana seslendi ve yanlarına gelmesini istedi. Aydın, onlara kim olduklarını anlattı. "Gidip Türk ekibine ihtiyaçlarımızın karşılanması gerektiğini söyle" dedi. Türk askerler Amerikan ordusunda görevliydiler ve yardım etmek istemelerine rağmen hiçbir şey yapamıyorlardı.

Hapiste ilk karşılaşma

Beni tam olarak ilk nerede gördüğünü hatırladı. Lavaboya doğru giderken kaldığım odadan içeri bakmış ve benimle konuşmuştu. "Üzülme, burada birlikteyiz" demişti. Ona baktığımda neler hissettiğimi ve korkumu anlamıştı. Bana güldü ve el salladı. Güven veren o gülümsemeyi hiç unutmayacağım.

Türkler şiddet gördü mü?

"Bazı adamların çuvallı kafalarına tekme yediler" dedim. "Evet, başlarını hizada tutmak için yaptılar. Bazı askerlerim bu muameleye maruz kaldı" diye ekledi.

Komutana turuncu tulumlu, başına çuval geçirilmiş bir tutuklunun fotoğrafını gösterdim. Bu resimle ilgili yorum yapmasını istedim. Resimde bir Amerikalı asker, tutukluyu tekmeliyordu. Komutan, "Kerkük'te böyle bir şey yaşandı" dedi. Aynı muamelenin Kerkük Hava üssü'nde bazı Türk askerlerine de yapıldığını söyledi. Kendisi değil, ama ekibindeki bazı askerler bu duruma maruz kalmıştı. "Biz başımızdaki çuvallardan kurtulmaya çalışıyorduk, onlar da bizi kontrol altında tutmaya çabalıyordu. O arada oldu" dedi. Bu benim için önemli bir açıklamaydı. Bu fotoğraf, Amerikalı askerlerden daha sonra aldığım karelerden biriydi, tutuklu da bendim.

2003 yılından beri Aydın'ın Bağdat Havaalanı'nda yaptığı zihinsel egzersizin ne olduğunu merak ediyorum. Onu meditasyon yaparken görmüştüm ve o hali bana ilham vermişti. "O meditasyon muydu yoksa yoga egzersizi mi?" diye sordum. "Dua ediyordum"

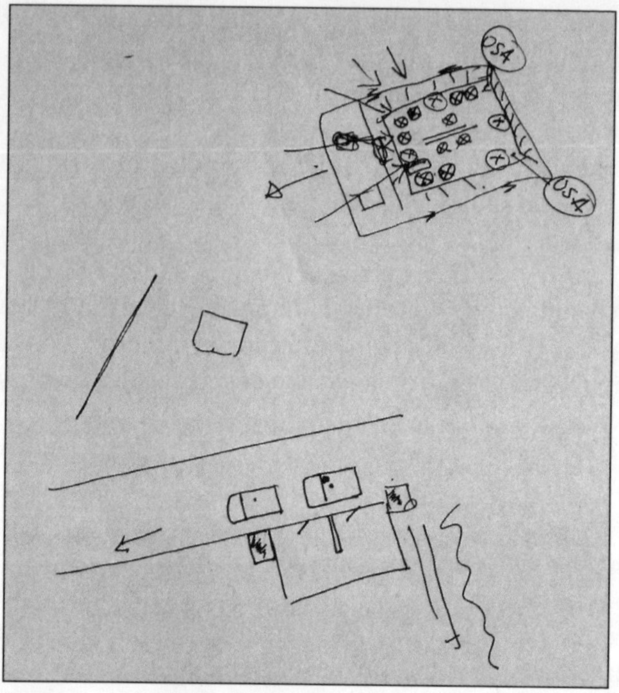

Bu çizim, baskın öncesinde Amerikan araçlarının konumlarını gösteriyor. Türk karargâhının arkasında kalan sokakta bekliyordu. Önden ve arkadan olmak üzere iki yönden geldiler.

dedi. "Benim için bir sorun yoktu. Zihnim açık ve sakindim. Hiçbir telaşım da yoktu. Nasıl olsa sonunda öcümü alacağım" dedi. "Bulup öç almak istediğim biri var" dedi.

Kerkük'teki sorgu

Kerkük'te sorgu yapan asker bana şeker ikram etti, ama komutana vermedi. "Benden bilgi alamayacaklarını anlayınca daha fazla soru sorma gereği duymadılar" dedi. Adamları da emirleri uygulamış ve sorgu sırasında komutan ne istediyse onu söylemişlerdi. "Biz savaş esiriyiz, bize savaş esiri gibi davranmalısınız yoksa hiçbir şey anlatmayız" dediler. "Artık müttefik değiliz. Burada savaş esiriyiz" dediğini anlattı. Amerikalılar da "Hangi statüde olduğunuzu bilmiyoruz" diye yanıtlamış. "Belli ki fazla bilgileri yoktu" dedi.

Sorgu yapılan odayı gayet iyi hatırlıyordu. Sorgu yapan askerin adının Mountain olduğunu söyledim. "Orada isimlerden çok neler olduğuyla ilgiliydim, adamı dikkatle inceledim, kullandığı sözcükleri dikkatle analiz ettim" dedi. Ayrıca diğer Türk askerlerin doğru davranmasını sağlaması gerekiyordu, sorgu aşaması önemliydi. Komutan Aydın, üzerinde bir kimlik bulunmadığını bu nedenle onun ekip lideri olduğunu bilmediklerini anlattı. Amerikalılar diğer bütün Türk askerlerinin adlarını ve rütbelerini biliyordu, ama o bir muammaydı.

Bağdat'taki sorgu

Bağdat'taki sorgu başladığında hava henüz aydınlıktı. Sorguya başka askerlerle başladılar, onun ekip komutanı olduğunu bilmiyorlardı. Bilisayarlar ve sorgu görevlilerinin bulunduğu üst katta bir odaya alınmıştı. Kendisine bir şey içmek isteyip istemediğini sormuşlar ve doğrudan sorguya başlamışlar. Odanın arka tarafında başka askerler bulunduğunu ve sorguyu izlediklerini tahmin ediyordu. Sorular Kerkük'tekilerle neredeyse aynıydı, ama sorgu daha arkadaşça ve sohbet havasında geçiyordu. "Benim komutan olduğumu anlayamamışlardı. Kim olduğumu, gerçek adımı ve diğer meseleleri bilmiyorlardı. Bağdat Havaalanı sorgusunda söylediklerimin hiçbirine inanmadılar" dedi. Sorgu sırasında Aydın'a beni de sormuşlar. Onlarla bağlantımın ne olduğunu öğrenmeye çalışmışlar. "Bizim ajanımız değil, ama belki sizin ajanınızdır" demiş. Orada birbirimize yakın arkadaş gibi davranmamıza anlam verememişlerdi.

Bana da sorgu sırasında cama gidip takımın liderini göstermemi istemişlerdi. Cama fazla yaklaşmamamı, Türklerin beni görmemesi gerektiğini söylediler. Ben de takım liderinin kim olduğunu bilmediğimi söyledim.

Sessizlik yemini

Süleymaniye olayından sonra Komutan Aydın Irak'a gitmemişti. O günden sonra 4 temmuzla ilgili ne kendisinin ne de adamlarının kimseyle konuşmadığını, bu konuda sessizliğini ilk kez benimle bozduğunu söyledi. Benim gibi, gerçeklerin uluorta konuşulması ona da doğru gelmiyordu.

"Konuşmak yaşadıklarıma saygısızlık olurdu. Ben bir askerim, biriyle konuşmam demek hayatımı riske atmak demektir. Basına açıklama yapmak orduda yasaktır. Gelecek yıl emekli olduğumda konuşabilirim ancak. Şimdi değil... Bunları ancak sen anlatabilirsin, çünkü oradaydın. Arkadaşlarım, ekibindeki on asker, hepsiyle görüşüyorum. Seninle buluşacağımızı, konuşacağımızı hepsi biliyor. Ben söylemeden bir şey yapmazlar, beni hâlâ komutanları sayıyorlar. Seninle konuşmam onlar için sorun yaratmaz" dedi ve "Senin için ne yapabilirim, sana nasıl yardım edebilirim?" diye sordu.

O güne kadar Kerkük'te ve Bağdat'ta olanlarla ilgili kimseye bilgi verilmediğini, ayrıntıları kimseyle paylaşmadıklarını anlattı. Sadece Faruk Zabcı gibi birkaç kişiyle genel konularda konuşmuşlardı. "Hâlâ bilinmeyen çok şey var. Çok gizli şeyler... Bunların senin yazacaklarınla ilgisi yok. Senin yazacakların Türk-Amerikan ilişkilerini etkileyebilir; hatta büyük hadise yaratabilir. Amerikalılar için Kore'de canlarımızı verdik biliyorsun. Biz tarihte hep İngilizlerle savaştık ve hep Amerikalılar için büyük fedakârlıklar yaptık. Şimdi Türkiye'de Amerika'ya büyük tepki var" dedi.

Ona özel eşyalarımı gösterdim. Daha önce kimsenin görmediği şeylerdi. Ona ne kadar güvendiğimi anlasın istiyordum. Arkasından o da bana aynı jesti yaptı. Kuzey Irak'ta çekilmiş fotoğraflar gösterdi. Çok hassas konulardı, orada öldürülen adamlar vardı, 173. Hava İndirme Tümeni'nin ilk indirme harekâtı fotoğrafları. Onların geldiğini biliyordu. Onların fotoğraflarını çekmişti. Kuzey Irak'ta arkadaşlarıyla, askerleriyle çekilmiş fotoğraflar gösterdi. İçlerinden bazıları artık hayatta değlidi. On yıldır Kuzey Irak'taydı, ama bu fotoğrafları daha önce hiç kimseye göstermediğine emindim.

"Amaçlarımız farklı" dedi. "Ben orada Türkiye Cumhuriyeti'ni temsil ediyordum. Orada yaptığım her hata Türkiye'yi etkileyecekti. Neyse ki şanslıydım. Bir fırsatını yakalasam aptalca işler yapabilirdim. Ölmekten korkum yok. Hiç önemli değil benim için ama Türkiye'yi düşündüğüm zaman orada gereksiz maceralara atılmadığıma seviniyorum. Orada öldürülmenin bir anlamı yoktu. Kimseye faydası dokunmazdı" dedi.

Komutanın adamlarına battaniye verilmemişti. Çıplak zeminde yatmak zorunda bırakıldılar. Kaldıkları oda dört metre genişliğinde ya vardı ya yoktu, bu da on bir adam için oldukça dar bir alan. Zaten hiçbiri uyumadı. Orada birlikte şarkı söylediklerini hatırlıyorum. Komutan Aydın, "Amerikalıların moralini bozmak için şarkı söylüyorduk" dedi. İngiliz rock grubu Status Quo'nun "You are in the Army Now" şarkısını bağıra bağıra söylüyorlardı. Kendisiyle konuşurken biraz mırıldandı. O günleri hatırlayıp duygulandım. O şarkıyı orada en az otuz kez arka arkaya ve bağırarak söylediklerini anlattı. Canları sıkıldığında hep bu şarkıyı söylemeye başlıyorlardı. Amerikalıların sinirini bozmak için kapıya iyice yaklaşıp öyle söylüyorlardı. "Ne zaman şarkıya başlasak nöbetçiler çocuk gibi kaçışıyordu" dedi.

Son söz

"Faruk'tan seni bulmasını istedim" dedi. Faruk beni buldu ve gerçekler şimdi anlatılabiliyor. Komutan, o zamandan bunları açıklayacak kişinin ben olduğumu biliyordu, çünkü ne askerdim ne de politikacı. Yalnızca iyi niyetlerle hareket eden ve süren saçmalıkların ötesini görebilecek bir sivildim ben. 4 Temmuz bir yalan üzerine kurulmuştu. Yalnızca Türkiye'nin değil bütün dünyanın bunu bilmesini istiyordu. Şimdi gerçekler anlatılmalıydı.

"Bu kitabın yazılma amacı gerçekleri anlatmaktır. Bunun için yazmalısın. Hiçbir beklentim içinde değilim, bu kitap Türk insanı içindir. Eğer özenli yazarsan bunu Amerikalılar bile okumak ister. Benim istediğim de bu..." dedi. "Kitabında Binbaşı Aydın E. olarak yer alabilirim, Komutan Aydın diye anabilirsin" dedi. Onun şimdi nerede olduğunu kimseye söylememeye söz verdim.

Süleymaniye baskınından sonra bir bıçak almış, bir tarafına "reis" yazmıştı. Benimle ilk konuşmasının ardından (Londra'da Faruk'un evindeydim) diğer yüzüne de Mike ve Aydın yazmış. Faruk'un bizi kısa süre sonra bir araya getireceğini bir şekilde biliyormuş.

Komutan Aydın, bana silahını ve diğer bıçağını gösterdi. Sonra ofisine gidip benim için masasının üzerinden aldığı iki hediyeyi getirdi. Biri üç maymun heykeliydi (duymadım, görmedim, söyle-

5. Komutan Aydın ve eşi bana oğullarının yaptığı bu saati hediye ettiler. Bu hediyeyi oğluma götürmemi istediler. Bu güzel hediye aramızdaki bağı biraz daha güçlendirdi. Onların aile dostu olduğum için çok mutluyum.

medim) ve bir Türk bayrağı. Onu alıp öptüm, o da bununla ilgili bazı şeyler söyledi. İnanılmaz bir andı, sanki beni bir iş için görevlendiriyor gibiydi. Beni Türkiye'ye ve dünyaya gerçekleri anlatmakla görevlendirmişti. Bu görevi gururla kabul ettim.

Ahşap üç maymun heykelinin üzerine "Mike, kardeşim. Sevgiyle" yazmıştı. Gözlerim doldu, bu kadarı bana ağır gelmişti. O an sıkıntılarımdan arındığımı ve o günlerle ilgili bütün dertlerimin sona erdiğini hissettim. O gün, Irak'tan ayrıldıktan sonra yaşadığım en güzel gündü. "Bu görüşme sana iyi geldi mi?" diye sordu. Ben de teşekkür edip kesinlikle daha iyi olduğumu söyledim. Komutana hep minnettar kalacağım.